Dedico esta obra a todas as pessoas que estão à procura de uma resposta.

Agradeço a todas as pessoas que me ajudaram a transformar este livro em realidade, especialmente à minha esposa Sueli Zanquim por estar sempre ao meu lado e compreender os processos criativos que me envolvem. Gratidão eterna a todos os leitores que admiram meu trabalho e me incentivam a seguir em frente neste propósito que rege minha existência.

Dedico esta obra à memória do meu pai e a todos os pais que não estão mais neste mundo.

© 2016 por Carlos Torres
© Fotolia/svetlanamiku

Coordenadora editorial: Tânia Lins
Coordenador de comunicação: Marcio Lipari
Capa e projeto gráfico: Jaqueline Kir
Diagramação: Rafael Rojas
Preparação: Janaina Calaça
Revisão: Equipe Vida & Consciência

1ª edição — 1ª impressão
5.000 exemplares — outubro 2016
Tiragem total: 5.000 exemplares

CIP-Brasil — Catalogação na Publicação
(Sindicato Nacional dos Editores de Livros, RJ)

T644q

    Torres, Carlos
    Querido Joseph / Carlos Torres. 1. ed. — São Paulo:
Vida & Consciência, 2016.
    392 p. ; 23 cm.

    ISBN 978-85-7722-509-5

    1. Romance brasileiro. I. Título.

16-35818
                            CDD: 869.3
                            CDU: 821.134.3(81)-3

Todos os direitos reservados. Nenhuma parte desta edição pode ser utilizada ou reproduzida, por qualquer forma ou meio, seja ele mecânico ou eletrônico, fotocópia, gravação etc., tampouco apropriada ou estocada em sistema de banco de dados, sem a expressa autorização da editora (Lei nº 5.988, de 14/12/1973).

Este livro adota as regras do novo acordo ortográfico (2009).

Vida & Consciência Editora e Distribuidora Ltda.
Rua Agostinho Gomes, 2.312 — São Paulo — SP — Brasil
CEP 04206-001
editora@vidaeconsciencia.com.br
www.vidaeconsciencia.com.br

Querido Joseph

CARLOS TORRES

Romance inspirado pelo espírito Jon

"Quando as dificuldades passam, é preciso reagir e aprender a viver de novo, como se estivesse nascendo outra vez. Parker, eu quero que você tenha coragem e jamais se entregue ao sabor amargo das derrotas. Eu sei como é difícil fracassar na vida, mas vencer é essencial e imprescindível para o ser humano. Vá em frente e não desista, irmão."

Mister Joe

Sumário

Capítulo 1 – O sonho 6
Capítulo 2 – A velha Wigan 15
Capítulo 3 – Clark 32
Capítulo 4 – O marinheiro de Liverpool 42
Capítulo 5 – Parker e Clara 63
Capítulo 6 – O reencontro 89
Capítulo 7 – Seis meses depois 100
Capítulo 8 – A ascensão de Parker 115
Capítulo 9 – O casamento 131
Capítulo 10 – A dramática notícia 150
Capítulo 11 – Clara e Joseph 162
Capítulo 12 – Senhor Thomas 166
Capítulo 13 – Chegada e partida 170
Capítulo 14 – Doutor Lindenberg 189
Capítulo 15 –Três anos depois 197
Capítulo 16 – O aniversário 207
Capítulo 17 – Rumo a Paris 219
Capítulo 18 – O desencontro 226

Capítulo 19 – O desespero de Parker **234**
Capítulo 20 – O início da queda **250**
Capítulo 21 – A fuga **257**
Capítulo 22 – O golpe **271**
Capítulo 23 – O desprezo **287**
Capítulo 24 – A fatalidade **305**
Capítulo 25 – O chamado e a renegação **309**
Capítulo 26 – O retorno a Paris **315**
Capítulo 27 – O andarilho **328**
Capítulo 28 – A grande provação **332**
Capítulo 29 – A ponte **335**
Capítulo 30 – A providência **346**
Capítulo 31 – Joseph e Monique **354**
Capítulo 32 – A nova família **361**
Capítulo 33 – O lançamento em Londres **363**
Capítulo 34 – A doença **370**
Capítulo 35 – A branca flor **380**

Capítulo 1
O sonho

No início de 2013, recebi um chamado espiritual e compreendi que havia chegado o momento de assumir definitivamente minha carreira como escritor e mensageiro.

Confesso que passei por imensas dificuldades desde o dia em que publiquei meu primeiro livro, em 2007. Hoje, após vários anos de imensas provações e muitos aprendizados, posso garantir que estou recebendo tantos presentes do mundo espiritual que não há mais espaço em meu coração para descrever o sentimento de gratidão que invadiu minha alma.

A vontade de compartilhar os nobres sentimentos que aprendi trouxe-me a possibilidade de transmitir aos leitores os segredos do mundo espiritual, por meio de histórias incríveis e de personagens inesquecíveis.

Definitivamente, compreendi que a gratidão é a vibração mais elevada entre todas as vibrações que os seres humanos podem experimentar. Um bem imaterial que todos nós possuímos e que pode transformar nossas vidas em apenas um segundo, se assim permitirmos.

Recebi de maneira surpreendente esta linda história de amor e superação por meio de um sonho lúcido, durante um período extremamente difícil de minha vida, em que o plano espiritual comprovou que é exatamente nesses momentos de extrema dificuldade que reaprendemos a crer realmente na providência divina.

Hoje, tenho plena convicção de que existe uma magia comandando este mundo e a vida de todas as pessoas, mas que poucas conseguem perceber a magnitude da criação e os processos evolutivos que nos cercam.

Tenho certeza de que o objetivo do universo é realizar todos os nossos sonhos e mostrar que existe um motivo real para tudo acontecer em nossas vidas, no momento certo e adequado. Uma razão especial para não sucumbirmos perante as dificuldades que se apresentam durante esta grande caminhada chamada vida.

Foi exatamente na madrugada do dia 1º de janeiro de 2013, cerca de um mês antes de eu completar quarenta anos de idade, que muitas transformações começaram a ocorrer.

Enquanto eu dormia profundamente numa casa de campo nos arredores do sul de Minas Gerais, um homem britânico, de aproximadamente quarenta anos de idade, magro e com cabelos longos, se apresentou de forma calma e serena durante um sonho lúcido, decidido a me levar até uma pequena cidade no interior da Inglaterra, chamada Wigan, e me apresentar uma linda história de amor e superação entre um pai desesperado e seu filho, que desaparece misteriosamente na multidão, fazendo suas vidas se transformarem de forma dramática.

Confesso que nunca imaginei escrever um livro como este, mas ele veio até mim por meio do plano espiritual, e, sem hesitar, acolhi e aceitei este lindo presente com fé e gratidão. Sem dúvida, escrever esta obra foi algo desafiador e, ao mesmo tempo, revelador.

Esta história chegou por meio de um homem pacífico chamado Jon, um espírito de luz que acabei conhecendo melhor após o término deste livro, em maio de 2013. Foi incrível descobrir que Jon é um amigo de longa data e que nos encontramos novamente para um propósito específico.

Logo nas primeiras horas da manhã, algo intenso começou a acontecer. Deparei-me com Jon em um sonho lúcido, estendendo o braço para mim e querendo me mostrar a triste cena do desaparecimento de um menino de apenas seis anos de idade.

Era fim de ano, época de festas, e eu decidira deixar a vida urbana por alguns dias para descansar um pouco, após um longo período de dificuldades pessoais e profissionais.

Minha família, alguns amigos e eu tínhamos acabado de voltar de uma festa de *réveillon* que acontecia numa fazenda próxima de onde estávamos hospedados, um lugar muito tranquilo aos pés de uma linda cordilheira. Assim que os fogos e as comemorações terminaram, decidimos voltar para a hospedagem e dormir, pois estávamos muito cansados.

O local era lindo, aconchegante e inspirador. O quarto onde eu e minha esposa estávamos hospedados ficava em frente a um lago de águas escuras com montanhas esverdeadas ao fundo. Um cenário típico da Serra da Mantiqueira, uma região parecida com os Alpes Suíços, mas sem a neve e o frio dos Alpes. No verão, inclusive, essa região é quente, e o sol está sempre presente. Sem dúvida, trata-se de um lugar apaixonante e inspirador.

Decidimos passar alguns dias descansando, para esquecer um pouco os projetos literários do novo ano que iniciara — o ano de 2013. Antes de sairmos de férias, combinamos que deixaríamos o ócio tomar conta de nossas mentes e colocar o assunto "trabalho" de lado.

Logo no primeiro dia do ano, assim que voltamos da festa de *réveillon*, adormeci rapidamente e, por volta das seis horas da manhã, despertei assustado por um motivo até então desconhecido.

Tentei abrir os olhos, mas não consegui. Senti que estava acordado, mas algo mantinha meus olhos cerrados e meu corpo imóvel. Respeitei a estranha sensação e decidi continuar deitado na cama, enquanto minha esposa e nossos filhos dormiam confortavelmente no quarto ao lado.

Comecei a ouvir o ranger das paredes da casa de madeira e o suave som do vento batendo nas folhagens dos imensos eucaliptos que balançavam do lado de fora. Um barulho costumeiro nas primeiras horas da manhã, pois a madeira sofre dilatação térmica por causa do excesso de calor que recebe durante o dia e, ao anoitecer, se encolhe com a chegada do frio úmido da madrugada.

Inesperadamente, senti uma paz indescritível, como se aquele instante não fosse terminar jamais. Senti como se alguém quisesse limpar meus pensamentos de preocupação, como se ela fosse uma espécie de sujeira que precisava ser dissolvida e diluída naquele momento.

Eu sabia que em algumas horas as pessoas que estavam hospedadas na casa acordariam e meu sono seria interrompido. Portanto, precisava aproveitar todas as sensações, pois em pouco tempo alguém bateria na porta do quarto, e eu teria que dar adeus à tranquilidade.

Decidi, então, continuar deitado na mesma posição com os olhos fechados, apenas escutando as andorinhas sobre o forro do telhado. Foi exatamente nesse momento que tudo começou a ficar claro. O momento em que Jon se apresentou em um sonho lúcido, para me mostrar os detalhes de uma linda história, como se eu estivesse em um filme real, em quatro dimensões e extremamente realista.

Aceitei o pedido de Jon e imediatamente me envolvi com os personagens da história. De repente, o sonho começou a se revelar com clareza e muita emoção, mesmo sem eu entender o significado daquilo e por que eu estava presenciando aquela história como se fosse uma espécie de espectador.

Em alguns momentos, confesso que senti que realmente fazia parte daquela história, não apenas como um mero observador, mas como um ator coadjuvante. E o estranho é que, mesmo estando com os olhos fechados e dormindo profundamente, eu sentia que estava profundamente lúcido. Estava sonhando, mas, ao mesmo tempo, continuava escutando o canto dos pássaros e os eucaliptos balançando do lado de fora, como se meu corpo estivesse numa dimensão e minha consciência em outra, mas prestando atenção em tudo o que acontecia ao redor.

As cenas foram mudando rapidamente, e eu fui acompanhando tudo com consciência e atenção. De repente, Jon segurou meu braço e me colocou ao lado de um homem que chorava incontrolavelmente encostado numa árvore, mantendo os joelhos encolhidos e a cabeça entre as pernas. Era uma cena dramática de um homem desesperado, que suplicava ajuda, enquanto algumas pessoas passavam despercebidas à sua frente em algum local público, supostamente nos arredores de Paris. Digo Paris, pois, enquanto eu prestava atenção no homem, Jon me fez olhar rapidamente para o lado, e eu pude ver a Torre Eiffel ao fundo, a aproximadamente dez quilômetros de distância.

Olhei ao redor, vi centenas de pessoas caminhando e rapidamente voltei a atenção para a triste cena do homem encostado na árvore em completo desamparo. No entanto, eu não podia fazer nada, somente observar.

Subitamente, o pobre homem parou de chorar durante alguns segundos, olhou no fundo dos meus olhos com semblante sério e disse mentalmente: "Esta é a minha vida, amigo! Preste atenção em todos os detalhes e aprenda comigo o verdadeiro significado da vida. Eu lhe mostrarei tudo, simplesmente tudo".

Fiquei assustado com a convicção de suas palavras e resolvi respeitá-las. No entanto, segundos depois, vi o homem levantando do chão e socando o tronco da árvore em completo desespero. Minha única alternativa era fazer o que ele pedira: prestar atenção em todos os detalhes e aprender. Mas aprender o quê?

Enfim, acabei vivenciando não apenas essa triste cena durante o sonho, mas muitas outras. Na verdade, eu assisti a tudo como se fosse um filme, uma história inteira.

Acordei cerca de três horas depois, por volta das nove horas da manhã, com meu filho batendo na porta do quarto e dizendo que queria tomar o café da manhã. Eu estava muito emocionado e não conseguia conter as lágrimas, que escorriam por meu rosto, tamanha era minha emoção de ter vivenciado aquela linda história de amor e redenção.

Por algum motivo, durante o breve espaço de tempo que o sonho durou, creio que estive ao lado daquelas pessoas, ou daqueles personagens. Não sei explicar como tudo aconteceu de maneira tão repentina, mas sinto que foi algo muito real e confesso que, a partir desse dia, minha vida nunca mais foi a mesma.

Sinceramente, não sei dizer se essa história é uma mera ficção ou se realmente aconteceu ou se acontecerá um dia. Cheguei à conclusão de que não importa, pois o tempo e a magia dos encontros responderão todas as perguntas no futuro, exatamente como vem acontecendo nos últimos anos da minha vida. As respostas estão chegando de maneira natural e sem controle. Após tantos anos convivendo com o mundo espiritual, percebi que não temos o controle de tudo e a melhor escolha, definitivamente, é nos rendermos e tentarmos viver a vida com mais amor e gratidão, sem dar tanta importância aos problemas, mas sim às soluções.

Mesmo com a insistência do meu filho em querer me acordar, preferi ficar deitado na cama mais um pouco. Quem sabe conseguiria me conectar novamente com o sonho e buscar mais alguma informação?

Infelizmente, não foi possível. Os gritos e as risadas logo começaram a se espalhar pela casa, e voltar a dormir se tornou praticamente impossível.

Eu, por fim, aceitei a ideia de me levantar e ir até a cozinha para tomar o café da manhã. Depois, iria até o jardim para ver a luz do sol e a linda paisagem.

Meu filho tinha toda razão em querer me acordar. O dia estava ensolarado e convidativo para uma caminhada ao ar livre e uma pescaria à beira do lago no final da tarde. No entanto, algo me deixou intrigado. Ao acordar, percebi que havia perdido totalmente o contato com o sonho e senti um vazio invadindo minha mente, como se fosse um vácuo. Algo que não me deixava em paz e teimava em me manter conectado com a história que havia vivenciado.

Alguma coisa estava errada e precisava ser esclarecida. Mas o quê? Uma angústia misturada com irritação me maltratava, enquanto eu tentava encontrar o par de chinelos embaixo da cama.

Sentei na beira da cama, respirei fundo e percebi que a irritação tinha um motivo real. Assim que meu filho me acordou e me desconectou do sonho, imediatamente a história se esvaiu, deixando uma lacuna: o final. Infelizmente, a história não havia chegado ao fim. Faltava o principal: o desfecho, a conclusão.

De repente, uma voz dentro da minha mente me disse para eu me reconectar com o sonho outra vez e descobrir o que havia acontecido com o homem e o filho de apenas seis anos de idade.

Encostei-me no travesseiro outra vez, mas não foi possível dormir e restabelecer novamente a conexão onírica. Não adiantava mais. Eu já estava desperto e de volta ao mundo real. A única coisa a fazer naquele momento era levantar-me e ir até o banheiro para escovar os dentes e tomar o café da manhã.

Ainda emocionado, me acalmei e aceitei a situação.

Ao longo da vida, aprendi uma coisa aparentemente simples. Descobri que tudo tem uma razão para acontecer e que o acaso definitivamente não existe, nem mesmo o acaso acontece por acaso. Portanto, a melhor coisa a fazer era esquecer o sonho, esquecer Jon e seu semblante sereno, esquecer o homem que chorava incontrolavelmente encostado na árvore, e continuar minha vida. Essa, sem dúvida, era a melhor decisão naquele momento.

"Será? Será que seria tão fácil esquecer aquela magnífica história de redenção espiritual?", pensei.

Geralmente, é assim que fazemos. Esquecemos os sonhos e as coisas extraordinárias que acontecem em nossas vidas e seguimos em frente. Todavia, dessa vez, foi algo muito intenso. Eu percebi que não seria fácil esquecer tudo aquilo, pois senti uma forte conexão com aquela história.

Levantei-me, fui ao banheiro e subitamente senti a presença de um homem ao meu lado enquanto penteava o cabelo. Era Jon. Eu sabia que ele voltaria.

Era impossível esquecer a exatidão das cenas, os diálogos entre as pessoas envolvidas e os acontecimentos misteriosos que se sucederam. Com certeza, eu nunca tivera um sonho tão perfeito e revelador como aquele.

Lavei o rosto com a água fria da montanha, fui até a cozinha, sentei ao lado da minha esposa e coloquei um pouco de suco de laranja no copo. Eu estava sonolento, e as lembranças do sonho continuavam latentes em minha mente.

Minha esposa sempre diz que não sou uma pessoa muito emotiva. E ela tem toda razão, pois sempre fui um indivíduo pragmático e raramente me envolvo com outras pessoas. No entanto, naquela manhã eu estava me sentindo diferente. De alguma maneira, eu havia me envolvido emocionalmente e espiritualmente com os personagens daquele sonho. Estranhamente, aquelas pessoas se tornaram tão reais que suas histórias de vida me transformaram para sempre como homem, marido e pai de família.

Tomei o café da manhã calado e, em seguida, me levantei da mesa ao perceber que meus olhos estavam lacrimejando. Disfarcei e fui até a varanda da casa para evitar que meu filho percebesse que eu estava chorando. Coloquei os óculos escuros e fiquei alguns minutos parado na varanda olhando para o lago.

Nesse momento, sussurrei tentando obter alguma resposta para o que estava acontecendo comigo: "Meu Deus, que sonho foi esse?! Que história incrível eu vivenciei! O que devo fazer? Estou chorando só de me lembrar da história daquele homem e de seu filho. Eles não saem da minha cabeça! O que aconteceu com eles, afinal? Eu preciso saber. Eu preciso saber!".

Não obtive nenhuma resposta. Limpei os olhos com o punho da blusa e decidi ir ao encontro da minha esposa na cozinha, para lhe contar um pouco sobre o sonho. Afinal, precisava compartilhar aquilo com alguém.

Mais calmo, entrei na cozinha e disse:

— Querida, você não vai acreditar! Tive um sonho incrível essa manhã. Preciso lhe contar como foi! É uma história incrível e envolvente.

Ela respondeu friamente e sem qualquer interesse:

— Sobre o que é a história, querido?

— Sobre um pai e um filho. Eles são britânicos e se desencontraram subitamente em algum lugar nos arredores de Paris.

— Que interessante! — ela respondeu nitidamente desinteressada.

Obviamente, ela não havia compreendido o que eu estava querendo dizer. No entanto, é completamente compreensível o desinteresse nas primeiras horas da manhã, pois as pessoas não gostam de ouvir o sonho de outras pessoas logo que acordam.

Ela não me deu atenção e continuou preparando o café. Nesse instante, percebi que não era o momento ideal para lhe contar o sonho.

Tomei o restante do suco de laranja e decidi voltar à varanda para memorizar os detalhes da história e não esquecê-la. O dia passou rapidamente, mas o sonho não saiu da minha cabeça um segundo sequer.

Assim que a tarde chegou, decidi convidar meu filho para irmos até a beira do lago e pescarmos alguns peixes para o jantar. Descemos a trilha, sentamos no píer de madeira e ficamos pescando e apreciando o pôr do sol.

Sentado na plataforma de madeira com os pés na superfície da água, uma certeza de repente invadiu minha mente exatamente às seis horas da tarde. Era a resposta que eu tanto queria, entrando clara como a luz do sol: a vida daquele homem e de seu filho deveriam ser reveladas para milhares de pessoas por meio de um novo livro. À beira do lago, uma nova obra estava nascendo. Exatamente este livro que está em suas mãos neste momento.

Abruptamente, um sentimento de gratidão invadiu minha alma e estranhamente senti minha nuca esquentar como fogo. Olhei para os lados e vi meu filho sorrindo. Olhei para o horizonte e vi um clarão sendo refletido na água. Meus olhos cerraram, e uma lágrima escorreu delicadamente por meu rosto. Era a presença de Jon ao meu lado dizendo ao meu ouvido direito:

— O pai se chama Parker e o filho se chama Joseph.

Tudo estava ficando claro e perfeito. Um novo livro estava começando.

Confesso que, em muitos momentos durante o sonho, me vi personificado como Parker, o pai de Joseph. Não foi fácil ver o que esse homem vivenciou. Mesmo que tenha sido apenas um sonho, de alguma forma me identifiquei com sua perseverança e sua vontade de viver.

É por isso que agora estou falando com você. Quero mostrar-lhe tudo o que Parker me mostrou e compartilhar todos os sentimentos que esse homem viveu ao lado da sua esposa Clara e de seu filho Joseph, um menino de apenas seis anos de idade e portador de síndrome de Down. Um garoto iluminado e exímio conhecedor dos segredos da vida e da morte.

Assim foi solicitado e manifestada a história dessa família em forma de livro.

Sinceramente, eu queria tirar alguns dias de férias e esquecer um pouco as questões do trabalho durante aqueles dias ensolarados, mas o plano espiritual decidiu me presentear de forma inusitada, e eu não podia reclamar um segundo sequer por isso, afinal o plano espiritual tem me presenteado muito ultimamente.

Na noite desse mesmo dia, sentado na varanda e comendo alguns lambaris fritos que pescamos durante a tarde, lembrei-me de uma frase que um amigo artista plástico, que infelizmente não está mais neste mundo, me disse um dia, enquanto pintava um lindo quadro em seu ateliê: "Amigo, às vezes as pessoas me veem sentado nesta cadeira de balanço olhando para o céu e pensam que passo o tempo todo descansando, mas elas não sabem que mesmo parado eu continuo trabalhando. O verdadeiro artista nunca para de trabalhar. Mesmo parado, eu continuo recebendo inspirações para depois transmitir tudo em forma de arte para as pessoas. Eu sempre considerei a vida a matéria-prima da arte. Amigo Carlos, viva a vida em vez de apenas sobreviver a ela. Se assim fizer, garanto-lhe que morrerá velho e feliz. Esqueça de uma vez por todas o mundo ordinário e comece a viver o extraordinário. Há uma magia comandando este mundo, mas poucos conseguem vê-la. Se persistir e tiver coragem, você verá".

Capítulo 2
A velha Wigan

Logo após completar vinte e seis anos de idade e se formar em engenharia civil, como seu pai sempre desejara, Parker estava pronto para deixar os amigos na universidade e seu modesto emprego de fins de semana como jardineiro em Londres e voltar para sua velha casa na cidade de Wigan[1], no interior da Inglaterra.

Havia chegado a hora de arrumar um emprego decente e se realizar profissionalmente para agradar seu pai, pois, como filho único, se assim não fizesse, logicamente ninguém mais o faria.

Parker sempre foi um menino tímido, inteligente e muitas vezes surpreendente. Ele gostava e aceitava a ideia de se tornar um engenheiro bem-sucedido e de ganhar bastante dinheiro construindo casas e edifícios nos arredores de Manchester, mas algo lhe dizia que não era exatamente isso que ele desejava para sua vida.

Contudo, seu destino parecia já estar traçado e predeterminado, com começo, meio e fim. Não à toa, pois, com as ótimas notas da universidade somadas aos maravilhosos projetos que deixaram seus professores estonteados pela perfeição dos detalhes, certamente Parker, um rapaz com quase 1,90 metro de altura, cabelos negros e lisos e ombros largos, em pouco tempo se tornaria um engenheiro bem-sucedido e traria a tão sonhada honra e prestígio para sua família, assim que retornasse para a pacata cidade de Wigan — a cidade onde nasceu e viveu sua infância.

---
1 - Wigan é uma pequena cidade localizada a menos de 25 quilômetros da grande Manchester.

14 de fevereiro de 1984, treze horas. Parker já estava plantado na estação central de Londres há mais de duas horas, pronto para voltar para sua cidade natal após cinco anos vivendo sozinho como estudante na capital. A partir desse dia, ele trocaria o efervescente centro urbano de Londres pelo cotidiano monótono da provinciana cidade de Wigan.

Pobre, Parker tinha apenas alguns trocados no bolso. Os mesmos trocados que vinha guardando há algumas semanas, com muito esforço e que obtivera por meio do seu modesto emprego como jardineiro nos fins de semana.

Em frente ao guichê da estação de trem, Parker tirou da sua mala uma pequena bolsinha de couro, onde costumava guardar algumas libras e um punhado de moedas, e calmamente foi até o caixa para comprar o *ticket* que o levaria de volta para casa.

Nos últimos cinco anos, Parker não visitara seus pais nenhuma vez durante todo o período em que viveu sozinho em Londres, no fundo da casa de uma senhora viúva. Como seus pais eram muito pobres, Parker nunca recebera dinheiro pelos correios para comprar uma passagem e visitá-los durante as férias de verão, como qualquer família tradicional da década de 1980 costumava fazer. Seu pai, o velho Antony Parker, dizia que esse tipo de coisa era um mero luxo disponível apenas para os pomposos filhinhos de famílias ricas das redondezas de Manchester.

Realmente, Antony não podia despender de dinheiro, pois era um pobre mineiro aposentado e doente, para não dizer miserável. E mesmo que tivesse condições financeiras para ajudar seu filho, ainda assim não lhe enviaria dinheiro e não viajaria para Londres para visitá-lo, pois tinha o péssimo costume de dizer que nunca gastaria dinheiro com coisas fúteis e desnecessárias como essa. Para ele, se Parker escolhera cursar a universidade em vez de servir ao exército, era preciso encarar os estudos como se fosse uma espécie de missão, um dever militar a ser cumprido com eficiência e perseverança. Parece inacreditável, mas era exatamente assim que o velho Antony pensava: antiquadamente.

Além de temperamental e muitas vezes mesquinho, era muito comum ouvi-lo dizer para sua esposa Mary a seguinte frase: "Quando um soldado vai para uma batalha, ele precisa estar de corpo e alma. É preciso esquecer as facilidades que uma mãe e uma família podem dar. Um verdadeiro soldado não pode amolecer jamais". Para Antony, cursar uma universidade era uma espécie de missão e não apenas um curso de aprimoramento e aprendizado.

Mary era uma pacata dona de casa, e Antony um pobre mineiro aposentado, que lutara bravamente na Segunda Guerra Mundial e tivera seu único filho após os quarenta anos de idade, um ano após conhecer Mary durante um desfile militar comemorativo em 1957, no centro da velha Wigan, enquanto caminhava segurando a bandeira da Inglaterra na primeira fila do batalhão dos veteranos.

Repentinamente, Antony olhou para a calçada e viu uma moça bem-vestida sorrindo e aplaudindo os soldados que passavam altivos pela avenida principal do centro da cidade. Era Mary, vestida de rosa e com seus lindos cabelos louros amarrados para trás.

Num breve lapso de tempo, talvez alguns milésimos de segundos, seus olhares se entrelaçaram, e eles se apaixonaram enlouquecidamente. Após o desfile, uma amiga decidiu intervir e acabou apresentando Mary para Antony, e, a partir desse dia, eles nunca mais se separaram.

Mary sempre foi uma menina tímida e recatada e agora era uma moça respeitada. Tinha apenas dezesseis anos de idade, mas já se portava como uma mulher madura.

Não fora nada fácil para Antony namorar aquela menina loura de olhos azuis, meiga e reservada. Foram necessários alguns meses para pedi-la em namoro ao pai da jovem e outros tantos meses para conseguir segurar sua mão durante uma sessão de cinema na cidade vizinha de Liverpool.

Depois que saiu do exército, Antony passou a trabalhar arduamente em uma das dezenas minas de carvão existentes nos arredores de Wigan. Foram mais de vinte anos de trabalho, que acabaram transformando-o em um homem muito forte fisicamente. Mesmo não estando mais no exército, Antony continuou disciplinado, eficiente, audaz e destemido como um soldado — mas com algumas sequelas oriundas da Segunda Guerra Mundial.

Mesmo cumprindo exemplarmente sua carreira militar e recebendo várias condecorações, Antony se transformou, com o passar do tempo, em um homem muito solitário e envolto por inúmeras frustrações por não ter conquistado nada na vida após tanto esforço e sacrifício. A única coisa que ele conseguira adquirir em sua vida foi uma pequena casa de madeira na periferia da cidade, próxima à mina de carvão onde trabalhara por mais de duas décadas.

Sua tristeza era constante. Uma estranha melancolia o dominava diariamente, quando percebia que estava fazendo exatamente o que todos os mineiros faziam com suas vidas medíocres, assim que se aposentavam das minas de carvão. Ou seja, trabalhavam arduamente a vida inteira nas minas e, com o pouco dinheiro que conseguiam guardar, compravam uma velha casa próxima às escavações e ali envelheciam. Depois, morriam antes de completarem sessenta anos de idade, devido às complicações respiratórias adquiridas com a inalação de produtos tóxicos durante os anos de trabalho.

Parker, o filho de Antony, até certo ponto conseguia compreender o que se passava com seu velho pai, mas talvez ele não soubesse exatamente a causa de suas angústias. Todavia, ele percebia que algo de errado acontecia com Antony.

Parker sempre foi uma criança tímida e recatada. Em vez de brincar na rua como as outras crianças, ele preferia ficar dentro de casa fazendo desenhos com giz de cera e construindo pequenas casinhas de brinquedo com os pedaços de madeira que sobravam da oficina de seu pai. E, às vezes, ele se escondia atrás do sofá para escutar as conversas e as discussões que aconteciam entre Mary e Antony na calada da noite.

Parker não gostava muito de conversar. Preferia ouvir a falar. Por causa desse comportamento introspectivo e observador, ele aprendeu a ouvir melhor as pessoas e passou a compreender profundamente seus anseios e desejos mais profundos.

Quando Parker completou seis anos de idade, durante uma dessas conversas que aconteciam na calada da noite entre Mary e Antony — as mesmas que muitas vezes se transformavam em brigas e discussões —, ele percebeu que Antony, aquele homem forte e parrudo que demonstrava ser um cara durão, na verdade não era tão forte como parecia.

Nesse dia, escondido atrás do sofá, Parker decidiu se arriscar um pouco mais e viu seu pai chorando como uma criança com a cabeça encostada no ombro de sua esposa Mary. Parker não entendeu o que estava acontecendo e ficou imóvel embaixo do sofá durante alguns minutos, tentando escutar o que seu pai dizia.

Como todo bom soldado, o velho Antony logo percebeu uma respiração estranha por perto e rapidamente se colocou em postura de soldado, limpando as lágrimas com o punho direito. Em seguida, levantou a manta do sofá, surpreendendo o pequeno Parker, que imediatamente arregalou os olhos com medo de apanhar.

Obviamente, Antony não bateria em seu filho. Apesar de muitas vezes ter ameaçado Parker com a cinta, ele nunca fora capaz de agredir o filho fisicamente.

Antony disfarçou, limpou os olhos e disse para seu filho que nada de errado estava acontecendo. Com orgulho, afirmou que era um homem forte e que nada era capaz de derrubá-lo, nem mesmo a falta de dinheiro e de perspectiva da sua família. Na verdade, Antony estava chorando ao lado de Mary por estar se sentindo um homem fraco e incapaz de sustentar sua própria família. Aquela cena emocionante e ao mesmo tempo intrigante marcaria a infância de Parker para sempre.

Mary, por sua vez, sempre foi uma mulher calma e atenciosa e costumava frequentar a igreja católica nos sábados à tarde, com o objetivo de pedir uma saída para sua pobre e miserável família. Antony, no entanto, não gostava que sua esposa fosse à igreja, pois, para ele, Deus nem sequer existia e as missas das quais a esposa participava eram, no fundo, uma enorme perda de tempo.

Quando jovem, Antony sempre se mostrava um homem destemido e corajoso, mas agora estava velho, doente e sendo destruído por uma melancolia desenfreada. A cada dia que passava, ele se sentia mais frustrado e desamparado, como se um inexplicável vazio corroesse suas entranhas.

Antony não tinha mais irmãos e parentes. Seus irmãos morreram na Segunda Guerra e seus familiares foram dados como desaparecidos. As únicas pessoas que restaram em sua vida foram seu filho Parker e sua esposa Mary.

Incrivelmente, Mary também só tinha os dois. Ela perdera os pais na adolescência, quase na mesma época em que começou a namorar Antony. Logo após a morte de seus pais, ela foi morar com seu tio-avô Timothy, que faleceu bem velhinho meses antes de ela se casar com Antony.

O ano de 1984 prometia ser um ano de grandes mudanças para Parker, afinal, ele tornara-se um engenheiro formado e estava voltando à sua cidade para rever seus antigos amigos de infância.

Mary costumava escrever para seu filho em Londres, praticamente todas as semanas. Em uma das cartas, ela disse a Parker que muitos dos seus antigos amigos de infância já estavam casados e alguns já tinham até filhos. Mary contou-lhe também que muitos pararam no tempo e continuaram vivendo como se ainda fossem adolescentes. Nas cartas, Mary sempre recomendava ao filho que não estranhasse a receptividade das pessoas quando ele chegasse a Wigan, principalmente quando encontrasse com as mães dos seus velhos amigos de infância. Parker não entendia direito o que Mary queria dizer, pois, para ele, as coisas continuavam iguais em Wigan.

Após embarcar no trem com quase duas horas de atraso, Parker se ajeitou na poltrona e aguardou a viagem até o destino final: a pacata cidade de Wigan, no interior da Inglaterra.

Ao desembarcar, após uma rápida parada em Manchester, Parker começou a caminhar por seu bairro, andando pelas estreitas ruas que o levariam até sua antiga casa. No entanto, ao se aproximar de sua rua, começou a compreender o que sua mãe lhe dissera nas cartas, ao citar a estranha receptividade que ele poderia receber da vizinhança.

Caminhando pelas ruas estreitas, Parker, segurando uma linda bolsa de couro e vestindo um lindo terno cinza escuro bem alinhado, sapatos de couro engraxados e uma bela gravata vermelha, se assustou com a reação das mulheres debruçadas nas janelas das casas de tijolos à vista, típicas do interior da Inglaterra.

Era perceptível que algo estranho estava acontecendo ali. Ao olhar para as janelas das casas, Parker tentou cumprimentar as senhoras que estendiam roupas e lençóis para secar no varal, mas, estranhamente, todas elas o ignoraram.

Além de sentir o desprezo de toda a vizinhança, Parker teve a sensação de que as ruas, as calçadas e as casas pareciam bem menores que antigamente. Obviamente, ele estava achando tudo esquisito, afinal, agora era um homem crescido e não é mais o adolescente de outrora.

Parker crescera bastante, tanto fisicamente quanto intelectualmente. Por isso, era plausível que sua percepção de mundo tivesse mudado drasticamente desde a última vez em que estivera no bairro onde passara toda a sua infância. O que antes parecia enorme, como o antigo parquinho onde costumava brincar com a mãe, agora parecia uma simples maquete de brinquedo.

Mesmo sentindo a repugnância da vizinhança, Parker continuou caminhando pela rua com a cabeça erguida, já que não conseguia encontrar motivos plausíveis para ser tratado de maneira tão hostil pelas mães dos seus melhores amigos.

As mulheres se debruçavam nas janelas das casas e não olhavam diretamente para Parker, no entanto seus semblantes de inveja eram nítidos e aparentes. No fundo, todas elas estavam com muita raiva dele.

"Mas por que tanta raiva?". Essa era a grande pergunta que pairava na mente de Parker.

Ele continuou a caminhar calado e sussurrou para si mesmo, indignado:

— Qual será o motivo disso? O que aconteceu aqui, enquanto eu estudava em Londres?

Parker não sabia, mas uma das causas da raiva alheia era justamente a oportunidade que ele tivera de estudar na capital e de se formar como engenheiro civil, sendo filho de Mary e Antony, um dos casais mais pobres e miseráveis do bairro. Ou seja, enquanto Parker estudava em Londres, os filhos da vizinhança continuavam com as mesmas "vidinhas" medíocres de sempre, sem terem qualquer perspectiva de futuro.

Alguns dos antigos amigos de Parker estavam trabalhando no centro da cidade como ferreiros e outros como vendedores de lojas e ajudantes de barbearia. Outros acabaram seguindo a mesma profissão dos seus pais e avós e decidiram trabalhar nas minas de carvão. Ou seja, a maioria dos jovens de sua geração estava repetindo a mesma vida cheia de sacrifícios dos seus pais, enquanto Parker não.

Tudo isso estava mostrando que o retorno repentino de Parker ao bairro, vestido como um típico londrino esnobe e magnificente, soava como um desaforo para a maioria dos moradores. Estava claro que Parker não tivera uma boa receptividade na velha Wigan.

Será que ele também sentiria o mesmo desprezo por parte dos seus amigos? Certamente sim, pois, após receber os olhares invejosos e as energias discordantes da vizinhança, ele não deveria esperar boas expectativas.

Todavia, Parker não estava tão preocupado como sua mãe. Na verdade, ele não tinha grandes motivos para se preocupar, pois, além de ser um rapaz tímido e introvertido, nunca tivera muitos amigos em Wigan — o único amigo que ele ainda acreditava possuir se chamava Clark, um rapaz que morava a duas quadras da casa de seus pais.

Parker sempre foi uma criança diferente. Para ele, brincar na rua era perda de tempo. Certamente, ele acabou adquirindo esse tipo de comportamento disciplinado devido aos longos anos de convivência com as doutrinas militares impostas pelo seu velho pai.

Antony, por sua vez, era um homem que dificilmente mostrava os dentes. Era uma pessoa carrancuda, de poucas palavras e muito solitária. Mesmo estando o tempo todo ao lado de sua amada esposa Mary, ele se sentia muito só.

Como passatempo, Antony costumava passar o dia todo enfurnado em uma pequena oficina, que ele mesmo construíra nos fundos de casa. Lá, ele reconstruía as antigas armas de guerra que guardara da época em que servira às forças armadas e fabricava projéteis caseiros dos mais diversos calibres, principalmente balas nove milímetros da famosa submetralhadora britânica *Sten Gun*.

É claro que as balas nunca eram usadas. No fundo, era somente um passatempo, uma espécie de terapia ocupacional que Antony acabou desenvolvendo para aliviar sua solidão e relembrar os momentos de glória passados junto dos amigos de infantaria, de uma época de luta e companheirismo, quando se sentia um homem respeitado e reconhecido por seus superiores. Portanto, os pequenos afazeres dentro de sua oficina particular o faziam se sentir um pouco mais valorizado, além de manter sua mente ocupada.

Durante certo período de sua vida, Mary chegou a acreditar que a oficina era a coisa mais importante para Antony. Isso a deixou angustiada e depressiva por muito tempo, pois seu marido passava praticamente o dia inteiro naquele lugar minúsculo, cheio de poeira, armas, balas e pólvora. Mas, infelizmente ou felizmente, era naquele lugar que as lembranças da Segunda Guerra se eternizavam e se materializavam pelas paredes, em dezenas de armas, roupas, botas, cintos e condecorações penduradas por todas as partes. Uma das peças mais importantes da coleção de Antony era um fuzil da Primeira Guerra Mundial, que seu pai lhe deixara como herança, após ser assassinado brutalmente por soldados alemães dentro de sua própria casa em meados de 1943.

Uma coisa ninguém podia negar: Antony amara e defendera sua pátria com honra e obstinação. No entanto, com o passar do tempo, essa mesma obstinação acabou transformando-se em uma obsessão, pois, em certos momentos, seus devaneios chegavam a beirar a loucura. Às vezes, Antony parecia voltar no tempo e repentinamente começava a reviver as batalhas de que participou. Sempre que isso acontecia, ele vestia as antigas roupas de soldado e passava vários dias dentro da oficina sem tomar banho ou comer. Certamente, ele fazia isso porque tinha certeza de que o inimigo invadiria sua casa a qualquer momento, para matar sua família inteira, exatamente como acontecera com seus pais e irmãos.

Mary não sabia, mas, durante esses períodos críticos que Antony enfrentava, ele apresentava alto grau de esquizofrenia. De forma sensata, ela procurava não interferir, pois o psiquiatra que o acompanhava dizia que as atitudes do velho Antony eram passageiras e, se ele tomasse corretamente os medicamentos receitados todos os meses, poderia ter uma vida normal.

Mary sabia que tudo aquilo era estranho e assustador, mas de alguma forma o isolamento o ajudava a lidar com as lembranças do passado e das crueldades sofridas durante a guerra.

Apesar de todas as amarguras que carregava sobre os ombros, Antony tinha um coração enorme e amava muito sua esposa. Seu problema era não conseguir demonstrar seus sentimentos. De certa forma, era compreensível que ele agisse assim, pois, como ninguém nunca lhe ensinara a amar, Antony não conseguia demonstrar afeto e amor pelas pessoas. Nunca lhe ensinaram a amar, apenas a lutar. Sempre lutar.

Para o velho Antony, eram as pessoas que precisavam se acostumar com sua estranha forma de ser. E mais que isso, elas precisavam aceitar tudo o que ele impusesse sem argumentar ou reclamar. Se porventura alguém o contrariasse, certamente teria sérios problemas pela frente.

Poucas pessoas compreendiam o estranho jeito de ser de Antony, o que o fez ser tachado de velho ignorante e mal-educado na vizinhança. E não à toa, pois, além de bronco e teimoso, ele costumava ser vulgar com as pessoas que se aproximavam dele. Sempre que alguém lhe dirigia a palavra, para argumentar sobre seu estilo de vida ou contrariar suas opiniões políticas, ele não media esforços para retrucar e ser grosseiro com as palavras.

Sendo assim, após anos de má convivência com a vizinhança, Antony e sua esposa acabaram se isolando completamente da sociedade, logo após a partida de Parker para estudar em Londres.

A única pessoa com quem Antony conversava de vez em quando era o velho Jimmy, um senhor de cerca de oitenta anos de idade, que quinzenalmente levava para Antony um punhado de pólvora que costumava sobrar das explosões nas minas. Com essa pólvora, ele passava o tempo fabricando projéteis e balas em sua oficina particular.

Devido ao isolamento dos seus pais e à constante visita do velho Jimmy à oficina de Antony, Parker acabou se tornando vítima de um estigma durante os anos em que estudou em Londres. Sem saber, ele passou a ser chamado pelas pessoas da vizinhança de "o filho estranho do velho maluco do final da rua".

Parker, no entanto, não era como seus pais. Mesmo tendo uma tendência ao isolamento social, ele preservou um grande amigo de infância. Clark, um menino calmo e bem-apessoado, que morava a duas quadras da casa de Parker, era na verdade seu único amigo.

Quando criança, Clark tinha uma visão quase adulta do mundo. Talvez por esse motivo, Parker sentia que ele não o trataria com desprezo como o resto da vizinhança.

Clark era um garoto inteligente, do tipo que não gostava das brincadeiras de rua como a maioria dos meninos do bairro, como se aventurar perigosamente pelos trilhos de trem, que ficavam próximos das pedreiras, ou pular de cima da ponte nas águas geladas do Rio Douglas, durante as tempestades que costumavam chegar arrebatadoras no inverno.

Clark tinha muitas semelhanças com Parker. Uma delas era ficar em casa com a família. Ele gostava de ficar ao lado de seus irmãos mais novos e de sua mãe. O pai de Clark morreu quando ele tinha apenas quatro anos de idade. Como era o filho mais velho dos três irmãos, ele acabou aceitando, com o passar dos anos, ser o "homem da família", transformando-se em uma espécie de protetor de todos. Essa condição de protetor familiar, no entanto, nunca incomodou Clark, pois, para ele, não fora algo imposto. Tudo acontecera naturalmente.

Antes de sair à procura de Clark, seu melhor amigo, Parker precisava rever sua mãe e se apresentar a Antony. Sim, era dessa forma que ele se portava perante o pai sempre que se reencontravam.

Para o velho Antony, reencontrar Parker mais parecia uma convocação militar do que um encontro familiar entre um pai e um filho. Contudo, Parker parecia estar acostumado com as estranhas manias do pai e não se importava com a rigidez e os poucos momentos de carinho que existiam entre eles. Mesmo com a aparente frieza de Antony, de alguma forma parecia existir harmonia naquela pequena família sofrida e desamparada.

Certamente, era por causa dessa harmonia familiar que Parker não se importava tanto com o que as pessoas da vizinhança pensavam sobre ele. Ele adorava seus pais, no entanto era perceptível que seu apreço era maior por Mary do que por Antony.

Parker continuou andando pelas estreitas ruas do bairro e repentinamente olhou para seu lado esquerdo, atraído pelo aroma inconfundível de pães quentes e frescos. De repente, percebeu que estava em frente à famosa Confeitaria Claus.

Sem hesitar, ele parou por alguns segundos, olhou para dentro do estabelecimento e viu o antigo relógio de parede em cima da prateleira, marcando exatamente seis horas e doze minutos da tarde. Sua vontade era entrar na confeitaria e comer alguns pães quentinhos, mas ele precisava economizar.

Parker continuou parado em frente à confeitaria por alguns segundos, mas logo decidiu seguir em frente e apertar o passo para rever sua querida mãe após tantos anos.

Parker já estava próximo de sua velha casa, mas continuava indignado com a indiferença das mulheres debruçadas nas janelas das casas construídas com tijolos vermelhos. Ele não sabia, mas a pergunta que passava pela cabeça de todas elas era muito simples: "Onde aquele velho maluco conseguiu dinheiro para pagar os estudos do seu querido filhinho mimado?".

Certamente, essa era a pergunta que estava passando nas mentes medíocres e rançosas daquelas mulheres. No entanto, nenhuma delas tivera coragem de perguntar ao velho Antony ou à senhora Mary como eles conseguiram pagar os estudos do seu filho na capital.

De certa maneira, eram compreensíveis todas aquelas dúvidas, afinal, era muito estranho um casal pobre e miserável como Mary e Antony ter condição de pagar estudos tão caros em Londres.

Os piores pensamentos passavam pela cabeça dos moradores do bairro, no entanto, ninguém sabia que Antony sempre desejou o melhor para seu filho. Durante todos os anos em que trabalhou na mina de carvão, ele conseguiu guardar centavo por centavo para ser capaz de pagar, no futuro, uma boa universidade para seu único filho. Antony guardou tostão por tostão debaixo de sua própria casa, dentro de um buraco que ele mesmo escavou para esconder o dinheiro e para armazenar os projéteis que costumava fabricar em sua oficina — seu lugar secreto e inviolável.

Foi exatamente com esse dinheiro, guardado por Antony durante vinte anos de trabalho, que Parker teve a oportunidade de estudar em Londres e se formar em engenharia civil. O problema é que ninguém imaginava algo desse tipo, pois a maioria dos mineiros da periferia de Wigan nem sequer conseguia sustentar a própria família com o salário medíocre que recebia. Imagine, então, guardar dinheiro para os filhos estudarem em uma boa universidade, quando se tornassem adultos? Não, isso definitivamente era algo inconcebível, pois a maioria dos mineiros da cidade tinha mais de um filho e, por isso, suas dificuldades financeiras eram imensas.

Parker não se intimidou com os olhares de estranheza da vizinhança e decidiu acelerar o passo, mas pisando com cuidado entre as frestas da calçada para não estragar seus sapatos novos e brilhantes. Seu objetivo era chegar o mais rápido possível em casa, abrir a porta e dar um forte abraço em sua mãe.

Durante o tempo em que Parker viveu em Londres, ele e Mary raramente se falavam por telefone. Para ela, telefonar só era possível quando Antony lhe dava algumas moedas para comprar frutas e legumes no mercado. Com o troco que sobrava, ele ia até a central telefônica do centro da cidade e fazia uma breve ligação interurbana para Londres para falar com o filho.

As finanças da casa eram muito controladas. Antony não tinha qualquer renda extra, e sua família sobrevivia apenas com sua aposentaria, que, por sinal, mal dava para pagar as contas básicas da casa e os medicamentos para controlar sua esquizofrenia.

Assim que Parker virou a esquina e avistou a velha casa de madeira que seu pai construíra com as próprias mãos, seus olhos ficaram mareados. E seus passos, antes largos e compassados, repentinamente diminuíram, como se Parker subitamente estivesse entrando num filme em câmera lenta.

Imediatamente, as lembranças de infância começaram a vir à tona, e ele se viu andando de bicicleta pela rua esburacada em frente à sua casa. Em seguida, ele olhou para o lado e se viu brincando na chuva e caindo na lama gelada ao lado do seu amigo Clark. Quase hipnotizado pelas memórias de infância, Parker começou a lembrar-se dos gritos desesperados de sua mãe, pedindo--lhe para que entrasse em casa porque temia que um raio o atingisse. Lembranças puras de uma infância repleta de momentos lúdicos e de amor incondicional.

Praticamente em transe, Parker parou em frente à balança onde costumava brincar com sua mãe e ficou estático por alguns segundos, até ouvir uma voz feminina surgindo ao longe:

— Parker, meu filho, é você?

Ele olhou para trás e viu Mary abrindo a porta de casa e acenando com as mãos.

Subitamente, Parker saiu do seu repentino transe e correu em direção à sua mãe para abraçá-la com força e carinho.

Chorando de alegria e envolta pelo abraço do filho, Mary se emocionou, mas logo se afastou. Olhando para seu filho, passou a mão em seu cabelo negro e brilhante e disse:

— Meu filho, você está lindo! Você se tornou um homem!

Parker estava com um corte de cabelo diferente dos rapazes do bairro. O cabelo estava comprido na frente e raspado nas laterais, lembrando o típico corte militar dos anos 1950, com topete bem penteado para cima, que remetia ao antigo estilo James Dean.

— Sim, mamãe. Estou diferente — ele afirmou.

— Você está muito diferente, Parker!

— Eu também percebi, assim que parei próximo à balança do parquinho — Parker respondeu sorrindo e emocionado.

— Parecia que estava hipnotizado! O que houve com você, Parker?

— Não sei, mamãe. De repente, parei em frente à balança, e as memórias de infância me levaram ao passado, como se eu estivesse revivendo momentos de extrema alegria de quando era criança e brincava naquele parquinho com a senhora.

— Que bom que você está bem, Parker! Eu fiquei preocupada quando o vi parado no parquinho!

— Sim, está tudo bem. Por que pergunta isso, mamãe?

— Pensei que estivesse arrependido de ter voltado para casa.

Na verdade, Mary tinha muita preocupação de que Parker começasse a apresentar os mesmos sintomas de esquizofrenia que seu pai apresentava, assim que alcançasse a idade adulta. Mesmo que o psiquiatra de Antony dissesse que sua doença não era hereditária, Mary convivia com essa constante preocupação.

— Não se preocupe comigo, mamãe. Está tudo bem. Que bom estar ao seu lado outra vez!

Parker abaixou um pouco a cabeça e olhou instintivamente pelo vão da porta, vendo o velho Antony sentado na poltrona da sala na mesma posição que sempre costumava ficar.

Era incrível! Ele estava no mesmo lugar e do mesmo jeito que estava, quando Parker partiu para morar em Londres há cinco anos, no dia 4 de fevereiro de 1979. Nesse dia, Antony nem se levantou da poltrona para se despedir do filho. Agora, a cena se repetia. Antony também não se levantou da poltrona para ir até a porta da casa e dar as boas-vindas ao filho.

Parker disfarçou e olhou para Mary, tentando evitar que ela percebesse sua indignação ao ver o pai completamente desinteressado ao notar que ele estava de volta ao lar.

Demonstrando certo ressentimento, o rapaz abaixou a cabeça, e Mary disse:

— Parker, entre e cumprimente seu pai. Ele está com muitas saudades de você, sabia?

— Eu imagino que ele esteja! — Parker sussurrou nitidamente angustiado.

— O que você disse, filho?

— Nada, mamãe! Está tudo bem. Vou entrar.

Ao ver Parker entrando pela sala, Antony colocou os jornais sobre as coxas, olhou para o filho e sorriu sem graça. Nenhum dos dois conseguia olhar diretamente nos olhos do outro. Inexplicavelmente, um silêncio perturbador se instalou na sala, e ambos ficaram calados, com o olhar completamente perdido.

Antony, sem dúvida, era mais orgulhoso que Parker. Na verdade, ele era um especialista nesse quesito, pois, como um soldado durão e destemido, nunca deixaria seu maior patrimônio se esvair assim tão facilmente: seu orgulho e sua dignidade estavam sempre à prova. Ou seja, seu objetivo era manter-se firme até Parker ficar sem reação e se sentir na obrigação de dizer alguma coisa.

Foi exatamente o que acabou acontecendo. Em poucos segundos, Parker ficou sem reação e, inconscientemente, levantou a mão direita, batendo continência para seu pai como se fosse um soldado, e disse:

— A missão foi cumprida, senhor!

Mary achou estranho, pois nunca vira seu filho se portar daquela maneira perante o pai.

No fundo, era exatamente aquilo que Antony queria ouvir do seu filho: que a missão fora cumprida e que ele conseguira se formar em engenharia na universidade. Mas, como Parker se sentia inseguro perante o pai, ele não conseguia dizer certas coisas por meio de palavras, por isso levantara a mão involuntariamente, batendo continência em sinal do cumprimento do seu dever. Um ato realmente estranho, mas que acabou quebrando o silêncio inquietante que pairava na casa.

Antony respondeu satisfeito:

— Que bom que você está de volta, Parker. Seja bem-vindo ao nosso lar.

Mary se aproximou e disse a mesma coisa ao filho. Nesse momento, Parker sentiu um alívio e uma forte sensação de aconchego e proteção. Mesmo que o mundo todo estivesse contra ele nesse momento, nada seria capaz de derrubá-lo, pois agora estava junto de sua família e se sentia protegido ao lado deles. E mesmo que sua pequena e pobre família fosse diferente de todas as outras, era sua família e ele se sentia grato por isso.

Mary percebeu o contratempo e tentou quebrar a tensão entre o pai e o filho:

— Venha comer alguma coisa, filho. Estou achando você muito magro.

— Minha nossa! Era exatamente isso que eu queria ouvir, mamãe! Você dizendo: "Venha comer um pouco, meu filho!". Com certeza, era tudo o que eu queria ouvir ao entrar nesta casa. Estou morrendo de fome, mamãe.

Mary era a típica dona de casa de antigamente: uma senhora doce, calma, atenciosa e amorosa. Uma mulher singela que aceita tudo de bom grado e nunca reclama da vida, bem diferente da maioria das mulheres do bairro.

Mesmo enfrentando uma vida de penúria e sofrimento ao lado de Antony, Mary nunca reclamava do marido e da falta de perspectiva em sua vida. Ela não costumava perder seu tempo falando mal de outras pessoas; Mary só sabia agradecer pela vida que tinha, mesmo tendo plena consciência de que era uma vida penosa e sacrificante. Na verdade, era praticamente impossível ouvi-la reclamar da vida e da situação que envolvia sua família. Ela vivia agradecendo.

Mary Aretha Parker era um exemplo de mulher e mãe. No entanto, era perceptível que, durante os últimos cinco anos, ela envelhecera drasticamente. Seus lindos cabelos louros, longos, lisos e brilhantes de outrora, agora estavam brancos, secos, quebradiços e bem mais curtos que o normal.

Enquanto esquentava o café no fogão, Parker olhou disfarçadamente para a mãe e percebeu que ela estava muito maltratada. Mary já não se cuidava mais como antes. Seu rosto estava coberto por rugas e marcas de expressão e seu corpo começava a se encurvar, pois ela engordara mais de vinte quilos nos últimos meses. Tudo era reflexo do que ela vinha enfrentando nos últimos tempos, tendo que cuidar sozinha de Antony e suportar suas loucuras, seus devaneios e seu terrível mau humor.

— Parker, meu filho, o café está pronto.

— Obrigado, mamãe.

— Sabe quem veio aqui hoje pela manhã perguntar por você? — Mary questionou, enquanto enchia uma xícara de café.

— Quem, mamãe?

— Seu amigo Clark.

— Verdade? Ele veio me procurar?

— Sim. Ele disse que faz muito tempo que não o vê. Me assustei quando a campainha tocou e abri a porta para atendê-lo. Ele disse que vocês se falaram por meio de cartas algumas vezes e por isso sabia que você estava voltando para Wigan.

— Clark é um cara legal. Sempre gostei dele.

— Ah! Ele está querendo muito falar com você.

— Eu sei. Nós nos falamos algumas vezes e trocamos algumas cartas. Obrigado por me avisar, mamãe. Amanhã pela manhã, irei até a casa dele para conversar um pouco. Agora, quero comer uma dessas deliciosas rosquinhas de coco e depois deitar na minha antiga cama para descansar da viagem. Sabe como o trem é cansativo, não é, mamãe? — Parker sorriu, demonstrando satisfação e alegria por estar ao lado de sua mãe outra vez.

Ele tomou sua xícara de café, comeu algumas rosquinhas de coco e caminhou em direção ao seu antigo quarto. No entanto, assim que atravessou a porta da cozinha, parou na sala em frente à poltrona do velho Antony e pediu licença ao pai, como sempre costumava fazer. Antony permaneceu calado e apenas abaixou a cabeça, autorizando a passagem de Parker em frente à TV. Com medo, Parker caminhou e seguiu tranquilamente pelo corredor até chegar ao quarto.

Capítulo 3
Clark

— Stephen!

— Oi, Clark. Como está?

— Que surpresa recebê-lo em minha casa, Stephen! Entre, meu amigo. Não precisa ficar envergonhado. Entre logo! Está muito frio aí fora.

Somente seu amigo Clark o chamava de Stephen. Parker, na verdade, era seu sobrenome por parte de pai, e Stephen era seu primeiro nome.

Parado à porta da casa do amigo, Parker começou a sentir seu rosto esquentar e a ficar vermelho de vergonha. Ele ficou desconcertado perante a bela mulher que estava sentada no sofá da sala ao lado de duas lindas crianças. Uma menina e um menino, que tinham aproximadamente dois e três anos de idade.

Logo atrás da linda moça, que aparentava ter vinte e seis ou vinte e sete anos, Parker viu a mãe de Clark acenando e sorrindo para ele. E, no final do corredor, surgiram os dois irmãos mais novos do amigo.

A casa de Clark parecia bem diferente de como era antigamente. Ele decidira reformá-la, pois sua família parecia ter crescido bastante nos últimos cinco anos.

— Que bom que está aqui, Stephen! Quero lhe apresentar minha esposa Christine e as crianças. Este é George e esta é Samantha.

— Não acredito no que estou vendo, Clark! Você está casado e já é pai de duas crianças? É isso mesmo? Por que não me contou sobre isso nas cartas?

— Eu queria lhe fazer uma surpresa!

— Mas que surpresa, hein?

— Pois é, amigo! O tempo passa e as coisas mudam. Agora, estou casado e feliz, como você mesmo pode ver. Nossa família está crescendo rapidamente — Clark disse sorrindo com orgulho.

Clark puxou Parker pelo braço para dentro da casa e o levou até a cozinha, para que ele se sentisse mais à vontade e menos envergonhado perante a linda Christine.

Já na cozinha, Clark colocou as mãos sobre os ombros de Parker, forçando-o a se sentar na cadeira onde as crianças costumavam lanchar.

— Vamos, Parker, sente-se! Você parece muito tenso.

— Confesso que fiquei sem graça perante sua esposa. Foi uma surpresa encontrar uma mulher tão bonita dentro da sua casa.

— Não se preocupe com ela, Parker. Eu preciso lhe perguntar uma coisa. Na verdade, são duas coisas. Desculpe-me ser tão direto, mas vou logo dizendo...

— Pode perguntar, Clark. Mas por que tanta afobação? Você sempre foi um cara calmo... Por que está tão ansioso e inquieto? O que foi, amigo? Parece tão mudado!

— Você tem razão. Eu era um cara meio parado, mas agora não sou mais aquele bobão que você conheceu.

— Como assim, Clark?

— Eu mudei, amigo. Mas não se preocupe! Eu continuo o mesmo Clark de sempre. Ainda sou seu amigo.

— Ainda bem. Então diga, Clark.

— Bom, é o seguinte...

— Por favor, fale devagar e sem afobação, Clark.

— Sabe o que é, Stephen? Quando o amor invade o coração de um homem, ele muda completamente. Talvez você não saiba, mas o homem fica diferente quando está apaixonado. Não sei explicar direito o que é, mas as mulheres nos transformam totalmente. Sabia disso?

— Você está dizendo que foi Christine quem fez isso com você?

— Sim, é exatamente isso. É justamente sobre isso que quero conversar com você.

— Não estou entendendo, Clark.

— Eu quero que você sinta o mesmo que eu venho sentindo.

— O que você vem sentindo?

— Eu descobri o amor, Parker. Agora, eu vivo intensamente a vida! Entende?

— Não muito.

— Antes, eu não vivia, eu apenas sobrevivia. Na verdade, sentia como se estivesse morto.

— Morto? Como assim?

Parker estava achando aquela conversa muito estranha, afinal Clark sempre foi um rapaz centrado e nunca foi de muitas palavras. Agora, no entanto, estava se mostrando afobado e falava várias coisas sem sentido.

Era estranho. Clark não parecia estar agindo naturalmente; parecia artificial e forçado. Parker, no entanto, não queria estragar o entusiasmo do amigo e decidiu não interrompê-lo.

Clark disse:

— Fique sentado aí, Parker. Não se levante. Quero lhe fazer duas perguntas.

Clark abriu a geladeira, pegou duas cervejas e encheu o copo de Parker. Depois, indagou:

— Quer dizer que agora você é um engenheiro? Isso é verdade, Parker?

— Sim. Acabei de me formar na universidade. Por que está me perguntando isso?

— Por nada, apenas curiosidade.

— O que isso tem a ver com as perguntas que você deseja me fazer?

— Sou seu melhor amigo ou não?

— Sim, você é. Por quê?

— Queria apenas confirmar, Stephen.

— Confirmar o quê? Como assim?

— Sabe como é... as pessoas andam falando por aí que você foi para Londres para trabalhar como jardineiro e não para estudar na universidade. Andam dizendo que você foi trabalhar duro para juntar algum dinheiro para sua mãe, porque aparentemente ela não tem dinheiro para nada e está sofrendo muito na mão do seu pai. Ouvi também que seu pai é um maluco pão-duro, que não consegue sustentar nem mesmo a própria casa.

— Que absurdo! Que povo medíocre!

— E tem mais, amigo... Estão dizendo por aí que, por se sentir envergonhado, seu pai decidiu mandá-lo para Londres para trabalhar de jardineiro, para que ficasse bem longe de Wigan, justamente para não envergonhar a família.

— Que absurdo, Clark! Você acreditou nessa história?

— Eu não acreditei — Clark respondeu ofegante e desconfiado.

— Que bom que você não acredita nessa gente. Agora, você já sabe a verdade: eu sou um engenheiro civil, e você não precisa mais duvidar da minha palavra. Certo?

— Eu acredito em você, Stephen. Mas eu precisava tirar essa dúvida pessoalmente.

— O que mais você quer saber, Clark?

— Bom, a segunda pergunta é bem mais leve.

— Pode perguntar.

— Por acaso, você já namorou alguém, Stephen?

— O quê? Que pergunta idiota é essa, Clark?!

— Eu sei que você é um cara muito tímido e não deve ter namorado ninguém em Londres.

Parker levantou as sobrancelhas, como se fosse retrucar a pergunta, mas se controlou.

— Que pergunta idiota, Clark! É lógico que eu já namorei alguém.

Como todo homem, Parker não queria ficar "por baixo" perante seu melhor amigo, ainda mais vendo que ele já estava casado com uma mulher muito bonita e bem-apessoada, que vestia roupas muito exuberantes para os padrões financeiros de Clark. Parker era observador e percebera que Christine estava usando roupas caras e sapatos finos, que só eram encontrados nas ruas mais famosas de Londres.

Parker sabia exatamente o que estava vendo, pois morara próximo às ruas londrinas repletas de lojas de grife. Portanto, ele sabia diferenciar uma marca popular de uma marca famosa.

Parker continuou a conversa com Clark e respondeu:

— Sim, eu namorei uma menina na universidade por alguns meses. Por que está querendo saber de minha intimidade agora?

Clark era persuasivo e sabia que Parker estava mentindo. Mesmo assim, decidiu perguntar novamente, mas de forma diferente:

— Tudo bem, Stephen. Quer dizer que você já namorou, mas não namora mais. É isso que está me dizendo?

— Isso mesmo. Não estou mais namorando. Por que você quer tanto saber?

— Porque Christine quer apresentá-lo a uma garota, uma amiga dela que mora em Manchester. Seu nome é Clara Harrison. Neste fim de semana, haverá uma festa de casamento no centro da cidade, e ela gostaria muito que você viesse conosco. É o casamento de Sophia, a irmã de Clara Harrison. Ela nos convidou e disse que, se quiséssemos, poderíamos convidar mais alguém.

— Sábado à noite?

— Sim.

— Quem é Clara Harrison, afinal?

— Uma amiga de infância de Christine. Elas sempre foram muito amigas. Na verdade, são como irmãs, pois cresceram e estudaram juntas durante a vida toda.

— Estou entendendo.

— Elas acabaram de se formar em arquitetura. Desde que conheci Christine, ela sempre fala de Clara, sua melhor amiga. Outro dia, fomos até a casa dela para uma reunião e, no meio da conversa, acabei comentando sobre você. Eu disse que você era meu melhor amigo, que estava estudando em Londres e que dentro de pouco tempo se tornaria um grande engenheiro civil.

— Você disse isso para ela?

— Sim. E você não vai acreditar! Quando eu disse a palavra engenheiro, Clara arregalou os olhos e disse: "Clark. Como é esse seu amigo? Além de ser um futuro engenheiro, será que ele é bonitinho? Fale-me um pouco sobre ele".

— O que você respondeu pra ela?

— Eu falei um pouco sobre você, sobre seu estilo meio James Dean intelectual e seu gosto por rock e soul.

— O que ela respondeu?

— Confesso que ela ficou bem interessada em conhecê-lo.

— Verdade?

— Sim, é verdade.

— Ela quer me conhecer?

— Amigo, cá entre nós, além de Clara ser uma mulher muito bonita, ela será uma mulher muito rica no futuro.

— Por quê?

— Porque o pai dela é um milionário. Um dos maiores empresários do ramo da construção civil da grande Manchester. O senhor

Thomas é dono de uma das maiores construtoras da região e possui centenas de imóveis espalhados pelo país.

Parker estava achando a conversa de Clark muito estranha, mas já estava acostumado com aquele tipo de ladainha, pois em Londres todo mundo era filho desse ou daquele grã-fino milionário. Um era filho do dono das maiores indústrias têxteis do país, outro era filho do maior banqueiro, outro era filho do melhor médico da cidade, e assim por diante. Somente Parker era uma exceção. Um rapaz pobre e miserável, filho de um soldado aposentado e de uma simples dona de casa do interior da Inglaterra.

Em sua inocência, Parker estava começando a perceber que o mundo e as pessoas agiam apenas por interesse e não mais por amor como sua mãe lhe ensinara.

Intrigado, Parker respondeu ao amigo:

— Obrigado pelo convite, Clark. Prometo que vou pensar sobre o convite de casamento. De qualquer forma, diga a Christine que darei uma resposta até amanhã. Tudo bem? Pode ser assim?

— Claro. Não tenha pressa para decidir.

Parker se levantou da cadeira, despediu-se de Christine em meio às brincadeiras das crianças e retornou para casa para ficar ao lado da sua mãe.

Em casa, Mary abordou o filho:

— Parker, meu filho, você está tão pensativo. O que aconteceu na casa do Clark?

— Clark está muito diferente, mamãe! Nós nos falamos por cartas, e ele parecia ser a mesma pessoa... Mas agora está casado, com esposa e filhos, e está completamente mudado. Não parece mais a mesma pessoa. Será que é apenas impressão minha, ou será que é normal que as pessoas mudem à medida que vão ficando mais velhas?

— Meu filho, esse é o segredo da vida, e poucas pessoas se dão conta disso.

— Como assim?

— As pessoas pensam que mudam com o tempo, mas elas não mudam. Quanto mais o tempo passa, mais as pessoas vão se transformando naquilo que elas realmente são. Não estranhe nem se assuste com isso, meu filho. A vida vai lhe mostrar coisas que você nunca imaginou. As pessoas não são o que elas aparentam ser. Com o tempo, elas vão se transformando no que realmente são, e ficamos assustados com o que vamos presenciando com o passar dos anos. Você mesmo comprovará o que lhe estou dizendo e verá com seus próprios olhos.

— A senhora está dizendo que, quando crianças, somos puros e inocentes e que, à medida que nos tornamos adultos, as máscaras vão caindo e a verdade de cada um se revela? É isso?

— Exatamente isso, meu filho. Esse tipo de coisa acontece com todas as pessoas. Não é privilégio de poucos.

— Verdade?

— Sim! Com você também acontecerá o mesmo um dia. Por isso, estou lhe dizendo para não se assustar com as tramas que a vida costuma impor a todos nós. Sugiro que você se prepare, pois certamente a vida o surpreenderá bastante pelo caminho.

— Como assim, mamãe? Não estou entendendo.

— Filho, quando a gente menos espera, a vida muda de rumo, e temos que encontrar novas saídas. Na verdade, não é a vida que nos coloca em situações boas ou ruins. É tudo uma questão de escolha e permissão. A vida apenas manifesta aquilo que precisa ser manifestado.

— Mesmo as coisas ruins?

— Sim, mesmo as coisas ruins. No fundo, é tudo um grande aprendizado. A vida nos coloca em situações adversas para aprendermos. Por exemplo: se ela o coloca numa situação de medo, isso significa que a vida está querendo que você produza mais coragem. Se ela o coloca para viver em solidão, isso significa que ela está querendo mostrar que você é uma pessoa orgulhosa e egoísta. Basta prestar atenção e ter coragem de compreender o que a vida está querendo mostrar a você. Tudo tem um propósito, mas a maioria das pessoas não consegue enxergar esse propósito. Entende?

— Mais ou menos, mamãe.

— E se eu lhe dissesse que todo sofrimento é na verdade um processo de cura? Você acreditaria nisso?

— Não saberia responder-lhe, mamãe.

— Pois saiba que sim.

— Acha que papai não sofre? Acha que ele está sendo curado de algo? É isso que a senhora está dizendo?

— Sim, seu pai está sendo curado. Na verdade, é a alma dele que está sendo curada, mas Antony não tem lucidez suficiente para compreender essas coisas.

— Entendo.

— Parker, eu estou lhe dizendo essas coisas, porque ninguém lhe dirá isso nas ruas. São coisas que aprendemos vivendo. Como já vivi bastante, estou tentando adiantar-lhe um pouco do que aprendi na minha vida. Posso ser uma simples dona de casa, mas tenho um pouco de conhecimento.

— Nossa! Onde você aprendeu essas coisas, mãe? Na igreja? Por que a senhora nunca me disse isso antes?

Parker estava assustado, pois, para ele, Mary era apenas uma dona de casa que cozinhava muito bem e que passava o tempo todo cuidando do seu marido ranzinza com muito sacrifício. Somente isso. Ele nunca imaginara que sua mãe era uma mulher sábia e uma exímia admiradora da filosofia e dos conhecimentos espirituais.

— Meu filho, não aprendemos essas coisas na igreja e nos templos. Só aprendemos essas coisas vivendo. A vida é uma eterna professora.

— Que interessante, mamãe!

— Quer saber mais, Parker?

— Sim, eu quero.

— Neste caso, vou lhe falar algo sobre Deus, meu filho.

— Deus?

— Sim. Deus não é um homem de cabelos longos e barba branca, como costumam dizer por aí. Um senhor poderoso, que passa o tempo todo sentado num trono de ouro, flutuando sobre as nuvens, vigiando e castigando as criaturas que um dia Ele mesmo criou, como se suas criaturas fossem eternas pecadoras. Deus não é isso, meu filho. Deus é a própria vida e a Natureza. Está entendendo o que estou tentando lhe dizer?

— Acho que sim, mãe. Pode continuar.

Mary olhou para os lados para ver se Antony não estava perambulando pela casa e escutando a conversa, pois sabia que seu marido não gostava daquele tipo de assunto. Assim, ela preferia evitar qualquer motivo para novas discussões. Na verdade, Antony,

39

além de ser um homem ranzinza, era um das pessoas mais descrentes da periferia de Wigan.

Mary continuou:

— Sabe, meu filho, a vida não é igual para todos... Para alguns, ela é boa e abundante, mas para outros ela é difícil e sacrificante. Para alguns, ela é linda, exuberante e realizadora, mas para outros é desafiadora e cruel. Mas acredite que cada um está onde deve estar e merece conviver com as pessoas que estão ao seu lado, nem que seja apenas temporariamente. Viemos para esta vida para viver com as pessoas de que gostamos e com as pessoas de que não gostamos. Tudo é uma questão de escolha. Uma escolha que nós fazemos antes de nascer. Convivemos com pessoas que nos fazem sentir muito bem, mas também convivemos com pessoas que nos fazem sentir muito mal. De qualquer forma, todas elas já conviveram conosco em vidas passadas. A diferença é que as pessoas que nos fazem sentir bem são pessoas que já conhecemos e aprendemos a amar, e aquelas que nos fazem sentir mal são pessoas que também já conhecemos, mas que nós ainda não aprendemos a amar. Compreende?

— Continue, por favor. Estou adorando, mamãe — Parker sussurrou baixinho tentando não chamar a atenção do pai.

— Não importa, meu filho. De qualquer forma, todas as pessoas acabam passando por aprendizados na vida. Nem todas precisam aprender as mesmas coisas e passar pelas mesmas situações. A vida é cheia de segredos, e esses segredos não são revelados tão facilmente para as pessoas.

Parker balançou a cabeça, pedindo a Mary que continuasse.

— Pois bem, meu filho... Estou lhe dizendo tudo isso, para que saiba que com você não será diferente. Mesmo que eu tente poupá-lo das dificuldades que a vida lhe apresentará, não tenho como evitar o que já está escrito e determinado. Você viverá sua própria vida e, por meio de suas escolhas, alcançará muitas vitórias, mas enfrentará muitas derrotas e desilusões também. Isso é inevitável, pois, somente vivenciando o bem e o mal, você alcançará algum aprendizado durante esta vida. Entende?

— Sim. Estou entendendo, mamãe.

— Não importa se você está entendendo tudo o que lhe estou dizendo neste momento. O importante é que no futuro essas palavras serão muito úteis a você.

As palavras de Mary pareciam inundar a sala, como se fosse um imenso tsunami de sabedoria. Parker ficou atônito perante a mãe, pois nunca vira Mary falando daquela maneira. O que mais o intrigara foi perceber que não parecia ser exatamente sua mãe quem estava falando tudo aquilo. Sim, logicamente era ela, mas para Parker era como se Mary estivesse sendo inspirada por alguém que não podia ser visto.

Parker perguntou:

— Mamãe, eu gostaria de saber por que a senhora está me dizendo essas coisas justamente agora? Qual é o propósito disso? Desculpe, mas fiquei meio confuso agora.

Mary respirou profundamente e não respondeu a pergunta de Parker. Ela abaixou a cabeça, sentou na poltrona de couro onde Antony costumava sentar-se e colocou a mão na nuca, demonstrando um pouco de tontura. Em seguida, ela fechou os olhos e respondeu ofegante:

— Não sei por que estou dizendo tudo isso, Parker. Talvez, você precise ouvir tudo isso. Tente não se preocupar e não fique sugestionado. Estou muito cansada. Acho que preciso dormir, querido.

— Tudo bem, mamãe, vá descansar. Você trabalhou muito hoje. Vou tomar um copo de água e depois vou para meu quarto dormir.

Parker sentou-se na cadeira da cozinha e ficou alguns minutos pensando sobre as coisas que Mary lhe dissera. Ele bebeu um copo de água, colocou as mãos nos joelhos, levantou-se e foi para seu quarto.

Capítulo 4
O marinheiro de Liverpool

Parker adormeceu rapidamente, e o corriqueiro sonho de infância surgiu outra vez na madrugada.

— Feche os olhos e não sinta mais medo, meu filho... — dizia um homem de cabelos longos e cacheados para um menino de aproximadamente dezesseis anos de idade, que estava sentado em um banco de madeira numa praça ampla e arborizada.

Os cabelos do homem batiam suavemente nos ombros, devido ao vento frio que vinha do Norte. O homem era simples e aparentava ter cerca de quarenta anos de idade. Estava em pé atrás de um banco de madeira pintado de verde militar, com pés feitos de metal e trabalhados em um estilo clássico. Atrás dele, havia um belo jardim repleto de flores amarelas e vermelhas e um pequeno gramado bem aparado. Parecia uma praça ou um bulevar, onde muitas pessoas iam e vinham. Pelo estilo das roupas que as pessoas estavam usando, parecia ser um lugar bem distante da Inglaterra.

Ao fundo, era possível ver uma espécie de casa torta, onde havia uma placa de madeira entalhada com algumas palavras escritas. Em cima da casa, havia uma chaminé, cujo topo abrigava um galo dos ventos que apontava para o Sul, o que confirmava que o vento estava vindo do Norte.

Ao mesmo tempo em que o homem de cabelos longos tentava acalmar o menino que estava sentado à sua frente, uma moça começava a gritar ao longe com um tom de voz agudo, que aumentava gradativamente à medida que ela se aproximava dos dois. Ela gritava com veemência:

— Pare! Pare! Deixe-o em paz!

De repente, os gritos da moça começaram a se misturar com outros gritos estridentes que vinham da casa vizinha de Mary. Estranhamente, os gritos da vizinha começaram a ressoar junto com os gritos da moça do sonho, que corria em desespero pela praça dizendo:

— Pare! Pare! Deixe-o em paz!

Do lado de fora, a senhora Susan, a vizinha de Mary, gritava estridentemente para seu cachorro parar de latir. O estranho é que os gritos agudos de Susan se misturaram aos gritos da moça do sonho, tornando tudo muito confuso. Enquanto isso, Parker tentava continuar dormindo.

Aquilo o deixara com muita raiva. Além de acordar com os gritos da vizinha, Parker não conseguira decifrar novamente por que aquele homem de cabelos longos conversava com o menino que estava sentado no banco da praça. Ele também não conseguira identificar quem era a linda moça que gritava desesperadamente para aquele homem sair de perto do menino, pedindo-lhe para parar.

O mais estranho e perturbador é que aquele mesmo sonho costumava se apresentar constantemente para Parker, que, por sua vez, ainda não conseguira compreender seu real significado. Parecia uma espécie de *déjà-vu* ou de uma retrocognição. Mesmo sendo apenas um sonho, aquilo de certa forma parecia muito real e familiar.

Parker se levantou bravo por ter sido acordado com os latidos do cachorro e com os berros da senhora Susan. Ele levantou-se, colocou os pés no chinelo de pano que sua mãe costumava deixar embaixo da cama, saiu em direção ao banheiro, mas tropeçou num pequeno tapete. Enfurecido, ele foi até a janela do quarto e gritou demonstrando muita raiva da vizinha:

— Droga! O que está acontecendo aqui, afinal? Faça alguma coisa para esse cachorro maluco parar de latir, minha senhora! O que ele tem? Que droga! Olha que horas são! Nem amanheceu ainda, e a senhora não para de gritar com esse cachorro maluco e esfomeado!

Era tão cedo que o sol nem sequer surgira no horizonte.

Acordado no meio da madrugada com latidos ensurdecedores e gritos ardidos, Parker resmungou e chutou o tapete para longe:

— Droga! Agora não consigo mais dormir. Sabe o que vou fazer? Vou me levantar e aproveitar o dia para fazer algo interessante.

Parker resolveu calçar seus sapatos pretos de bico fino, vestiu uma calça jeans e sua velha jaqueta de couro e sussurrou para si mesmo:

— Vou tomar uma xícara de café e depois vou até a casa de Clark para conversar com mais calma. Vou dizer a ele que decidi ir a tal festa de casamento e depois vou convidá-lo para dar uma volta em algum lugar. Quem sabe Clark topa ir comigo até Liverpool? Isso se ele não estiver trabalhando. Será que Clark tem um emprego? De tão afobado que ele estava, não tive sequer a chance de perguntá-lo sobre isso.

Vinte minutos depois...
— Bom dia, Clark. Como está?
— Estou bem. E você, Stephen? — Clark estava vestindo um pijama listrado azul e branco.
— O que você está fazendo aqui tão cedo? Não está vendo que estou dormindo?
— Estou aqui por um bom motivo.
— Que motivo?
— Vim lhe dizer que decidi ir à tal festa de casamento com vocês em Manchester, no sábado. Achei que ficaria feliz de saber.

Clark passou as mãos nos olhos grudados de sono, levantou as sobrancelhas, olhando Parker de baixo para cima. Com desconfiança, perguntou:

— É só por isso que você veio até aqui? Está acontecendo alguma coisa, cara? Você veio a essa hora da manhã à minha casa, só para me dizer que decidiu ir à festa de casamento?
— Sim, Clark.
— Está bêbado ou o quê? Você nunca aceitou esse tipo de convite e sempre ficou sozinho em casa nos fins de semana. Eu sei que você não gosta de festas e sempre fugiu das mulheres por causa da sua timidez. O que está acontecendo com você, amigo? Estou estranhando seu comportamento repentino.

Parker balançou a cabeça, como se estivesse confirmando tudo o que seu amigo estava dizendo:

— Tem razão, Clark... Eu sou exatamente assim como você descreveu, mas estou querendo mudar e preciso superar alguns medos. Se eu não mudar daqui em diante, minha vida não andará para frente. Não posso mais ficar isolado do mundo e das pessoas.

— Que bom que você reconhece isso, Stephen.

— Bem, agora que você já sabe qual é minha decisão, por favor, avise a Christine que eu estarei aqui às dezoito horas do sábado para irmos à festa. Tudo bem?

— Tudo bem. Está combinado.

— Mas em troca, quero que você faça uma coisa.

— O quê?

— Quero que vá comigo até Liverpool. Podemos pegar o trem que sai da estação em uma hora e voltar para Wigan no final da tarde. Que tal, Clark?

— Gostaria muito, mas preciso...

— Clark, não aceito *não* como resposta. Antes de pegarmos o trem, vamos até o píer para relembrar os velhos tempos de criança, quando andávamos de bicicleta por ali.

— Liverpool? Mas por que Liverpool?

— Quero visitar um lugar aonde não vou há muito tempo. Desculpe-me acordá-lo tão cedo, Clark. Hoje é quarta-feira, e nem ao menos sei se você trabalha.

— Tudo bem, não se preocupe.

— E então? Você trabalha, Clark? Você tem um emprego?

— Não tenho um emprego. Faço somente uns bicos por aí.

— Isso quer dizer que topa ir comigo até Liverpool?

— Sim, eu aceito ir com você até Liverpool. Aliás, estou louco para sair de casa um pouco.

— Então, se arrume! Eu o espero aqui fora.

— Ok. Quer saber a verdade, Stephen?

— Sim, Clark.

— Quem trabalha é minha esposa. Eu fico em casa cuidando dos filhos dela.

— Filhos dela? Como assim? Aquelas crianças não são seus filhos?

— Vou me vestir. No caminho, eu lhe contarei mais detalhes.

Clark entrou em casa, e Parker sentou-se na escada sem entender direito o que seu amigo quis dizer com "Estou cuidando dos filhos de Christine".

Pouco tempo depois, Clark apareceu na sala, tropeçando na barra da calça ao tentar colocar os sapatos.

— Aonde você vai, Clark? — a mãe dele perguntou.

— Vou sair um pouco, mamãe. Cuide das crianças para mim, por favor. Eu voltarei no final da tarde, antes de Christine chegar do trabalho.

O convite de Parker parecia ter chegado em boa hora, pois Clark estava desesperado para sair de casa.

Sem hesitar, os dois amigos saíram a passos largos rumo ao antigo píer, onde relembraram os momentos incríveis passados durante a infância. Em seguida, seguiram para a estação de trem, de onde partiriam para a cidade vizinha de Liverpool.

Caminhando pela estação, Parker perguntou:

— Clark, o que você quis dizer com "cuidar dos filhos de Christine"?

— Eles não são meus filhos, Stephen. São filhos de Christine. Ela se separou do marido há alguns anos, e nós nos conhecemos num *single bar* em Manchester, onde ela costumava se encontrar com algumas amigas da universidade para beber após as aulas. Uma noite, eu estava lá com um amigo, e de repente ela olhou pra mim e tudo começou a acontecer.

— O que começou a acontecer?

— Ah! Assim que nossos olhares se encontraram, nós nos apaixonamos.

— Assim tão rápido? Está me dizendo que foi amor à primeira vista?

— Sim, foi amor à primeira vista. Sabe, Stephen, eu amo muito a Christine. Eu a amo mais do que tudo nesta vida. Faria tudo por ela, tudo mesmo.

— Mas você cuidou dos seus irmãos, de sua mãe e mal conseguiu terminar seus estudos... E agora se envolve com uma mulher que tem dois filhos? Justamente agora, que tem tempo para viver sua vida, decide se transformar numa espécie de babá? Acha isso certo, Clark? Tudo bem que ela é muito bonita, mas...

Clark respirou fundo, demonstrando raiva:

— Stephen, você não sabe nada sobre o amor. Não foi Christine quem me pediu para cuidar dos filhos dela. Eu pedi para fazer isso.

Parker percebeu claramente que Clark estava ficando nervoso com o assunto e demonstrava estar perdidamente apaixonado por aquela mulher. Sendo assim, ele preferiu não provocar, pois aquele tipo de conversa facilmente poderia abalar uma amizade de longa data.

— Deixe essa conversa para lá, Clark. Acho que esse tipo de decisão é muito particular e eu o respeito.

— Acho melhor mudarmos de assunto. E então, Stephen? Por que quer tanto ir até Liverpool?

— Quero visitar um lugar para onde costumava ir com meus pais quando era criança. Não é muito longe daqui. Acredito que, em uma hora, chegaremos lá. Podemos almoçar em alguma lanchonete no centro de Liverpool e, no final da tarde, voltamos para Wigan. Tudo bem pra você?

— Tudo bem! Mas o que vamos fazer lá?

— Você sabe que sempre fui fã de Rick Backer, o maior cantor de rock e soul da Inglaterra, não sabe?

— Sim, eu sei. É por isso que você anda por aí com essa jaqueta de couro e esse topete cheio de brilhantina?

— Sim, eu sempre adorei as músicas de Rick e como ele conseguia passar as mensagens por meio de suas composições. No entanto, quando vi na TV a notícia sobre sua morte em 1982, fiquei completamente abalado. Na época, eu estava no terceiro ano da universidade... Aquela notícia foi um choque para todos, principalmente para mim, pois eu cheguei a conhecer o Rick pessoalmente. Sabia disso?

— Não, eu não sabia.

— Quando eu tinha oito anos de idade, meu pai costumava me levar para Liverpool de trem para fazermos piquenique no Princess Park. Ele não gostava de fazer programas familiares em Wigan, como a maioria das famílias costumava fazer no Mesnes Park, nos fins de semana.

— Por que ele preferia ir até Liverpool, em vez de ficar em Wigan?

— Ele não gostava de passear em Wigan, porque as pessoas ficavam cochichando e olhando para ele com indiferença e preconceito. Minha mãe também não gostava de se expor. Por isso, íamos até Liverpool para passar o dia.

Parker fez uma ligeira pausa e continuou:

— Minha mãe costumava fazer um delicioso bolo de limão e algumas bolachas caseiras. Ela colocava tudo numa cesta junto com uma jarra de suco, e nós passávamos o dia passeando no Princess Park em Liverpool. Um dia, no entanto, meu pai quis me levar para conhecer a casa onde Rick Backer morava. O velho Antony também era fã dele, sabia disso?

— Não sabia. Pensei que seu pai só gostasse de armas de guerra e militarismo.

— Aquele dia foi incrível, Clark! Quando chegamos à casa de Rick Backer, juro que o vi entrando pelo portão. Meu pai correu para falar com ele, mas havia muita gente ao redor e isso acabou bloqueando o acesso. Na verdade, ele não morava mais naquela casa, mas meu pai ficou algumas horas tentando falar com alguém, tentando conseguir pelo menos um autógrafo de Rick para mim. Ele dizia que um dos seus maiores sonhos era conseguir um autógrafo do cantor Rick Backer para me deixar como herança.

— Por que ele queria tanto fazer isso por você?

— Porque ele sabia que, quando me tornasse adulto, eu também seria um fã de Rick Backer. E isso acabou acontecendo exatamente como ele previu. Rick Backer se tornou meu grande ídolo na adolescência e continua sendo até hoje.

— Que interessante! Então você quer ir até Liverpool para visitar a casa de Rick Backer, é isso?

— Sim, só para relembrar aquela época. Sou um pouco nostálgico, Clark. Você já deve ter percebido isso.

— Sim, já percebi.

— Faz dois anos que ele morreu. Eu sempre disse que visitaria a casa dele um dia, para deixar uma flor em frente ao seu portão. Como é a primeira vez que retorno a Wigan depois da morte de Rick, acho que este é o momento de agradecê-lo.

— Que estranho! — resmungou Clark.

— É coisa de fã, amigo. Não estranhe.

— Tudo bem, Stephen, eu entendo. Vamos em frente.

A visita ao píer foi rápida, e a viagem de trem até Liverpool também. Uma hora depois, os dois amigos já estavam caminhando pelas ruas centrais da incrível cidade de Liverpool.

❧ ❧

— Táxi, por favor! — Parker gritou, levantando a mão no meio da rua.

Um taxista parou e perguntou:

— Aonde os garotos gostariam de ir?

— Queremos passar em frente ao Princess Park e depois ir até a casa de Rick Backer.

— Tudo bem, eu costumo levar muitas pessoas para lá. Não é muito longe daqui.

— Que bom! Mas antes, gostaria que o senhor parasse em alguma floricultura próxima ao parque, pois queria comprar algumas flores brancas para deixar em frente à casa de Rick Backer.

O taxista fez o que Parker pedira, e, em menos de trinta minutos, o grupo já estava em frente à casa de Rick Backer, o rei do *soul music* dos anos 1960 e 1970. Parker desceu do carro, caminhou até o gramado em frente à casa e se emocionou ao relembrar os momentos de infância e o dia em que estivera ali com seu pai.

A casa estava vazia, e aparentemente não havia ninguém morando nela. O local parecia completamente abandonado.

Parker parou em frente à casa, fez uma oração, ajoelhou-se no chão e colocou flores brancas encostadas numa árvore junto com as flores que outros fãs costumavam deixar por ali.

Alguns minutos depois, Parker voltou calmamente para o carro, entrou e pediu para o taxista partir. Clark não descera do carro, pois não gostava muito de música e não conhecia nada sobre a fantástica obra de Rick Backer. Rick Backer era um dos músicos mais famosos da Inglaterra, mas, para Clark, era um mero desconhecido.

❖❖❖

Enquanto dirigia pela avenida principal do bairro, o taxista comentou:

— Depois que Rick Backer morreu, esse lugar se tornou um ponto turístico. Sabiam disso, garotos?

— Verdade? — Parker perguntou.

— Sim, eu não imaginava que as pessoas viriam do mundo inteiro só para visitar a casa onde ele viveu com sua esposa durante anos.

— Rick Backer era realmente incrível. Ele queria mudar o mundo e, de certa maneira, conseguiu fazer isso. Com certeza, o mundo nunca mais será o mesmo sem ele. Mas não importa! Mesmo que ele não esteja mais entre nós, tenho certeza de que ele continua vivo em algum lugar. Pelo menos para mim, ele continua vivo. Sempre que ouço suas músicas, penso dessa forma.

— Tem razão. Ele foi uma pessoa muito especial — o taxista confirmou.

Parker se ajeitou no banco de trás do carro e disse:

— Por favor, leve-nos para o centro. Vamos dar uma volta pela cidade e depois voltaremos para Wigan. Tudo bem para você, Clark?

— Sim, tudo bem — Clark respondeu como se fosse uma criança que acabara de fugir de casa.

— Vamos tomar um café, comer alguma coisa e andar pelas ruas da cidade. Eu gosto muito de andar no centro de Liverpool. Isso me remete a boas lembranças. Lembranças de um tempo que não volta mais. Além, é claro, de ser uma cidade que vibra música em todos os lugares. Eu adoro isso, sabia?

No centro de Liverpool.
— Muito obrigado, taxista.
— Estarei sempre à disposição, garotos.

Os dois saíram do táxi, caminharam pelo centro de Liverpool e debruçaram-se no balcão de um bar, onde o proprietário costumava servir um delicioso café cremoso.

Na mesa, enquanto aguardava o pedido, Parker tentou puxar assunto com seu amigo Clark. Ele perguntou:

— É estranho pensar como as coisas mudam durante a vida, não é, Clark? As pessoas nascem, morrem, e o mundo não para de se transformar. Nada está realmente parado. Parece que estamos fadados a viver dentro de uma eterna mudança. Você não acha?

Clark não estava compreendendo o que Parker estava querendo dizer com aquela conversa, mas balançou a cabeça concordando e acendeu um cigarro. Ele não queria conversar seriamente. Sua vontade era apenas de ver as meninas bonitas passando pela rua, enquanto bebia a xícara de café e fumava seu cigarro tranquilamente.

Intrigado, Clark pensava: "De onde ele está tirando essas ideias? Stephen se tornou um intelectual! Acho que a convivência com os playboys riquinhos de Londres o transformou num cara chato e presunçoso. Tenho certeza de que foi isso que aconteceu. Ele deve ter sido infectado pelos garotos frescos e filhinhos de papai que estudam na capital".

Ao mesmo tempo em que Clark questionava seu amigo em pensamento, Parker decidiu fazer uma pergunta:

— Com certeza, você está achando esse tipo de conversa um tanto estranha, não é, Clark? Você deve estar pensando exatamente como a vizinhança ignorante de Wigan. Eu sei o que está pensando sobre mim agora.

— Estou quieto no meu canto. Não estou dizendo nada.

— Não está dizendo nada, mas está pensando. Eu sei o que você está pensando, Clark.

— O quê?

— Está pensando que fui para Londres estudar com o dinheiro que meu pai roubou nas minas de carvão e que agora voltei para casa com essa pinta de playboy para esnobar o pessoal da periferia de Wigan. Não é isso que está passando na sua cabeça neste momento?

— Não... Ou melhor, sim — Clark gaguejou, ao sentir-se surpreendido.

— Não fique sem graça, Clark. Está tudo bem.

— Estou muito feliz que tenha voltado para Wigan, meu amigo. Você parece ter voltado de Londres com a mente mais aberta. Desculpe, mas todo mundo no bairro quer saber onde seu pai conseguiu dinheiro para pagar seus estudos em Londres. Como ele conseguiu?

— Fique tranquilo, pois meu pai nunca roubou nada de ninguém. Ele não é um ladrão.

— Então, como ele conseguiu o dinheiro?

— Não vou dizer, Clark. Vai ficar com essa dúvida pelo resto da sua vida.

— Por que não vai me dizer?

— Porque não é da sua conta — Parker respondeu, sorrindo com ar de ironia que velhos amigos costumam ter.

Clark respondeu sorrindo:

— Tudo bem, não precisa dizer. Eu confio em você.

— Que bom que você confia em mim.

— E então? Vamos tomar uma cerveja? — Clark perguntou.
— Claro! Agora você está falando meu idioma.

Os amigos fizeram o pedido e, minutos depois, já estavam gargalhando e relembrando os velhos tempos de infância.

Clark tirou outro cigarro do bolso:

— Depois que bebermos esta cerveja gelada, vamos dar uma volta para olhar as vitrines dessas lindas lojas? Não temos dinheiro, mas pelo menos podemos olhar. Afinal, não é preciso pagar para olhar, não é?

— Claro, Clark! Vamos dar umas voltas por aí.

Enquanto caminhavam pelas ruas do centro de Liverpool, Parker percebeu que Clark olhava de forma apreensiva para as vitrines das joalherias, que expunham os mais lindos anéis de diamantes e os mais luxuosos colares de rubi da cidade.

Clark estava hipnotizado em frente às vitrines das joalherias. Parker, então, percebeu que o maior sonho do amigo era comprar um daqueles anéis caros para sua esposa Christine. No entanto, estava claro que ele nunca conseguiria comprar aquelas lindas joias, trabalhando com bicos e quebra-galhos nas casas dos aposentados da periferia de Wigan e ganhando um pouco mais de cem libras por semana.

Parker deixou Clark para trás e andou cerca de cinquenta metros adiante, até se deparar com uma enigmática e aconchegante loja de instrumentos musicais.

Antes de entrar na loja, ele olhou para trás e percebeu que Clark continuava parado no mesmo lugar, olhando estático para as vitrines. Sem hesitar, Parker decidiu entrar na loja de instrumentos musicais e se aproximou do balcão.

Durante alguns minutos, ninguém apareceu para atendê-lo. Ele, então, começou a observar as paredes repletas de quadros, fotos e pôsteres antigos de cantores famosos e ficou maravilhado com tudo o que estava vendo. De repente, um senhor de aproximadamente sessenta anos apareceu debaixo das escadas do porão e se aproximou, dizendo ser o proprietário do estabelecimento.

— Bom dia, garoto!

— Bom dia, senhor.

— Posso ajudá-lo em alguma coisa?

— Estou maravilhado com sua loja.

— Obrigado! Sinta-se em casa.

— Vou dar uma olhada nesses pôsteres.

— Tudo bem.

Enquanto Parker observava a loja, o senhor limpava um contrabaixo azul brilhante atrás do balcão. Era uma loja antiga. O senhor de cabelos grisalhos e barba rala parecia ser especialista em guitarras e contrabaixos clássicos das décadas de 1960 e 1970.

Parker perguntou:

— O senhor tem muitas guitarras antigas por aqui, não é?

— Sim, sou especialista nisso e gosto muito do que faço. Muitos artistas famosos vêm até aqui para encomendar suas guitarras e seus contrabaixos, mas confesso que meu forte é reformar instrumentos. Muitos desses músicos que você está vendo nos pôsteres já trouxeram suas guitarras aqui. Muitas delas eu mesmo fabriquei.

— O senhor é um *luthier*[2]?

— Na verdade, me considero um marinheiro. Sempre naveguei pelos mares gelados do Norte e, durante muito tempo, consertei os barcos de pescadores e amigos... Mas, devido à necessidade, abri esta loja de instrumentos musicais no final da década de 1960 e acabei me transformando no que alguns costumam chamar de *luthier*.

— Interessante! — Parker respondeu.

— Sabe, garoto, depois que sofri um acidente em alto-mar, deixei a vida sacrificante de marinheiro e decidi parar. Não foi por preguiça; foi porque me machuquei gravemente quando estava reformando um barco no estaleiro aos quarenta anos de idade. A partir desse dia, decidi parar com tudo e abrir esta loja. Eu sou um marinheiro, mas por opção acabei me transformando num *luthier*. Ser é diferente de estar. Entende? Eu sou um marinheiro, mas "estou" vendedor de instrumentos musicais.

— Compreendo, senhor.

— Olha, garoto, não quero me gabar, mas, com mais de sessenta anos de idade, eu já reformei os instrumentos musicais dos

---

2 - Profissional especializado na construção e no reparo de instrumentos de corda com caixa de ressonância (guitarra, violino etc.), mas não daqueles dotados de teclado.

artistas mais famosos do mundo. Dizem por aí que sou considerado um dos melhores da Inglaterra.

— Nossa! Como o senhor se chama?

— Meu nome é Ludwig, mas pode me chamar de Luxor. É assim que as pessoas me conhecem por aqui. Meu pai era austríaco e meu avô era holandês, por isso me chamo Ludwig.

— Senhor Luxor, gostei muito da sua loja. Agora, sabendo do seu apelido, estou gostando mais ainda.

— Por quê, garoto?

— Porque gostei do seu apelido, Luxor. Ele remete à antiga cidade de Luxor, no sul do Egito.

— Não conheço essa cidade.

— Eu me formei como engenheiro civil há pouco tempo em Londres e estudei bastante a arquitetura do Egito antigo. Para mim, Luxor era a cidade mais poderosa do mundo antigo. Você sabia disso?

— Eu não sabia. Aliás, eu não sei nada sobre o Egito antigo, mas percebo que você é um garoto inteligente. Sente-se um pouco, se não estiver com pressa.

— Pressa é o que eu menos tenho, senhor Luxor.

Parker parecia ter encontrado a pessoa certa para conversar. Além de ser um marinheiro experiente, Luxor era um exímio contador de histórias, principalmente as que envolviam os bastidores do rock n' roll e os grandes shows da década de 1960 e 1970.

Luxor conhecera pessoalmente muitos artistas da época. Ele ficara tão conhecido no mundo musical que não era difícil ver artistas consagrados entrando em sua loja para arrumar seus instrumentos musicais pessoais. Afinal, todos sabiam que o serviço ali era feito com perfeição e carinho.

Após passar mais de quarenta minutos procurando Parker pelas ruas do centro de Liverpool, Clark acabou encontrando seu amigo na loja de instrumentos musicais conversando espontaneamente com o senhor Luxor, com os cotovelos apoiados no balcão. A essa altura, Parker já perdera a noção do tempo e se esquecera do seu amigo Clark.

Clark entrou zangado na loja, sentou numa cadeira velha de madeira ao lado de um toca-discos de agulha dos anos 1960 e nem cumprimentou o velho Luxor.

Sem pedir permissão, começou a remexer as revistas e os velhos discos da coleção que ficavam expostos pela loja. Enquanto Clark tentava se distrair mexendo nas coisas, a vitrola tocava um blues americano cadenciado e bem cantado por Robert Johnson. Parker, por sua vez, continuava conversando com Luxor como se ambos fossem amigos de longa data.

Ficaram ali durante quase uma hora sem perceber o tempo passar. Parker estava adorando a experiência, pois Luxor dizia que conhecera pessoalmente grandes nomes do rock inglês, muitos cantores de blues americano e *pop stars* que começavam a despontar na Europa no início da década de 1980. Além disso, ele comentava que costumava ajustar, afinar, reformar e polir os instrumentos dessas lendas mundiais da música.

Certamente, muitas músicas que fizeram sucesso nas décadas de 1960 e 1970, de alguma forma, tiveram a participação direta do velho Luxor, afinal muitos instrumentos foram construídos ou reformados por ele com extrema precisão.

Luxor se sentia orgulhoso por ter participado desses feitos históricos e por ver seu trabalho sendo eternizado por meio de canções e composições inesquecíveis. Mesmo que fosse apenas um *luthier* anônimo, para ele era uma imensa fonte de orgulho e satisfação.

Parker e Luxor nitidamente se deram muito bem, pois pareciam ter personalidades semelhantes. Luxor gostava de falar sobre as coisas do passado, como o rock dos anos 1950 e 1960 e adorava relembrar os velhos tempos do *soul music* e do blues. Mesmo com idades distintas, Parker e Luxor pareciam se conhecer há muito tempo. A conversa, que estava agradável, se prolongara por mais de uma hora e duraria até mais, se Clark, irritado e impaciente, não interrompesse o diálogo.

Subitamente, enquanto se abaixava para guardar o contrabaixo que acabara de lustrar, Luxor percebeu que Parker era exatamente a pessoa que ele vinha esperando encontrar há mais de quinze anos. Sem dar maiores explicações sobre seus sentimentos secretos e suas premonições, Luxor disse com ar de satisfação e alegria:

— Parker, eu quero lhe mostrar uma coisa.

— O quê, senhor Luxor?

— Quero lhe mostrar algo que venho guardando há muito tempo. Tenho certeza de que gostará de ver o que tenho aqui. Como estamos conversando há mais de uma hora sobre as belas músicas do passado e sobre os músicos que as compuseram, percebi que você é um fã incondicional de Rick Backer. Estou certo ou errado? Se eu estiver equivocado, me diga.

— Como o senhor sabe que sou fã de Rick Backer?

— Apenas intuição.

— O senhor tem toda razão! Eu adoro as músicas que Rick compôs e aprendi a gostar delas por causa do meu pai. Em especial, tenho uma ligação muito forte com uma música que Rick compôs no final da década de 1960. Aquela que ele fala sobre a branca flor de lótus. O senhor se lembra dessa música?

— Claro que sim! — Luxor respondeu surpreso. — Não acredito no que você está me dizendo, garoto! Foi ótimo você dizer isso!

— Por quê?

— Porque agora você vai gostar ainda mais do que vou lhe mostrar. Espere! Já volto. Não saia daí, garoto!

— O que vai me mostrar, senhor Luxor? Agora você me deixou curioso!

— Meu Deus! Você nem imagina o que é! O que vou lhe mostrar é algo que venho guardando há mais de doze anos. Nunca mostrei a ninguém. Você é a primeira pessoa que verá.

— Nossa! Agora fiquei mais curioso ainda!

Clark continuou sentado no mesmo lugar, quase dormindo na poltrona de couro que ficava no canto da loja. Ele não sabia nada sobre música e muito menos sobre rock n' roll, soul, blues e todas essas coisas que Parker e Luxor adoravam.

Clark era um jovem diferente. Além de ser muito caseiro, ele não se importava com os modismos e as tendências musicais. Ele tinha praticamente a mesma idade de Parker, mas aparentava ter pelo menos quarenta anos a mais. Apesar disso, ele sempre foi um rapaz curioso e prestava atenção em tudo o que Parker fazia.

Desde criança, Clark tentava pensar e agir como seu melhor amigo. No fundo, ele sempre quis ser como Parker: um rapaz inteligente e com ideais libertárias, vanguardista e cheio de sonhos para realizar. Porém, ele ficara preso aos dogmas religiosos da sua família e aos costumes e às normas que a sociedade de Wigan costumava impor. Mesmo parecendo quieto enquanto folheava as revistas e esperava o tempo passar, ele prestava atenção em tudo o que Parker conversava com o velho Luxor.

Após ficar mais de uma hora sentado no canto da loja sem fazer nada, Clark começou a ficar incomodado com as coisas que o velho Luxor estava dizendo para seu amigo. Sem hesitar, ele decidiu levantar-se e postou-se do lado direito de Parker, bem em frente ao balcão.

Enquanto Luxor descia até o porão da loja para buscar o que prometera mostrar, Clark, indignado, sussurrou no ouvido de Parker:

— O que aquele velho maluco foi buscar no porão, Stephen?

— Não sei, Clark. Ele disse que foi pegar algo que quer me mostrar. Algo que vem guardando há muito tempo.

— Deve ser o autógrafo falso de algum artista pouco famoso! — Clark respondeu ironicamente.

— Que pessimismo! Fique quieto, por favor. Por que você não se senta novamente na poltrona onde estava?

— Tome cuidado, Stephen, pois esse velho safado está querendo enganá-lo. Só você não está percebendo isso!

— Pare de falar besteira, Clark!

— Estou lhe dizendo. Não caia na conversa desse velho. Eu conheço muito bem esse tipo de gente. É mais um desses velhotes solitários que não têm ninguém para conversar e que, quando alguém lhes dá atenção, não perdem tempo e logo mostram suas velharias sem qualquer valor.

— Que droga, Clark! Você parece uma velha resmungona! Fique quieto e me deixe conversar com ele um pouco mais. Preciso ver o que ele quer me mostrar.

— Já percebi que vou ter que aguentar a conversa fiada desse velhote um pouco mais. Que droga!

Parker olhou para Clark e notou um lado rebelde e revoltado que ele não conhecia do amigo. Parker pensou em retrucar as palavras de repúdio de Clark, mas Luxor abriu a porta do porão e começou a subir lentamente as escadas de madeira que levavam até a loja. Ofegante, ele encostou a barriga do outro lado do balcão, enquanto segurava um pequeno embrulho.

Respirando com dificuldade, Luxor disse:

— É isso que eu quero mostrar-lhe, garoto.

Era um embrulho de plástico transparente. Com cuidado, Luxor abriu o embrulho e colocou uma peça de metal sobre o vidro do balcão.

— Sabe o que é isso, garoto? — Luxor perguntou.

— Quanta besteira! — Clark sussurrou para si mesmo.

Desinteressado, Clark imediatamente voltou a sentar-se na poltrona, soltando um suspiro de indignação:

— Que droga! É apenas uma peça de metal. Uma bela porcaria, isso sim!

Luxor olhou para Parker e perguntou:

— Sabe o que é isso, garoto?

— Oh, meu Deus! Claro que eu sei o que é isso, senhor Luxor! — O que você acha que é?

— Um captador de guitarra — Parker respondeu.

— É lógico que é um captador de guitarra. Mas não é um simples captador de guitarra! Esse captador pertenceu a Rick Backer. Era de sua primeira guitarra.

— Não acredito nisso! É verdade?

— Pode acreditar, garoto. Um dia, no início de sua carreira, ele entrou por essa porta e pediu que eu arrumasse os cabos e os captadores de sua querida "Rick", como ele carinhosamente costumava chamar sua guitarra.

— E aí? — Parker estava muito interessado.

— Eu disse a ele que um dos captadores de sua guitarra precisava ser trocado, e Rick respondeu que queria colocar tudo novo, pois queria ouvir o som soando perfeitamente, assim que plugasse sua guitarra favorita nos velhos amplificadores valvulados do seu estúdio.

— O que isso significa, senhor Luxor?

— Significa que este é o captador da primeira guitarra de Rick Backer.

— Uau!

— Garoto, você está segurando em suas mãos o captador da primeira guitarra de Rick Backer. Foi por meio dele que a música de que você tanto gosta foi criada e tocada milhões de vezes pelas rádios ao redor do mundo.

— Está falando sobre a canção "A Branca Flor"?

— Exatamente. A música que ele havia composto para seu filho, que infelizmente nasceu com certas deficiências.

Parker segurou a peça de metal e disse:

— Nossa! Isso deve ser uma relíquia! Deve custar uma fortuna!

— Para lhe dizer a verdade, acho que não vale muita coisa.

— Por que o senhor acha isso?

— Porque não tenho como comprovar que foi dele. E, na verdade, não tenho interesse em vender essa peça.

Luxor percebeu que a peça causara um grande impacto emocional em Parker, ao ver seus olhos brilhando:

— Você gostou muito dele, não é garoto?

— Sim, Luxor! Um dia, eu terei bastante dinheiro e virei até a sua loja para comprar esse captador. Pode acreditar nisso.

O velho Luxor sentiu a emoção de Parker e titubeou ao passar a mão no velho captador de guitarra. Sem saber como agir, ele embrulhou a peça outra vez e desceu até o porão para guardá-la.

Clark aproveitou e levantou-se rapidamente, cochichando no ouvido de Parker:

— Pare de ser bobo, cara! Não está vendo que esse velho está querendo enganá-lo e pegar o pouco dinheiro que você tem no bolso? Esse velho é um mentiroso! Vamos embora daqui agora mesmo, amigo.

Parker ficou desconfiado. Não sabia se acreditava no velho Luxor ou em seu melhor amigo Clark. Dessa forma, sem hesitar, ele virou de costas para o balcão e gritou para Luxor ouvi-lo no porão:

— Preciso ir embora, senhor Luxor. Gostei muito da conversa e do que o senhor me mostrou, mas agora preciso ir.

Clark não queria esperar. Ele já estava do lado de fora da loja acendendo outro cigarro à espera do amigo. Enquanto isso, Luxor subiu as escadas do porão com dificuldade por causa do excesso de peso e respondeu:

— Espere um pouco, garoto! Por favor. Não vá embora ainda. Preciso lhe dizer algo.

— Pode dizer, senhor Luxor.

— Garoto, eu tenho idade para ser seu avô e não tenho por que mentir sobre o que lhe contei. Eu sempre soube que alguém entraria aqui um dia e se encantaria com a peça que lhe mostrei. Para uma pessoa comum, pode ser apenas um pedaço de metal enferrujado, mas eu sei que por meio dele passaram as maiores harmonias da história da música. Aquele captador não é um simples captador. Ele tem alma, garoto! Por meio dele, muitas músicas foram criadas. Músicas que ficarão eternizadas para sempre na história.

59

— Desculpe, senhor Luxor, eu não queria ofendê-lo.

— Não vá embora. Venha até o balcão novamente, por favor.

Parker olhou para a rua e viu Clark fumando seu cigarro no vento frio do final de tarde. Sem se importar, ele retornou ao balcão para falar com Luxor, que segurava novamente o embrulho e dizia:

— Abra as mãos, garoto.

Parker abriu as mãos, e Luxor colocou o velho captador da guitarra de Rick Backer sobre elas.

— Pronto! A partir de hoje, esse captador é seu — ele disse.

— Como assim, senhor Luxor?

— Você é a pessoa que eu vi em meus sonhos. A pessoa que entrava nesta loja e segurava este captador. Era exatamente você quem eu estava esperando entrar por aquela porta, para receber o que precisava ser entregue.

— Como assim? Por que eu? Como assim sonho? Não estou entendendo nada, senhor Luxor. Desculpe-me.

— Quando você entrou pela porta, eu já sabia que era você, mas precisava ter certeza. Assim que subi as escadas e vi você de costas, eu não tive dúvidas.

— Não teve dúvidas de quê?

— Não há como não reconhecer a jaqueta de couro com esses rebites de metal nas costas. Ela é realmente inconfundível! Foi exatamente assim que o vi em meu sonho.

Luxor estava se referindo aos rebites de metal e ao bordado da bandeira da Inglaterra costurado nas costas da jaqueta de couro, que Parker costumava usar quando era adolescente e, que por sinal, ele usara para ir até Liverpool.

Emocionado e sem jeito, Parker disse:

— Eu lhe agradeço muito, Luxor, mas... por que o senhor quer me dar algo de tanto valor, sem ao menos me conhecer?

— Garoto, você não está entendendo. Você esteve em meu sonho um dia. Nesse sonho, eu lhe entregava este captador, exatamente como está acontecendo agora. Está me entendendo?

— Isso soa muito estranho para mim. O que mais aconteceu nesse sonho?

— Você dizia que estava à procura de uma resposta. Você entrou na loja repetindo isso várias vezes: que estava à procura de uma resposta.

— Resposta? Que resposta?
— Eu não sei.
— Isso tudo é muito estranho, senhor Luxor.
— Quem disse que as coisas precisam ser racionais e visíveis para serem reais, garoto? Certas coisas superam o visível e transcendem o palpável. Você não sabe disso?
— Não, mas tudo bem. De qualquer forma, eu aceito o presente. No entanto, prometo-lhe que, quando tiver dinheiro, voltarei aqui para pagar pela peça. Precisa me dizer quanto ela custa, senhor Luxor.
— Não custa nada, meu filho.
— Como nada? Isso não tem preço?
— Garoto, certas coisas não têm preço, têm valor. O que você acabou de ganhar é o tipo de coisa que não tem preço, mas valor. A partir de hoje, esse captador de guitarra é seu. Guarde-o para sempre e nunca o empreste a ninguém. Mesmo que um dia precise muito vendê-lo, não se desfaça dele jamais, por favor. A única coisa que você pode fazer é repassá-lo para alguém que você ama muito. Apenas isso. Do contrário, esteja sempre com ele ao seu lado.
— Farei isso, senhor Luxor. Muito obrigado pelo presente.

Parker colocou o captador rapidamente dentro de uma bolsinha de couro e se despediu:
— Até logo, senhor Luxor.
— Até logo, Parker. Quando precisar, volte aqui. Será um prazer ajudá-lo. Você tem algum amigo aqui em Liverpool?
— Não, senhor.
— Agora tem.
— Obrigado, senhor Luxor. Certamente voltarei um dia para conversarmos mais um pouco sobre as maravilhas do passado.
— Estarei esperando você com prazer, garoto. Tenha um bom-dia.
— Até logo.

Na rua.
— Por que você demorou tanto para sair da loja, Stephen? Por que voltou para falar com aquele velho? O que ele queria, afinal? Já sei! Ele disse que você poderia comprar aquela porcaria por um preço imperdível! Não foi isso que aconteceu?

61

— Não. Não foi isso que aconteceu, Clark. Luxor só queria me agradecer por eu ter dado a ele um pouco de atenção. Ele se sente muito solitário e raramente fala com pessoas jovens.

— Você é muito inocente, Stephen. Aquele velho só estava querendo lhe vender alguma coisa. Pare de ser tão sentimental.

— Deixe de ser ranzinza, Clark, e me dê logo um trago desse cigarro! Você reclama demais, sabia?

— Você que é muito chato, Stephen!

— Você que é um idiota rabugento, Clark! Vamos embora, pois estou ficando cansado e está ficando muito frio aqui.

Parker bateu nas costas do amigo e seguiu em frente, sem contar que recebera um presente do velho Luxor.

— Boa ideia, agora você está falando minha língua! Vamos retornar para Wigan, pois Christine deve estar louca atrás de mim. Hoje, eu terei de aguentá-la reclamando a noite toda.

Parker percebeu que Clark estava revelando uma personalidade que ele ainda não conhecia. O que era algo plausível, pois ambos ficaram cinco anos sem se ver, e muitas coisas pareciam ter mudado com o passar do tempo, tanto para Parker quanto para Clark.

Capítulo 5
Parker e Clara

Casa de Clark, sábado à tarde.

— Nada é mais importante do que um lindo blazer de ombreiras para parecer mais forte e elegante, não é, Stephen?

— Tem razão, Clark. Atualmente, a moda em Londres é usar blazer branco com ombreiras largas.

— Nossa! Você está muito bem-vestido, Stephen! Onde aprendeu a se vestir desse jeito?

— Convivendo com os grã-finos de Londres, amigo. Passei cinco anos frequentando a casa das famílias mais ricas da capital.

— Verdade?

— Sim. As pessoas nem imaginavam que eu era um rapaz pobre do subúrbio de Wigan e filho de um ex-soldado e uma dona de casa.

— Isso é muito bom! — Clark exclamou.

— Por quê, Clark?

— Porque assim você não se assustará com a pompa da família Harrison, assim que chegarmos ao salão de festas onde acontecerá o casamento de Sophia e James Moore.

James Moore é um rapaz rico, bem-sucedido e o futuro herdeiro de um conglomerado de indústrias têxteis com matriz em Londres, filiais em Nova Délhi e fábricas na América Latina.

— Você conhece James Moore pessoalmente? — Parker perguntou.

— Sim. Nós nos falamos duas vezes na casa do senhor Thomas Harrison, pai de Sophia e Clara, durante algumas reuniões da família. Eles são muito reservados e não gostam de se misturar com pessoas estranhas, ainda mais com pessoas pobres como você e eu. No entanto, como já estou praticamente casado com Christine, que, por sinal é a melhor amiga de Clara, o velho Thomas Harrison acabou me aceitando e não se incomoda mais com minha presença em sua casa.

— O que você achou de James Moore, o noivo felizardo?

— Parece ser uma boa pessoa. Meio fresco e engomadinho, mas parece ser um cara legal.

— Ele é mais velho que nós?

— Sim. Ele deve ter trinta e seis anos de idade. Pelo que fiquei sabendo, este será seu segundo casamento.

— Entendo.

— Por que você está tão preocupado?

— Por nada, é só curiosidade. Afinal, estamos indo à festa de casamento dele, não é?

— Tem razão, Stephen — Clark respondeu sorrindo.

— Teremos muito tempo para conversar sobre isso. Agora entre, pois está muito frio aí fora. Temos que esperar Christine vestir as crianças. Em vinte minutos, partiremos rumo a Manchester.

— Tudo bem, Clark. Que tal tomarmos uma xícara de café enquanto isso?

— Boa ideia, amigo!

— A propósito, Clark...

— Sim, pode falar.

— Gostaria de lhe pedir uma coisa.

— O quê?

— Daqui em diante, por favor, me chame de Parker. Ninguém me conhece como Stephen.

— Sem problemas, amigo. Eu já estava até me acostumando em chamá-lo de Parker às vezes. Na verdade, acho que Parker é um nome forte. Fique tranquilo! Vou apresentá-lo à família da Clara como Parker, e não como Stephen.

— Você é rápido no raciocínio, Clark. Não quero ser chamado de Stephen na frente dela.

— Que interessante! Já está preocupado com o momento em que será apresentado para Clara, não é?

— Não. Ou melhor, sim. Que droga! Não adianta mentir para você.

— Não mesmo.
— Na verdade, estou morrendo de medo, Clark.
— Deixe disso, Parker.
— Droga! Por que você me colocou nessa enrascada?
— Pare de reclamar e tome seu café! Vai animá-lo um pouco. Quando chegarmos à festa, tomaremos umas doses de uísque, e tudo ficará mais fácil. Você verá!
— É verdade! Com certeza, preciso de uma boa dose de uísque para descontrair.

— Clark? — Christine chamou o marido.
— Sim, querida.
— Já estou pronta, e as crianças também estão. Podemos ir?
— Boa noite, Christine. Como vai? — Parker a cumprimentou.
— Olá, Parker. Que bom vê-lo por aqui! Estou ótima! E você?
— Não vou mentir... Estou muito ansioso.
— Relaxe, amigo! A família de Clara é muito acolhedora. Você se sentirá em casa assim que os conhecer.
— Assim espero. A propósito, você está linda e seu cabelo está maravilhoso, Christine.

Christine estava agachada com os joelhos encostados no chão, tentando arrumar a gravata do pequeno George. Ao ouvir o breve elogio de Parker, ela virou-se para trás e sorriu com satisfação.

— Muito obrigado, Parker. Você é muito gentil. Faz muito tempo que ninguém me elogia, sabia?

Christine era, sem dúvida, uma mulher muito bonita, ainda mais produzida para ir ao casamento com seus longos cabelos negros contrastando com sua pela branca e brilhante.

Parker não sabia, mas seu simples elogio o fizera ganhar a confiança e a admiração de Christine. E, a partir desse dia, ela começou a olhar Parker com outros olhos.

Christine era uma mulher inteligente e altiva. Se ela porventura sentisse algo mais forte em relação a Parker, certamente não demoraria a falar sobre isso. Na verdade, ela não estava com segundas intenções; estava apenas analisando Parker, pois precisava saber onde sua amiga Clara iria se meter, caso começasse a gostar dele de verdade.

65

Para Parker, era estranho pensar que um encontro como aquele, marcado às pressas, poderia resultar em algo mais sério. Contudo, ele sabia que, se ninguém o ajudasse com as mulheres, certamente ficaria sozinho e perdido na vida.

De fato, se Clark o deixasse sozinho em casa naquele sábado, Parker passaria a noite dentro de casa ou, na melhor das hipóteses, iria para algum bar no centro da cidade, para passar o tempo jogando sinuca, escutando rock n' roll e bebendo algumas cervejas em companhia de pessoas desconhecidas. Parker definitivamente era um rapaz simples do interior e ainda não se importava com o dinheiro e o glamour da alta sociedade. E esta era a grande preocupação de Christine no momento, pois ela sabia que Clara era completamente diferente de Parker nesse aspecto.

Clara era uma menina mimada, que fora criada com todas as regalias de uma típica menina da classe alta britânica. Ela sempre teve acesso a roupas caras, comidas e bebidas de alto padrão e viagens incríveis ao redor do mundo. Com menos de quinze anos, a moça já conhecia o Japão, a Austrália, os Estados Unidos, a Turquia, o Egito e praticamente todos os países da Europa. Sem dúvidas, Clara Harrison era uma moça vivida e possuía muitos conhecimentos. Já Parker era um rapaz pobre, simples, e o lugar mais distante para o qual ele viajara fora Londres.

Todavia, mesmo sendo um jovem simplório, Parker vivenciara algo que Clara nunca experimentara na vida: a experiência de trabalhar arduamente como jardineiro e sobreviver ganhando apenas alguns trocados nos fins de semana. Ele conhecera bem as dificuldades da vida e aprendera como é difícil sobreviver com pouco dinheiro e não ter perspectiva de melhora para sua vida e para a vida da sua miserável família.

Christine se mostrava apressada e gritava do quarto:

— Clark, estamos atrasados para a cerimônia na Catedral Central de Manchester.

— Eu sei, querida! Tenha calma.

— Vamos logo, querido!

— Parker, podemos ir? — Clark pergunta.

— Sim, Clark, podemos.

— George, vá até o quarto e diga para sua irmã que já estamos prontos para sair. Apresse-a, pois logo começará a nevar, e ela sabe muito bem que não gosto de dirigir na neve. Tenho medo de que o carro derrape na pista.

— Tem razão, a única coisa que de não precisamos neste momento é de um acidente — Parker disse.

— Aqui está seu convite, Parker. Entregue-o na entrada da festa.

— Obrigado. Vou guardá-lo no meu paletó. Estou indo até o carro. Espero vocês lá fora.

— Não gosto de dirigir na neve — Clark replicou.

— Vamos, crianças — Christine saiu do quarto com pressa. Estava linda e muito bem-vestida.

Uma hora depois. Centro de Manchester.

A Avenida Victoria estava totalmente engarrafada por causa do trânsito. Algo incomum para uma simples noite de sábado.

Ao virar a direita, tentando encontrar um lugar para estacionar o carro, Clark percebeu que o trânsito na verdade estava sendo causado pela imensidão de convidados que chegava para o casamento de James Moore e Sophia Harrison.

De repente, ele percebeu que não estava diante da comemoração de um simples casamento, mas de um grande acontecimento social na cidade de Manchester. Todas as pessoas que se aproximavam faziam parte da alta sociedade. Desde o grande empresariado da região até os governantes das cidades vizinhas compareceram ao casamento, acompanhados de suas belas e bem-vestidas mulheres.

Parker ficou assustado com os vestidos das mulheres e com os carrões que se aproximavam.

— Clark, o que é isso, amigo? Que tipo de casamento é esse? Sophia deve ser muito bem quista na cidade.

— Ela é uma moça simpática, mas a maioria das pessoas que está aqui foi convidada por seu noivo, James. A família dele é muito influente na cidade. Eles são muito atuantes na economia da grande Manchester. Muitos convidados estão ligados aos negócios da família. Sabe como são essas coisas.

— Esse tal de James deve ser muito influente por aqui.

— Ele não é influente, mas o pai dele é sim.

Clark continuou rodando com o carro, tentando encontrar uma vaga para estacionar o veículo.

— Pare aqui, Clark. Há uma vaga bem ali — disse Christine, sentada no banco de trás ao lado dos dois filhos.

— Que bom! Vamos parar perto da entrada da catedral — Clark afirmou aliviado.

Assim que Clark estacionou o automóvel, a noite caiu rapidamente e a rua ficou muito escura. Parker desceu do carro e ficou maravilhado com a imponente torre da catedral, que já estava toda iluminada. A catedral era imensa e fora construída em meados do século 13.

Parado no meio da rua, Parker olhou para as luzes refletidas nos flocos de neve, que descansavam sobre os muros de tijolos antigos da magnífica construção medieval, e, sem dizer nada a ninguém, atravessou a Avenida Victoria correndo como se estivesse sendo puxado por alguma força invisível. Sem hesitar, ele seguiu diretamente para o interior da gigantesca catedral e quase hipnotizado subiu a escadaria da igreja, chegando esbaforido à porta de entrada.

— Parker, espere! Vamos juntos! — Clark gritou do outro lado da rua, tentando convencer o amigo a esperá-lo e seguir junto de sua família, mas infelizmente não obteve qualquer resposta.

— Que estranho! — Clark comentou com Christine, encolhendo os lábios e levantando os ombros, demonstrando incompreensão ante a atitude do amigo.

— Estranho mesmo, querido! — Christine afirmou.

— Não se preocupe, querida. Parker age de maneira estranha às vezes — Clark tentou remediar a situação.

— Pegue as crianças. Vamos entrar na igreja, querido.

Enquanto isso, Parker se aproximou da entrada da catedral e entregou o convite a uma linda moça que recepcionava educadamente todos os convidados.

Ela disse:

— Desculpe, senhor, este convite deve ser entregue no salão de festas, não na igreja. Guarde-o com você, por favor.

— Eu achei que deveria entregá-lo na porta da igreja.

— Não, senhor. Entre e seja bem-vindo.

Parker entrou na catedral e estranhamente seguiu até a escultura de um anjo, que estava localizada na lateral esquerda do salão. Tratava-se da escultura de um pequeno anjo segurando um pergaminho nas mãos com algumas escrituras antigas. De alguma forma, o anjo parecia ter atraído Parker para dentro da catedral, mas logicamente ele não sabia o motivo e por que estava agindo de forma tão estranha e inesperada.

Notando a estranha reação de Parker na igreja, os convidados começaram a observá-lo, imaginando que ele fosse algum tipo de penetra, que entrara na cerimônia sem autorização.

Parker não se importou com os olhares julgadores dos convidados e se manteve parado em frente à estátua do anjo. Por algum motivo, ele ficou paralisado tentando ler o que estava escrito no pergaminho que o pequeno anjo segurava entre as mãos com delicadeza.

Enquanto tentava ler o texto, Parker repentinamente sentiu uma forte vertigem, tombou para frente e caiu de joelhos no chão, como se alguém o tivesse empurrado com força. Ajoelhado no chão, ele olhou para o anjo e, em questão de segundos, conseguiu ler o que estava escrito no pergaminho:

Nas tuas mãos, Senhor, eu entrego meu espírito.

Involuntariamente, Parker repetiu duas vezes a mesma frase em pensamento e em seguida sentiu alguém segurando seu braço direito com força. Ele olhou para o lado ainda meio tonto e percebeu que se tratava de um segurança pedindo-lhe para que se levantasse e dizendo-lhe que precisava levá-lo para fora da catedral.

Nesse momento, Christine decidiu agir. Ela aproximou-se do segurança e segurou sua mão com força e certa arrogância.

— Senhor, este moço está comigo. Largue-o agora mesmo.

— Tudo bem, senhora. Desculpe-me. Estou apenas seguindo as normas que a senhorita Clara e sua mãe Thereza estabeleceram.

— Eu sei disso. Não se preocupe, eu sou amiga de Clara e Thereza.

Imediatamente, o segurança soltou o braço de Parker e tudo voltou ao normal outra vez.

◆❦ ❦◆

— Está tudo bem com você? — Christine perguntou segurando o braço de Parker.

— Mais ou menos, Christine.

— Todos os convidados estão olhando para nós. O que está acontecendo com você, afinal? Você saiu correndo do carro sem dizer nada e entrou na igreja como se fosse um maluco. Depois, ficou parado no meio da catedral, olhando para a estátua daquele anjo como se estivesse hipnotizado. O que está acontecendo, Parker?

— Eu não sei, Christine. Alguma coisa me puxou até aqui. Onde está Clark?

— Ele está sentado na sexta fileira, ao lado das crianças. Respire fundo e venha se sentar conosco.

— Desculpe-me, Christine. Não sei o que aconteceu comigo. Algo me levou até os pés daquele anjo e me forçou a ler o que estava escrito no pergaminho que ele segura nas mãos.

— Não precisa se desculpar. Vamos nos sentar, pois a noiva entrará a qualquer momento. Não quero atrapalhar a atenção das pessoas.

De repente, um delicioso aroma invadiu a catedral liberando suspiros e elogios dos convidados. Era uma espécie de fragrância natural de Dama da Noite. Um aroma envolvente e delicado que deixou o ambiente totalmente harmônico, romântico, nostálgico e, com certeza, inesquecível.

Todas as pessoas presentes jamais se esqueceriam daquele momento incrível. O momento em que a noiva entrou de braços dados com seu pai, Sir Thomas, e é entregue aos braços do seu futuro marido, James Moore.

Estavam presentes na cerimônia pelo menos quatrocentas pessoas, o que significava que a festa que aconteceria após seria realmente incrível.

— Parker, você está melhor? — Christine perguntou e sentou-se ao lado do marido e dos filhos.

— Sim, estou me sentindo melhor agora. Obrigado por se preocupar comigo, Christine.

— Que bom! Acho melhor sairmos da igreja antes dos convidados. Não quero ficar presa no trânsito. Quero seguir o carro de Clara até a festa para não nos perdermos.

— Onde está Clara? — Parker perguntou.

— Bem ali, sentada na primeira fila. Consegue vê-la?

— Aquela moça linda com cabelos ondulados?

— Sim, ela mesma.

— Parece muito bonita! Mesmo estando de costas, dá para perceber que é uma mulher muito atraente. Ela tem bom gosto para se vestir.

— Clara é uma mulher muito vaidosa e adora se vestir bem. Não se preocupe com nada. Vocês serão apresentados durante a festa.

A cerimônia estava exuberante, mas parecia fria, sem emoção, pois nem mesmo a noiva se mostrava empolgada com o próprio casamento. A sensação que vibrava no ambiente era de indiferença, como se tudo tivesse sido arranjado e forçado.

Tudo, por fim, correu bem e seguiu conforme planejado. A cerimônia terminou por volta das dez horas da noite, com dez trompetistas tocando uma linda composição celta, vestidos com típicos trajes medievais.

Trinta minutos depois.

— Clark, a cerimônia já está acabando. Temos que sair antes dos convidados, pois não sei chegar ao castelo onde acontecerá a festa.

— Castelo? Como assim castelo? — Parker indagou.

— A festa será em um antigo castelo, Parker. Você não leu o convite?

Parker olhou para o convite com vergonha.

— É verdade... Eu não havia percebido. Desculpe, mas às vezes sou meio desligado, Christine.

— Já percebi. Não se preocupe, Parker — Christine sorriu discretamente.

— Parker, é melhor você ir se acostumando com essas coisas, pois gente rica adora valorizar os detalhes — Clark completou.

— Por que você está me dizendo isso, Clark?

— Por nada, Parker. Vamos indo, pois em poucos minutos os convidados começarão a se levantar, e a saída da igreja ficará tumultuada.

Após vinte minutos parados por causa do trânsito e sem poder se comunicar com sua amiga Clara, Christine resolveu pedir informações a um senhor bem-vestido que estava entrando em seu carro.

— Senhor, com licença. O senhor está indo para a festa?
— Sim. Todos estão indo para lá.
— Será que poderíamos segui-lo? Não sabemos como chegar ao castelo, e está muito escuro. A única coisa que sabemos é que devemos seguir por uma estrada de terra secundária fora da cidade e para o lado norte. Somente isso.
— Não se preocupem. Sei como chegar lá. Me acompanhem.

Durante quarenta minutos, Clark dirigiu por uma estrada escura em meio a fazendas antigas de algodão. De repente, no meio do nada, o grupo avistou um lugar lindo e iluminado em meio a uma densa e mística floresta.

— Que lugar lindo, mamãe! — George, o filho mais novo de Christine, comentou ao avistar o castelo iluminado com lâmpadas amarelas e vermelhas, dispostas ao redor do portal de entrada.

— Não é maravilhoso, George?
— Sim, mamãe! É lindo!

Sentado no banco da frente ao lado de Clark, Parker olhou com o canto dos olhos para o amigo e sussurrou:

— Uau! Que lindo, cara! Esse pessoal parece ser rico mesmo, hein?

Clark sorriu, assumindo um ar de superioridade perante Parker. O local era realmente lindo, no entanto parecia assustador para Parker, um rapaz pobre acostumado a viver apenas com algumas libras por dia.

— Que tal pararmos embaixo daquela árvore, Clark? — Christine perguntou.
— Acho ótimo, querida. Farei isso.

Dez minutos depois.

— Querido, sigam por ali e se acomodem em algum lugar. Eu irei por aqui para encontrar Clara. Tente achar uma mesa próxima a alguma janela, pois George não gosta de lugares fechados e muitas pessoas aglomeradas perto dele. Você já sabe como meu filho é, não é, Clark?

Parker se aproximou do menino George, bateu nos ombros do garoto e disse:

— Hei, amigão, você não está sozinho! Temos algumas coisas em comum. Eu também não gosto de aglomerações e de gente desconhecida. Ainda bem que você me salvou dessa enrascada, pois eu não teria coragem de dizer isso para sua mãe!

Nesse momento, com seu jeito natural de ser, Parker conquistou a confiança e a empatia do pequeno George, um menino de apenas quatro anos, magro e com cabelos louros brilhantes. O garotinho nem sabia por que estava vestindo um pequeno terno preto engomado e uma minúscula gravata vermelha, que praticamente o enforcava pouco a pouco de tão apertada que estava.

Talvez fosse costume dos ricos fazerem as crianças usar aquele tipo de traje social. Parker olhou para os lados e percebeu que todas as outras crianças que estavam na festa também se vestiam da mesma maneira. Ele sentia-se descolocado diante de tanta gente rica e pomposa, mas decidiu seguir em frente pelo jardim, colocando a mão no ombro do pequeno George.

Apesar de ter convivido em Londres com pessoas da classe alta britânica, Parker nunca vira tanta ostentação de uma só vez. Na verdade, ele jamais estivera numa festa de casamento, pois seus pais nunca tiveram vida social nem conheciam pessoas ricas da alta sociedade.

O mais entristecedor para Parker era ver todos os convidados chegando ao imponente castelo, alegres, sorridentes e acompanhados por belas mulheres e famílias harmoniosas, algo que ele sempre admirou, mas que o incomodava demais. Para Parker, tudo aquilo era uma grande utopia e ele acreditava que nunca poderia viver como aquela gente, construir uma família feliz e viver rodeado de pessoas interessantes. E esse, sem dúvida, parecia ser seu grande sonho: se tornar um homem rico como aqueles convidados, se casar com uma bela mulher e constituir uma família.

— George, fique perto de mim. Vamos nos sentar naquela mesa tranquila. Tudo bem para você? — Parker disse para o garoto.

— Sim. Tudo bem, titio.

— Você quer beber algum refrigerante?

— Quero sim, tio.

— Hei, Clark, ele está me chamando de tio! Você ouviu isso?

— Sim, eu ouvi. Não ligue, Parker. Christine disse a George que você vai namorar Clara, e por isso ele pode começar a lhe chamar de tio. Se você deixar, é claro.

— Isso é muito estranho, Clark! Como ela pode ter certeza de que vou gostar dessa tal de Clara? Como ela pode ter certeza de que Clara vai gostar de mim? Sinceramente, não estou gostando nada disso.

— Não se preocupe, Parker. Eles são assim mesmo. É uma mania que eles têm.

— Eles quem?

— Os ricos. Eles estão acostumados a mandar e desmandar nas pessoas e querem que tudo saia exatamente como eles planejam. E se porventura as coisas não saem conforme desejam, eles ficam extremamente irritados.

— Verdade?

— Sim, eles se sentem contrariados e acham que o mundo inteiro está agindo contra eles. Esse é o grande problema.

— Que estranho!

— Muito estranho. Eu demorei um bom tempo para me acostumar com isso. Mas se as coisas saem como eles desejam, tudo fica uma maravilha! Eles ficam felizes, e todo mundo sai ganhando.

— Entendi... Mas, como você sabe, eu sou cismado com gente que manda e desmanda. Sempre fui uma pessoa livre e não gosto que me digam o que fazer.

— Eu sei, Parker. Por isso eu disse para Christine ir com calma. Fique tranquilo. Clara gosta de pessoas de atitude como você; ela odeia gente acomodada, que passa o tempo esperando que as outras pessoas façam o que precisa ser feito. Clara gosta de homens autênticos e determinados como você.

❧❦

Vinte minutos depois, no salão de festas.

— Clara, minha querida, que difícil encontrá-la no meio dessa multidão!

— Christine! Você está tão diferente e linda! Que bom que veio! Estou muito feliz em vê-la. Onde estão Clark e as crianças?

— Estão sentados do outro lado do salão, perto do jardim. Sabe como George é! Ele não gosta de aglomerações e fica inquieto quando fica rodeado de muita gente.

— Sei sim. Desde pequeno ele é assim, não é?

— Infelizmente, amiga.

— Christine, me diga uma coisa...

— Sim, Clara.

— E o amigo bonitinho que Clark disse que traria para me apresentar? Ele veio?

— Sim, conseguimos convencê-lo a vir conosco. Ele só está um pouco deslocado. É um cara simples, tímido, que não gosta de ficar entre pessoas desconhecidas. Mas parece que ele está se divertindo bastante com George!

— Com George?

— Sim, ele está conversando um pouco com meu filho.

— Quantos anos ele tem, afinal? — Clara brincou, e ambas caíram na gargalhada. Riram tanto que Clara se desequilibrou, deixando a taça de champanhe cair no chão.

Imediatamente, um garçom se aproximou e limpou o chão e os estilhaços de cristal que se espalharam. Clara não se importou com o incidente e, sem hesitar, pegou outra taça de champanhe e continuou conversando com a amiga:

— Christine, somos amigas desde criança, não é?

— Sim, Clara. Por quê?

— Porque eu acredito que posso lhe dizer certas coisas.

— Você é minha melhor amiga, Clara. Pode confiar em mim.

— Minha mãe sempre diz que preciso encontrar um rapaz de "porte". Alguém que tenha presença marcante e possa me dar filhos com *pedigree*. Sabe como minha mãe é! Ela está sempre querendo arrumar um bom casamento para mim e vive comparando meus namorados com os cavalos de raça que ela cria na fazenda do papai. Sabe aqueles garanhões que ganham dezenas de prêmios participando de corridas e procriando lindos cavalinhos?

— Sei, amiga. Sua mãe não é muito diferente da minha. Minha mãe costuma dizer a mesma coisa. Eu também queria encontrar um homem assim, mas infelizmente ainda não consegui encontrar meu garanhão — Christine respondeu sorrindo, enquanto bebia a terceira taça de champanhe.

A conversa entre as amigas logicamente não saiu dali, pois envolvia o tipo de assunto que pertencia à adolescência, época em que passavam o tempo criando sonhos maravilhosos. Sonhos em que as duas eram princesas à procura de príncipes encantados.

Clara respondeu levemente embriagada:

— Olha, Christine, sinceramente eu não me importo tanto com dinheiro como minha irmã. É claro que me importo com os bens materiais, mas como minha família é muito rica, eu não me preocupo se meu futuro marido for pobre. Como mamãe sempre diz: "O importante é que ele seja capaz de me dar filhos com *pedigree*". Está me entendendo, amiga?

— Sim, estou entendendo perfeitamente, Clara.

— Meu marido precisa ter um gene de primeira linha. Quero que ele seja forte, alto, másculo, educado e que esteja sempre bem apresentável para a sociedade. Não adianta ser um garanhão e não ser uma pessoa elegante e envolvente com as pessoas do nosso *métier* social.

— Eu entendo. Você sempre sonhou em ter filhos lindos e fortes e transformá-los em atletas olímpicos e grandes campeões. Não era isso que você sempre dizia, quando íamos nadar e treinar para os campeonatos da escola no Golf Club aos domingos?

— Isso mesmo, Christine. Você se lembra de tudo perfeitamente, amiga! É por isso que gosto de você, pois é a única pessoa que me entende. Meu sonho é ter um filho alto e forte e transformá-lo no maior nadador da Inglaterra. Quem sabe, no melhor nadador do mundo! Minha mãe costuma dizer que os ombros, o peitoral e a face de um homem representam praticamente noventa por cento da genética que ele traz dentro de si. Se os ombros forem largos, significa que é capaz de gerar filhos guerreiros. Se o peitoral for forte, significa que seus filhos serão ambiciosos e vencedores. Se a face for simétrica e os olhos forem brilhantes, é sinal de que os filhos serão inteligentes e sábios e nunca desistirão de nada diante das dificuldades.

— Não sabia desses detalhes, Clara.

— Christine, eu não quero ser como minha irmã.

— Por quê?

— James Moore pode ser milionário e dar tudo o que ela deseja, mas com aquele tamanho... Ele é quase um anão! Além disso, com apenas trinta e seis anos de idade, ele já é calvo e barrigudo. Certamente, James nunca será capaz de lhe dar filhos fortes e bonitos como os meus. Desculpe, mas sou muito exigente no quesito "homem" — Clara gargalhou ironicamente e bebeu o resto de champanhe que restava no fundo da taça.

— Não seja tão exigente, Clara! Sua irmã encontrou o amor da vida dela. Você precisa torcer para ela ser feliz ao lado de James.

— Eu torço por ela. Só estou lhe dizendo que não seguirei o mesmo caminho que minha irmã. Ah! Quer saber? Vamos deixar essa conversa de lado, Christine. Preciso cumprimentar um casal de amigos que acabou de chegar da França. Por favor, fique à vontade. Daqui a pouco tempo, irei até sua mesa para cumprimentar Clark e conhecer o tão falado Parker.

— Tudo bem. Estaremos esperando por você.

Na mesa.

— Como você está, George? Está se divertindo com Parker?

— Sim, ele é muito legal, mamãe. Gostei muito dele.

— Que bom, meu filho!

— Mamãe, por que você não namora Parker, em vez de namorar Clark?

A súbita pergunta pegou Christine de surpresa. Enquanto isso, Clark olhava assustado e sem reação para seu enteado. Que resposta ela daria ao garoto naquele momento tão desconcertante?

— Eu já namoro o Clark, meu filho! Não posso namorar outra pessoa.

— Eu sei que você namora o Clark, mamãe.

— Então por que está dizendo isso?

— Estou dizendo para você namorar o Parker, quando não estiver mais namorando o Clark. Apenas isso.

Quando uma criança de quatro anos abre a boca, geralmente é para falar a verdade. Crianças não costumam mentir. Por isso, as poucas palavras do menino soaram tão incômodas para Clark, a ponto de deixá-lo sem reação. Estava ficando claro que Christine costumava comentar algumas coisas com seus filhos sem que Clark soubesse. Pareceu-lhe segredos ditos entre quatro paredes entre mãe e filho.

Depois do desconfortável silêncio, Clark se levantou da cadeira e foi até o garçom para pegar um copo de uísque sem gelo. Em seguida, seguiu para o jardim sozinho, louco para acender um cigarro e se acalmar.

Ao perceber o desconforto causado, Parker decidiu ir atrás do amigo para ampará-lo.

Christine permaneceu ao lado de George e o repreendeu:

— Por que você disse aquilo, George? Você magoou Clark, sabia? Vou lhe dizer uma coisa e quero que nunca mais se esqueça disso.

— Desculpe, mamãe — George respondeu cabisbaixo.

— Nunca mais repita as coisas que falo com sua avó lá em casa. Tudo o que você ouvir deve entrar por esse ouvidinho e sair por esse outro ouvidinho. Está me entendendo? — Christine deu uma bronca em George, puxando a ponta das duas orelhas com força até que doessem.

— Ai, mamãe! Isso doeu, sabia?

— Eu sei que doeu! Isso é para você nunca esquecer que não pode dizer coisas desagradáveis na frente dos outros.

— Tudo bem, mamãe, eu não direi mais! Eu prometo. Ai! Ai! Solte minhas orelhas. Estão doendo muito!

Christine soltou as orelhas do menino, mas continuou a repreendê-lo, enquanto fingia limpar seu terno:

— De onde você tirou essa ideia maluca de que quero namorar o Parker? De onde você tirou essa ideia maluca, George?

— Eu achei Parker mais legal que Clark, só isso.

— Quem tem que achar alguma coisa sou eu, não você — Christine esbravejou e virou de costas, deixando George e a pequena Samantha sozinhos na mesa.

Enquanto isso, no jardim, Parker fazia companhia a Clark, mas logo percebeu que as duas crianças estavam sozinhas na mesa. Ele, então, decidiu voltar para fazer companhia aos dois irmãos.

Assim que Parker chegou à mesa, George começou a chorar e encostou a cabeça na mesa.

Parker respeitou o garoto e se aproximou da menina Samantha.

— Está tudo bem com seu irmão, Samantha?

— Eu quero ir embora daqui — George sussurrou antes de sua irmã responder.

— Tenha calma, George. Nós iremos embora logo.

— George não gosta de vir a essas festas, senhor Parker — Samantha disse demonstrando maturidade.

— Ele não gosta de festas? Por quê, Samantha?

— Porque quando minha mãe vai a essas festas, ela bebe muito e a gente fica sozinho. Isso sempre acontece. Ela só quer saber de beber e de ficar conversando até tarde com seus amigos.

— Quem fica com vocês?

— Clark fica com a gente.

— Estou começando a perceber o que está acontecendo aqui, Samantha. Mas não se preocupe. Deixe sua mãe se divertir, e eu ficarei com vocês hoje, tudo bem?

— Minha mãe também deixa Clark de lado, sabia?

— Eu percebi isso desde que chegamos.

— Titio, depois que mamãe bebe várias taças daquela bebida de onde sai espuminhas brancas, ela fica muito chata e começa a rir sem parar!

— Você está querendo dizer champanhe, não é?

— Não sei o nome daquela bebida. Só sei que as espuminhas deixam a mamãe muito estranha. Eu também não gosto de vir a essas festas, mas tenho que aguentar, porque minha mãe vive dizendo que temos que estar presentes nos eventos. Não sei por que ela insiste tanto nisso.

— Eu vou ficar com vocês, Samantha. Não se preocupe. Afinal, eu também não conheço ninguém nesta festa. Pelo menos eu tenho com quem conversar. Tudo bem se eu ficar aqui com vocês na mesa?

George levantou a cabeça rapidamente limpando os olhos e sorrindo:

— Sim! Pode ficar conosco, senhor Parker.

— Combinado então! Eu ficarei.

— Parker, conte alguma história ou alguma piada pra gente, por favor — o pequeno George já se mostrava mais animado.

Parker ficou completamente sem ação, pois nunca ficara a sós com duas crianças e não tinha a mínima ideia do que diria aos dois irmãos. A empatia, no entanto, era grande, e, de maneira intuitiva, Parker se lembrou de algumas histórias que sua mãe costumava contar-lhe quando ele era criança. Assim, sua iniciativa subitamente deixou os dois pequeninos atentos e envolvidos, distraindo-os de forma natural.

Uma hora depois.

— Estou percebendo que gosta muito de crianças!

Parker sentiu uma presença e acreditou que fosse Christine aproximando-se. Rapidamente, ele virou-se, assustando-se ao ver parada bem ao seu lado uma linda mulher com cabelos sedosos e olhos azuis penetrantes.

Ele nunca sentira um olhar sedutor envolvendo-o daquela maneira. Sem reação, sua face começou a esquentar de vergonha, exatamente o que ele mais temia que acontecesse ao encontrar-se com Clara pela primeira vez. Sim, a linda mulher que estava parada ao seu lado era justamente Clara. Ela olhou-o profundamente e disse:

— Desculpe se o assustei, Parker. Christine disse que nos apresentaria durante a festa, mas parece que ela se esqueceu de mim. Por isso, resolvi me aproximar para conhecê-lo. Muito prazer! Sou Clara Harrison.

Samantha, que estava sentada ao lado de Parker, de repente se intrometeu na conversa:

— Olá, tia Clara. Mamãe não se esqueceu apenas de você. Ela se esqueceu de nós também.

Parker tentou remediar a situação:

— Não se preocupe, Samantha. Daqui a pouco, ela aparece aqui.

Clark de repente se aproximou da mesa com os olhos avermelhados e lacrimejantes, após beber duas doses de uísque e retrucou:

— Parker, não se iluda. Eu conheço muito bem minha esposa. Christine só voltará à mesa no final da festa, quando já estiver caindo de bêbada ou quando alguém a trouxer carregada até aqui.

Parker ficou calado ao perceber que havia alguns problemas sérios com o casal.

Clara segurou o braço de Parker e sussurrou:

— Vamos dar uma volta, Parker?

Parker olhou para os lados e respondeu apreensivo:

— Mas e as crianças?

Clark ouviu e resolveu ajudar o amigo:

— Não se preocupe, Parker. As crianças ficam comigo. Vocês têm muito para conversar. Deixe George e Samantha aqui comigo.

— Obrigada, Clark. Posso roubar seu amigo um pouquinho? — pediu Clara.

— Claro que sim. Sinta-se à vontade.

Parker e Clara saíram caminhando pelo lindo jardim do antigo castelo até chegarem a uma fonte, onde pararam para conversar um pouco. No entanto, tímido como sempre, Parker se sentiu deslocado e sem graça.

Nervoso, ele tentou encontrar qualquer assunto interessante em sua mente para tentar iniciar uma conversa com a linda moça, mas, devido ao nervosismo, sua mente pareceu entrar em colapso e nada surgiu.

Enquanto caminhava ao lado da bela moça, pensava insistentemente tentando encontrar uma saída: "O que posso falar para uma moça linda, rica e vivida como essa? Ah! Já sei! Vou comentar algo sobre a cerimônia de casamento que aconteceu na Catedral de Manchester. Boa ideia! Vou comentar alguma coisa sobre isso com ela. Será que Clara vai gostar? Oh, meu Deus!".

Sem hesitar, Parker decidiu reagir:

— A cerimônia de casamento de sua irmã estava muito bonita, sabia? Gostei muito da decoração.

— Sério?

— Sim.

— Que bom que você gostou!

— Ainda não conheci sua irmã pessoalmente, mas dê os parabéns a ela, pois a cerimônia estava realmente bonita. Inclusive, gostaria de dizer que aquele aroma delicioso que repentinamente invadiu a catedral, assim que ela entrou de braços dados com seu pai, me marcou profundamente. Adorei a ideia de aromatizar o ambiente.

— Você gostou daquilo? Foi ideia minha, sabia? Gosto de fazer coisas exóticas para agradar os convidados. Esses detalhes transformam o evento em algo único e inesquecível.

— Eu gostei e acredito que todos os convidados também gostaram. Muito criativa a sua ideia. Aliás, você teve muito bom gosto na escolha da fragrância.

— Obrigada, Parker. Eu encomendei essa fragrância especialmente para o casamento. Mandei vir de Paris. Que bom que você gostou. Vou repetir mais vezes, com certeza.

— A propósito, o perfume que você está usando também é muito gostoso.

— Obrigada novamente, Parker. Você é muito gentil, sabia?

81

Neste momento, ele já estava se sentindo mais à vontade com a linda moça. Seus batimentos cardíacos começaram a voltar ao normal, e sua mente o deixara à vontade para raciocinar.

Clara estava mostrando-se envolvida e desejava continuar a conversa:

— Minha amiga Christine disse que você se formou em engenharia há pouco tempo. É verdade, Parker?

— Sim, acabei de me formar em Londres. Estou pronto para começar a trabalhar. Já recebi uma proposta de uma pequena construtora em Wigan para trabalhar em projetos de reurbanização, mas o salário que eles oferecem é muito baixo. Talvez eu consiga algo melhor por aqui, em Manchester. Quem sabe?

— Salário? Definitivamente, não sei o que significa essa palavra, Parker — Clara respondeu em tom irônico.

— Por quê?

— Desculpe, mas um engenheiro de verdade não pode pensar em salário. Você precisa pensar mais alto e visualizar grandes projetos e grandes investimentos. Precisa pensar em coisas maiores e não ficar pensando apenas em asfaltar ruas, construir calçadas e ganhar um mísero salário como empregado público. Tem que pensar em algo que transforme seu trabalho em algo rentável e promissor, algo que faça seu patrimônio crescer rapidamente e transformá-lo em um homem rico. Tem que pensar grande, Parker.

Parker se sentiu intimidado:

— Infelizmente, eu não sei como funcionam essas coisas, Clara. Desculpe, mas não estudei muito economia e administração na universidade.

Parker se sentiu intimidado, mas gostava do que Clara lhe dissera, pois no fundo seu grande sonho era se tornar um homem muito rico. O problema é que ele não sabia nada sobre empreendimentos, contratos, negócios e grandes investimentos. Já Clara Harrison, filha de um grande empresário da construção civil, tinha amplo conhecimento sobre esses assuntos.

— Veja meu caso, Parker. Sou uma arquiteta recém-formada e já ganho o suficiente para ter uma vida tranquila e confortável. Está entendendo o que estou querendo lhe dizer?

Enquanto ela fala, Parker pensa: "Bom, se ela está dizendo que seus ganhos são suficientes para manter uma vida confortável, isso significa que ela deva ganhar muito bem, pois, para manter um padrão de vida como este, não deve ser nada fácil".

Notando que o assunto não estava agradando muito, Clara tentou mudar o foco:

— Que tal deixarmos essa conversa chata de lado, Parker?

— Por mim, tudo bem.

— Ótimo. Estamos aqui para nos divertir, não?

— Sim.

— Gostaria de beber uma taça de champanhe ou um copo de uísque para relaxar um pouco?

O súbito convite chegara na hora certa. Era tudo o que Parker mais queria para relaxar e diminuir os batimentos do seu coração. Certamente uma boa dose de uísque resolveria o problema e o faria sentir-se um pouco mais descontraído.

— Sim! Eu gostaria de uma dose de uísque. Puro e com gelo, por favor.

Clara olhou para os lados e avistou um garçom que passava apressado pelo jardim.

— Por favor, garçom.

— Sim, senhorita Clara.

— Traga um uísque com quatro pedras de gelo para o cava- lheiro.

— Sim, senhorita. Trarei o pedido em alguns minutos.

Clara virou vagarosamente o rosto para Parker, tomou um pouco de champanhe que ainda restava em sua taça de cristal e olhou- -o fixamente um pouco embriagada. Mordendo o lábio inferior de forma sensual, ela comentou:

— Que noite deliciosa, não acha, Parker?

Parker desviou o olhar e tentou disfarçar passando a mão no cabelo. Estava sentindo-se encurralado por aquela linda mulher.

Clara percebeu o nervosismo de Parker e tentou acalmá-lo:

— Por que está tão nervoso, Parker? Fique calmo. Eu não mordo.

Mesmo demonstrando ser inofensiva, Clara se aproximou um pouco mais tentando seduzi-lo.

— Eu não estou nervoso, Clara.

— Tenha calma, Parker... Seu uísque já está chegando.

— Eu estou calmo.

83

— Calmo? Não parece!

— É que sou um pouco tímido. Já deve ter percebido, não?

— Sim, eu percebi que você é um rapaz muito tímido. E... eu também percebi outra coisa.

— O quê?

— Percebi que você é um homem bonito e charmoso.

— Verdade?

— Sim, você um homem muito charmoso, sabia? Mas certamente ninguém costuma lhe dizer esse tipo de coisa, não é?

— É verdade. Nunca me disseram isso antes...

Clara se aproximou um pouco mais:

— Sabe qual é o problema, Parker?

— Qual?

— Se você tivesse alguém ao seu lado para levantar sua autoestima, certamente daria mais valor a si mesmo e conheceria o potencial que você possui.

Nesse momento, Parker avistou o garçom saindo de dentro do salão e caminhando em sua direção com o desejado copo de uísque na bandeja. Era tudo o que ele mais queria naquele momento.

Sem perceber, Parker já estava praticamente encurralado e encostado na estátua que enfeitava a fonte de água, tamanha era a pressão que a aproximação de Clara lhe impunha. Era uma mistura de encantamento, medo e vergonha. Uma sensação estranha que invadira completamente a mente de Parker. Mesmo com todo o seu tamanho, ele parecia estar sendo domado pela encantadora mulher, como se fosse um cavalo selvagem em adestramento.

Quase sem reação, Parker pegou rapidamente o copo de uísque da bandeja do garçom e o esvaziou em apenas um gole.

Clara continuou sua tática de sedução:

— Você precisa de uma mulher para cuidar de você, sabia disso?

— Sim, ou melhor, não. Não sei — Parker tentou responder, mas gaguejou.

— Posso lhe fazer uma pergunta, Parker?

— Sim.

— Você já teve uma mulher de verdade alguma vez na vida?

— Sim. Ou melhor... não.

— Sim ou não, Parker?

— Na verdade, sim.

Clara sorri ironicamente:

— Sabe o que eu acho, Parker?

— O quê?

— Que você nunca teve uma mulher de verdade.

Sem perceber, Clara foi se aproximando mais e mais de Parker até encostá-lo na borda da fonte.

De repente, Parker tropeçou num pequeno degrau de cimento, perdeu o equilíbrio e caiu sentado na mureta da fonte com as pernas abertas. Seu copo de uísque caiu e se estilhaçou no chão.

Não suportando a sedução de Clara, Parker decidiu avançar o sinal e a puxou pelos braços, colocando-a entre suas pernas. Sem titubear, ele olhou no fundo dos olhos da moça e lhe deu um beijo enlouquecido.

Para Parker, tudo aquilo parecia surreal e inacreditável, pois nunca ninguém lhe seduzira de forma tão intensa querendo beijá-lo.

Parecia loucura! Havia poucos minutos, ele estava sentado numa mesa com duas crianças contando historinhas e agora estava sendo seduzido por uma linda mulher.

Enquanto se beijavam calorosamente, os pensamentos de Parker iam e vinham como se fossem faíscas de fogo incendiando sua mente. Era uma mistura de medo e alegria, ansiedade e realização. Ele não conseguia relaxar e aproveitar o momento. Sentia-se tenso por causa da ansiedade e da timidez que o acompanhava desde a adolescência, e, enquanto isso, seus pensamentos se emaranhavam em dúvidas e questionamentos.

Enquanto a beijava, ele pensava: "Oh, meu Deus! O que acontecerá depois que o beijo acabar? O que vou dizer a ela? E se ela não estiver gostando de mim e do meu jeito de beijar? Será que ela vai querer me ver outras vezes?".

Parker não sabia, mas o vírus da paixão estava começando a entrar em sua corrente sanguínea, atingindo diretamente seu coração. O mesmo vírus que costumava amolecer e entorpecer os homens, quando esses eram envolvidos pelos braços de uma linda mulher como Clara Harrison. Estava claro que Parker fora fisgado pelos sentimentos desconcertantes da paixão.

Depois de alguns minutos abraçados e de se beijarem com muito carinho, Clara ouviu uma voz feminina chamando-a no microfone do salão de festas. Era Christine que lhe pedia para se apresentar e cortar o bolo do casamento junto da irmã e de seu marido James.

Clara afasta lentamente sua boca da boca de Parker, colocou o dedo indicador em seus lábios e disse:

— Não precisa dizer nada, querido. Vou até o salão fazer o que minha irmã está pedindo... Nos vemos mais tarde.

— Mas Clara, eu...

— Não diga nada, Parker. Apenas relaxe e aprecie o momento.

Parker ficou inerte, sem reação. A dose de uísque que bebera minutos atrás não estava mais fazendo efeito. Ele precisava de uma outra dose agora, para acalmar a alegria e o entusiasmo que pulsava em suas veias e invadia sua mente.

Parker correu até a mesa onde Clark estava e abraçou o amigo por trás, assustando-o.

— Que susto, Parker! O que aconteceu?

Um garçom passou ao lado da mesa, e Parker esticou o braço para pegar outro copo de uísque com gelo.

— Um brinde ao amor, meu amigo Clark! Você tinha razão!

— O que foi, Parker?

— Você me pergunta "O que foi Clark?"?

— Sim, o que está acontecendo, Parker?

— Eu beijei ela, cara. É isso que está acontecendo!

— Beijou a Clara?

— Quem mais eu beijaria?

— Assim tão rápido?

— Rápido mesmo. Eu também não esperava que isso fosse acontecer tão rápido!

— Isso só aconteceu porque ela está bêbada, Parker. Não fique tão feliz assim.

— Não importa. Eu sei que ela gostou de mim. Sinto que ela me ama.

Clark fixou Parker com um olhar de superioridade, querendo demonstrar que ele era mais experiente com as mulheres. E sem hesitar, retrucou:

— Vá com calma, cara! Você não sabe nada sobre as mulheres. Ainda mais se tratando de uma mulher como Clara Harrison.

— Será que fui fisgado pelo mesmo vírus que você, Clark? — Parker brincou.

— Tomara que não — ele respondeu abaixando a cabeça e demonstrando desânimo e decepção com alguma coisa.

— Clara é uma mulher incrível, sabia? Eu não imaginava que ela fosse tão extrovertida, alegre e...

— E... o quê, Parker?

— Não sei explicar.

— Sedutora? É isso que você está querendo dizer?

— Isso! Sedutora! Isso mesmo. Não vejo a hora de beijá-la novamente e de ficar junto daquele corpo quente e macio.

— Hei! Pode parar. Eu disse para ir com calma. Você não entende nada de mulheres ainda. Vá devagar, Parker, por favor.

— Como assim "vá devagar"? Você é muito estranho, Clark! Primeiro, você me convida para conhecer a melhor amiga de sua mulher... Aí eu venho para esta festa, a beijo, fico apaixonado por ela, e depois você me diz para eu ter calma? Está ficando louco ou o quê?

— Você vai entender algumas coisas com o passar do tempo, Parker. Fique tranquilo.

— Ah! Não venha com essa, cara!

— Relaxe e esqueça o que eu disse, Parker. Vamos comemorar! É isso que precisamos fazer neste momento — Clark sorriu e tentou relaxar ao lado do amigo.

— Isso mesmo! Vamos comemorar!

— Saúde! Saúde!

— Parker, você é um cara e tanto e merece ser feliz. É hora de comemorar. Chega de tristeza!

— É isso aí, Clark. Agora, estou reconhecendo meu velho amigo. Vamos pegar nossos copos de uísque e vamos até o jardim fumar um cigarro. Pegue as crianças e as traga para brincar um pouco no parquinho.

A festa avançou pela madrugada, e Parker estranhamente não encontrou mais Clara na festa.

De repente, por volta das três horas da madrugada, Christine se aproximou da mesa totalmente embriagada, dizendo que não estava se sentindo bem e que precisava ir embora para casa. Parker não perdeu a oportunidade e lhe fez a pergunta que estava deixando-o enlouquecido:

— Christine, onde está Clara? A festa está acabando, e ela nem se despediu de mim. O que aconteceu com ela, afinal? Você sabe alguma coisa sobre Clara?

— Não, não sei nada — Christine respondeu com a voz enrolada por causa da embriaguez.

— Que droga! O que aconteceu com Clara? Ela me deixou a noite toda sozinho.

Mesmo embriagada, Christine tornou:

— Parker, aprenda uma coisa a partir de hoje! Clara pode ter adorado você, porque acredito que você seja realmente uma pessoa adorável, mas infelizmente Clara adora muitas outras coisas na vida. Você vai compreender isso com o passar do tempo.

— Como assim "outras coisas"? Que tipo de coisas?

— Muitas coisas rodeiam a vida de Clara. Mas não fique preocupado, Parker! Ela vai procurá-lo em breve. Agora vamos embora. Estou muito cansada e bêbada!

"Que estranho!", Parker pensou. "Clara deve estar ocupada ajudando a irmã com os preparativos para a lua de mel, afinal soube que James preparou uma viagem de quinze dias para o Taiti, com saída logo nas primeiras horas da manhã. Deve ser por isso que ela não veio se despedir de mim".

Na verdade, Parker estava tentando encontrar uma desculpa em sua mente para aliviar a frustração de ter sido abandonado por Clara de forma tão repentina.

Capítulo 6
O reencontro

Uma semana depois.

Mesmo chateado e angustiado, Parker sentia-se outra pessoa depois da noite inesquecível que tivera no jardim do castelo. Já se passara uma semana, e ele não obtivera nenhuma notícia de Clara.

O ano era 1984, e as pessoas viviam num mundo totalmente diferente do atual. Não existia internet, não existiam celulares, smartphones e redes sociais. No caso de Parker, era ainda pior, pois seus pais não tinham nem mesmo telefone fixo em casa. Sendo assim, a única opção que lhe restara era esperar que alguém batesse na porta de sua casa para trazer-lhe alguma informação sobre Clara, ou ele teria que criar coragem para ir pessoalmente à casa dela.

Era uma espera sem fim, uma agonia torturante para uma pessoa que estava nitidamente apaixonada. Nem mesmo Christine tinha qualquer notícia de Clara.

Parker chegara a cogitar a ideia de ir até a casa de Clara para encontrá-la, mas no fundo ele sabia que era uma grande besteira fazer algo daquele tipo. Ele não descartara a ideia de que tudo aquilo que acontecera no jardim do castelo podia ter sido apenas uma aventura passageira da moça. E mesmo querendo se enganar, ficara claro para Parker que, antes de cair facilmente em seus braços, Clara já estava bêbada.

No entanto, uma paixão desconcertante invadira o coração do pobre e inocente Parker, que agora estava em casa envolto por dúvidas que o martirizavam o dia inteiro e uma mistura de indignação com uma vontade incontrolável de tê-la em seus braços outra vez.

Em casa com o velho Antony.

— Por que você está tão inquieto, filho? O que está acontecendo com você, afinal?

Parker passou pela sala com um olhar distante e preocupado. Sem querer, ele virou-se e assustou-se ao perceber que fora o velho Antony, sentado em sua poltrona de couro e assistindo ao antigo seriado *O Gordo e o Magro* na televisão, quem lhe fizera a pergunta.

— Não é nada não, papai. Só estou ansioso pensando em como arrumar um emprego. Infelizmente, nenhuma empresa me chamou para uma entrevista até o momento. Já deixei currículos em vários lugares e nada, até mesmo na prefeitura eu estive. Isso está me deixando realmente preocupado.

— É só isso?

— Sim.

— Tem certeza?

— Sim, pai. Eu não posso ficar parado dependendo de vocês. Eu sei que a situação aqui em casa não é das melhores.

— Você tem razão. Nossa situação não é nada fácil. Na verdade, nunca foi fácil, e você nunca se preocupou com isso. Nós vamos superar essa fase ruim, Parker. Acredite. Só quero que você diga a verdade. Este velho aqui pode ser rabugento, chato e ranzinza, mas bobo ele nunca foi.

— O que está insinuando, papai?

— Eu sei exatamente o que está acontecendo com você.

— Sabe? Alguém lhe disse alguma coisa? — Parker imediatamente acreditou que alguém tivesse ido até sua casa e levado alguma notícia de Clara. O típico pensamento de um garoto apaixonado e inexperiente.

— Eu sei o que está acontecendo com você, Parker. Eu conheço muito bem esse tipo de olhar perdido e distante. Já aconteceu comigo pelo menos três vezes quando eu era jovem.

— Três vezes? Sobre o que o senhor está falando?

— Uma vez, aconteceu quando eu tinha treze anos de idade e estudava do outro lado da cidade. Foi com uma garota da escola... Nessa época, seu avô me levava sentado no quadro da bicicleta, e eu congelava de frio. Outra vez, foram algumas semanas antes de me alistar no exército. Meu primo Johnson, filho do Tio Paul, me apresentou a uma amiga durante uma festa de aniversário e em seguida começamos a namorar. Aquela garota foi meu primeiro amor, sabia? Mas, após alguns meses, ela partiu com os pais para o Brasil, onde recomeçaram a vida trabalhando como professores de inglês em escolas particulares. Depois que ela se foi, só tive notícias dela por intermédio de um amigo. Ele disse que a família dela fundou uma rede de escolas de inglês no Brasil e que eles acabaram ficando muito ricos.

— Nossa! Você nunca me disse nada sobre isso!

— Nunca lhe disse nada, porque você nunca me perguntou nada sobre isso — Antony respondeu com sua costumeira rispidez.

— Tem razão, eu nunca perguntei. E a terceira, como foi? — Parker mostrou-se curioso.

— Bom, a terceira vez foi quando conheci sua mãe. Quando a vi pela primeira vez durante um desfile no centro da cidade, meu coração pulsou diferente e senti minhas pernas bambearem. Com sua mãe foi diferente! Foi amor à primeira vista.

— Uau! Ela sabe algo sobre as outras garotas?

— Sabe, mas não diga a ela que lhe contei. Ela tem ciúmes disso até hoje.

— Quer dizer que o senhor ama mamãe de verdade?

— Claro que sim!

— Eu nunca ouvi você dizer isso a ela.

— Amor verdadeiro não precisa ser verbalizado, filho, mas sentido. Sou um velho estranho e amo do meu jeito.

As palavras verdadeiras de Antony deixaram Parker muito feliz. Antony era um cara durão e dificilmente deixava suas emoções transparecerem.

— Como mamãe ficou sabendo das outras moças?

— Uma das moças ela conhecia, pois estudaram juntas no colégio. Eu acabei contando para sua mãe sobre a outra, mas me arrependi.

— Ela ainda tem ciúmes do senhor?

— Sim.

— Mas já passou tanto tempo, papai!

— Você ainda não conhece as mulheres, Parker.

— Clark me disse isso outro dia.

— Você não conhece o lado ciumento das mulheres nem o lado bobo dos homens. Nós, homens, somos piores que as mulheres quando o assunto é amor. Os homens só descobrem seus pontos fracos quando estão apaixonados. Quando estamos apaixonados por uma mulher, nos transformamos completamente, Parker.

— Estou percebendo que não conheço nada sobre as mulheres mesmo. E sobre os homens, não posso responder também, papai.

— Pois bem, é exatamente isso que está acontecendo com você. Isso acontece com todos os homens que são flechados por mulheres sedutoras, bonitas e misteriosas. Eu sei que você está apaixonado, filho. É algo que está estampado em seu olhar abobado, distante e preocupado. Eu posso reconhecer esse olhar perdido em qualquer lugar do mundo. O idioma e os costumes podem mudar, mas a paixão é sempre a mesma em todos os lugares do planeta. Estou errado?

Parker ficou envergonhado. Antony nunca havia conversado sobre aquele tipo de assunto com o filho, pois sempre foi uma pessoa muito calada.

— Você está certo, pai. Eu estive com uma garota outro dia, e ela é exatamente como o senhor descreveu: bonita, sedutora e misteriosa.

Antony balançou a cabeça reafirmando o que acabara de dizer.

— Filho, as duas primeiras qualidades que você descreveu são muito boas... O problema é a terceira.

— Por quê?

— Mulheres misteriosas guardam segredos que os homens não conseguem descobrir. Esse tipo de mulher misteriosa sabe exatamente como manipular nossas emoções e controlar nossas vidas.

— Acho que você tem toda razão, pai.

— É lógico que tenho razão, filho. Sou um homem vivido e experiente e conheço as mulheres. Isso já era de esperado.

— O quê?

— Homens inteligentes como você sempre acabam atraindo mulheres misteriosas.

— Por quê?

— Porque homens como você gostam de desafios e aventuras perigosas, e somente as mulheres misteriosas são capazes de proporcionar o que homens como você procuram. Estou errado?

— Acho que não.

— Então, preste atenção, pois preciso lhe dizer uma coisa.

— Sim, senhor.

— Vá com calma e preste atenção no terreno em que você está pisando, rapaz.

Subitamente, Parker olhou para seus pés e disse:

— Como assim, olhar para onde estou pisando?

— Está vendo como você está abobado, Parker? Você não entendeu nada do que eu lhe disse até agora.

Antony respondeu nervoso, balançando a cabeça negativamente, e Parker, por sua vez, ficou sem graça diante do pai. O velho colocou os pés novamente sobre a poltrona e voltou a ler o jornal, ignorando a presença do filho.

Como Parker já estava acostumado com o jeito bruto do pai, não se importou com a atitude ríspida de Antony. Por fim, ele decidiu sair pela porta da frente e dar uma volta ao redor do quarteirão para espairecer um pouco.

Cerca de cinquenta minutos depois, ao virar a esquina do quarteirão para retornar para casa, Parker percebeu que um lindo carro de cor prata estava parado em frente à sua casa.

Parker não conhecia muito as marcas famosas de automóveis, mas sabia que aquele carro era muito caro. Ele olhou para a porta da casa e seu coração começou a acelerar ao ver que era Clara Harrison quem conversava alegremente com Mary como se fossem velhas amigas.

A repentina visão de Clara lhe trouxe alegria num primeiro momento, mas em seguida Parker ficou inquieto, pois ele sabia que, se ele se aproximasse, teria de apresentar a linda moça aos seus pais e dar algumas explicações a Clara, como, por exemplo, o fato de viver em um velho casebre de madeira com sua família.

Muitas dúvidas pairavam na mente de Parker, o que o fez decidir ficar parado apenas observando a cena. Seu plano era esperar sua mãe se despedir de Clara e, em seguida, se aproximar e surpreendê-la antes que ela entrasse novamente no carro.

Depois de quase vinte minutos de espera, tudo acabou acontecendo como Parker imaginara. Clara, por fim, se despediu de Mary e seguiu em direção ao carro.

Ela estava mais bonita naquela tarde. Usava um belo cinto e vestia uma calça de sarja clara, que, por sinal, valorizava muito suas curvas. Sem o vestido longo de festa era possível ver seu corpo torneado, seus ombros largos e o cabelo castanho ondulado e muito bem penteado.

Parker não perdeu tempo. Ele se aproximou da janela do carro e, antes que Clara ligasse o motor, ele a abordou, tentando ser o mais natural possível:

— Clara! Você por aqui? Não vá embora tão rápido! Espere um pouco.

— Olá, Parker! Que surpresa! Já estava indo embora! Estou esperando você chegar há pelo menos trinta minutos.

— Verdade? Eu estava dando uma volta pelo quarteirão para espairecer um pouco.

— Espairecer a mente é bom.

— Também acho. Como estão indo as coisas? — Parker começou a gaguejar.

— Está tudo ótimo! A propósito, estava conversando com sua mãe! Gostei muito dela, sabia? Achei sua mãe uma mulher muito inteligente.

— Tem razão. Minha mãe é muito inteligente. Você conheceu meu pai também?

— Não tive o prazer ainda, mas gostaria muito de conhecê-lo. Quer apresentá-lo para mim agora?

— Não, acho melhor não. Talvez outro dia.

— Você parece tenso, Parker. O que foi? Tem algo de errado com seu pai?

— Não. Está tudo bem com ele.

— Tem certeza?

— Sim, tenho certeza — Parker demonstrava claramente que tinha vergonha do pai e da situação miserável de sua família.

Clara abriu a porta do carro e colocou a bolsa sobre o banco do passageiro.

— Para onde você vai agora, Clara?

— Para dizer a verdade, não sei. Vim até Wigan para visitar minha amiga Christine, mas infelizmente não a encontrei. No entanto, encontrei Clark, que mencionou que você morava nesta casa. Então, resolvi tocar a campainha para conversarmos um pouco, afinal deixei você sozinho na festa e não nos falamos mais depois disso, não foi?

— Tem razão. Achei que você havia se esquecido de mim.

— Quer dar uma volta de carro comigo, Parker?

— Dar uma volta de carro?

— Sim.

— Claro que eu quero! Aonde deseja ir?

— Você é quem sabe. Sente-se no banco do passageiro, e vamos procurar um lugar tranquilo onde possamos parar e conversar um pouco.

— Ótima ideia! Vamos sair do bairro antes que a vizinhança comece a abrir as janelas e bisbilhotar nossa vida.

— Entre logo no carro, Parker!

Entusiasmado como uma criança, Parker abriu a porta do carro e exclamou ao ver o interior do veículo:

— Uau! Muito bonito seu carro, Clara!

Enquanto ele admirava o interior do carro, Clara pisou fundo no acelerador. Parker sorriu de satisfação ao ver as mesmas mulheres saindo das janelas de suas casas para ver o que estava acontecendo na rua.

Parker olhou para Clara e seu semblante transparecia liberdade e satisfação. Ela, então, saiu acelerando o potente carro pelas estreitas ruas de Wigan.

— Este carro é demais! — Parker chegou a se exaltar.

— É demais sim, mas infelizmente este carro não é meu. É do meu pai. Em breve comprarei meu próprio carro. Mas não será um automóvel comum como esse. Será vermelho e de preferência conversível, para chamar bastante atenção das pessoas.

— Você parece ser uma mulher muito excêntrica.

— Eu não sou excêntrica, sou autêntica. É bem diferente uma coisa da outra.

Parker não gostou muito da resposta, mas preferiu curtir o momento e se deixar levar pela emoção de liberdade.

— Aonde podemos ir nesta pequena cidade? Tem alguma sugestão? — Clara perguntou.

— Se você não estiver com pressa, podemos parar no Píer e relaxar um pouco. Ou então podemos ir até um lugar para onde gosto bastante de ir.

— Onde?

— Fica às margens da Bacia Whalley.

— É muito longe daqui?

— Não muito. Fica na Forge Street. A alguns quilômetros daqui. Que tal?

— Eu topo ir até lá.

— Ótimo. Lá, nós poderemos ficar a sós. O que acha?

— É tudo o que mais quero neste momento. Ficar sozinha com você, querido!

De repente, os olhos de Parker brilharam.

— Então, temos que ir logo, pois em uma hora vai começar a escurecer. Depois, podemos ir até o centro da cidade e parar em algum pub para tomar umas cervejas. O que acha, Clara?

— Prefiro ir ao seu lugar secreto, Parker. Não quero ir a um local público repleto de pessoas.

Parker estava se sentindo calmo e seguro, bem diferente de quando se encontrou com Clara pela primeira vez, durante a festa de casamento. Naquela noite, ele estava em um ambiente estranho, rodeado por pessoas desconhecidas, mas agora era diferente. Ele estava em sua cidade e demonstrava estar bem mais seguro. Na verdade, ele estava louco para tê-la em seus braços outra vez.

Às margens da Bacia Whalley.

Após conversarem durante alguns minutos sobre assuntos corriqueiros, Clara e Parker sentaram-se um ao lado do outro em uma pequena mureta de tijolos vermelhos e ficaram apreciando a beleza do local.

Com um olhar meigo, Clara segurou a mão de Parker sem perceber e disse que estava muito feliz em estar ao seu lado naquele local lindo e apreciando o pôr do sol.

As palavras verdadeiras de Clara demonstravam que ela estava realmente atraída por ele. Parker já tinha certeza de que o primeiro beijo no castelo não fora em vão e uma mera aventura, mas sim o início de um grande amor.

Num impulso involuntário, Parker virou o corpo para o lado e se aproximou de Clara, olhando no fundo dos seus olhos azuis brilhantes e tomando a iniciativa de abraçá-la e beijá-la com carinho e intensidade.

Mesmo tomando a iniciativa, aquele beijo fora totalmente inesperado para Parker. Beijo que acabou com a agonia de não ter qualquer notícia de Clara e com a agonia da espera, que se arrastou durante vários dias.

Agora ela estava nos braços de Parker e nada mais parecia incomodá-lo. Nenhuma preocupação ou problema podiam superar a alegria que ele experimentava em beijá-la.

Parker, um rapaz tímido e reservado, mostrava-se agora um homem corajoso e autêntico, após ter tomado a iniciativa de envolver em seus braços uma moça bela e envolvente como Clara Harrison.

Envolvidos pela paixão, o casal acabou passando o final da tarde nesse lugar romântico. Os dois praticamente não conversavam. Somente o fato de estarem juntos já era suficiente para o jovem casal.

A noite chegou, e Parker sabia que os dois precisavam sair dali o mais rápido possível, pois alguns grupos de punks moicanos costumavam aparecer no local. O lugar era lindo e apaixonante, mas, assim que a noite caía, os punks, com seus cabelos arrepiados, se reuniam exatamente ali para beber, bagunçar e ouvir música alta em seus rádios portáteis, principalmente nas noites de sexta-feira.

— Que tal irmos até o centro da cidade e bebermos uma cerveja gelada? O que acha, Clara?

— Podemos até ir para lá, mas sinceramente eu preferia ficar mais à vontade com você.

— Onde?

— Talvez em algum lugar mais aconchegante... Um lugar mais tranquilo, onde pudéssemos ficar juntos sem ninguém por perto, entende? Não sei se você está me entendendo...

— Acho que não, Clara. O que está sugerindo?

— Podemos ir até minha casa em Manchester. Meus pais viajaram para a Espanha a negócios e voltarão na próxima semana. Não tem ninguém lá em casa, apenas alguns empregados. Podemos ficar tranquilos lá. Meus pais não se importam. E então? Em menos de trinta minutos, estaremos lá.

Parker sentiu que o convite era irrecusável.

— Sim. Eu também prefiro ficar a sós com você, de preferência longe de Wigan, pois as pessoas me olham de maneira estranha por aqui.

— Isso quer dizer que topa ir até minha casa?
— Sim.
— Então coloque os cintos e se segure, pois vou acelerar fundo agora — Clara soltou uma gargalhada e acelerou o automóvel, queimando os pneus novinhos do carro do pai, o senhor Thomas Harrison.

Parker adorou a atitude meio rebelde de Clara.

Enquanto a moça acelerava o automóvel a mais de cento e sessenta por hora pela rodovia secundária de Manchester, Parker sentia a força da liberdade começando a fazer parte da sua vida.

Cerca de trinta minutos depois, ao chegarem próximo à entrada principal da cidade, Parker ficou preocupado com o que poderia acontecer ao chegar à casa de Clara, afinal, tudo levava a crer que seria sua primeira noite de amor. Pelo menos todos os sinais estavam convergindo para isso: os carinhos, os afagos e os desejos sinalizavam que tudo estava fluindo para uma linda noite de amor. Por esse motivo, a apreensão de Parker era tão grande.

Talvez Clara não conhecesse seu íntimo segredo. Talvez ela soubesse de sua virgindade, mas isso se Clark ou Christine tivessem lhe contado alguma coisa, o que era bem provável, já que o casal tinha o péssimo costume de contar tudo para Clara, principalmente quando o assunto era relacionado a outras pessoas. No fundo, os dois possuíam várias coisas em comum, como a gana por dinheiro, as fofocas e as discussões sem motivo. Justamente por essas semelhanças latentes que Christine e Clark estavam juntos.

Na mansão dos Harrison.

Nenhum dos oito funcionários da casa percebeu que os dois entraram na mansão. Clara guardou o carro na garagem, segurou a mão de Parker e o puxou até a sala de estar. A ansiedade do rapaz estava deixando-o maluco.

Percebendo o nervosismo de Parker, Clara colocou a bolsa sobre o sofá e foi até o bar para preparar um drinque com rum, soda, menta e duas cerejas com o objetivo de acalmá-lo.

Clara e Parker beberam alguns goles e, em menos de cinco minutos, já estavam à porta do quarto de Clara, beijando-se e abraçando-se apaixonadamente. Dali em diante, não havia como voltar atrás. A força do amor era imensa, e a vontade de compartilharem seus corpos se tornou avassaladora. A noite seria longa, e o quarto de Clara se tornou o local da mais linda noite de amor e paixão.

Sem dúvida, aquela fora uma noite marcante para Parker. Clara, mais experiente, percebeu a inexperiência do parceiro e, sem pressa, tentou deixá-lo tranquilo para lhe mostrar todos os segredos do amor.

A partir desse dia, a vida de Parker mudou para sempre. Poucas semanas depois, eles já estavam namorando e não conseguiam ficar um dia sequer sem se encontrarem.

Parecia que Parker estava vivendo um sonho, uma quase utopia. De repente, sua vida passou a se resumir a Clara Harrison e nada mais — uma típica atitude de um garoto adolescente recém-apaixonado. No entanto, Parker não era mais um adolescente inocente, mas sim um homem formado e com vinte e seis anos de idade.

Capítulo 7
Seis meses depois

Numa cafeteria italiana.

— Por favor, eu gostaria de duas rosquinhas de leite bem quentinhas.

— Sim, senhorita, é só apontar no vidro e escolher.

— Eu posso escolher?

— Sim, é só dizer qual você deseja que eu pego.

— São todas deliciosas, não sei qual escolher.

— Não se preocupe. Nesta confeitaria, são os doces quem escolhem as pessoas, não as pessoas quem escolhem os doces.

Clara sorriu e olhou para a mesa onde Parker estava sentado.

— Neste caso, eu quero esta rosquinha da esquerda. Parece que ela está me chamando!

— Boa escolha! Vou pegá-la para a senhorita.

— Nossa! Elas estão tão cheirosas! Que delícia! Não vejo a hora de experimentá-las. Por favor, eu gostaria também de dois *cappuccinos*, um para mim e outro para meu namorado, que está sentado naquela mesa perto da janela.

— Qual mesa?

— Aquela com a placa número oito. Por gentileza, poderia pedir ao garçom para levar o pedido assim que estiver pronto?

— Sim, senhorita Clara — Paolo, o dono da confeitaria, respondeu com um inconfundível sotaque italiano.

Nessa tarde, Clara e Parker resolveram passear no centro de Manchester, na Thomas Street, para comemorar seis meses de namoro. Todas as pessoas que estavam na cafeteria começaram a observá-los curiosos, ao perceberem que ambos formavam um casal elegante e nitidamente apaixonado.

Clara não conseguia ficar um dia sequer sem ver Parker, tamanha era sua vontade de estar ao seu lado. Depois de seis meses de namoro, Clara parecia estar perdidamente apaixonada por aquele homem — certamente até mais do que ele.

Clara se aproximou da mesa onde Parker estava sentado, jogou o cabelo para trás e sentou-se ao seu lado. Com um sorriso apaixonado, ela disse:

— Eu pedi doces deliciosos para nós dois, querido. Você vai adorar. Costumo vir sempre aqui com minha mãe. Sem dúvida, esta é a melhor cafeteria da cidade.

— Hum! Não vejo a hora de provar — ele respondeu segurando a mão da namorada em sinal de carinho.

— Sabe, meu amor, eu gostaria de lhe dizer uma coisa... — Clara confidenciou.

— Pode dizer, querida.

— Estou tão feliz por estar comemorando seis meses de namoro com você. Sinceramente, não achava que nosso relacionamento daria certo, sabia?

— Eu também não achava que daria certo. Graças ao Clark e a Christine estamos juntos hoje. Eles foram nossos cupidos.

— É verdade. Eles foram nossos cupidos.

— Estou falando sério, Parker. Eu achava que seria somente uma aventura ou, no máximo, uma paixão momentânea, que passaria rapidamente. Pensei que logo voltaria a frequentar as festas e badalações com minhas amigas.

— Está sentindo falta disso?

— Das minhas amigas?

— Não, das festas e das badalações.

— Não estou sentindo falta das festas nem das minhas amigas. Gosto muito delas, mas...

— Mas o quê? Pode dizer, Clara.

— Na verdade, é sobre isso que eu queria falar com você. Estou meio sem graça, pois não sei como lhe dizer o que está passando na minha cabeça.

— Pode dizer, Clara — Parker respondeu com feição preocupada, encostando os lábios com cuidado na borda da xícara de café que acabara de chegar.

— Já faz algumas semanas que venho pensando sobre nós... Sabe como é... Você ainda não está trabalhando, e sei que está precisando de dinheiro.

— Tem razão, realmente estou precisando muito de dinheiro.

— Eu sei que vir para Manchester todos os dias para ficarmos juntos já está ficando complicado para você. Sua família não deve estar entendendo muito bem o que está acontecendo entre nós, não é?

— Minha mãe não, mas meu pai com certeza está — Parker lembrou-se de quando estava com o olhar perdido e apaixonado e da conversa que tivera com seu pai na sala.

— Por que está perguntando, querida?

— Estive pensando em lhe fazer uma proposta.

— Uma proposta?

— Sim, uma proposta irrecusável. Na verdade, eu já adiantei as coisas e conversei com meu pai sobre o assunto. Ele aceitou minha ideia.

— Conversou com o senhor Thomas sobre nós?

— Pare de ser bobo, Parker! Meu pai é um cara liberal. Ele sabe exatamente o que está acontecendo entre nós. Não sou mulher de ficar escondendo as coisas da minha família.

— Eu sei disso, mas o que você falou para o senhor Thomas? — Parker sempre ficava ansioso quando Clara colocava o nome do poderoso Thomas Harrison no meio da conversa.

— Calma, querido! Eu só quero que você venha morar comigo em Manchester num apartamento pequeno que temos no centro da cidade. Além disso, quero que venha trabalhar na companhia do meu pai. Ele está abrindo uma nova construtora e está com vários projetos prontos para serem colocados em prática.

— Sim, mas e daí?

— Daí que eu falei sobre seu talento como engenheiro civil, e meu pai achou muito interessante.

Parker ficou assustado, pois parecia que Clara não estava brincando. Com o olhar perdido, ele tomou um gole de café e ficou parado durante alguns segundos sem dizer nada.

— Então, querido, não vai dizer nada? O que achou da proposta?

— Desculpe, eu definitivamente não esperava ouvir isso agora.

— Quer dizer que não gostou da ideia? — Clara levantou as sobrancelhas demonstrando indignação.

— Claro que gostei, mas não sei se está certo — Parker se lembrou das palavras de Clark sobre o costume que os ricos tinham de fazer as coisas como bem entendem, sem se importarem se as outras pessoas iriam gostar ou não.

— Como assim "estar certo"? Não estou entendendo — Clara ficou aguerrida.

— Não sei se é certo morar com você e trabalhar com seu pai. Eu não tenho nem condição de pagar um aluguel.

— Você não está entendendo, querido. Acho que não escutou direito o que eu lhe disse. Eu disse que vamos morar juntos e que você trabalhará na companhia do meu pai. Ele lhe dará um emprego. Você será o gerente de projetos e desenvolvimentos. Já está tudo certo. Ele já aceitou minha sugestão.

— Já está tudo certo?

— Sim, ele chegou a entrar em contato com a universidade em Londres, para verificar suas notas e seu desempenho.

— Verdade?

— Sim, ele fez isso e disse que você tem um talento extraordinário. Disse também que, se você se esforçar, poderá se dar muito bem nos novos projetos que a empresa está desenvolvendo. Você já está praticamente contratado, Parker. Está entendendo o que estou dizendo?

— Isso significa que estou praticamente contratado?

— Exatamente. Só precisa passar por uma entrevista com meu pai no escritório da empresa, para que ele possa conhecê-lo melhor. Apenas isso.

— Isso é muito bom, Clara!

— É ótimo! Você não acha?

— Claro! — Parker ficara entusiasmado, mas não demonstrou tanta alegria.

— Parker, você não vai dar ao menos um sorriso de satisfação? Parece até que não gostou muito da notícia.

Ele fixou os olhos de Clara e sorriu, mas com o semblante de preocupação.

O garçom se aproximou trazendo os deliciosos doces fumegantes e os colocou sobre a mesa ao lado das duas xícaras de café.

— Que bom! Os doces chegaram na hora certa!

— É por isso que você me trouxe aqui esta tarde, Clara? Eu a estava sentindo um tanto quanto misteriosa esta manhã.

103

Parker estava mais intuitivo que o normal. As palavras que seu pai lhe dissera meses antes sobre ficar apaixonado por mulheres inteligentes e misteriosas não saía da sua mente. Ele estava prestando atenção nos detalhes e tentando compreender as armadilhas emocionais que Clara vinha criando constantemente.

— Querido, eu o trouxe nesta antiga cafeteria para comemorarmos nossos seis meses de namoro. Queria comemorar a data com esse aroma adocicado e esta linda xícara de café decorada com desenhos de flores azuis e vermelhas.

— Você não muda, não é, Clara?! Sempre preparando momentos inesquecíveis, envolvendo tudo com leves pitadas de romantismo e aromas exóticos.

— É verdade, querido! Acho que agora você está começando a me conhecer melhor. Eu sou assim, Parker, cheia de surpresas. Mas não fuja do assunto. Responda! Você aceita minha proposta ou não aceita?

— Diga ao seu pai que aceito trabalhar com ele.

— Que maravilha! Eu sabia que você aceitaria.

— E sobre morarmos juntos? O que o senhor Thomas achou disso?

— Eu sou uma mulher livre e independente, Parker. Eu já tenho vinte e seis anos de idade, não dezesseis. Meu pai disse que podemos morar em um apartamento que ele tem no centro de Manchester durante o tempo que precisarmos.

— Tudo bem. Neste caso, quando eu começo a trabalhar?

— Assim que vier morar em Manchester. O edifício onde vamos morar fica a duas quadras do escritório central da companhia. Isso será bom, pois poderá ir ao trabalho a pé.

— Sendo assim, eu não tenho como recusar, não é?

— Não se arrependerá, querido. Seu salário inicial será muito bom e você ainda terá bônus sobre os projetos que gerenciar. Mas prepare-se, pois trabalhará bastante! O velho Thomas Harrison costuma ser exigente com as pessoas que trabalham com ele.

— Não tem problema, Clara. Certamente, eu me darei muito bem com ele.

A proposta de Clara deixara Parker preocupado e ansioso, e não era à toa. Toda a vida de Parker mudaria radicalmente depois daquela breve conversa que acontecera na confeitaria de Paolo, o italiano.

Parker, no entanto, ainda precisava contar a boa notícia para seu pai e sua mãe. Uma preocupação para ele, pois não sabia como o velho Antony encararia aquela estranha e repentina decisão.

Clara comentou:

— Querido, estou muito feliz por estarmos namorando há seis meses e por você ter aceitado minha proposta de morarmos juntos em alguns dias.

— Alguns dias?

— Sim. Não podemos perder tempo, querido! A vida corre. Esperar para quê?

— Sim, mas e os móveis, a televisão, a cama, o sofá e todas essas coisas que as pessoas costumam comprar quando decidem morar juntas?

— Seu bobinho, não se preocupe! Deixe que eu resolverei tudo isso. Você só precisa se preocupar em conversar com meu pai amanhã bem cedo. Ele estará o esperando para uma reunião em seu escritório às oito e meia.

Tudo parecia perfeito demais para ser verdade. Parker decidiu, então, não pensar nos detalhes e, pela primeira vez, sorriu para Clara naturalmente.

Convivendo com Clara naqueles últimos seis meses, Parker percebeu que dinheiro não era problema para a família Harrison e, de certa maneira, ele já estava ficando mal-acostumado com as facilidades e as despreocupações financeiras de sua namorada.

Clara era o tipo de pessoa que não queria perder tempo pensando nos problemas do mundo e nas dificuldades que as pessoas pobres tinham para sobreviver, até porque ela certamente nunca precisara pensar na sobrevivência. Para ela, a única coisa que importava era viver e aproveitar a vida ao máximo, com muito conforto, glamour, luxo e fartura.

De tanto escutar Clara falando sobre o dinheiro que seu pai possuía e sobre os faturamentos astronômicos da companhia, Parker começou a se questionar sobre sua vida e sobre todos os momentos de dificuldade que sua família enfrentara até então. Ele estava chegando à conclusão que o dinheiro, com toda a certeza, era a coisa mais importante da vida e estava acima de tudo.

A convivência com Clara estava afetando os princípios de Parker de forma gradativa. Seus grandes questionamentos agora eram:

"Afinal de contas, qual é a vida real? A vida abundante e próspera dos ricos e a vida repleta de luxo e glamour de Clara, ou a vida simples e cheia de dificuldades de Mary e Antony?".

Os ideais e os princípios de Parker estavam certamente sendo colocados à prova, e ele estava começando a se sentir perdido entre tantas informações novas que passaram a fazer parte do seu dia a dia.

Prontos para levantar e sair da cafeteria, Parker perguntou:

— Clara, a reunião com o senhor Thomas está marcada para amanhã?

— Sim.

— Você marcou a reunião com seu pai, sem saber se eu aceitaria sua proposta?

— Sim, querido. Eu já havia deixado tudo agendado com Sonia, a secretária de papai. Fiz isso, porque sabia que você aceitaria minha proposta — ela sorriu.

— Você é uma mulher muito confiante, Clara. Neste caso, eu estarei lá amanhã. Vou colocar meu terno preto e tomar coragem para ficar frente a frente com o *Big Boss*.

— É assim que se fala, querido! Vamos pagar o café e voltar para Wigan. Vou deixá-lo em casa e depois irei até a casa de Christine para contar as novidades. Estou muito feliz!

— Ótimo! Já está escurecendo e também gostaria de dar a notícia para minha mãe. Vou aproveitar que o velho Antony costuma dormir cedo e conversarei com ela com calma.

— Tenho certeza de que ela vai gostar de saber que vamos morar juntos e que você terá um emprego digno em breve. Eu quero sua felicidade, querido.

❖❖❖

No edifício da Thomas Harrison Cia.

— Bom dia. Por favor, gostaria de falar com o senhor Thomas Harrison. Tenho um horário marcado às oito e meia com ele. Desculpe-me aparecer tão cedo no escritório, mas preferi chegar adiantado, pois me disseram que o senhor Thomas costuma entrar na companhia antes dos funcionários — Parker justificou-se para uma das secretárias muito bem-vestidas, que trabalhavam na recepção do edifício.

— Sim, o senhor Thomas já chegou. Ele o está esperando no escritório. Pode subir pelo elevador. A sala dele fica no oitavo andar.

— Muito obrigado.

À medida que o elevador subia até o oitavo andar, Parker sentia que, a partir daquele momento, uma nova escalada em sua vida se iniciaria. Uma escalada rumo ao sucesso e à riqueza.

Assim que a campainha do elevador tocou, avisando a Parker que ele chegara ao oitavo andar, um arrepio de entusiasmo subiu por sua coluna, deixando-o completamente confiante.

Parker parecia um executivo com mais de vinte anos de experiência tamanha era a confiança que ele sentiu ao caminhar pelos corredores de mármore branco que o levariam até a sala do senhor Thomas.

— Com licença, senhor Thomas — Parker deu dois toques na pesada porta de madeira semiaberta.

— Bom dia, Parker. Como está? Seja bem-vindo e fique à vontade. Vamos conversar um pouco. Sente-se.

— Obrigado, senhor Thomas. Conforme o combinado, estou aqui no horário marcado.

— Isso é muito importante, Parker. Costumo ser muito exigente com horários. Clara deve ter dito isso a você, não?

— Sim. Não se preocupe, senhor. Eu também gosto de pontualidade.

— Isso é muito bom — Thomas respondeu.

— Olha, Parker, eu costumo ir direto ao assunto. Como você deve saber, temos várias empresas e vários negócios pelo país, e agora estou desenvolvendo um projeto especial. Um grande conglomerado de residências para a classe média trabalhadora de Manchester. Serão quatrocentas casas pré-fabricadas com padrão de excelência. Além de mão de obra inglesa, vamos utilizar também alguns especialistas indianos e espanhóis. Essas casas precisam estar prontas no prazo máximo de um ano. Mas, para isso funcionar com perfeição, temos que seguir um cronograma específico... E, para que esse cronograma dê certo, preciso de alguém para gerenciá-lo. Portanto, se tudo der certo, você será a pessoa que gerenciará tudo isso para mim. Está entendendo?

— Eu? Mas...

— Sim. Por quê? Não se acha capaz de assumir uma responsabilidade como essa?

Parker deteve-se por alguns segundos e pensou. Obviamente, sua resposta deveria ser afirmativa, pois ele não tinha alternativas naquele momento. Se porventura ele dissesse que não estava pronto, certamente Thomas não o contrataria. Portanto, a única resposta a dar era que estava pronto e que seria capaz de exercer o cargo de gerência.

Parker pensou mais um pouco e respondeu:

— Senhor Thomas, infelizmente, eu não tenho preparo para tanta responsabilidade. Desculpe minha sinceridade.

— Que bom, Parker! Era exatamente isso que eu queria ouvir de você: que não é capaz de assumir um cargo de tanta responsabilidade como este, pois eu sei que você ainda não é realmente capaz de fazer isso.

— Sério?

— Sim. Primeiro, você precisa entender o projeto e trabalhar um período na supervisão. Somente depois disso, você estará apto para assumir um cargo de gerência.

Parker respirou fundo e percebeu que sua resposta agradara bastante Thomas.

— Sabe, Parker, não adianta mentir para mim. Eu percebo quando as pessoas estão querendo me enganar. Eu tenho mais de dois mil funcionários, e todos os dias alguém entra na minha sala querendo me enganar ou me esconder algo de alguma forma. No entanto, é perda de tempo, pois conheço muito bem a mente humana. Eu percebi que você foi verdadeiro e coerente, e por isso sei que vamos nos dar muito bem.

— Senhor Thomas, só estou fazendo o que meu pai me ensinou. Ele sempre recomendou que eu dissesse a verdade independentemente da situação. Mesmo que às vezes a verdade pareça ser prejudicial, ela deve estar em primeiro lugar. Foi isso que ele me ensinou, e assim venho agindo em minha vida.

— Seu pai tem toda razão! Ele deve ser uma pessoa muito especial, não é?

Parker ficou calado e preferiu não dar continuidade ao assunto.

— Além do teste da verdade, tenho que lhe dizer outra coisa.

— O quê, senhor?

— Você também passou no teste do desperdício.

— Que teste é esse, senhor Thomas?

— Nós estamos aqui há pelo menos dez minutos conversando, e você ficou o tempo todo sentado em frente à minha mesa, não?

— Sim, senhor.

— Pois bem... Durante o tempo em que ficamos conversando, eu me levantei e virei às costas para você duas vezes. Na primeira vez, me levantei para tomar uma xícara de café e, na segunda, me levantei para fechar a janela e ligar o ar-condicionado. Durante esses espaços de tempo, fiquei prestando atenção em você com o canto dos olhos, como sempre faço com as pessoas que querem trabalhar comigo.

— Nossa! Eu não percebi que o senhor estava prestando atenção em mim!

— Sim, eu fiquei. Sempre coloco este pote de clipes de metal sobre a mesa ao lado do copo de água.

— Por quê?

— É uma mania estranha que eu tenho. Coloco o pote e fico observando se a pessoa pega um dos clipes do potinho. Depois, espero para ver o que ela vai fazer com ele. Algumas pessoas não fazem nada com os clipes, porque estão tão nervosas que não percebem sequer o que há na frente delas. Geralmente, essas pessoas ficam ofegantes, começam a suar e não sabem onde colocar as mãos. Outras pessoas costumam pegar um clipe de metal igual a esse que estou segurando e involuntariamente vão torcendo até quebrá-lo ao meio e jogá-lo no lixo. Outras fazem a mesma coisa: torcem e quebram, mas estranhamente jogam de volta no pote. No entanto, ainda têm aquelas pessoas que torcem, quebram e depois colocam o clipe dentro do bolso dos seus paletós. Enfim, em todos esses casos, eu não contrato essas pessoas. Mesmo que elas sejam ótimas profissionais, eu não as contrato.

— Por quê?

— É simples! Se essas pessoas desperdiçam um pequeno clipe, isso significa que podem desperdiçar também muitos tijolos, muitas vigas de metal e outras coisas enquanto eu não estiver olhando o que elas fazem. Geralmente, eu não posso estar presente nas obras o tempo todo, mas não sou bobo, Parker. Tenho muitos olhos e sei exatamente o que acontece dentro da minha companhia. Você está me entendendo?

109

— Sim, senhor. Na verdade, eu vi o pote de clipes na minha frente e posso afirmar ao senhor que tive curiosidade de abri-lo, mas resolvi não abrir. Agora, depois que o senhor disse tudo isso, confesso-lhe que fiquei preocupado.

— Por que está preocupado?

— Quero saber o que eu fiz de errado.

— Eu percebi que você ficou curioso para abrir o pote de clipes, mas que, além de não o abrir, você fez algo que me deixou muito contente.

— O que eu fiz?

— Você colocou o pote em cima da ficha de contratação que eu deixei de propósito sobre a mesa para preencher com seus dados. Em seguida, você bebeu um pouco da água do copo, colocou o pote longe do papel e depois escreveu seu nome completo na ficha de emprego sem que eu lhe pedisse. E tem mais: você colocou o pote alinhado no canto esquerdo da mesa, perpendicular ao papel, como se estivesse arrumando seu próprio quarto, tudo bem organizado e simétrico. Isso é sinal de que você tem ímpeto de engenheiro, é detalhista e presta atenção em todos os detalhes. Portanto, você tem duas grandes qualidades: a organização e a honestidade.

— Verdade, senhor Thomas? Eu não perceberia isso, se o senhor não me dissesse. Como o senhor percebeu tudo isso mesmo estando de costas para mim?

— Ah! Isso se chama visão periférica! Se todos os empresários tivessem essa visão, nunca seriam enganados por seus funcionários.

— O senhor tem toda razão.

— Parker, meus parabéns! Você está contratado.

— Verdade?

— Sim. Seja bem-vindo a Thomas Harrison Cia.

— Oh, meu Deus! Eu não acredito! Muito obrigado, senhor Thomas.

— Está contratado porque mostrou ser uma pessoa íntegra e que age naturalmente. E o mais importante de tudo: você não quebrou nenhum clipe da minha caixinha. Eu odeio quando quebram meus clipes — Thomas sorriu.

— O senhor gosta mesmo desses clipes, hein? — Parker também sorriu, mas sem graça.

110

— Seja bem-vindo, Parker. Amanhã pela manhã, esteja aqui. Mas por favor, peça a Clara para comprar ternos novos para você, pois terá que participar de reuniões e feiras importantes com muitos empresários e construtores da região. Você precisa estar sempre bem-vestido e alinhado como eu.

— Muito obrigado, senhor Thomas. Amanhã, estarei aqui bem cedo. Vou falar com a Clara sobre isso hoje mesmo.

— Sua sala será no primeiro andar, Parker. Aqui, as coisas funcionam assim: a pessoa começa de baixo e vai subindo gradativamente. Eu espero que, em pouco tempo, você esteja mais perto de mim, no sétimo andar — Thomas completou batendo forte com o pé direito no carpete do seu escritório.

Parker não acreditou que estava empregado. Ele se despediu de Thomas e seguiu rapidamente em direção ao elevador, tentando conter-se para não transparecer o entusiasmo perante seu futuro chefe e os outros funcionários.

Assim que entrou no elevador e a porta se fechou automaticamente, Parker deu um salto de alegria. Contudo, ele não sabia o que o esperava a partir daquele dia. Por algum motivo, a vida estava lhe dando um presente num primeiro instante, mas, no futuro, seu entusiasmo e sua alegria certamente se transformariam dramaticamente.

Enquanto o elevador não chegava ao andar térreo, Parker continuou tamborilando as laterais do elevador, tamanha era a alegria que estava sentindo por ter sido contratado para trabalhar em uma das maiores construtoras do norte da Inglaterra.

Assim que o elevador parou e a porta se abriu, Parker pediu licença para as pessoas e seguiu até a recepção para perguntar o nome da recepcionista que o atendera anteriormente:

— Como você se chama, moça?

— Meu nome é Sonia, senhor.

— Muito prazer, Sonia. Você é a secretária particular do senhor Thomas, não é?

— Sim, senhor.

— Muito prazer em conhecê-la. A partir de amanhã, nós nos veremos todos os dias.

— O senhor foi contratado?

— Sim.

111

— Meus parabéns!

— Obrigado.

— Seja bem-vindo, senhor Parker.

— Até amanhã! — Parker saiu sorrindo em direção à porta giratória, que dava acesso a Thomas Street.

— Até amanhã, senhor Parker — Sonia respondeu formalmente.

— Até amanhã.

Antes de atravessar a porta giratória, Parker sussurrou para si mesmo:

— Meu Deus! A secretária já sabe meu nome e está me chamando de senhor. Isso é demais! Minha mãe não vai acreditar quando eu contar a ela que, a partir de amanhã, serei o mais novo executivo da Thomas Harrison Cia.

Parker atravessou a porta giratória e saiu na calçada da avenida, vibrando na mais pura alegria.

Ele disse para si mesmo enquanto caminhava pela avenida:

— Preciso achar um telefone público e conversar com a Clara sobre a compra de ternos novos e sapatos de couro. Quem sabe um relógio novo também. Bom, agora que serei um executivo, preciso me portar como tal. Não posso mais usar minhas calças jeans amarrotadas e minha velha jaqueta de couro. De hoje em diante, tenho que andar bem-vestido.

Parker avistou uma cabine telefônica vermelha e seguiu em sua direção. Ele, então, tentou abrir a porta, mas não conseguiu. Mexeu no trinco com força e nada. Olhou para o chão e viu um mendigo deitado bem na frente da cabine, com as pernas esticadas na sarjeta e o ombro direito prendendo a porta.

— Com licença, senhor. Eu preciso usar o telefone — Parker abordou o mendigo com educação.

O mendigo não respondeu e também não se mexeu. Parker decidiu passar a perna por cima do homem e pisar no canto da cabine para não machucar o mendigo. Depois, tentou empurrar o ombro do homem com cuidado, mas não conseguiu mexer seu corpo. Nesse momento, ele, por fim, não se conteve e com raiva resmungou baixinho:

— Povo miserável e pobre! Esses mendigos só servem para atrapalhar a vida das pessoas! Por que vocês não procuram um

emprego, em vez de ficarem vagabundeando no meio da rua?
— Parker de repente mostrou seu lado orgulhoso e egoísta.

O mendigo, todavia, não estava dormindo. Pelo contrário, ele estava atento e escutou todas as reclamações de Parker, que, por sinal, estava apenas começando a sentir o gostinho de ser um homem de verdade.

Subitamente, o mendigo abriu os olhos, olhou diretamente para Parker e, sem mexer o resto do corpo, respondeu com muita raiva:

— Garoto, você ainda não conhece nada da vida! Eu já vivi o suficiente para saber que nem tudo é dinheiro. Você nem imagina o quanto eu já vivi!

Enquanto falava, o mendigo se levantou e juntou seus trapos e cobertores. Sem hesitar, deu as costas a Parker e saiu esbravejando na rua, encarando os executivos e as mulheres bem-vestidas que andavam apressados para chegar ao trabalho.

Descontrolado, o mendigo gritou:

— Ei, vocês! Escutem! Vocês todos são zumbis parasitas! Estão me ouvindo, seus engomadinhos riquinhos?!

O mendigo gritava e ao mesmo tempo tentava parar as pessoas na avenida. Ninguém, no entanto, parecia dar ouvidos àquele homem maltrapilho, enlouquecido e desesperado.

De dentro da cabine telefônica, Parker viu o mendigo cambaleando na avenida e percebeu que, embaixo daquele monte de blusas e cobertores velhos, havia um homem de aproximadamente um metro e oitenta de altura, cabelos longos e sujos e barba bem comprida, aparentando ter entre trinta e trinta e cinco anos de idade. O que Parker não sabia é que aquele mendigo não era uma pessoa, mas sim um espírito errante que somente Parker podia vê-lo. Nenhuma pessoa que caminhava pela avenida podia enxergá-lo ou ouvi-lo.

Parker voltou-se para discar o número de Clara no telefone, deixando o mendigo partir. No entanto, assim que ele virou o rosto para falar ao telefone, o espírito desapareceu em meio à multidão.

— Alô!
— Bom dia, querida. Você estava dormindo?
— Sim, querido, mas não tem problema. Pode falar. Como foi a reunião com o papai?

113

— Tudo bem — Parker parecia meio distraído.

— Alô, Parker! Você está aí? Alô! Alô!

— Sim, querida. Desculpe... fiquei meio distraído depois que um mendigo passou por aqui. A reunião foi muito boa sim. Acho que seu pai gostou muito de mim.

— Que bom! Eu sabia que tudo daria certo.

— Preciso lhe confessar uma coisa, querida. Eu gostei muito do seu pai. Parece até que nos conhecemos há muito tempo. Foi realmente incrível a afinidade que tivemos um com o outro.

— Que bom que você gostou dele! Meu pai é uma pessoa muito exigente, mas é muito divertido. Você vai gostar de trabalhar com ele.

— Também acho.

— Querido, agora preciso desligar. Você precisa de mais alguma coisa? Por que me ligou a essa hora da manhã?

— Liguei para lhe dizer que estou muito feliz e que preciso comprar roupas novas. Seu pai disse que preciso de ternos novos, pois começarei a trabalhar amanhã. Ele pediu que eu falasse com você, pois deve saber que não tenho dinheiro.

— Não tem problema! Eu sabia que ele diria isso. Encontre algum lugar para tomar um café por aí. Em trinta minutos, estarei em frente ao edifício da companhia. De lá, iremos juntos até uma loja para comprar o que você precisa. Parker, você vai ficar lindo! A partir de amanhã, será outra pessoa! Pode acreditar em mim.

— Combinado, querida. Estarei esperando você em frente ao edifício da Thomas Harrison Cia.

Capítulo 8
A ascensão de Parker

Alguns meses depois.

— Bom dia, senhorita Julia! Bom dia, senhorita Sonia!

— Bom dia, senhor Parker — Julia, a recepcionista recém--contratada, respondeu.

— Bom dia, senhor Parker — respondeu também Sonia, a secretária predileta do senhor Thomas, que trabalhava na empresa havia mais de dez anos.

— Sonia, Clara virá aqui após o almoço. Por favor, poderia me fazer uma gentileza?

— Sim, senhor. O que deseja que eu faça?

— Peça a Clara para subir até meu escritório e ligue para a floricultura para encomendar um lindo buquê de rosas brancas para ela. As flores devem ser entregues antes do horário do almoço.

— Sim, senhor, mas as flores devem ser colocadas no seu escritório ou na sala da senhorita Clara?

— Na sala dela, por favor. Assim que entregarem as flores, coloque este cartão dentro do buquê e deixe sobre a mesa de Clara.

— Farei isso agora mesmo, senhor Parker.

— Tenho certeza de que ela vai adorar. Hoje é dia 20 de julho, o aniversário de Clara. À noite, iremos jantar num dos melhores restaurantes de Manchester.

Sonia olhou discretamente para Julia e sorriu com admiração. Enquanto isso, Parker entrou no elevador e subiu ao seu escritório.

— Clara é uma mulher de sorte, não acha, Julia? Parker é um homem bonito, sensual, forte, educado, elegante e ainda por cima é um homem muito romântico. Como eu queria ter um homem assim! Você não queria também?

Julia sorriu timidamente e preferiu não comentar as palavras de Sonia.

Um tempo depois.
Sonia orientou o entregador:
— Moço, por favor, deixe o buquê sobre o balcão.
— Tudo bem, mas o senhor Watts, proprietário da floricultura, quer saber se a cobrança deve ser enviada para o setor financeiro ou para a pessoa que fez o pedido.
— É um pedido do senhor Parker. Ele não costuma colocar nada na conta da empresa.
— Verdade?
— Sim.
— Que estranho! Bem diferente dos outros executivos que já passaram por aqui, não é? — o entregador comentou.
— Tem razão. Vocês já atendem a nossos pedidos há vários anos e sabem bem como as coisas funcionam por aqui.
— Sim, geralmente as contas ficam todas para a companhia.
— O senhor Parker é diferente. Ele não gosta de usar o dinheiro que não é dele. Muito obrigada, aqui está o dinheiro que ele deixou para pagar as flores.
— Tem duas libras a mais aqui, senhorita!
— Ele disse para deixar para o entregador. O troco é seu.
— Obrigado e até logo.
— Até logo.
Sonia telefonou rapidamente para o escritório de Parker.
— Senhor Parker, as flores já chegaram. Estão sobre a mesa da senhorita Clara.
— Muito obrigado, Sonia. Já lhe disseram que você é muito eficiente e gentil?
— Sim, senhor.
Ambos sorriram, e Sonia desligou o interfone.

Horas depois na recepção.
— Boa tarde.
— Boa tarde, senhorita Clara.
— Desculpe, eu não sei seu nome. Você parece ser nova por aqui.
— Sim, sou nova na companhia, senhorita Clara. Meu nome é Julia.
— Que bom! Sorte a sua estar trabalhando conosco.

Clara não deu muita importância a Julia e preferiu falar com Sonia, antes de entrar no elevador e subir até sua sala:
— Sonia, tem algum recado para mim?
— Somente suas amigas Priscila e Christine telefonaram. Elas pediram para a senhorita entrar em contato assim que chegasse à empresa. Elas querem combinar os detalhes da festa do seu aniversário, que acontecerá esta noite.
— Ah sim! Muito obrigada. Ligue para elas e transfira a ligação para minha sala. Preciso resolver isso agora mesmo.
— A propósito, meus parabéns! — Sonia respondeu.
— Obrigada, Sonia. Vou subir. Por favor, transfira as ligações em dez minutos.
— Sim, senhorita.

Clara só ia à companhia uma ou duas vezes por semana para aprovar alguns projetos arquitetônicos, mas, pouco tempo depois, ia embora. Ela não se interessava pelos negócios e pelas estratégias empresariais de Thomas, seu pai, que, por sua vez, também não se importava muito com o desinteresse da filha pelos negócios. Na verdade, ele até preferia que as coisas continuassem daquela maneira, pois não confiava na própria filha.

Trinta minutos depois.
Clara entrou no escritório de Parker sem bater na porta:
— Querido! Que coisa linda eu encontrei sobre minha mesa!
— Você gostou, querida?
— Adorei a surpresa! Não esperava receber flores hoje! E principalmente rosas brancas, que eu tanto amo.

Sentado em sua poltrona de couro marrom, com os cotovelos posicionados sobre a mesa, Parker sorriu com satisfação:

117

— Que bom que você gostou, querida. Feliz aniversário! Eu te amo.

Clara ficou com os olhos mareados de emoção e caminhou até seu amado para abraçá-lo.

— Eu também te amo, querido!

— Você leu o bilhete que deixei com as flores?

— Sim. Vi que você fez duas reservas para esta noite no restaurante Alexander — ela respondeu com uma feição não muito agradável.

— Isso mesmo. Fiz uma reserva para esta que será uma linda noite romântica. Será maravilhoso, querida.

Clara olhou para baixo e não respondeu.

— Querida, eu quero tanto ficar com você esta noite!

— Justamente esta noite, querido?

Parker imediatamente se sentiu contrariado.

— Não gostou da ideia, querida? Vamos comemorar seu aniversário juntos, em um jantar romântico à luz de velas no restaurante Alexander. Somente nós dois.

— Sim, eu gostei da ideia, mas....

— O que foi, querida?

— O problema é que combinei com as meninas de comemorar meu aniversário de vinte e sete anos com elas. Você sabe... sempre fizemos isso desde meninas. A festa será na casa de minha amiga Priscilla.

Ao ouvir a resposta de Clara, Parker sentiu-se rejeitado e descartável:

— Achei que poderíamos jantar juntos esta noite e que depois iríamos ao nosso apartamento para uma linda noite de amor. Pensei que seria uma boa ideia ficarmos juntos esta noite.

— Certamente, é uma boa ideia, mas já marquei com Priscilla e com as outras meninas. Você não vai ficar chateado, vai?

— Na verdade, já estou chateado, Clara. Afinal, meu desejo era que essa noite fosse inesquecível para nós dois.

Parker foi tomado por uma leve impressão de que Clara considerava mais importante passar seu aniversário ao lado de suas amigas do que com ele. Novamente, sua ingenuidade estava sendo combatida pela realidade dos fatos. Clara Harrison, sem dúvida, era uma mulher mimada e dava mais importância para sua vida social e para as festas do que para qualquer coisa.

Parker, então, decidiu recuar e aceitou ir à festa na casa de Priscilla. Ele disse:

— Neste caso, eu irei com você à festa, Clara. Depois que a festa terminar, iremos para casa, e eu mesmo prepararei um jantar romântico para nós dois. Tudo bem assim, querida?

Clara não sabia que Parker estava programando uma surpresa bem maior do que apenas um buquê de flores e um jantar romântico para sua amada. Porém, seu segredo só poderia ser revelado no momento certo, quando estivessem juntos e a sós no quarto.

— Tudo bem, querido. Que bom que você resolveu ir à festa comigo. Assim, ficaremos entre amigos, e você não ficará chateado. Obrigada.

— Não era bem o que eu estava planejando, mas tudo bem.

— Será uma noite especial, Parker. Não fique assim.

Parker olhou para Clara, mas ficou calado.

— Querido, agora preciso sair às pressas, pois minha mãe está me esperando na rua com nosso motorista. Podemos nos encontrar à noite na casa da Priscilla?

— Tudo bem. Até logo, querida.

Na verdade, Parker não estava aguentando a ansiedade, pois aquele dia seria decisivo e muito importante para ele.

A essa altura, após quase três meses trabalhando arduamente na companhia, Parker já estava no terceiro andar do edifício e supervisionava sessenta por cento dos projetos da construtora. Ou seja, estava quase pronto para assumir a gerência geral dos negócios, assim que a primeira etapa da construção das quatrocentas casas terminasse.

Assim que Clara saiu do seu escritório, o interfone tocou. Era Thomas:

— Parker, por favor, suba até minha sala. Preciso falar com você.

— Sim, senhor Thomas, já estou indo.

Na sala de Thomas.

— Boa tarde, senhor Harrison.

— Boa tarde, Parker. Sente-se. Quero lhe dizer uma coisa.

— Pois não.

— Estou muito contente com seu trabalho, Parker. Não imaginei que você fosse uma pessoa tão eficiente. Além de ser um engenheiro arrojado e com muitas ideias inovadoras, você está se mostrando um ótimo gestor de negócios.

— Obrigado, senhor.

— Venho percebendo que você está controlando muito bem a compra dos materiais para as obras e escolhendo tudo com muita calma e cautela. Saiba que sua atitude vem aumentando bastante nossos lucros e diminuindo muito o desperdício na companhia. Além de tudo, você está nos ajudando a acelerar os processos de construção. Estamos ganhando prazo, dinheiro e andando na frente da concorrência, e isso é excelente para a companhia.

— Eu tenho essa estranha mania de prestar atenção nas contas e economizar dinheiro, sem alterar a qualidade e os orçamentos estipulados. Eu gosto de acompanhar tudo de perto.

— Como lhe disse, Parker, eu costumo ficar de olho nas coisas que acontecem na minha empresa, tanto as coisas boas como as coisas ruins. Por isso, quero lhe dizer que você é uma das únicas pessoas que passaram por esse cargo e não tentaram me enganar. Para mim, a confiança é muito importante, Parker.

— Obrigado, senhor. Mas saiba que não estou fazendo isso para impressioná-lo. Aperfeiçoar todos os processos é natural para mim.

As palavras de Parker certamente conquistaram Thomas, mas ele preferiu conter-se e não o elogiar outra vez. Subitamente, ele olha para os papéis que estão sobre a mesa e resolve mudar de assunto:

— Sabe, Parker, hoje é aniversário da minha filha. Clara tem conversado muito comigo ultimamente. Tivemos algumas desavenças e por isso não falarei com ela hoje. Espero que esteja tudo bem entre vocês dois.

— Sim, está tudo bem conosco, senhor. Por que pergunta?

— Por nada.

— Tem certeza, senhor?

— Sabe, Parker, Clara é uma moça muito difícil. Ela é egocêntrica e geniosa, igualzinha à mãe dela.

— Por que está me dizendo isso?

— Porque acredito que um dia isso vai acabar se transformando num grande problema.

— Venho percebendo que Clara é um pouco egocêntrica, mas graças a Deus estamos bem, senhor Harrison. Inclusive, eu gostaria de aproveitar esta oportunidade para lhe contar uma coisa.

— Pode falar, Parker.

Parker queria contar a Thomas o que estava planejando falar para Clara, no entanto, numa questão de segundos, resolveu ficar calado e mudar de assunto:

— Eu só queria lhe agradecer por tudo o que tem feito por mim, senhor Thomas. Esta oportunidade de trabalho era tudo com que mais sonhei na vida. Não sei como lhe agradecer, senhor.

— Que bom que está gostando de trabalhar aqui, Parker. Agora, vamos voltar ao trabalho, pois tenho que viajar esta noite para Frankfurt para resolver alguns problemas.

— Desejo-lhe boa viagem, senhor. Nós nos veremos em breve.

Ao mesmo tempo que Parker escondia seus segredos de Thomas, por ainda não ter plena confiança nele, Thomas também preferia não falar sobre alguns assuntos particulares com Parker, como, por exemplo, o real motivo de ele estar embarcando às pressas para a Alemanha durante a noite. No fundo, no entanto, ambos desejavam compartilhar seus segredos um com o outro, mas ainda parecia muito cedo para se tornarem tão íntimos.

Thomas Harrison estava com sessenta e dois anos de idade e estava passando por uma fase muito difícil em sua vida. Ela acabara de ser diagnosticado com câncer no intestino e estava embarcando para Frankfurt para fazer uma bateria de exames com o doutor Gerald, seu oncologista particular.

Na verdade, ninguém sabia do seu real estado de saúde, nem mesmo Thereza, sua esposa, pois Thomas tinha certeza de que uma notícia como aquela podia abalar totalmente a família e os negócios, já que os interesses familiares eram muito complexos quando o assunto era herança e um provável testamento, que dividiria a fortuna e o patrimônio conquistado durante mais de quarenta anos de trabalho contínuo.

Thomas Harrison tinha muito apreço pelo sucesso profissional que alcançara. Sua família passara por muitas dificuldades durante a Segunda Guerra Mundial, mas ele sempre foi um homem muito rico. Seu pai, George Thomas Harrison, felizmente conseguira deixar um importante patrimônio: duas grandes fazendas de algodão no norte do país e mais de uma dezena de imóveis caros no centro de Manchester. No entanto, o mérito de criar uma das maiores construtoras de Manchester, sem dúvida, era fruto de sua genialidade e perseverança.

A noite chegou, e Parker não via a hora de se encontrar com Clara para beijá-la e parabenizá-la. Na verdade, ele queria ir o mais rápido possível para casa para contar-lhe a grande surpresa. A mesma surpresa que revelaria durante o jantar no restaurante Alexander regado à *fondue* de queijo, pão italiano e vinho tinto francês.

Ao chegar à casa de Priscilla, Parker se deparou com muitas pessoas. Christine e seu amigo Clark estavam presentes, além de outros casais totalmente desconhecidos. Supostamente, eram todos amigos antigos de Clara.

Priscilla o recebeu com educação, mas com certa insegurança no olhar:

— Parker, que bom que você chegou! Entre, vou lhe apresentar alguns amigos — Priscilla abriu a porta e pendurou o paletó de Parker atrás do batente.

— Obrigado, Priscilla.

— Parker, estes são Tom e Susan, Metz e Vivian.

— Muito prazer!

— Essas gracinhas saltitantes que você está vendo são os filhos deles. Esses são Morgan e Stela e os filhos deles estão brincando no jardim.

— Muito prazer em conhecê-los — Parker cumprimentou todos os convidados ao mesmo tempo.

— Muito prazer, Parker — todos os convidados responderam simultaneamente.

Parker, na verdade, não estava nem um pouco interessado em conversar e, de imediato, pediu licença e perguntou para Priscilla onde estava Clara.

— Priscilla, onde está Clara? Não a estou vendo por aqui.

— Está no jardim de inverno conversando com Nicolas, um amigo da universidade.

— Vou até lá para cumprimentá-la. Tudo bem?

— Sinta-se em casa, Parker.

— Obrigado.

Parker seguiu até o jardim e se aproximou de Clara por trás, abraçando-a suavemente para não a assustar.

Clara estava sentada numa cadeira de ferro com estofado floral e conversava alegremente com um rapaz gordo e baixinho, que provavelmente era Nicolas.

122

— Boa noite, querida! Feliz aniversário!

— Oi, querido! Como você está? Que bom que chegou! Este é Nicolas, um amigo que estudou comigo na universidade.

Parker estendeu seus longos braços para Nicolas, que estava apreensivo. A mão de Parker era tão grande que a mão de Nicolas foi totalmente envolvida.

— Muito prazer, Nicolas. Não quero atrapalhar a conversa de vocês, mas preciso falar a sós com Clara.

— Claro! Não se preocupem comigo — ele respondeu. — Vou até a cozinha para pegar alguns doces. Estou morrendo de vontade de comer os doces que Priscilla preparou. Fiquem à vontade.

Nicolas seguiu em direção à cozinha, enquanto Parker, sem hesitar, puxou Clara pelo braço e lhe deu um beijo apaixonado.

— Nossa! Que surpresa, querido! Achei que ficaria bravo ao me ver conversando com Nicolas.

— Eu não vejo a hora de irmos embora desta festa para ficarmos juntos em nosso apartamento. Além de querer muito estar com você, quero lhe contar uma coisa.

— Uma coisa? Uau! Adoro surpresas, querido!

— Só lhe farei a surpresa quando estivermos a sós em nosso quarto. Quando vamos embora?

Clara se sentiu muito atraída pelo convite e pelo desejo que Parker emanava por meio do seu olhar sedutor.

— Tenha calma, querido. Vamos beber um pouco e, em seguida, vamos para casa, tudo bem? — Clara respondeu, tentando escapar dos seus braços.

— Boa ideia. Vamos beber alguma coisa, então. Que tal uma dose de uísque com gelo para relembrar os velhos tempos?

— Boa ideia, querido.

O convite de Parker soou sedutor para Clara, mas foi atropelado e esquecido devido às dezenas de pessoas que começaram a chegar repentinamente na festa. Todas eram convidadas de Clara.

Uma hora depois, além de bêbado, Parker sentia-se deslocado na festa e desprezado por Clara. Até mesmo Clark estava portando-se diferente. Não estava conversando com seu velho amigo nem desgrudava um minuto sequer de sua esposa Christine. Certamente, por medo ou ciúme de perdê-la para alguém mais interessante e envolvente. Clara, por sua vez, estava se divertindo e não encontrava

123

tempo para ficar ao lado de Parker. Sua única preocupação era beber e atender a todos os convidados.

Parker estava abismado e não acreditava no que estava acontecendo. Ele estava vendo outro lado de sua amada Clara, que, àquela altura, certamente já se esquecera do convite que Parker lhe fizera para passar uma noite apaixonada.

Sentado no canto da sala e tentando disfarçar a ira que pairava em sua mente, Parker subitamente sentiu um calafrio subindo-lhe a nuca e uma raiva desconcertante começando a invadir-lhe o corpo. Repentinamente e sem qualquer motivo aparente, ele se levantou da cadeira e jogou o copo de uísque vazio com toda força no chão e empurrou as pessoas que estavam à sua frente, dizendo:

— Chega! Estou indo embora para casa.

Priscilla se aproximou preocupada.

— O que foi, Parker? Por que está tão nervoso?

— Diga para Clara que, se ela quiser realmente ficar comigo esta noite, eu a estarei esperando em casa.

Parker explodiu de raiva. Era uma mistura de raiva, rejeição, ciúmes, impaciência e desprezo. Tudo ao mesmo tempo.

— Clara está se divertindo, Parker. Não a pressione.

Parker olhou para o jardim e viu Clara com um copo de uísque na mão, dançando e se divertindo ao lado de várias pessoas.

— Estou vendo que ela está realmente se divertindo muito. Não preciso aguentar mais isso — Parker virou-se de costas e bateu a porta da casa, deixando todos os convidados da festa perplexos com sua reação.

Percebendo que algo errado estava acontecendo, Clark levantou-se do sofá e correu atrás de Parker na rua:

— Hei, amigo, espere aí. O que está acontecendo? Você está bêbado! Não pode ir embora pra casa assim!

— Não se preocupe comigo, Clark.

— O que aconteceu lá dentro, cara?

— Não preciso aguentar esse tipo de coisa, Clark. Prefiro ir para casa em vez de ser rejeitado por ela dessa forma. Clara nem sequer olhou para mim a noite toda. Estou me sentindo um cachorro vira-lata, entende?

— Eu entendo você, amigo. Mas vá devagar, por favor.

— Eu ficarei bem, Clark. Só quero ir embora daqui.

Parker entrou em seu carro novo e disparou pela rua cantando os pneus.

Após chegar ao apartamento e ficar esperando Clara por mais de duas horas, Parker não aguentou e acabou adormecendo no sofá por volta das duas e meia da madrugada.

Uma hora depois, já mergulhado em sono profundo, Parker sentiu um calor aproximando-se de sua face. Ele, então, abriu os olhos devagar e subitamente recebeu um beijo enlouquecedor. Era sua amada Clara, que estava de volta, envolvendo-o sensualmente com amor e paixão.

Parker estava com muita raiva e tentou rejeitá-la, mas o incrível poder de sedução de Clara era irresistível. Seu cheiro, sua beleza e sua sensualidade eram mais fortes que tudo, e Parker acabou se rendendo ao ataque voraz de sua amada.

Enquanto o beijava, ela sussurrava em seu ouvido:

— Fique quietinho, Parker. Não fique bravo comigo. Promete que não vai ficar bravo comigo? Diga que sim — ela implorou tirando rapidamente a roupa e prendendo Parker contra o sofá.

Sem controle, Parker foi completamente seduzido por Clara, e, em poucos minutos, seus corpos se envolviam pela força da paixão.

Logo depois.

— Eu te amo, Parker.

— Eu também te amo, Clara. Desculpe o vexame na casa de sua amiga. Eu quero pedir desculpas a ela amanhã.

— Não se preocupe com isso. Agora é hora de aproveitarmos este lindo momento.

— Querida, eu quero lhe dizer uma coisa. Na verdade, eu tinha planejado lhe dizer tudo no restaurante Alexander, mas acabou dando tudo errado.

— Oh, meu Deus! Desculpe! Agora fiquei curiosa!

Parker esperou alguns segundos, tomou coragem e revelou:

— Eu quero me casar com você, Clara.

125

— Casar? Você está dizendo casar de verdade? Na igreja, com festa, convidados, e essas coisas todas?

— Sim, casar. Estou pedindo você em casamento, querida.

— Sério?

— Isso mesmo. Eu quero me casar com você e quero que seja logo. Não quero esperar muito para realizar este grande sonho.

— Por que tanta pressa, querido?

— Não quero mais morar neste apartamento pequeno com você. Quero comprar uma casa grande com garagem, jardim, flores, cachorros, passarinhos e construir uma família.

— Sério, querido?

— Sim. Eu te amo muito, querida — Parker se mostrou emocionado.

— Está querendo dizer que quer ter filhos comigo? É isso, querido?

— É exatamente isso que estou querendo lhe dizer, querida.

Clara levantou-se bruscamente da cama, jogou seus lindos cabelos castanhos ondulados para trás, segurou o lençol de seda branco sobre seu busto nu e disse com os olhos arregalados:

— Parker, eu nunca pensei que você falaria isso pra mim!

— O quê? Sobre nos casarmos?

— Não, eu já havia pensado que nos casaríamos. Eu estava apenas esperando que você se acostumasse com o trabalho e tivesse mais segurança financeira. Estou falando sobre termos filhos. Eu estava conversando com Priscilla e Christine hoje mesmo sobre isso, sabia? Meu grande sonho é ter um filho. Agora você faz amor comigo e diz que quer ter filhos comigo? Parece muita coincidência, não?

— É a pura verdade, querida.

— Ah! Eu já sei! Você andou falando com Christine sobre isso e ela lhe contou sobre meu grande sonho de ter um filho, não é? Tenho certeza de que tem a mãozinha dela nisso tudo.

— Não, claro que não. Eu não costumo conversar sobre esse tipo de coisa com ninguém, nem mesmo com Clark. Você me conhece muito bem, Clara. Sou um cara muito reservado e tenho receio de falar certas coisas para outras pessoas.

— Oh, meu Deus! Eu preciso pensar melhor na sua proposta, Parker — ela respondeu com a voz lenta e enrolada por ainda estar embriagada.

Parker olhou para Clara durante alguns segundos e se assustou ao vê-la levantar-se da cama e sair correndo pelo quarto com o lençol enrolado no corpo.

Após correr e gritar, Clara abriu a janela do apartamento no sétimo andar e começou a gritar para todas as pessoas ouvirem:

— Sim! Sim! Sim! Eu aceito! Eu aceito me casar com você! A resposta é siiiimmmm!

— Clara, acalme-se! Pare de gritar na janela do apartamento, pois as pessoas estão dormindo. Já é tarde, sabia? Olhe para mim e diga que aceita casar-se comigo. Mas, por favor, diga isso olhando no meus olhos e não gritando para as outras pessoas ouvirem na rua. Elas não têm nada a ver com nossa vida particular.

— Desculpa, querido!

Clara jogou o lençol no chão, ficou totalmente nua e, sem hesitar, seguiu lentamente na direção de Parker com um olhar penetrante e sedutor:

— Já que deseja tanto que eu olhe nos seus olhos, querido, vou chegar bem pertinho de você até encostar minhas pálpebras nas suas, se é assim que deseja.

De forma sedutora e incisiva, Clara exclamou enquanto se aproximava cada vez mais de Parker:

— A resposta é sim, querido! Eu aceito me casar com você, meu amor. Eu te amo!

Parker sorriu e a puxou de volta para a cama, rolando sobre os travesseiros e cobertores como se ele e Clara fossem duas crianças.

Clara disse:

— Eu não acredito que vou me casar! Eu não acredito nisso! A pergunta é: quando e onde será a festa de casamento? Preciso começar a pensar nos preparativos, nos convites, na festa etc. — ansiosa, Clara não parava de falar, enquanto Parker permanecia calado apenas analisando a reação da namorada.

Parker já conhecia um pouco o comportamento estranho de Clara e preferiu não cortar o entusiasmo da namorada e iniciar uma discussão. Era melhor deixar a ansiedade e a embriaguez de Clara passarem e, no dia seguinte, conversaria com calma sobre os detalhes do casamento.

Empolgada, Clara sugeriu:

127

— Acho que deveríamos abrir uma garrafa de vinho para comemorarmos este momento. Que tal, querido?

— Querida, você já bebeu demais. Venha. Deite-se ao meu lado. Esqueça a bebida um pouco, por favor.

Parker não sabia ainda que Clara tinha problemas com alcoolismo e já estava tornando-se dependente da bebida. Parker nem imaginava que isso estivesse acontecendo com sua namorada, pois ela tinha o costume de comprar garrafas de bebida e as esconder no armário da sala. A hora que Clara mais usava para beber era pela manhã, quando Parker saía para trabalhar e ela ficava sozinha.

Clara levantou-se e foi até a sala para pegar algo para beber:

— Eu já volto, querido. Fique tranquilo, meu amor. Eu só preciso abrir uma garrafa de vinho. Momentos especiais como este não podem passar em branco. Você não aprendeu sobre isso ainda? Temos que comemorar sempre! A vida é breve demais para passar em vão.

— Tudo bem, querida, mas volte logo. Amanhã, preciso acordar cedo para trabalhar. Já bebi demais na festa e não quero acordar com ressaca.

— Não seja chato, querido! Vamos comemorar!

— Tudo bem. Eu a acompanho com uma taça de vinho tinto.

Clara foi até a sala e voltou caminhando nua com duas taças de cristal e uma garrafa de vinho tinto nas mãos. Sensualmente, ela sentou-se na beira da cama e encheu as duas taças vagarosamente, olhando fixamente para seu futuro marido.

— Sabe qual é o seu problema, Parker?

— O quê, querida?

— Você está muito envolvido com o trabalho, Parker. Você sabia que não precisa se sacrificar tanto? Há muitos funcionários na companhia que podem fazer as coisas para você. Fique em casa amanhã. Podemos sair para passear e fazer compras para a festa do meu casamento. Esqueça o trabalho um pouco. Meu pai não estará na empresa amanhã, pois ele viajou para a Alemanha para ir atrás de algumas mulheres que ele tem por lá e não ficará sabendo que você não foi trabalhar.

— Nada feito, Clara. Eu vou trabalhar amanhã. Há pessoas que dependem de mim e não posso deixá-las sozinhas. Se algo acontecer com meus funcionários na obra, o responsável serei eu.

Mas espere um pouco, querida... Eu ouvi bem o que você disse? Você disse "meu casamento"? Não seria "nosso casamento"?

— Sim, é o nosso casamento.

— Mas você disse "Quero ir comprar algumas coisas para o 'meu' casamento".

— Deixe disso, Parker! Dá na mesma! Nem sei direito o que acabei de dizer. Está vendo como você está trabalhando demais? Está ficando detalhista em demasia! São apenas detalhes! Esqueça isso, querido. Eu te amo.

— Tudo bem, Clara.

— Você é mesmo um cara muito certinho, sabia? Talvez seja por isso que eu gostei de você logo no primeiro dia em que nos encontramos.

Clara se esquivou do questionamento de Parker e o beijou enlouquecidamente.

— Vamos beber. Tim-tim! Um brinde ao nosso casamento — Clara comemorou entusiasmada.

— Tim-tim! Querida.

Parker tomou duas taças de vinho e fumou dois cigarros antes de desmaiar na cama.

❖❖❖

Quando os primeiros raios de sol mal surgiram entre as frestas da persiana, Parker pulou da cama assustado e ofegante ao ser açoitado novamente pelo estranho sonho. A mesma cena de um garoto sentado no banco de uma praça com um homem de cabelos longos ao seu lado e uma moça correndo em sua direção e gritando: "Pare! Pare! Deixe-o em paz!". Parecia um estranho *déjà-vu*.

Sentindo muita sede e com o coração batendo acelerado devido ao sonho recorrente e angustiante, Parker olhou para o lado e viu Clara dormindo profundamente. Em seguida, ele olhou para o relógio sobre o criado-mudo e percebeu que já eram sete horas, o que significava que o alarme tocara às seis horas, e que, por algum motivo, ele não ouvira qualquer barulho.

Desorientado e ainda com a imagem do sonho nítida em sua mente, Parker levantou-se da cama rapidamente. Ele pensava: "Meu Deus, o que é isso afinal? Que sonho é esse que teima em surgir de forma tão repentina e inesperada? E por que ele surge sempre pela manhã, antes do sol nascer? Esse sonho está ficando cada dia mais nítido, mas ainda não consigo entender seu significado. Droga! Esse sonho não tem nada a ver comigo. Quem é esse garoto de aproximadamente quinze anos de idade, que olha pra mim de maneira tão emocionada? Quem é esse rapaz de cabelos longos que fica atrás dele? Quem é essa moça que grita sem parar? Que lugar estranho é esse, repleto de flores alaranjadas? Com um pequeno jardim, uma casa torta ao fundo e um relógio com um galo no topo de um telhado?".

Enquanto pensava sobre o sonho, Parker escovava os dentes com pressa para não chegar atrasado ao trabalho. Depois de tomar uma xícara de café e comer uma torrada com uma deliciosa geleia de rosas, que Clara comprara numa loja libanesa em Londres, Parker caminhou sutilmente até o quarto e deu um suave beijo de despedida em sua futura esposa. Em seguida, escreveu um bilhete e colocou sobre o criado-mudo:

Tenha um lindo dia, querida. Nos veremos à noite.
Eu te amo, futura senhora Parker.

Parker olhou para o relógio digital outra vez e saiu correndo para pegar o elevador. Nesse momento, devido à pressa e à preocupação, ele já não se lembrava mais dos detalhes do sonho. Sua mente já estava desperta e totalmente focada nos projetos e nos problemas que precisava resolver quando chegasse ao canteiro de obras, onde mais de trezentos homens aguardam sua chegada apreensivamente, pois Parker, por ter se se tornado o gerente geral, era quem tomava todas as decisões importantes.

Capítulo 9
O casamento

Onze meses depois.

Thomas Harrison estava ao telefone:

— Parker, eu gostaria de falar com você a sós em minha sala. Suba agora mesmo, pois terei que me ausentar após o almoço e não voltarei para a companhia esta tarde.

— Tudo bem, senhor Thomas. Estou sentindo que o senhor está triste e angustiado. Não prefere sair para conversarmos em algum lugar fora da empresa? Podemos almoçar e conversar com calma fora do ambiente de trabalho.

— Eu não gosto de resolver assuntos profissionais fora de minha sala de trabalho, mas acho a ideia plausível neste momento. Estou realmente muito angustiado, você tem razão. Talvez seja bom eu sair um pouco daqui.

— Neste caso, nos encontramos na recepção em quinze minutos, tudo bem? — Parker perguntou.

— Tudo bem, mas prefiro não sair de carro, Parker, pois meu motorista levou Clara e Thereza para fazer compras para os preparativos do casamento.

— Não se preocupe. Vamos sair a pé e podemos comer algo aqui mesmo na Thomas Street. Tem um restaurante muito bom que serve um filé com fritas extraordinário. Tenho certeza de que o senhor vai gostar. Que tal?

— Certamente, deve ser uma delícia, mas infelizmente não estou podendo comer muitas coisas. Na verdade, estou sem apetite, porém acho uma boa ideia.

— Por acaso o senhor está doente?

— De certa forma sim. É sobre isso que quero conversar também, Parker. E precisa ser hoje.

Mesmo trabalhando juntos e no mesmo edifício, Parker não se encontrava com Thomas com frequência. Na verdade, eles não se encontravam há quase um mês, pois o projeto de construção das quatrocentas casas já estava em ritmo de finalização e, em alguns meses, seria a grande inauguração.

Thomas, no entanto, já não conseguia mais acompanhar o ritmo acelerado das obras e das encomendas das casas que chegavam de todas as regiões do país. O empreendimento estava sendo um sucesso e logo se transformaria no mais importante conglomerado imobiliário da grande Manchester, em meados do ano de 1986.

Já se passara quase um ano desde que Parker pedira Clara em casamento, e muitas coisas aconteceram durante esse período. Parker acabou assumindo muitas responsabilidades e com afinco avocou praticamente todo o projeto.

Parker tomara algumas decisões cruciais durante as construções e fizera mudanças importantes no projeto inicial, o que elevou muito as vendas das residências e os lucros da companhia. Com as mudanças, o preço dos imóveis aumentara mais de vinte por cento, devido à inclusão de parques e áreas de lazer para as crianças, *playgrounds* inovadores, salas de conferências e outras benfeitorias que agradaram muito o público consumidor.

Todos esses acontecimentos trouxeram reconhecimento para Parker por parte dos engenheiros mais antigos da cidade, chamando a atenção de algumas construtoras londrinas que começaram a rodeá-lo com a pretensão de contratá-lo como engenheiro-chefe de suas empresas.

Thomas Harrison não era tolo e sabia o que estava acontecendo. No entanto, o motivo de chamar Parker para uma conversa não estava associado ao receio de perdê-lo para seus concorrentes, que começavam a se aproximar. O motivo era completamente diferente.

No saguão da companhia.

— O senhor está muito magro, senhor Thomas. O que está acontecendo com o senhor, afinal? — Parker assustou-se ao encontrar o sogro no saguão da companhia antes de saírem para almoçar.

— Não quero falar sobre este assunto na recepção, Parker. Vamos até o restaurante. Lá, eu lhe contarei mais detalhes.
— Sim, senhor.

No restaurante.
— Parker, primeiramente, eu gostaria de dizer que você chegou à nossa companhia na hora certa. Se não fosse você, este projeto certamente não sairia. Pior do que isso, eu teria um enorme prejuízo se não vendesse todas as unidades no prazo de um ano. Tive que pagar muito caro pelo terreno e gastei milhares de libras com advogados para deixar a documentação em ordem e me livrar dos problemas ambientais, que esses ecologistas inventam o tempo todo para atrapalhar nossos negócios.
— Foi por isso que decidi fazer as modificações no projeto, senhor Thomas. Decidi retirar dez casas e incluir no lugar áreas verdes, jardins e um grande lago para agradar os compradores e ambientalistas. Incialmente, os custos subiram um pouco, mas no final os lucros vão superar os custos devido ao valor agregado que conseguimos aplicar ao projeto. Senhor Thomas, o valor de cada residência aumentou em até vinte e cinco por cento, o que significa que teremos um lucro final por residência de vinte e cinco mil libras. Com esse valor multiplicado por trezentos e noventa residências, o senhor terá um lucro total de nove milhões e setecentos e cinquenta mil libras quando o projeto estiver concluído.
— Eu sei disso, Parker. Você acha que não fiz todos esses cálculos?
— Tenho certeza de que sim.
— Bom, é por isso que desejo falar com você.
— Por quê?
— Porque esse lucro todo não será somente meu.
— Como assim? Por acaso a empresa está com dívidas e precisa usar o dinheiro para quitá-las? É isso?
— Não.
— O senhor está com muitas dívidas com os advogados e com os processos judiciais?
— Também não. Não temos dívidas, graças a Deus.

133

— Então o que está acontecendo, senhor Thomas?

— Vou direto ao assunto, Parker.

Nesse momento, um garçom passou em frente à mesa, e Thomas pediu uma garrafa de água gelada. Em poucos segundos, o garçom retornou com o pedido e encheu seu copo. Thomas bebeu um pouco de água e em seguida começou a falar:

— Parker, eu estou muito doente.

— Doente? O que o senhor tem?

— Não sei exatamente o grau e a gravidade, mas o doutor Gerald, com quem me consulto em Frankfurt, me disse por telefone que não tem boas notícias para me dar. Ele quer muito falar comigo pessoalmente, e por isso me ausentarei por alguns dias. Minha passagem para Frankfurt está marcada para as dezoito horas. Infelizmente, eu sei o que ele tem a me dizer.

— O quê?

— É por isso que estamos conversando, Parker.

Parker coçou a cabeça demonstrando preocupação, e Thomas levantou a mão para pedir outra garrafa de água ao garçom, mas dessa vez gaseificada.

— Estou com câncer no intestino, Parker.

— Câncer? — Parker quase se engasgou de susto.

— Sim, eu estou com câncer, mas está em estado inicial. Segundo o doutor Gerald, esse tipo de câncer pode se alastrar rapidamente por todo o corpo. Seu medo é que eu esteja com câncer no pâncreas também. Se o diagnóstico for confirmado, não terei muito tempo de vida.

— Tempo de vida? Como assim, senhor Thomas? Como algo tão grave pode surgir de maneira tão repentina?

— Doenças graves costumam chegar sem avisar, Parker. Na verdade, eu nunca me cuidei ou fiz os exames de rotina que os médicos pediam. Sempre fui desregrado com a alimentação e os exercícios. Talvez esta seja uma das causas dessa doença ter surgido.

— Oh, meu Deus, senhor Thomas!

— Não se preocupe, Parker, eu estou preparado para enfrentar tudo. Nas últimas semanas, pensei muito e tentei encontrar uma explicação racional para tudo isso que vem acontecendo comigo, mas ontem à noite desisti de compreender e preferi aceitar a situação em vez de me culpar e tentar encontrar uma causa específica para minha doença. Sabe, Parker, há coisas na vida que infelizmente não têm explicação.

— Parece que o senhor está repetindo o que minha mãe me disse um dia.

— O que ela disse?

— Que a vida tem a estranha mania de nos colocar em situações adversas e que não compreendemos os motivos disso.

— Sua mãe tem toda razão.

Parker olhou desconfiado para o lado e perguntou:

— E Clara e a senhora Thereza? Elas já sabem disso, senhor?

— Não, ninguém sabe. Somente você, o doutor Gerald e o doutor Lindenberg sabem de minha doença.

— Quem é o doutor Lindenberg?

— É meu advogado e um amigo de confiança.

— Por que o senhor decidiu contar isso para mim, senhor Thomas?

— Agora que você já sabe meu segredo, posso lhe contar quais são meus planos.

— Planos?

— Sim, eu tenho alguns planos, Parker. Quero que você seja meu sócio na Thomas Harrison Cia.

— Sócio?

— Exatamente. Eu já falei com o doutor Lindenberg e acertei todos os detalhes dos contratos com ele.

— Sócio? Contratos? E suas filhas e esposa?

— É justamente por causa delas que estou fazendo isso, Parker. Eu confio em você, mas não confio nelas.

— Por que não confia nelas, senhor? Não o estou entendendo.

— Porque sei que, quando eu morrer, elas vão acabar com tudo o que construí durante minha vida em menos de um ano. Eu tenho mais de dois mil funcionários e não posso permitir que minha família acabe com tudo de uma hora para outra.

— O senhor acha que elas seriam capazes de fazer isso?

— Sim, é exatamente isso que elas farão. Parker, elas não gostam de trabalhar e não dão valor ao dinheiro. Além disso, elas não têm consideração com os funcionários que sustentam esta companhia. Elas sempre tiveram tudo do bom e do melhor e viveram imersas em glamour, regalias e muita riqueza. Elas não têm a mínima ideia do que é se arriscar e assumir responsabilidades como eu fiz durante minha vida inteira. Elas pensam que sabem tudo sobre os negócios da companhia, mas não conseguem nem calcular o que gastam nas lojas de roupas ou nos salões de beleza.

— Estou entendendo seu plano, senhor.

— Você é diferente, Parker. Eu sei que você sabe dar valor ao dinheiro, porque veio de baixo e sabe como é difícil trabalhar para ganhá-lo.

— Tem razão, senhor.

— Você deve saber como é fácil perder dinheiro e como é difícil ficar desempregado e não ter como pagar uma roupa nova e comida. Estou certo?

— Está correto, senhor. Eu sei como é a vida lá fora. Eu vivi vendo meus pais passarem por dificuldades extremas.

— Parker, o mais importante de tudo é que confio em você. Isso é o mais importante pra mim.

— Obrigado pela confiança, senhor Thomas.

— Acredite nisso, Parker. Eu conheço muito bem minhas filhas e minha esposa e sei do que elas são capazes. Se porventura elas descobrirem que tivemos esta conversa, ficarão loucas, pois jamais aceitarão que você seja o sócio majoritário da empresa. Isso, no entanto, não significa que estou traindo minha família. Estou apenas fazendo isso para que a companhia não vá à falência depois que eu morrer. Somente isso.

— O senhor está certo disso?

— Parker, em duas semanas você se casará com Clara e será parte da família. Ou seja, a partir do momento que eu não estiver mais neste mundo, você tomará meu lugar e terá cinquenta e três por cento das ações da companhia. Isso significa que todos os outros acionistas terão de se reportar a você para qualquer tomada de decisão. Está entendendo como serão as coisas no futuro?

— Sim, senhor. Mas isso é muito sério! O que eu devo fazer? O que eu devo pensar? Estou muito confuso agora, senhor Thomas.

— Você tem duas escolhas, Parker: aceitar ou não aceitar minha proposta. A decisão é simples. Eu preciso dessa resposta até o final da tarde, antes de embarcar para Frankfurt. Lindenberg, meu advogado, já está com a papelada pronta e revisada. Só falta nós dois assiná-la. Quero resolver tudo isso antes de embarcar no avião, entendeu?

— Meu Deus! Preciso de um tempo para pensar, senhor Thomas!

— Você tem a tarde inteira para pensar, Parker. As grandes oportunidades da vida são assim: elas passam rapidamente na nossa frente e, se não as pegarmos, outra pessoa pegará. Está me entendendo? Lembre-se sempre do antigo ditado: "O bonde passa. Se você não pegar, talvez ele demore muito tempo para passar outra vez. Ou talvez não passe nunca mais".

Parker ficou estático, questionando-se durante alguns segundos, e num breve instante a usura pelo poder começou a falar mais alto.

Certamente, Thomas nunca fizera uma proposta semelhante a ninguém. Será que estava blefando? Ele provavelmente não tinha outra pessoa para oferecer um acordo daquele tipo e por isso procurara Parker.

Enquanto Parker pensava sobre o assunto, Thomas continuou explicando-lhe os detalhes do acordo.

— Parker, você tem até as dezessete horas de hoje para decidir e telefonar ao meu advogado Lindenberg. Quero passar todas as diretrizes para ele antes de embarcar para Frankfurt. Vou ficar fora quinze dias e fazer pesadas sessões de quimioterapia. Do jeito que as coisas estão caminhando, talvez eu nem volte vivo para a Inglaterra.

— Não diga isso, senhor!

— Eu sou muito pragmático, Parker. Mesmo voltando vivo, eu posso não estar em sã consciência quando retornar. Por isso, prefiro deixar tudo acertado e acordado.

— Quando vamos comunicar a Clara e Thereza sobre esse acordo?

Observador e perspicaz, Thomas percebeu que a simples pergunta de Parker já apontava que ele estava propenso a aceitar sua proposta.

Thomas sorriu discretamente e disse:

— Só contaremos para Clara e para Thereza quando for o momento oportuno. De minha parte, não precisa ter pressa, pois eu sei que será um terremoto em minha vida quando elas descobrirem que você se tornou o sócio majoritário da empresa. Por isso, acho melhor deixarmos tudo engavetado e não dizermos nada. Por enquanto, somente você e Lindenberg terão acesso aos detalhes do acordo. Eu confio muito em Lindenberg, assim como confio em você.

— Que bom que o senhor tem alguém em quem confiar.

— Estamos juntos há mais de trinta anos, e ele sempre foi meu braço direito na companhia.

— O que faremos neste caso, senhor?

— É melhor não falarmos nada para Clara e Thereza antes do casamento. Nas últimas semanas, elas estarão totalmente envolvidas com os preparativos da festa. Aliás, elas só pensam nessas coisas.

— Que coisas?

— Em vida social, festas, bebidas e tudo o que envolve o glamour da alta sociedade. Infelizmente, minha família é muito fútil. Para ela, o reconhecimento social e o *status* são praticamente tudo em suas vidas.

— Mas elas costumam fazer muitos eventos beneficentes para ajudar as crianças carentes, não? Isso é bom. O senhor não acha?

— Sim, elas fazem muitos eventos beneficentes e fazem até demais do meu ponto de vista. O problema é que elas não fazem esses eventos para ajudar as pessoas que precisam. A intenção verdadeira é sempre camuflada.

— Como assim?

— No fundo, elas querem se sentir reconhecidas e aceitas dentro do meio social em que vivemos, mas, infelizmente, elas não percebem suas atitudes e acabam se enganando quando fazem esses eventos beneficentes. Tudo gira em torno disso, Parker. Elas precisam de aplausos e reconhecimento, e os eventos acabam trazendo o que elas tanto desejam: reconhecimento. Está entendendo como as coisas funcionam, Parker?

— Mais ou menos, senhor.

— Vou lhe explicar.

— Por favor.

— Na maioria das vezes, elas fazem isso para tirar um pouco de dinheiro dos bolsos dos seus maridos milionários. Eu mesmo já dei tanto dinheiro para essas causas que seria capaz de montar uma nova empresa com o capital investido. É claro que elas acabam ajudando as entidades carentes, isso eu não posso negar, mas a ajuda vem sempre em terceiro plano. A intenção primeira é sempre o reconhecimento e não a solidariedade. Esse tipo de atitude para mim é inaceitável, Parker.

138

— Por quê, senhor?

— Porque Clara e Thereza nunca foram visitar as crianças abandonadas que elas dizem tanto amar! Você acredita nisso?

— Eu nunca tinha pensado por esse ponto de vista, senhor!

— Infelizmente, você ainda não conhece a pessoa com quem vai se casar, meu caro. A partir de hoje, você precisa ficar mais atento, pois ainda é um rapaz muito inocente.

— O senhor acha isso?

— Sim, eu acho. Mas não se preocupe com isso agora, Parker. Eu devo estar ficando velho e ranzinza. Na maior parte do tempo, eu passo reclamando da vida e procurando defeitos nas pessoas. Quando eu era jovem, isso não acontecia. Quando somos jovens, aceitamos as pessoas como elas são e vivemos a vida com prazer. Você não acha?

— Acredito que sim, senhor — Parker respondeu cabisbaixo e preocupado com as coisas que seu futuro sogro acabara de lhe dizer.

— Parker, ultimamente eu venho pensando muito em Clara e Thereza e cheguei à conclusão de que o *status* e a vida social para elas é mais importante que elas mesmas. Às vezes, chego mesmo a pensar que elas são capazes de dar a própria vida por isso. Sinceramente, não sei por que elas dão tanto valor para a droga do glamour que a vida social lhes proporciona. Fico imaginando o que aconteceria se um dia elas ficassem pobres. O que seria delas? Acho que, se ficassem sem dinheiro, elas se matariam — Thomas concluiu com ironia e uma leve pitada de raiva no seu tom de voz.

— Tenha calma, senhor. Tudo ficará bem.

— Desculpe compartilhar essas questões pessoais com você, Parker. Não quero que fique pensando coisas erradas sobre minha família e principalmente sobre Clara. Apesar de tudo, ela continua sendo uma moça inteligente e certamente lhe fará um homem muito feliz.

— Assim eu espero.

— Infelizmente, eu preciso ir agora, Parker. Tenho coisas mais importantes com que me preocupar no momento do que de ficar aqui reclamando da vida e falando mal da minha família, não é mesmo?

— Tem razão. O senhor tem coisas bem mais importantes para pensar neste momento. Prometo que analisarei a proposta que o senhor me fez e que lhe darei uma resposta até o final da tarde. Vou pensar com carinho em tudo o que o senhor me disse.

— Tudo bem, Parker. Mas não conte nada a ninguém, nem mesmo para seu pai e sua mãe. É um assunto particular e sigiloso. Negócios precisam ser decididos racionalmente, Parker. Sem emoção ou interferências alheias. Entendeu?

— Entendi sim, senhor.

— Agora, peça seu filé com fritas e comece a pensar em tudo o que eu lhe disse. Sei que você fará a escolha certa. Preciso ir embora, Parker. Eu disse a você que Charles, meu motorista, tinha levado Clara e Thereza para fazer compras, mas, antes de sair da companhia, eu liguei para ele e pedi que viesse até aqui para me pegar no restaurante. E ele já está lá fora buzinando.

— O senhor vai embora sem comer nada?

— Bem que eu gostaria de comer alguma coisa, Parker, mas infelizmente não consigo. Nos últimos dias, só bebi água. De vez em quando, consigo comer um pouco de purê de batata, mas é só.

Thomas se levantou da cadeira, e Parker se assustou ao notar sua magreza quase esquelética. Ele vestia seu paletó marrom com protetores de couro costurados nos cotovelos e saiu pela porta do restaurante para se encontrar com seu motorista particular, que já o esperava com a porta do carro aberta.

Depois que Thomas foi embora, Parker continuou sentado à mesa do restaurante. Assustado e ao mesmo tempo entusiasmado, ele decidiu pedir uma cerveja gelada e pensar na estranha, porém, incrível proposta feita por Thomas. No entanto, apesar de se sentir feliz pela confiança demonstrada pelo sogro, Parker sentia que havia algo errado em tudo aquilo.

A cerveja chegou, e Parker permaneceu sentado à mesa durante quase vinte minutos. Em seguida, levantou-se e decidiu retornar ao seu escritório, pois já eram quase três horas da tarde, o que significava que ele tinha apenas duas horas para tomar uma decisão e dar uma resposta para o advogado de Thomas, o doutor Lindenberg.

São raros os momentos em que o instinto humano não se rende à ganância e à ambição. Parker já não tinha dúvidas. Ao passar pela porta do edifício e avistar Sonia, ele olhou ao redor e para o piso brilhante do imenso saguão da companhia, todo decorado com mármore branco reluzente, e sussurrou para si mesmo:

— Oh, meu Deus! Eu poderei ser o dono de tudo isso!

Depois, ele pediu à secretária:

— Sonia, por favor, ligue para o doutor Lindenberg. Preciso falar com ele. Assim que ele atender, transfira a ligação para minha sala.

— Sim, senhor Parker.

De certa maneira, a voz suave de Sonia já parecia soar diferente para Parker, tamanha era a cobiça que já começava a invadir sua mente.

Assim que Parker entrou em seu escritório, o interfone começou a tocar. Antes de atender a ligação do doutor Lindenberg, porém, ele sentiu um estranho e repentino mal-estar, uma espécie de vertigem, uma leve quentura na nuca, que parecia querer lhe tirar o prumo.

Repentinamente, uma voz profunda sussurrou-lhe algo em sua mente: "Que ganância arrogante a sua, Parker! Você nem sequer parou para pensar na saúde do velho senhor. Que vergonha eu estou sentindo de você neste momento, Parker!".

Parker não entendeu as estranhas palavras que não saíam de sua mente. Seria a voz de sua consciência ou a voz de alguém do mundo espiritual querendo alertá-lo sobre algo errado que ele estava prestes a fazer?

Sem entender o significado daquilo, ele pensou rapidamente, mas de maneira confusa: "Que droga é essa agora?! Eu nunca tive uma oportunidade na vida. Agora que ela surge bem na minha frente, essa voz maluca vem encher minha cabeça de dúvidas e medos. Que droga! O que é isso, afinal? Será que é minha consciência querendo falar comigo, e eu não estou querendo ouvi-la? Se for minha consciência, quero que ela se dane, pois é minha grande chance e vou resolver isso agora mesmo! Vou atender a ligação do doutor Lindenberg e lhe direi que aceito a proposta do senhor Thomas".

— Alô! Doutor Lindenberg?

— Como está, Parker?

— Estou bem. E o senhor?

— Estava esperando sua ligação.

— Eu sei, doutor Lindenberg. Desculpe a demora.

— Tudo bem, não tenha pressa.

— Estive pensando sobre a proposta do senhor Thomas e resolvi aceitá-la. Diga a ele que aceito, mas preciso saber como faremos para assinar os documentos.

141

— Ótimo. Temos pouco tempo, mas prepararei toda a documentação para nos encontramos no saguão do aeroporto no final da tarde. Tudo bem para você?

— O senhor Thomas disse que já estava tudo certo. Que o senhor já havia revisado e aprovado todos os contratos.

— Sim, está tudo certo. Só preciso acertar alguns detalhes e, em seguida, irei até o aeroporto. Em quarenta minutos, nós nos encontraremos no salão VIP, onde eu e Thomas costumamos nos reunir.

— Combinado. Estarei lá.

❖❖❖

Acompanhado do seu motorista Charles, Thomas chegou atrasado ao aeroporto. Carregando apenas uma maleta e um envelope pardo, que certamente guardava seus exames médicos, ele aproximou-se de Parker e do doutor Lindenberg.

— Boa tarde, Lindenberg. Boa tarde, Parker.

— Boa tarde, senhor Thomas — ambos responderam ao mesmo tempo.

— Muito bem. Que bom que você está aqui, Parker. Eu sabia que você viria. Obrigado por aceitar minha proposta.

— Eu que lhe agradeço, senhor.

— Não temos muito tempo. Vamos sentar naquela mesa de vidro para assinarmos a papelada. Você trouxe tudo conforme eu lhe pedi, Lindenberg?

— Sim, senhor — Lindenberg respondeu prontamente com sua austera e responsável postura de advogado.

Lindenberg era um senhor com mais de sessenta anos de idade, de cabelos brancos, estatura mediana, e possuía um leve sotaque germânico devido à sua descendência alemã. Parece também ser um homem casado, pois usava uma grossa aliança de ouro na mão esquerda.

Thomas sentou-se na poltrona e perguntou:

— Você trouxe os contratos conforme revisamos, Lindenberg?

— Sim, senhor. Estão exatamente como o senhor aprovou.

— Neste caso, vamos andar logo com isso.

— Sim, senhor.

142

— Parker, você deve assinar os papéis nos campos indicados por Lindenberg, e em seguida eu assinarei embaixo. Eu sempre assino por último. É assim que costumo fazer quando fecho um negócio. Nunca assino primeiro, sempre por último.

— Parker, você deve assinar as três vias e rubricar todas as outras. São três contratos diferentes — Lindenberg orientou.

— Ok.

— Este contrato é o principal.

— O que ele diz? — Parker perguntou.

— Ele o coloca como sócio majoritário da empresa a partir do dia 8 de agosto de 1986, dois dias após seu casamento. Este outro contrato é referente à sua participação nos lucros da empresa, nos dividendos e no repasse das cotas das ações. E por último, este é o contrato de sigilo, que diz que você não pode comentar nada sobre este acordo com ninguém, nem mesmo com sua futura esposa ou com seus pais, enquanto o senhor Thomas estiver vivo. Se esta última cláusula, porventura, for descumprida, todas as outras serão anuladas automaticamente. Entendeu?

— Entendi, doutor Lindenberg.

— E então? Concorda ou não concorda?

— Eu concordo. Onde devo assinar?

— Por favor, rubrique todas as páginas e assine por extenso na última.

Parker assinou tudo rapidamente, e em seguida Thomas fez o mesmo. Depois, sentindo-se fraco e aparentando muitas dores no abdome, Thomas se levantou, cumprimentou Parker pela assinatura dos contratos e perguntou:

— Parker, agora que assinou todos os papéis, posso lhe perguntar uma coisa?

— Sim, senhor.

— Você ama minha filha?

Parker olhou fixamente para o velho Thomas e respondeu prontamente:

— Claro que eu amo sua filha, senhor Thomas. Por que está me perguntando isso agora, senhor?

— Por nada, filho. Só queria olhar nos seus olhos, enquanto você me respondia a pergunta.

— Por quê? O que o senhor viu?

— Não vi nada, apenas senti.

143

— E isso é bom? O que o senhor sentiu foi algo bom?

— Sim, Parker. Você ama minha filha. Agora tenho certeza disso. Já posso morrer em paz.

Parker ficou atônito e sem palavras. Thomas levantou-se lentamente da poltrona e se despediu. Charles, seu motorista particular, aproximou-se e o levou praticamente carregado até o portão de embarque.

Antes de entrar no corredor da plataforma que o levaria até o avião, Thomas olhou para trás e resmungou baixinho para si mesmo:

— Tomara que minha filha consiga amar este homem como ele a ama.

— O que o senhor disse? — o motorista perguntou.

— Estou apenas pensando alto, Charles. Não se preocupe.

— Precisa de mais alguma coisa, senhor?

— Não, Charles. Daqui em diante, eu seguirei sozinho. Por favor, dê-me minha maleta.

— Aqui está, senhor.

— Até logo, Charles.

— Até logo, senhor. Faça uma boa viagem.

— Obrigado! Dois dias antes de voltar para a Inglaterra, eu telefonarei para você para que venha me buscar no aeroporto.

— Combinado, senhor.

"Isso se eu voltar vivo!", Thomas pensou consigo mesmo e se emocionou.

***

Na mesa de vidro, Lindenberg cumprimenta Parker.

— Parabéns, senhor Parker. Seja bem-vindo ao grupo — o advogado cumprimenta Parker, ao ver Thomas entrando no corredor de embarque e seguindo para o interior do avião.

— Obrigado, doutor Lindenberg — Parker respondeu feliz, mas ao mesmo tempo intrigado com a situação estranha em que fora colocado de uma hora para outra.

A conversa entre Parker e Lindenberg foi breve. Pouco tempo depois, os dois homens se despediram e cada um seguiu para um lado distinto. Tudo ocorreu de maneira rápida e pragmática.

Parker nunca poderia imaginar que aquele dia seria tão incrível e ao mesmo tempo tão estranho e amedrontador. Definitivamente, ver o Thomas entrando no avião doente e solitário, sem saber se voltaria para casa vivo, foi, sem dúvida, uma visão desconcertante e inquietante.

Mesmo perante a cena chocante, o fato era que a partir daquele dia Parker teria de começar a lidar melhor com a ideia de se tornar o futuro presidente da Thomas Harrison Cia e um promissor empresário do ramo da construção civil.

Parker não sabia, mas a assinatura daqueles três contratos mudaria sua vida para sempre.

Semanas depois.

Thomas acabou voltando da Alemanha sem maiores problemas. Sua doença era grave, mas seu oncologista continuava afirmando que sua sobrevida ainda seria longa para os parâmetros da doença. Talvez meses ou até anos. Definitivamente, o prazo de vida de Thomas era uma completa incógnita.

No apartamento, após o jantar, Parker se aproximou de Clara e disse:

— Querida, gostaria de lhe contar uma coisa.
— O que foi, Parker?

Clara estava linda, feliz e exuberante.

— Acabei de comprar uma casa, querida.
— Uma casa?
— Sim, uma casa grande com lareira, jardim, piscina e até um canil. Vamos mudar deste apartamento assim que nos casarmos.
— Não acredito que você comprou uma casa para moramos!
— Sim, e do jeito que sempre imaginamos.
— Você nem me mostrou a casa, Parker!
— Não lhe mostrei porque queria fazer uma surpresa. Eu tenho certeza de que você vai adorar nossa casa nova.
— Ótima notícia — Clara respondeu pouco entusiasmada, justamente por não ter sido consultada por seu futuro marido.

Clara vinha se mostrando muito ansiosa nas últimas semanas. Todas as tardes, ela tinha o costume de sair com Christine e às vezes com Thereza para fazer compras, no entanto, nas últimas semanas, vinha saindo sozinha logo nas primeiras horas da manhã e por algum motivo não estava mais bebendo escondida.

A essa altura, Parker já percebera que Clara tinha o péssimo hábito de beber pela manhã e sabia que a noiva escondia as garrafas de bebida no armário da sala. No entanto, ele vinha percebendo também que ela não estava mais bebendo e que as garrafas de vinho, vodca e uísque continuavam cheias. Sem dúvida, isso era algo animador para ele, contudo, preocupante.

O que estava acontecendo, afinal? Será que Clara estava com alguma doença grave como Thomas e não queria contar para Parker? Será que ela já tomara conhecimento da doença do pai e decidira parar de beber? Será que ela estava tensa e preocupada com a aproximação do casamento?

Na verdade, não era nada disso. Clara era alcoólatra e estava tentando parar de beber, mas não estava suportando os terríveis sintomas da abstinência de bebida.

Clara respondeu para seu noivo:

— Querido, fiquei muito feliz em saber que mudaremos para uma casa nova!

— Que bom que você gostou, querida.

Clara parecia aflita.

— Querido, eu também quero lhe contar uma coisa.

— O quê? — Parker mostrou-se preocupado com o tom de voz de Clara. — Estou preocupado com você, querida. Você vem se comportando de forma estranha nas últimas semanas.

— É sobre isso que quero conversar com você. Sente-se no sofá, querido.

— Por acaso você está doente? Está acontecendo algo que eu não saiba?

— Sim.

— O que é? Fale logo, Clara!

— Calma, Parker! Por favor! Não está sendo fácil pra mim.

— Tudo bem. Desculpe-me, querida.

— Eu estou grávida, Parker.

— Grávida? Como assim? — Parker respondeu assustado, mas feliz.

— Sim, querido, eu vou ter um bebê e você vai ser o mais novo papai de Manchester.

Clara segurou a mão de Parker e a colocou sobre sua barriga.

146

— Uau! Isso é incrível! — Parker gritou e abraçou Clara.
— Está feliz, querido?
— Claro que estou feliz! Você não está?
— Sim, estou.

Parker não perdeu a oportunidade e fez a pergunta que tanto queria fazer:

— É por isso que você parou de beber?
— Sim, querido. O doutor Scott, meu obstetra, disse que eu precisava parar de beber, pois, caso contrário, isso poderia prejudicar a criança. A partir de agora, tenho que ser uma mãe exemplar, afinal o nosso bebê está vindo, não?

Clara, no entanto, não demonstrava convicção em seu semblante.

— Você acredita nisso, Parker? Tem um bebê se formando dentro de mim!

Parker estava desorientado, abobado e sem palavras. Sem dúvida, era a realização de um grande sonho. Ele estava vivendo o melhor momento de sua vida. Estava casado com uma mulher bonita, inteligente e rica, tinha uma carreira promissora como engenheiro na maior construtora da cidade e, em breve, se tornaria um dos maiores empresários da região. Além disso, acabara de comprar uma bela casa e em poucos meses se tornaria o pai mais feliz do mundo. O que mais ele poderia desejar na vida? Tudo parecia tão perfeito!

O casamento de Parker com Clara fora marcado para o dia 6 de agosto de 1986, na Catedral Central de Manchester, o mesmo local onde Sophia e James se casaram. Clara convidara o dobro de pessoas para a cerimônia, o que deixou a imensa catedral completamente lotada assim que os mais de oitocentos convidados chegaram.

Após o casamento, uma festa ocorreu no mesmo castelo onde Parker e Clara se conheceram, o fabuloso castelo St. James, que fora decorado com motivos medievais, detalhes celtas nas paredes e tochas, que iluminavam a entrada do jardim. No portão, dois guardas com mais de dois metros de altura recepcionaram os convidados e estavam vestidos com armaduras de ferro originais da época e seguravam lanças enormes, com mais de três metros de altura, que estavam apoiadas no chão.

Clara e Thereza tiveram muito trabalho para planejar e transformar o casamento em um dos maiores acontecimentos sociais da grande Manchester. Fora, sem dúvida, um evento extraordinário e dispendioso financeiramente, mas todos os gastos seriam pagos por Thomas. Parker, por sua vez, ficara encarregado de pagar apenas os custos da igreja e do padre.

Para a cerimônia, Clara planejara aromatizar a igreja com uma essência especial de jasmim. Durante a missa, algumas mulheres vestidas com roupas celtas serviram também balas de anis embrulhadas com folhas de rosas, oferecendo aos convidados um deleite de sabores e aromas, que os envolveu num ambiente lúdico e romântico, fazendo-os viajar para a época dos antigos celtas, antepassados da família Harrison.

Além da exuberante decoração, deliciosos aromas e muito luxo, os convidados sentiram um estranho êxtase quando as luzes da catedral se apagaram e uma pequena luz branca acendeu-se repentinamente, apontando um facho para um músico de cabelos longos e louros, que vestia uma capa de mago azul e tocava um imenso órgão com tubos de metal que mediam mais de cinco metros de altura.

Com um magnífico desempenho teatral, o músico começou a tocar a música "The Jorney to the Center of the Earth", do compositor inglês Rick Wakeman. A apresentação fora espetacular e durou aproximadamente dez minutos. Ao final da composição, pequenas e delicadas dedilhadas de harpa surgiram ao fundo, executadas por uma menina de apenas onze anos de idade. A harpa anunciava a entrada de Clara pela porta principal da igreja, que chegava à cerimônia de braços dados com Thomas Harrison.

Parker não conteve a emoção ao ver sua amada Clara entrando na igreja usando um dos mais belos vestidos de noiva já vistos. De repente, o som do imenso órgão começou a vibrar, e o pianista, vestido como se fosse um mago, tocou a introdução da música "The King Arthur", acompanhado por tambores e luzes coloridas, que entravam pelas fendas dos antigos pilares da catedral.

Parker tentou disfarçar a emoção e, ao olhar para os convidados, percebeu que as mulheres estavam chorando devido às sensações que afloravam no interior da catedral. Os homens, por sua vez, também estavam emocionados e envolvidos por tudo aquilo, mas tentavam a todo custo disfarçar seus sentimentos.

O casamento fora fantástico e transcorrera perfeitamente, conforme Clara e sua mãe desejaram.

Exatamente como acontecera após o casamento de Sophia, irmã de Clara, todos os convidados partiram ao término da cerimônia para o antigo castelo medieval localizado a alguns quilômetros de Manchester e, assim que chegaram à entrada do local, perceberam que a festa seria uma das mais belas da história.

O tema da festa era medieval, e o castelo estava todo enfeitado com luzes. Na porta, dois soldados vestidos com armaduras e equipados com lanças e tochas estavam postados como guardiões para proteger os quatro trompetistas que anunciavam a entrada da noiva assim que o carro particular de Thomas chegou ao local.

Durante a festa, os convidados tiveram a oportunidade de presenciar o desempenho da mais alta tecnologia de som e luzes e se deliciar com várias comidas exóticas, preparadas por um *chef* de cozinha francês que Thereza contratara para o evento. Os canapés estavam deliciosos, assim como o champanhe importado da França, o vinho da Itália, as trufas da Suécia e o caviar da Noruega. Uma festa definitivamente deslumbrante e inesquecível para todos os convidados que estiveram presentes.

Capítulo 10
A dramática notícia

Seis meses se passaram desde o dia do casamento.

As atenções, agora, estavam todas voltadas para o pré-natal e para o nascimento do bebê. Parker estava ansioso, pois não tinha a mínima ideia de como era ser pai e viver ao lado de uma mulher prestes a dar à luz um filho.

Era uma quarta-feira à tarde, dia 12 de janeiro de 1987, quando o obstetra de Clara, o doutor Scott, chamou o casal para conversar em seu consultório particular. A feição do doutor Scott não era das melhores.

Parker ficou preocupado ao sentar-se em frente à mesa do médico e ver uma pilha enorme de exames. Algo parecia apontar que ele comunicaria alguma coisa importante para o casal.

— Por favor. Sentem-se e sintam-se à vontade — doutor Scott pediu.

Clara imediatamente se sentiu incomodada:

— O que foi, doutor? O que está acontecendo? Eu não estou sentindo dores nem qualquer mal-estar. Por que o senhor está com essa feição estranha? — Clara percebeu que algo estranho pairava no ar.

— Eu não farei rodeios para tentar esconder o que já foi diagnosticado nos exames de sangue e na ultrassonografia. Vou dizer-lhes o que está acontecendo e quero que escutem tudo sem interrupções. Assim que terminar as explicações, tirarei todas as dúvidas. Digo isso porque vocês precisam prestar muita atenção no que vou dizer a partir de agora.

Parker não abriu a boca. Estava tão nervoso e com os lábios tão secos que não conseguia sequer falar.

— Senhora Clara e senhor Parker, o filho de vocês é do sexo masculino, mas é um menino especial.

— Como assim um menino especial, doutor? — Clara rapidamente se levantou da poltrona e se aproximou da mesa do doutor Scott.

— Como disse, senhora Clara, eu gostaria que vocês me escutassem primeiro antes de reagir. Tenha calma, por favor.

— Desculpe, doutor. Clara está um pouco nervosa hoje — Parker colocou a mão sobre o ombro da esposa tentando acalmá-la.

— Posso continuar, senhor Parker?

— Sim, senhor, por favor.

— O filho de vocês tem Síndrome de Down. Por meio da translucência nucal, que é a medição da prega nucal do bebê, feita entre a décima segunda e a décima terceira semana de gestação, diagnostiquei que o filho de vocês tem Síndrome de Down. A prega nucal de uma criança normal mede de 2,3 a 2,6 milímetros, mas, no caso dele, essa medida é um pouco maior. Por meio da ultrassonografia morfológica, foi possível detectar anormalidades como os marcadores anatômicos do osso nasal, que são diferentes de uma criança normal, e também a regurgitação da válvula tricúspide do coração. Durante as contrações, ela não fecha por completo e acaba deixando o sangue passar no sentido inverso. O filho de vocês tem baixa estatura, perfil um tanto quanto achatado, orelhas pequenas, olhos com fendas palpebrais oblíquas, encurvamento do quinto dígito e uma única prega na palma da mão. Isso tudo demonstra claramente que há cem por cento de chance de seu filho ser portador da Síndrome de Down.

Com extrema tristeza, Parker tentou disfarçar, mas não conseguiu segurar as lágrimas que começaram a escorrer por seu rosto. Clara, ao contrário do marido, apresentou uma reação totalmente adversa. Ficou imóvel e não demonstrou qualquer sentimento, como se quisesse se anular e bloquear todas as palavras que o doutor Scott estava proferindo.

Doutor Scott parou de falar durante alguns segundos, olhou para o casal e perguntou:

— Posso continuar explicando o caso?

151

— Sim, doutor, continue — Parker respondeu.

— Aproximadamente noventa e cinco por cento dos casos de Síndrome de Down surgem devido à trissomia do cromossomo de número 21. Na maioria das vezes, o cromossomo 21 extra é de origem materna. Os cinco por cento remanescentes são resultantes de mosaicismo ou translocação. Eu sei que essa linguagem é muito técnica, mas vocês precisam saber que o filho de vocês tem um cromossomo a mais, um cromossomo extra. Por isso, costumamos dizer na linguagem médica que esses bebês são "extraordinários", porque eles vão além do normal, ou seja, vão muito além do ordinário e do tradicional. Nós, médicos, não gostamos de dizer que essas crianças são anormais. Gostamos de dizer que são crianças especiais. E elas realmente são.

O doutor Scott fez uma breve pausa, olhou outros exames e continuou:

— O risco de ter um filho com síndrome de Down aumenta gradativamente com a idade da mãe. Neste caso, como a senhora Clara tem apenas vinte e sete anos de idade, a probabilidade de ocorrer a gestação de um bebê com Down é de 1 em 1.100.

— Então a culpada sou eu? — Clara perguntou com raiva. — Eu sabia que a culpada seria eu!

De repente, Clara despertou do seu transe mental e começou a proferir palavras raivosas, demonstrando nítida rejeição em relação ao bebê.

— Eu compreendo a angústia e a tristeza que vocês estão sentindo neste momento, senhora Clara. Não seria diferente, afinal todo mundo deseja ter filhos saudáveis. Todos os casais imaginam seus filhos correndo e brincando como outras crianças pelo parque e sonham em vê-los estudando e se formando. Mas eu tenho que ser realista e afirmar que a vida do filho de vocês não será exatamente assim.

— Como assim, doutor? — Parker perguntou.

— Infelizmente, seu filho nunca será como as outras crianças, senhor Parker. No entanto, vocês podem fazer com que o crescimento dele seja o mais próximo possível da normalidade. Pelo que estou vendo nos exames e nas imagens da ultrassonografia, ele tem uma grande chance de ser um Down primário. Pelo menos, essa é uma boa notícia no momento.

— Que boa notícia, não, doutor? — Clara respondeu em tom irônico.

Parker tentou acalmá-la colocando a mão sobre seu braço, mas Clara imediatamente se esquivou com força e recusa, em claro sinal de negação pelo que estava acontecendo.

Mesmo percebendo o repúdio de Clara, o médico decidiu continuar:

— Receber a notícia que há uma criança com síndrome de Down a caminho sempre causa um enorme impacto nos pais. Vocês precisarão de tempo para aceitar e se adaptar a essa nova situação e às necessidades especiais do bebê que irá nascer.

Subitamente, Parker, Clara e o médico se calaram, e um silêncio desconcertante invadiu o consultório.

Doutor Scott olhou para Clara e para Parker e disse:

— A não ser que vocês não queiram que o bebê nasça. Existe essa possiblidade na mente de vocês?

Parker arregalou os olhos e balançou a cabeça negativamente. Clara abaixou a cabeça e manteve-se calada.

Doutor Scott percebeu o mal-estar e continuou:

— Vejam bem... O preconceito e a discriminação são os piores inimigos dos portadores da Síndrome de Down. O fato de apresentarem características físicas atípicas e terem alguns comprometimentos intelectuais não significa que eles tenham menos direitos que uma criança normal. Cada vez mais, pais, profissionais da área de saúde e educadores têm lutado contra as restrições que são impostas a essas crianças.

Clara mostrava-se transtornada e não queria mais ouvir o que o médico dizia. Repentinamente, ela levantou-se da poltrona, derrubando algumas coisas no chão, e saiu da sala chorando e dizendo que não queria ouvir mais nada.

Assim que Clara saiu do consultório, Parker voltou-se ao médico:

— Doutor, eu quero lhe pedir desculpas pela atitude de Clara. Sinceramente, eu também estou muito transtornado com essa notícia e confesso-lhe que fiquei muito triste, mas, desde que o senhor começou a explicar como nosso filho é, comecei a sentir a presença dele. Estranhamente, eu consigo sentir que meu filho Joseph será uma criança saudável e feliz. Não sei explicar o que estou sentindo neste momento, mas é exatamente isso que estou sentindo agora. Não sei se o senhor está conseguindo me entender.

153

— Eu o entendo perfeitamente, Parker. Isso que você está sentindo se chama amor, algo invisível que não podemos avaliar nem diagnosticar por meio de nossos aparelhos modernos. Se existe uma coisa de que as crianças com Síndrome de Down precisam para viver, essa "coisa" se chama amor. E amor é algo que aparentemente o senhor tem de sobra. Dá para ver em seus olhos que você ama seu filho mesmo não o conhecendo pessoalmente. Já sua esposa não me parece demonstrar o mesmo sentimento que o senhor.

— Isso é ruim, doutor?

— Sim, pois seu filho está dentro dela, e todas as reações negativas que ela emitir, como tristeza, angústia e rejeição, serão transmitidas diretamente para o bebê. Eu compreendo perfeitamente a reação de Clara neste momento, mas agora é o momento de pensar um pouco mais no bebê e um pouco menos nela.

— Eu sei, doutor... O problema é que Clara sempre foi uma pessoa muito mimada. Ela nunca teve nada importante para pensar, a não ser na própria vida. Sinto que o orgulho de Clara está aflorando e que ela sofrerá um imenso conflito interno depois dessa revelação.

— Recomendo que você tente trabalhar mais a questão do orgulho com sua esposa.

— Como, doutor?

— Esclarecendo e explicando a ela que nem tudo está acabado. Joseph nascerá com Síndrome de Down, mas isso não significa que vocês terão de viver uma vida de culpa e martírio.

Parker não era tão tolo como parecia. Ele, na verdade, era muito observador e já conhecia Clara suficientemente para saber o que estava passando em sua mente: "O que as pessoas vão pensar de mim agora? Que sou uma mulher fracassada e incapaz de gerar uma criança normal? Pior do que isso! Em vez de mostrar para minhas amigas e para a sociedade um filho bonito e saudável, terei que esconder essa criança, pois estou gerando um mongoloide em meu ventre!".

Parecendo ler os pensamentos de Clara, Doutor Scott começou a falar sobre o tema com Parker:

— Parker, essa síndrome foi diagnosticada em 1866 pelo médico britânico Langdon Down e por isso ela acabou recebendo seu sobrenome. Num primeiro momento, as crianças que nasciam com essa síndrome eram denominadas como portadoras de "mongolismo" ou eram conhecidas mais popularmente como idiotas ou mongoloides. Mas isso é coisa do passado, Parker. As coisas mudaram bastante graças ao acesso à informação, no entanto, você precisa saber que o preconceito ainda existe mesmo que tantos anos tenham se passado desde a descoberta da síndrome. Por isso, você terá que ser muito compreensivo e ter muito amor por seu filho, pois ele terá que superar as provocações e o preconceito das pessoas. Você terá que proteger seu filho o máximo que puder, meu caro. Está me entendendo?

— Estou entendendo, doutor.

— Espero que esteja, pois, quando digo preconceito, estou me referindo principalmente ao preconceito das pessoas mais próximas, da família, de quem convive com vocês. Essas pessoas se sentem envergonhadas e acabam se afastando por não quererem conviver com uma criança aparentemente anormal. São essas pessoas que acabam prejudicando muito o desenvolvimento das crianças com Down. Por isso, você terá que ser muito forte, amigo. Muito forte mesmo.

— Estou entendendo perfeitamente o que o senhor está me dizendo, doutor. Eu terei de ser forte e Joseph também, não é?

— Exatamente. Você tirou as palavras da minha boca. Seu filho terá de ser mais forte do que vocês dois juntos. Ainda bem que você é inteligente e está me entendendo, Parker.

Pensativo, Parker olhou para o chão, e o doutor continuou suas explicações:

— Quanto aos cuidados necessários durante a gestação de uma criança com Síndrome de Down, vocês devem ficar tranquilos, pois os cuidados são os mesmos de uma criança normal. A criança com Down é mais sensível, devido a um acometimento físico e psicológico, mas isso tudo pode ser superado com amor, estímulo e ajuda dos pais. Entende? O amor será extremamente importante para o desenvolvimento da criança. Os pais precisam se portar da maneira mais natural possível quando estiverem na presença dele. À medida que a criança for crescendo, ela passará gradativamente a ter consciência das coisas e começará a perceber tudo o que não é natural, como as mentiras, as enganações, os preconceitos e a indiferença. Portanto, tentem agir o mais natural possível com ele. Não tentem ser o que vocês não são, pois ele perceberá que estão mentindo para ele. Outra coisa: as crianças portadoras de Síndrome de Down precisam ser estimuladas desde o nascimento para serem capazes de vencer todas as limitações que essa doença lhes impõe. Como têm necessidades específicas de saúde e aprendizagem, elas exigem assistência profissional permanente e muita atenção dos pais. O objetivo principal é habilitá-las para o convívio e para que consigam ter uma participação social saudável.

— Tudo bem, doutor. Muito obrigado por sua atenção — Parker olhou fixamente para o médico.

— Conte sempre comigo, Parker. A propósito, antes que vá embora, eu gostaria de lhe perguntar uma coisa. Na verdade, é uma curiosidade que eu tenho.

— Pode perguntar, doutor.

— O nome Joseph já tinha sido escolhido em comum acordo com sua esposa?

— Não. Na verdade, esse nome veio à minha mente enquanto o senhor falava sobre o perfil dele. Enquanto o senhor falava sobre suas orelhas pequenas, suas sobrancelhas puxadas e seus dedinhos curvados, o nome de repente surgiu em minha mente, e, sem querer, eu acabei falando "Joseph" em voz alta.

— Bonito nome. Tenho certeza de que ele vai gostar bastante.

— Sabe, doutor, minha mãe sempre me dizia que não são os pais quem escolhem o nome dos filhos, mas são os filhos quem inspiram os pais inconscientemente, fazendo-os colocar o nome que eles desejam antes do nascimento. O senhor acredita nessas coisas, doutor?

— Sim, eu acredito no que sua mãe lhe disse, Parker. Aliás, eu acredito em muitas outras coisas. Mas, sobre esse assunto, nós podemos conversar outro dia, não é, Parker?

— Pode falar, doutor, eu não me importo. Estou me sentindo muito bem neste momento. Não sinto angústia por causa da notícia que o senhor acabou de me dar. Estou muito tranquilo quanto a isso.

— Sabe, Parker, mesmo sendo médico e cientista, eu sigo alguns conhecimentos paralelos. São estudos que mostram que existe vida além desta vida e que tudo tem uma razão de ser. Talvez seja um pouco difícil entendermos certas coisas que acontecem em nossas vidas, mas no fim acabamos compreendendo tudo com clareza e aceitando tudo com lucidez. Passamos a vida inteira procurando respostas para nossas limitações, tentando compreender nossas angústias e entender a terrível imensidão da eternidade, mas acredite: no final de nossa vida, quando estivermos deitados em nosso leito de morte, a resposta que buscamos a vida inteira será revelada. A partir desse momento de extrema lucidez, estaremos prontos para partir deste mundo de provas e aprendizados extremos.

Enquanto o doutor Scott falava coisas interessantes e ao mesmo tempo estranhas, Parker não demonstrava qualquer sinal de incômodo. Ele, ao contrário, parecia gostar do assunto místico e oculto que o médico estava desenvolvendo. Assuntos que o atraíam muito, mas que nunca o fizeram buscar mais informações para se aprofundar.

De repente, Parker olhou para a parede do consultório e percebeu que havia nela mais de uma dezena de certificados pendurados. Eram diplomas e condecorações, todos pregados acima da cabeça do doutor Scott. Na parede havia também um pequeno quadro com uma pirâmide dourada, cujo centro era ocupado por um olho egípcio. Ao vê-lo, Parker ficou intrigado, mas preferiu manter-se quieto.

Curioso, Parker voltou os olhos para a mesa do médico e viu um peso de papel de bronze com formato de esquadro e compasso. Mesmo querendo perguntar ao doutor o que significava aquilo, ele continuou ouvindo o que Scott dizia:

— Parker, muitas pessoas acreditam que existe vida após a morte, não é?

— Sim, eu já ouvi algumas pessoas dizerem que acreditam nisso.

— Muito bem... Poucas pessoas, no entanto, acreditam que também exista vida antes do nascimento. Na verdade, ambas as afirmações estão corretas. Há vida após a morte e há também vida antes do nascimento. No fundo, há vida o tempo todo. A vida é um sonho que nunca acaba, sabia disso?

— Que interessante! Eu nunca pensei por esse ponto de vista. Mas já que está tocando neste assunto, posso lhe fazer uma pergunta de cunho pessoal, doutor?

— Claro que sim!

— Por acaso o senhor é maçom?

— Sim, e tenho muito orgulho disso. Minha vida mudou muito depois que aprendi sobre os segredos ocultos da vida. Tive uma grande evolução depois que fui iniciado como membro da ordem. Não estou falando de coisas materiais, mas de coisas imateriais. Eu aprendi muito sobre o amor, a compaixão, a gratidão e a ética. Coisas imateriais têm muito valor, mas não conseguimos vê-las nem segurá-las com as mãos.

— Tem razão, doutor. Gostei do que o senhor me disse. Obrigado.

Parker sentiu-se confortado com a atenção prestada pelo doutor Scott, mas já estava tarde, e ele sabia que precisava ir embora e encarar a realidade. A partir daquele dia, Parker teria muito a fazer em relação à saúde e ao desenvolvimento do seu filho. Amar incondicionalmente o bebê era, sem dúvida, a única alternativa que lhe restava.

— Até logo, doutor — Parker disse.

— Até logo, Parker. Foi um prazer conversar com você. Não se preocupe! Vai dar tudo certo, fique tranquilo. Ah! Mais uma coisa...

— Diga, doutor!

— Nunca se esqueça do que lhe direi agora.

— O quê?

— Sinto que Joseph será uma pessoa importante na vida de muitas pessoas.

— Por que o senhor está me dizendo isso?

— Porque toda criança com Down vem para este mundo com a missão de transmitir amor e gratidão às pessoas. Eles são diferentes de nós. Não é à toa que são chamadas de "crianças especiais". Há estudos que dizem que, num futuro distante, os Downs alcançarão altos graus de poder na sociedade e mudarão completamente o mundo, justamente por meio da força do amor e da compaixão que eles transmitem.

Parker ficou emocionado com as palavras do médico.

— Oh, meu Deus! Com certeza, nunca me esquecerei dessas palavras, doutor.

— Por favor, não esqueça.

— Preciso ir agora. Até logo, doutor.

— Vá com Deus, Parker.

Parker passou pela recepção do consultório e encontrou Clara chorando no corredor. Ele aproximou-se lentamente da esposa e lhe deu um abraço, mas sentiu imediatamente um incrível repúdio de sua parte.

— Não me toque, Parker! Quero ir embora agora mesmo — ela disse.

Clara nunca agira assim com Parker. Além de ser dura com as palavras, empurrou-o com força contra a parede e disse que não queria que ele a tocasse. Clara, na verdade, estava se sentindo apodrecida por dentro e não tinha a mínima ideia do que faria da vida a partir daquele dia. Ela só pensava em ir embora para casa, se trancar no quarto e não ver ninguém.

Parker tentou remediar a situação:

— Fique calma, querida. Tente compreender o que o doutor nos disse. Tente compreender, por favor.

— Eu não quero falar sobre isso, Parker! Por favor, me leve para casa! A única coisa que eu quero agora é chorar sozinha em meu quarto, apenas isso!

Parker a colocou no carro, e ambos seguiram calados até a porta da casa que Parker comprara com o objetivo de construir uma linda e harmoniosa família.

Muito diferente da esposa, que se mostrava visivelmente inconformada e revoltada com a situação que lhe fora imposta, Parker não parecia abalado com a notícia.

— Deixe-me aqui em frente de casa. Por favor, eu quero ficar sozinha. Não quero ser incomodada por ninguém — Clara saiu do carro e bateu a porta do veículo com força.

— Mas, Clara, tente entender...

— Não se preocupe comigo, Parker. É melhor que volte ao trabalho e me deixe em paz. Por favor, não conte a ninguém sobre o que acabamos de saber. Se disser alguma coisa, eu estarei perdida.

— É isso mesmo que vou fazer, Clara. Voltarei ao trabalho, pois tenho algumas reuniões marcadas para o final da tarde.

Clara não se importou e seguiu em direção à porta de entrada da nova casa. Ela estava tão desorientada e nervosa que a primeira coisa que fez ao entrar em casa foi pegar uma garrafa de uísque escocês e começar a beber desesperadamente.

Enquanto isso, nitidamente preocupado com o estado emocional de sua esposa, Parker tentava resolver na companhia os problemas com rapidez. Mas, como comumente acontecia, assim que entrou na empresa, foi imediatamente sugado pelos funcionários e supervisores e não conseguiu sair do escritório antes das nove horas da noite.

Tarde da noite, ao entrar apreensivo no *hall* principal de sua residência, Parker chamou desesperadamente por Clara, mas não obteve qualquer resposta. Ele gritou o nome da esposa quatro ou cinco vezes, mas não obteve qualquer resposta novamente, então decidiu subir as escadas que o levaria até os quartos.

Ao chegar ao quarto do casal, Parker sentiu um cheiro forte de bebida e se desesperou. Correu, empurrou a porta que estava semiaberta e encontrou Clara deitada de bruços sobre a cama, desmaiada de tanto beber. Ele olhou para o chão e viu a garrafa de uísque caída sobre o assoalho de madeira e um pouco abaixo da metade.

Clara não suportou a imensa carga emocional da notícia e, como há muito tempo não fazia, acabou se entregando à bebida. Todavia, ela nunca chegara a ficar naquele estado: desacordada e praticamente em coma alcoólico.

— Oh, meu Deus! O que faço agora? Será que é grave? Será que ela está bem? Será que isso será prejudicial para o bebê?

Parker não sabia o que fazer.

— Oh, meu Deus! Eu preciso ligar para o doutor Scott agora mesmo! — ele correu até o telefone e começou, ainda muito nervoso, a discar o número do médico.

Alguém atendeu do outro lado da linha:

— Desculpe-me ligar a essa hora, doutor, mas Clara bebeu mais de meia garrafa de uísque e está desacordada no quarto. O que devo fazer?

— Parker, ela não pode fazer isso! Clara está grávida!

— Eu sei, mas ela ficou a tarde toda sozinha em casa, depois que saímos do seu consultório!

— Ela ficou realmente abalada, não foi?

— Sim, senhor.

— Coitada!

— Doutor, ela está muito mal! O que devo fazer agora?

— Tenha calma, Parker. Pegue uma toalha molhada, coloque-a sobre o rosto de Clara e tente reanimá-la. Se ela não reagir em até vinte minutos, ligue novamente para mim e mandarei uma ambulância até sua casa para buscá-la!

Parker entrou no banheiro, mas não conseguiu encontrar nada. Ele estava tomado pelo nervosismo. As toalhas estavam bem na sua frente, mas ele não conseguia enxergá-las.

De repente, Clara falou:

— Estou acordada, Parker.

— Clara! Você está bem?

— Não estou bem, mas vou sobreviver.

— O que você está tentando fazer, Clara? Por que bebeu tanto? Precisa ter cuidado! Agora existe um bebê dentro de você. Esqueceu-se disso?

— Besteira, Parker! Eu bebi, porque precisava beber! Só por isso. Você só pensa nesse tal bebê agora, não é? Estou vendo que, a partir de hoje, ficarei em segundo plano.

— Isso não é verdade, querida!

— É verdade sim! Eu sei que isso vai acontecer.

— Você está errada, Clara. Eu não penso só no bebê; eu penso em todos nós. É você quem pensa apenas na droga da reputação perante a sociedade. Estou começando a compreender agora o que seu pai me disse um dia. Ele tinha toda razão.

— Eu não quero falar sobre isso agora, Parker. Amanhã, nós conversamos. Vá dormir — ela respondeu com a voz enrolada por causa da embriaguez.

161

Capítulo 11
Clara e Joseph

Tanto para Parker quanto para Clara, os quatro últimos meses de gestação foram pontuados de dificuldades e provações. Clara mudou muito desde que recebeu a notícia sobre a doença de Joseph, principalmente porque passou a se preocupar com a convivência que teria com a alta sociedade e com seus amigos festeiros.

Já no último mês de gravidez, ela decidiu não procurar mais suas amigas e não ir mais às festas. Clara não tinha mais vontade de visitar Thereza e Christine, que se separara de Clark e estava vivendo com outro homem em Londres.

Com todas as mudanças do casamento e com o crescimento vertiginoso dos negócios, Parker se distanciou de Clark, com quem falava apenas por telefone e às vezes. O tempo de Parker passara a ser escasso e precioso e sua atenção estava totalmente voltada para o nascimento de Joseph e para os preparativos para recebê-lo com carinho e amor, como doutor Scott sugerira.

Clara não estava de toda má em relação a Joseph. Ela tentava amar o filho que estava sendo gerado em seu ventre, mas era visível que seu esforço era artificial. Clara apenas tinha a intenção de agradar Parker e doutor Scott.

Num certo momento, Clara começou a apresentar alguns lapsos de lucidez e parecia aceitar a ideia de Joseph ser uma criança portadora de Síndrome de Down, mas eram apenas breves momentos que logo se esvaíam, dando novamente lugar à depressão e à falta de amor-próprio.

Para Clara, era como estar carregando um peso morto no corpo. Definitivamente, ela não sentia que Joseph era seu filho. E Parker sabia muito bem disso.

O esforço de Parker era em vão. A essa altura, Clara não se aproximava mais de Parker e não aceitava qualquer tipo de carinho ou afago, transformando-se, assim, numa mulher fria e distante. Ela estava rejeitando o filho e se destruindo física e psiquicamente de maneira inconsciente.

O corpo de Clara, antes belo e escultural, agora estava magro e feio. Seus lindos cabelos, antes brilhantes e bem cortados, agora estavam secos, quebradiços e completamente sem vida. Na verdade, tudo era um reflexo, um espelho que demonstrava exatamente como Clara vinha se sentindo: feia e sem vida, um lixo como mulher. Seu semblante era a perfeita representação do que estava passando dentro de si.

Parker, por sua vez, era um rapaz inexperiente e não recebia orientação de ninguém. Sem qualquer instrução, ele tentava a todo custo passar um pouco de amor ao filho que ainda não nascera. Sua única alternativa era transmitir bons pensamentos e sentimentos ao bebê.

Parker não recriminava Clara por ela se sentir daquele jeito, afinal ela sempre foi uma menina mimada e superprotegida pelos pais e nunca poderia imaginar que algo parecido aconteceria com ela um dia.

Clara insistia em pedir a Parker e a seu médico para não falarem nada sobre o real estado do bebê a ninguém, nem mesmo para sua mãe e seu pai, pois ela não queria que ninguém descobrisse que seu futuro filho tinha Síndrome de Down. Antes de tomar qualquer atitude perante a sociedade, ela queria ver o rosto do bebê assim que ele nascesse, para ter certeza da sua feição e das características gerais que ele traria.

Assim que Joseph nascesse, ela contaria os detalhes para sua mãe Thereza e seu pai Thomas. Somente a partir daí, sua vida poderia seguir o curso natural das coisas.

Parker não compreendia muito bem o que Clara queria dizer quando falava em "curso natural das coisas". Na verdade, ele não queria discutir sobre detalhes como aqueles com uma mulher que havia se transformado em uma pessoa totalmente reativa e avessa a diálogos nos últimos meses de gestação.

No escritório de Thomas Harrison.

— Lindenberg, venha até minha sala, por favor. Preciso falar com você — Thomas pediu.

Thomas voltara de Frankfurt, depois de enfrentar duras sessões de quimioterapia nos últimos meses. Devido ao cansaço extremo e à indisposição, ele só passava na companhia uma vez por semana, geralmente às segundas-feiras pela manhã.

Era exatamente uma segunda-feira fria e chuvosa, quando Thomas decidiu chamar Lindenberg em sua sala para acertar alguns detalhes importantes sobre a empresa e seu testamento. Mesmo com as fortes sessões de quimioterapia e tomando vários medicamentos de última geração, ele fora desenganado pela equipe do doutor Gerald.

De acordo com os exames, o câncer avançara radicalmente pelo intestino, e a perspectiva de vida de Thomas não deveria ser superior a três meses. Segundo doutor Gerald, a projeção do seu quadro estava fadada a uma piora gradativa e voraz.

Clara e Thereza ainda não sabiam da doença de Thomas. Lindenberg e Parker, no entanto, estavam cientes de todas as dificuldades que Thomas vinha enfrentando para sobreviver. Sua determinação, inclusive, podia ser considerada uma grande vitória.

Parker e Lindenberg mantinham segredo sobre a doença e não falavam com ninguém sobre o real estado de saúde de Thomas, muito menos sobre o acordo secreto assinado meses antes.

Parker mantinha-se correto sobre o acordo e nunca retirara nenhum valor extra da empresa, além do seu próprio salário, para custear seus gastos pessoais. Sua vida não mudara muito como ele imaginara que aconteceria no dia em que assinou o acordo de transferência das cotas. Não era à toa, pois, com tantos afazeres e problemas para resolver na companhia, ele nem pensava em aumentar seu patrimônio pessoal e planejar melhor seu futuro.

Afinal, ele assinara também um contrato particular de sigilo que o proibia de falar qualquer coisa sobre o acordo enquanto Thomas estivesse vivo.

Ao telefone, Thomas pediu:

— Lindenberg, quero que você marque uma reunião com Parker amanhã cedo, para conversarmos sobre alguns detalhes do acordo. Estou sentindo que minha hora está se aproximando e preciso conversar com ele.

— Tudo bem, senhor, pode ser em minha casa?

— Sim. Leve os balanços anuais e os documentos necessários para transferir as cotas das ações para Parker.

— Farei isso. O senhor precisa de mais alguma coisa?

— Não, Lindenberg. Peço-lhe somente sigilo, como sempre.

Capítulo 12
Senhor Thomas

— Parker, eu o chamei aqui para lhe dizer uma coisa.

— Pois não, senhor.

— Minha hora está chegando.

Parker ficou chocado ao ouvir aquelas palavras saindo tão friamente da boca de Thomas. Ele nem perguntara sobre sua filha ou sobre seu futuro neto, pois nem imaginava o que sua filha Clara estava passando.

— Como assim está com os dias contados, senhor?

— Doutor Gerald me deu somente três meses de vida.

— Meu Deus, senhor!

— Não se preocupe, Parker, não estou assustado. Chamei-o aqui para deixá-lo a par da situação. Agora que já está praticamente à frente da empresa, preciso saber de uma coisa muito importante.

Parker olhou Thomas com estranheza, pois a aparência do sogro estava muito mudada. Ele estava magro, careca e usava uma cadeira de rodas para se deslocar. Ao entrar no carro, Thomas teve de ser carregado pelo motorista Charles.

— Parker, eu quero saber se está tudo bem com seu filho. Como está indo a gestação?

Parker não podia dizer a verdade para o sogro, pois Clara pedira para não lhe contar nada a respeito do bebê. Sendo assim, ele obedeceu sua intuição e se manteve calado, pois também não sabia qual seria a reação de Thomas ao descobrir a verdade sobre o futuro neto.

— Ele está bem, senhor. Acredito que Joseph nasça no final de abril ou no início de maio.

— Muito bem. Desejo que você seja feliz ao lado dele. Esse é o desejo que vibra no fundo do meu coração, Parker — de repente, algumas lágrimas escorreram pelo rosto do velho Thomas.

— O senhor está se sentindo bem, senhor Thomas?

— Um pouco emocionado apenas. Desejo que seja feliz ao lado de seu filho, Parker. Talvez eu nem tenha a oportunidade de conhecê-lo. Gostaria muito de conviver um pouco com meu neto, pois não tive a chance de fazer isso com minhas filhas. A vida é cheia de segredos, Parker. Às vezes, fico pensando como ela nos privilegia com coisas tão importantes como uma empresa e fortuna, mas nos tira outras tantas coisas boas como a simples convivência com a família.

— O senhor parece triste e arrependido.

— Muito pelo contrário, Parker. Sinto-me grato pela vida que tive.

A conversa estava muito pesada e emocionante para Thomas. No entanto, era preciso deixá-lo desabafar um pouco, porque era tudo o que ele podia fazer naquele momento: desabafar.

— Quero saber outra coisa, Parker.

— Sim, senhor.

— Nosso acordo continua de pé? Quero saber se você cometeu algum deslize ou se ficou vislumbrado ao ver o volume dos faturamentos trimestrais de nossa companhia.

— Está tudo conforme combinamos meses atrás, senhor Thomas. Não há nada que invalide o que combinamos. Estou ciente dos faturamentos, e nada disso me fez mudar de posicionamento. Posso lhe afirmar que ninguém, nem mesmo minha mãe, sabe do nosso acordo.

— Isso é muito bom. Fico feliz que esteja mantendo-se firme em sua decisão. Neste caso, você já sabe o que fazer, não é, Lindenberg?

— Sim, senhor — Lindenberg respondeu prontamente.

— Assim que eu partir, convoque uma reunião com todos os acionistas da empresa e minha família e anuncie o novo sócio majoritário da empresa: o senhor Stephen Parker.

— Tudo bem, senhor. Farei tudo conforme planejamos.

— Outra coisa, Parker... Escute bem o conselho que lhe darei agora.

— Sim, senhor.

— Se buscar somente o "ter", quando menos esperar, talvez você não tenha mais tempo de "ser" quem realmente é, Parker.

Tente viver a vida como se fosse um sonho e não como um mero negócio. Tenha cuidado com a ganância, pois ela é muito traiçoeira. A riqueza é uma coisa boa, mas, se não vier acompanhada de um forte lastro de amor e gratidão, é certo que sua vida se transformará numa prisão. Eu sei bem o que estou lhe dizendo. Está me ouvindo? — Thomas completou quase sem voz e tossindo muito.

— Pode deixar, senhor. Farei tudo conforme combinamos e lembrarei sempre dos seus conselhos.

— Agora eu preciso ir, Parker. Ajude-me a chegar até o carro, por favor.

Parker virou cuidadosamente a cadeira de rodas e a empurrou até o carro, onde Charles, elegante como sempre, já esperava Thomas com a porta aberta.

Thomas estava tão leve que Charles o pegou no colo e colocou sentado no banco do carro como uma criança. Além do cansaço, Thomas estava sentindo muitas dores no abdome.

Após se ajeitar, Thomas abriu a janela elétrica do seu Rolls Royce Spur prata e disse:

— Adeus, Parker, fique bem e cuide do seu filho com amor!

— Adeus, senhor Thomas.

O adeus fora profundo e emocionante para Parker, pois ele percebera que o velho Thomas queria muito conhecer o neto. Mas algo dizia que aquela era a última vez que Parker veria Thomas Harrison vivo.

Thomas fechou a janela do carro, e Charles acelerou o veículo, atravessando o jardim florido da mansão do doutor Lindenberg.

Assim que saíram da mansão, Parker entrou em seu carro e ficou alguns minutos parado, envolvido por sentimentos que nunca experimentara antes: uma espécie de agonia misturada com um estranho sentimento de desvalorização da vida. Um vazio inexplicável o consumiu agudamente durante alguns minutos, fazendo-o lembrar-se de alguns questionamentos que o acompanhavam desde a infância: "Afinal, qual é o propósito da vida? Por que a vida é tão cruel e inexplicável? Qual é a resposta para tudo isso?".

Esse questionamento vinha se acentuando muito nos últimos meses, mas não era à toa. Thomas Harrison se transformara em uma espécie de segundo pai para Parker e certamente era muito difícil para ele aceitar que o sogro estava prestes a desaparecer para sempre.

No entanto, ao mesmo tempo que Parker se sentia angustiado, ele sentia-se aliviado ao lembrar que seu primeiro filho estava prestes a chegar ao mundo para viver ao seu lado pelo resto da vida.

Parker, então, ligou o carro e deixou a mansão do doutor Lindenberg para trás, fazendo o mesmo caminho que Charles fizera, atravessando o belo jardim e seguindo diretamente para a Thomas Harrison Cia, que, por sinal, seria sua própria empresa dentro de pouco tempo.

Capítulo 13
Chegada e partida

Quarenta e cinco dias depois, em Wigan.

— Querida mãe, que bom estar com a senhora e com papai. Quero pedir desculpas por não conseguir visitá-los constantemente. A senhora sabe como anda minha vida. Tenho trabalhado muito nos últimos tempos, pois a companhia está praticamente sob minha responsabilidade.

— Por quê, filho?

— Porque o senhor Thomas não está muito bem de saúde, mãe.

— Está doente?

Parker respondeu afirmativamente com a cabeça.

— Que pena! Não se preocupe conosco, filho. Aqui está tudo bem. Na verdade, está tudo como sempre esteve — Mary respondeu com um sorriso sofrido e amargurado.

— E como está papai?

— Ultimamente, vem dando trabalho. As crises vêm se agravando nas últimas semanas. Agora mesmo, ele está na oficina fardado como um soldado, reformando algumas balas para guardar naquele buraco que ele fez embaixo da casa.

— O que ele tanto guarda naquele buraco, além das balas que costuma fabricar?

— Não sei, filho. Ele não deixa ninguém chegar perto. Parece que está vivendo numa época que não existe mais.

— O que o médico diz sobre isso?

— Diz que a esquizofrenia do seu pai está aumentando gradativamente. Contudo, ele não corre perigo se tomar os medicamentos corretamente e continuar isolado da sociedade quando essas crises surgem. O doutor disse que, se Antony sair na rua, é capaz de fazer algo muito ruim, como matar alguém. Se seu pai imaginar que algum inimigo o está perseguindo, ele pode fazer uma besteira. Esse tipo de comportamento violento e repentino é típico dos esquizofrênicos e veteranos de guerra.

— Como assim? Não entendi, mamãe.

— Seu pai acredita que há sempre algum inimigo o perseguindo. Por isso, o doutor prefere que ele fique trancado na oficina, em vez de sair pela rua causando problemas.

— Eu tenho muita pena da senhora, mamãe. Ao longo de sua vida, a senhora cuidou do papai. Sinceramente, não consigo compreender como a senhora aguenta tudo isso! Infelizmente, eu não posso ajudá-la em muita coisa.

— Viva sua vida, e não se preocupe conosco, filho. Enquanto estiver viva, eu estarei ao lado do seu pai. Está tudo bem. Eu amo seu pai, e ele também me ama, e é por isso que cuido dele. Não quero que você se preocupe com isso. Mesmo não parecendo, está tudo bem conosco.

— De qualquer forma, quero lhe dar uma coisa, mamãe.

— O quê?

— Segure isso, mas não mostre para o velho. Toda semana, eu virei até aqui para lhe entregar um envelope como este.

Mary abriu o envelope:

— Meu filho, isso é dinheiro! E não é pouco dinheiro!

— Não se preocupe, mamãe. É dinheiro do meu salário, não é dinheiro roubado ou ilícito. Estou ganhando muito bem, e esse dinheiro não me fará falta. Pelo menos isso eu posso fazer por vocês, não?

— Eu não posso aceitar esse dinheiro, Parker!

— Sim, você pode e deve aceitar, mamãe. Vocês precisam muito de dinheiro. Não adianta dizer que não precisam, porque conheço as dificuldades pelas quais vocês passam em casa. Só não mostre isso para o velho, pois, se ele souber que estou lhe dando dinheiro, é capaz de queimar tudo. Eu sei bem como ele é orgulhoso.

— Não sei o que fazer com todo esse dinheiro! Estou tão acostumada a não ter dinheiro que nem sei o que posso fazer com tudo isso!

— Não importa, mamãe. Pelo menos, a senhora não precisará mais se preocupar com a falta de dinheiro. Isso já é uma grande coisa, não?

— É verdade, meu filho. Neste caso, vou esconder o envelope na última gaveta do armário. Que Deus o abençoe, meu filho. Você é um filho muito bom.

Enquanto Mary ia até o quarto guardar o envelope com dinheiro, Parker decidiu ir até os fundos da casa, onde Antony construíra sua oficina de aproximadamente vinte metros quadrados.

Parker passou pelas caixas de papelão e por pedaços de madeira velha, que estavam jogados no meio do corredor, e chegou até a porta de entrada da pequena oficina. Ele olhou pelo vidro e viu Antony sentado na bancada. Ele estava fardado como se fosse um soldado fabricando vários projéteis e estivesse se preparando para uma batalha.

Antony parecia muito concentrado enquanto enchia os cartuchos de metal com pólvora. Parker estava vestindo um terno cinza escuro alinhado, uma bela gravata vermelha e sapatos de couro lustrados. Seu cabelo já não tinha mais o mesmo corte de antes — raspado nas laterais, que o fazia parecer com James Dean. Agora, seu cabelo negro e liso estava comprido, ondulado e chegava a cobrir as orelhas, deixando-o elegante e com aparência adulta, mesmo ele tendo apenas vinte e nove anos de idade. Por causa da roupa e da postura que assumira na companhia, Parker aparentava ter aproximadamente trinta e cinco anos de idade. Além disso, estava bem mais magro.

Parker parou em frente à porta da oficina e começou a pensar: "Se eu entrar na oficina com esse terno e esse cabelo comprido, o velho, nesse estado alterado em que está, vai se assustar e pode me atacar".

Sem hesitar, em vez de entrar na oficina e dar um abraço em seu pai, Parker deu meia-volta e retornou para a cozinha para se despedir de Mary, imaginando que a reação de Antony era uma completa incógnita.

— Mamãe, assim que papai estiver melhor, avise-me que eu passarei aqui para lhe dar um abraço. Diga a ele que passei por aqui hoje e que voltarei outras vezes. Peça-lhe desculpas por mim e diga que estou muito ocupado trabalhando em Manchester.

— Ele sabe que você está trabalhando muito. Não se preocupe. Antony está muito orgulhoso de você, meu filho. Mesmo não demonstrando, eu sei que ele está. Eu conheço muito bem seu pai. Ele é orgulhoso, mas o ama muito. Você é nosso único filho.

172

— Que alegria ouvir isso, mamãe. Eu sei que da boca de meu pai é muito difícil saírem palavras como essas.

— Tem toda razão, Parker. A propósito, como está Clara e o bebê?

Mary mal terminou de fazer a pergunta, e alguém bateu na porta da casa. Ela retirou o avental da cintura e correu até a porta para ver quem era.

— Bom dia, senhora Mary. Por acaso Parker está aí?

— Sim, Clark. Aconteceu alguma coisa?

— Christine me ligou desesperada à procura dele.

— Aconteceu alguma coisa?

— Clara entrou em trabalho de parto e foi levada às pressas para o hospital no início da manhã.

— Oi, Clark. Você por aqui? Há quanto tempo não nos vemos?! — Parker cumprimentou o amigo ao aproximar-se da porta.

— Eu vi seu carro parado na frente da casa de sua mãe e vim correndo falar com você.

— O que aconteceu?

— Clara está no hospital esperando para ter o bebê. Você precisa correr até lá, amigo.

— Por quê? Ela estava bem ontem à noite. Hoje pela manhã, quando saí para trabalhar, dei um beijo nela e...

— E o quê?

— Para falar a verdade, Clara não parecia muito bem. Estava se queixando de dores.

— Dores?

— Sim, dores. Mas ela disse para eu não me preocupar, pois era uma dor suportável. No entanto, percebi que era uma dor diferente. A dor vinha, parava por alguns minutos e depois continuava. Não era uma dor constante, entende?

— Parker, isso são as contrações que precedem o parto. Você não sabia disso?

— Ai, meu Deus! Eu deveria saber, não?

— Claro que sim. Todo pai deve saber essas coisas.

— Infelizmente, não pude ir ao curso de casais. Desculpa.

— Não importa. Entre no carro e vá direto ao hospital. Eu vou com você.

Parker mostrou-se apreensivo, e Mary recomendou:

173

— Parker, tome cuidado na estrada!
— Não se preocupe, mamãe. Eu mandarei notícias em breve.

Os dois amigos entraram no carro com pressa e seguiram em direção ao Hospital Central de Manchester.

No hospital.
— Como ela está, doutor Scott?
— Clara está razoavelmente bem. Está no centro cirúrgico neste momento.
— E Joseph? Como ele está?
— Seu filho é muito apressadinho. Quer vir antes da data prevista. Exatamente uma semana antes do esperado.
— Está tudo bem com ele, doutor?
— Sim, estamos aguardando o momento certo para fazer o parto. Acho que o parto será normal, Parker. Em algumas horas, seu filho estará no berçário.

Parker ficou assustado, ansioso e apreensivo, afinal, seu primeiro filho estava chegando ao mundo.

A espera foi longa. De fato, as contrações demoraram a recomeçar, e o parto foi difícil, tanto para os médicos quanto para a mãe. Parecia que a criança não queria vir ao mundo. Os médicos tiveram de utilizar a conhecida técnica do fórceps, um instrumento utilizado para puxar o bebê para fora do útero, quando as contrações da mãe não são suficientes.

Foram três horas torturantes para Parker. Suas unhas praticamente não existiam mais, tamanha era a sua ansiedade. Ele estava tão nervoso que fumara quase um maço de cigarros ao lado de Clark, enquanto esperava por notícias no jardim do hospital.

O tempo passou, e a longa agonia findou-se assim que a enfermeira-chefe apareceu no saguão da maternidade para avisar que o doutor Scott desejava falar pessoalmente com o mais novo pai de Manchester.

— Como eles estão, doutor?
— Parabéns, Parker. Agora você é papai. Clara está se recuperando e logo subirá para o quarto.
— E Joseph, como ele está?

— Joseph já está no berçário.
— Ele está bem?
— Sim, ele está bem.
— Oh, meu Deus! Que alívio. Onde é o berçário?
— É logo ali. Vamos até lá.

No berçário.
— Lá está ele, Parker. Aquele é seu filho.
— Onde?
— No terceiro berço à esquerda. Vá até lá. Ele está à sua espera.
— Eu posso?
— Claro que sim.

Naquele instante, o coração de Parker começou a bater tão rápido que a ansiedade dominou sua mente completamente, pois havia chegado a hora de conhecer o tão esperado Joseph.

Sua maior preocupação era a de não transmitir nenhum tipo de sentimento de rejeição ao seu filho. Doutor Scott dissera que o ideal seria portar-se o mais natural possível perante o bebê, mesmo que ele estivesse dormindo.

— Parker, não tenha medo. Vá até lá e segure a mãozinha dele para sentir sua energia.
— Não vou machucá-lo, se segurar sua mão?
— Não, Parker. Dê as boas-vindas ao seu filho — doutor Scott sorriu.
— Onde está Clara, doutor?
— Clara não está se sentindo muito bem. Está se recuperando neste momento. Acredito que dentro de duas horas ela já esteja no quarto repousando.
— É grave, doutor?
— Não é nada grave. Fique tranquilo.
— Ela já viu o Joseph?
— Sim.
— E então, doutor?
— Eu não ia lhe contar, mas acho que precisa saber o que aconteceu quando ela olhou para Joseph, Parker.

175

— O que aconteceu, doutor?

— Clara não quis segurá-lo no colo. Ela o rejeitou, Parker.

— Oh, meu Deus! Por quê?

— Ela o rejeitou, mas não a recrimine. Ela vai precisar de algum tempo para se acostumar com a nova situação.

— Eu entendo. Neste caso, vou ver meu filho. Com licença, doutor.

Parker caminhou lentamente pelo berçário, pois não queria acordar o pequenino Joseph. Assim que ele abaixou a cabeça para olhar Joseph de perto e segurar suavemente sua mão minúscula, seus olhos, de repente, encheram-se de lágrimas. Parker não aguentou e desabou em um pranto emocionado. Seu coração, antes acelerado e ansioso, agora se sentia aliviado ao ver que seu filho estava bem e que já respirava normalmente sem a ajuda de aparelhos.

Joseph tinha pouco cabelo, mas era fácil perceber que suas sobrancelhas eram mais elevadas que o normal, sinalizando para o típico perfil de um bebê com Down.

Parker segurou a mãozinha gorda do filho, virou-a com cuidado, olhou para a palma e percebeu que ela só possuía um único risco, ou seja, uma única dobra, uma característica específica dos portadores de Down. Aquilo concluía que Joseph era realmente uma criança especial e portadora da síndrome.

Mesmo tendo a confirmação, Parker não conseguia enxergá-lo como uma criança diferente. Ele enxergava um menino vencedor e inteligente, que enfrentaria com perseverança todos os obstáculos que a vida lhe impusesse.

Muito emocionado ao se deparar com seu filho, Parker abaixou a cabeça e sussurrou ao ouvido de Joseph:

— Meu filho, eu estarei sempre ao seu lado. Eu nunca o abandonarei. Nunca se esqueça disso.

Doutor Scott se aproximou e disse a Parker que era hora de sair do berçário, pois as enfermeiras precisavam organizar o local para a chegada de mais dois bebês.

— Você está muito emocionado, não é, Parker? — o doutor perguntou.

— Muito emocionado, doutor. Estou muito feliz com a chegada de Joseph. É uma sensação muito estranha, são sentimentos diferentes. Estou me sentindo mais vivo do que nunca agora, doutor.

E, mais do que isso, sinto que não sou a pessoa mais importante da minha vida agora — Parker sorriu com gratidão.

— Que bom que está feliz, Parker, pois a partir de hoje Joseph vai precisar muito de você.

— Eu sei, doutor. Sinto que ele só terá a mim. Isso está muito claro.

Doutor Scott se tornara uma espécie de confidente de Parker, afinal era a única pessoa que ele conhecia com experiência em Síndrome de Down.

De repente, a enfermeira-chefe entrou apressada no berçário:

— Doutor, há um moço lá fora querendo falar com Parker. Ele parece nervoso e aflito.

Parker respondeu:

— Deve ser meu amigo Clark. Ele deve estar preocupado, querendo saber notícias. Irei até a sala de espera para acalmá-lo.

— Ele não está na sala de espera da maternidade. Ele está no pronto-socorro.

— No pronto-socorro? Por que ele está no pronto-socorro?

— Eu não sei. Só sei que o pessoal da recepção está me chamando no microfone há alguns minutos, pedindo que eu desça no pronto-socorro para atender a um chamado de emergência. Eu vim até aqui para avisá-lo, mas preciso descer até lá agora.

— Doutor, muito obrigado por sua atenção — Parker agradeceu.

— Fique tranquilo, Parker. Tudo ficará bem.

— Obrigado. Eu voltarei para saber notícias de Clara. Vou descer no pronto-socorro para saber o que está acontecendo com Clark. Tudo bem?

— Tudo bem, Parker. Estaremos aqui o esperando.

Andar térreo, no pronto-socorro.

— O que aconteceu, Clark? O que você está fazendo aqui?

— Eu estava fumando um cigarro no jardim e de repente Thereza chegou acompanhada de Charles, o motorista.

— Onde eles estão?

— Os dois entraram desesperados no pronto-socorro.

— O que ela veio fazer no hospital? Ela está doente?

— Não é ela quem está com problemas, mas o marido dela. Charles entrou carregando o senhor Thomas nos braços. Ele estava todo ensanguentado.

— Oh, meu Deus!

— Ele não estava nada bem, Parker.

— Que Deus o abençoe!

— Eu fiquei muito assustado quando vi Thomas fraco e debilitado. O que está acontecendo com ele, Parker? Eu não sabia que o senhor Thomas estava doente.

— Infelizmente, ele está muito doente, Clark.

Parker não queria dar mais detalhes sobre o estado do sogro. Nesse exato momento, Thereza saiu da emergência totalmente descontrolada. Uma enfermeira se aproximou e lhe deu um calmante. Em seguida, pediu para que ela se sentasse.

Após Thereza tomar dois comprimidos, a enfermeira avisou que em alguns minutos o médico responsável explicaria o que estava acontecendo com Thomas.

Parker se aproximou.

— Senhora Thereza, eu ia ligar agora mesmo para a senhora para avisá-la sobre o parto de Clara. O que aconteceu com o senhor Thomas?

— Não se preocupe, Parker. Christine já havia me avisado sobre o parto de Clara. Assim que comecei a me vestir para vir ao hospital, Thomas caiu repentinamente no chão da sala enquanto se levantava para ir ao banheiro. Ao chegar perto dele para ajudá-lo, ele começou a tremer e desmaiou no chão. Desesperada, eu gritei para Charles me ajudar e ele colocou Thomas rapidamente no carro. Agora, estamos aqui no pronto-socorro. Foi isso que aconteceu, Parker.

— O que aconteceu com Thomas?

— No meio do caminho, percebi que o banco do carro estava cheio de sangue e comecei a gritar descontroladamente. Foi um horror. Não sei o que está acontecendo com meu marido. Há alguns meses, ele vem dizendo que está doente, mas nunca disse exatamente o que é. Ele sempre foi um homem teimoso e orgulhoso.

Parker ficou calado e preferiu mudar de assunto.

— Calma, senhora Thereza. Deixe os médicos cuidarem do senhor Thomas. Enquanto isso, tenho boas notícias para lhe dar.

178

— O que é, Parker? — Thereza estava ofegante e apreensiva.

Parker não teve tempo para contar a Thereza que seu neto acabara de nascer, pois o médico de plantão se aproximou:

— Senhora Thereza Harrison?

— Sim, sou eu mesma, doutor.

— Sou o doutor Edward, responsável pelo plantão de emergências. Estou atendendo ao seu marido neste momento.

— Como ele está, doutor?

— Infelizmente, tenho más notícias para lhe dar.

— Más notícias? Oh, meu Deus!

— Seu marido teve uma hemorragia interna e seu estado de saúde é muito grave. O câncer já está em estado avançado. Algo desse tipo já estava previsto para acontecer.

— Como assim previsto? Como assim câncer? O que está acontecendo aqui?!

— A senhora não sabia do estado avançado do câncer do seu marido?

— Thomas disse que estava doente, mas nunca explicou o que era.

O médico olhou para Parker indignado, pensando que ele seria o filho de Thomas:

— O senhor também não sabia?

— Não... ou melhor. Sim, eu sabia.

— O senhor é filho dele?

— Não, senhor. Eu sou genro.

— Ele nunca disse nada ao senhor?

— Ele disse que estava doente, mas...

De repente, a enfermeira responsável pelo centro de emergência se aproximou do doutor Edward e disse a seu ouvido:

— Preciso conversar a sós com o senhor, doutor.

— Com licença, eu já volto para falar com vocês. Por favor, não saiam daqui — doutor Edward pediu.

Minutos depois...

— Doutor Edward, o senhor Thomas não suportou a hemorragia. Fizemos todos os procedimentos possíveis, mas nada adiantou. Infelizmente, ele acabou de falecer.

179

— Oh, meu Deus! Eu não acredito nisso! É a terceira pessoa que morre hoje! Preciso reunir forças e me preparar para dar a notícia à família do senhor Harrison. Não será nada fácil. A esposa dele terá um choque quando souber que o marido acabou de falecer.

— Doutor, o homem que está ao lado da esposa do falecido é o genro do senhor Thomas. A filha dele está no andar de cima, no centro de recuperação intensiva. Ela acabou de ter um bebê.

— Nossa! Que estranho! É o terceiro bebê que nasce hoje! — doutor Edward exclamou.

— Tem razão, doutor.

— Que situação! Estou chocado! Suelen, quero que fique ao meu lado, quando eu der a notícia para a esposa do senhor Thomas. Eu acredito que ela não suportará a notícia e terá um choque. Quando eu estiver conversando com ela, fique ao meu lado.

— Tudo bem, doutor. Conte comigo.

— Enquanto alguns vão embora deste mundo, outros chegam. Essa é a coisa mais estranha da vida — o doutor Edward comentou com a enfermeira-chefe, enquanto seguiam juntos pelo corredor para dar a notícia do falecimento à senhora Thereza.

— Que Deus o tenha! — respondeu a enfermeira.

— Senhora Harrison, podemos conversar um pouco?

— Sim, doutor. Como Thomas está?

— Por favor, vamos entrar naquela sala.

Parker já sabia o que o doutor falaria para Thereza. Estava claro para ele o que estava acontecendo, afinal Parker era uma das únicas pessoas que sabia do real estado de saúde de Thomas. No entanto, ele também fora surpreendido, pois nunca poderia imaginar que Thomas partiria para o mundo dos mortos exatamente no dia em que seu neto chegaria ao mundo dos vivos.

Parker só conseguia pensar em Joseph e na vontade que o avô tinha de vê-lo enquanto estivesse vivo, mas tudo indicava que isso não seria possível.

Ao mesmo tempo que Parker ficava aflito ao ver o médico e a enfermeira entrando na sala para conversar com Thereza, começou também a desesperar-se, pensando em como falaria a Clara sobre o falecimento do pai.

Qual notícia ele daria primeiro a ela? A boa, de que Joseph estava bem e era uma criança saudável? Ou a ruim, de que seu pai acabava de falecer no andar de baixo? Certamente não era uma situação fácil de encarar naquele momento.

Enquanto o doutor Edward conversava em particular com Thereza, Parker acenou para Clark e pediu para ele se aproximar:

— O que foi, Parker?

— Clark, vamos fumar um cigarro no jardim. Estou muito nervoso.

— Também estou nervoso, Parker.

Parker tirou um maço de cigarros do bolso, acendeu um e deu uma forte tragada:

— Clark, o pior acabou de acontecer.

— O que aconteceu, Parker?

— O senhor Thomas acabou de morrer.

— Morrer? — Clark exclamou assustado.

— Sim, tenho certeza de que é exatamente isso que o doutor Edward está dizendo para a senhora Thereza neste momento.

— Como você sabe disso?

— Eu e o senhor Thomas costumávamos conversar bastante.

— Oh, meu Deus! Não posso acreditar nisso. Eu o vi chegando vivo há menos de vinte minutos.

— Isso é o mais esquisito. Ele estava vivo e agora não está mais.

— E Clara? Como ela está? — Clark perguntou.

— Ela está no centro de recuperação intensiva.

— Você tem certeza de que ele morreu?

Parker olhou para a recepção do pronto-socorro e se assustou ao ver Thereza sendo carregada por duas enfermeiras.

Parker e Clark rapidamente jogaram os cigarros no chão e seguiram ao encontro de Thereza para ampará-la.

— Senhora Thereza, estamos aqui. Não a deixaremos sozinha!

— Parker, fique ao meu lado — Thereza pediu.

— Sim, senhora Thereza, eu estou aqui.

— Ele se foi, Parker! Thomas se foi! Não consigo acreditar no que está acontecendo. Meu amor se foi deste mundo para sempre!

Thereza não aguentou e caiu em um choro profundo. Mesmo Parker se esforçando para acalmá-la, Thereza não conseguia dizer mais nada; apenas tremia e chorava descontroladamente, em estado de choque.

Parker se posicionou e olhou para Clark:

— Senhora Thereza, fique com Clark. Eu preciso resolver algumas coisas, mas voltarei logo.

Thereza balançou a cabeça afirmativamente.

Parker decidiu subir até a maternidade, para buscar notícias sobre Clara. Sua mente estava confusa e inquieta. Ele só pensava que teria que contar à esposa o que acabara de acontecer com seu pai.

Ao passar pelo berçário e chegar à entrada do centro de recuperação intensiva, Parker olhou para o lado esquerdo e notou uma enfermeira baixinha e que aparentava ter aproximadamente vinte e cinco anos de idade caminhando bem ao seu lado.

Inesperadamente, ela se aproximou e disse com voz suave e serena:

— Senhor Parker, sua esposa já foi para o quarto. Acompanhe-me. Eu o levarei até lá.

— Que boa notícia! Ela está bem?

— Acredito que sim.

A enfermeira trazia uma calma tão grande para Parker que, repentinamente, toda a sua agonia desapareceu num piscar de olhos. Em seguida, os dois seguiram até a porta do quarto onde Clara estava internada.

Parker achou estranho o fato de a enfermeira usar um uniforme diferente das outras enfermeiras do centro cirúrgico. Ela usava um uniforme verde e branco com uma espécie de rede na cabeça. "Talvez seja uma enfermeira da maternidade, por isso o uniforme é mais tradicional", Parker pensou. No entanto, imediatamente ele percebeu que não se tratava de um uniforme tradicional, mais sim de um antigo.

— Muito obrigado por me trazer até aqui, senhorita — Parker agradeceu.

— Não precisa agradecer. Estou apenas fazendo meu trabalho.

— A propósito, qual é o seu nome, enfermeira?

— Meu nome é Lourdes.

— Obrigado, senhorita Lourdes. Você é muito atenciosa, sabia?

— Obrigada.

— Posso lhe fazer uma pergunta?

— Sim, senhor.

— Por que você usa esse uniforme tão diferente?

Ela não respondeu; apenas sorriu discretamente.

Parker não sabia, mas aquela enfermeira não era uma pessoa, mas sim um espírito amparador. Ela era enfermeira e trabalhava ali há décadas desde seu falecimento, mas somente ele era capaz de vê-la. Parker ainda não sabia, mas ele possuía o dom de clarividência e era capaz de ver espíritos e entidades.

Sem saber o que estava acontecendo, Parker se acalmou e escutou o que a enfermeira tinha a lhe dizer.

— Senhor Parker, mantenha a calma e diga tudo o que precisa ser dito à sua esposa. Diga tudo com firmeza e clareza. Não demonstre medo ou insegurança. Diga tudo o que precisa ser dito, pois ela já está preparada para ouvir. O senhor não precisa se preocupar com nada, pois já preparei sua esposa antes de o senhor chegar.

— Preparou o quê?

— Não questione. Vá até o quarto e fale com ela.

— Tudo bem, farei isso.

Parker abriu a porta do quarto suavemente para não acordar Clara. Depois, olhou para trás e dirigiu-se à enfermeira:

— Obrigado, Lourdes. Muito obrigado pelas palavras.

Parker procurou Lourdes pelo corredor, mas ela já não estava mais lá. A enfermeira desaparecera completamente.

Parker não sabia, mas seu dom mediúnico seria-lhe útil no futuro. Havia um propósito para aquilo, mas ele ainda não sabia.

Qual seria esse propósito? Será que seus sonhos repetitivos tinham alguma relação com sua clarividência? Seriam os sonhos uma espécie de presságio? Talvez sim.

No quarto de Clara.

Sentindo-se seguro, Parker se aproximou da esposa:

— Clara, meu amor, como você está?

— Estou bem, querido. Que bom vê-lo por aqui. Não aguentava mais ficar sozinha naquele centro cirúrgico. Você veio rápido. Acabaram de me trazer para o quarto.

— Eu saí do elevador, e uma enfermeira muito atenciosa me trouxe até aqui. Ela disse que a acompanhou até o quarto e que você estava bem.

— Quem me trouxe para o quarto foi um enfermeiro, não uma enfermeira!

183

— Que estranho! Bom, isso não importa agora.

— Como está o Joseph? — Clara perguntou.

— Eu fui até o berçário para vê-lo. Ele é um bebê muito bonitinho. Acho que terá cabelo claro igual ao da mãe.

Clara ficou calada e não respondeu.

— Preciso lhe dizer duas coisas, querida.

Nesse momento, a enfermeira Lourdes passou no corredor e, sem que Parker a visse, sorriu transmitindo-lhe coragem.

— Estou preparada para tudo, querido. Pode falar. Aconteceu alguma coisa com Joseph?

— Está tudo bem com ele. Daqui a pouco, Joseph subirá para o quarto para passar a noite com você. Sei que você o rejeitou assim que ele nasceu. O doutor me contou. Mas fique tranquila, pois não a culpo por isso. Você não precisa demonstrar que ama Joseph, porque eu sei que você não o ama ainda. No entanto, sei que você poderá amá-lo no futuro.

Parker fez uma pausa e continuou:

— Mas isso só acontecerá, se você permitir que o amor se manifeste. Não vou forçar você a nada, Clara, pois quero que as coisas aconteçam naturalmente.

— Droga! Não sei o que pensar. Gostaria de vê-lo, mas estou muito confusa. Me desculpe, querido.

— Você terá tempo para se acostumar com Joseph. Não se preocupe, querida.

— O que mais você quer me contar, Parker?

Ele respirou fundo, fechou os olhos e pensou: "Deus! Dê-me discernimento para dizer o que precisa ser dito neste momento".

Imediatamente, a imagem da enfermeira Lourdes veio à sua mente repetindo as mesmas palavras ditas minutos atrás: "Diga tudo o que precisa ser dito, pois ela já está preparada para ouvir. Não se preocupe".

Parker reuniu forças, abriu os olhos e disse:

— Clara, seu pai acabou de falecer.

Repentinamente, ele fez uma breve pausa e continuou.

— Seu pai está no andar de baixo, na emergência. Querida, infelizmente, ele se foi. Isso aconteceu há trinta minutos. Sua mãe está lá embaixo com Clark, e eu decidi subir para lhe contar.

Parker segurou a mão de sua amada com força, esperando alguma reação, mas estranhamente Clara não disse nada. Ela ficou

184

imóvel, com os olhos arregalados, sem esboçar qualquer reação. Parecia hipnotizada.

— Querida, seu pai estava muito doente. Ele sabia que sua hora estava próxima.

Clara continuou calada. Parker soltou a mão de sua esposa e foi até a janela do quarto. Eram muitas emoções de uma só vez para uma pessoa.

Encostado no batente da janela, ele olhou para o rosto abatido e cansado de Clara, que enfrentara um difícil e sacrificante parto, e viu algumas lágrimas escorrerem por seu rosto.

Parker imaginou que ela gritaria e xingaria, mas não foi o que aconteceu. Clara chorou, mas em silêncio. Era um choro taciturno e sem sussurros, porém intenso e sofrido.

Parker ficou quieto e preferiu deixá-la absorver a notícia à sua maneira.

Após uma pausa triste e silenciosa, Clara, sentindo muitas dores, levantou-se da cama com dificuldade e sentou-se na beirada da cama. Em seguida, levantou a mão, limpou as lágrimas do rosto, olhou para o chão e disse:

— Eu estava sentindo que ele iria embora, Parker. Meu pai me ligou ontem de madrugada para dizer que me amava. Ele sabia que a hora dele estava próxima.

— O que ele disse a você?

— Disse que queria me ver pela manhã, e eu aceitei. No entanto, acordei com dores e tive que ligar para Christine para ela me trazer ao hospital às pressas. Estávamos brigados há algum tempo, então senti que ele queria me pedir perdão pessoalmente. Senti algo estranho em sua voz, mas...

Clara não conseguiu continuar e começou a chorar.

— Calma, querida! Eu estou ao seu lado.

— Papai queria se despedir. Eu senti isso, Parker. Mas infelizmente não deu tempo. Não deu tempo! Que droga!

— Ele a amava, querida. O que você pode fazer por seu pai agora é rezar e pedir que ele seja amparado pelos anjos celestes, onde quer que ele esteja.

— Farei isso, querido. Se você não se importar, gostaria de ficar sozinha um pouco, antes que as enfermeiras tragam Joseph para o quarto. Quero fazer minhas orações em silêncio.

— Tudo bem, querida. Vou descer para auxiliar sua mãe e volto daqui a pouco.

Ao entrar no elevador, Parker se sentiu aliviado, porém angustiado, ao perceber que Clara não tivera sequer a chance de ver seu pai pela última vez.

A antiga questão que o perseguia desde criança lhe veio novamente à mente. Desta vez, no entanto, Parker deu vazão a seu pensamento e começou a sussurrar sozinho:

— Qual o propósito da vida? Nascemos, vivemos e morremos. Qual é o propósito da vida, afinal? Deus, se você existe, me traga a resposta, por favor.

Certamente, aquele era um momento propício para pensar sobre assuntos filosóficos e religiosos, mas era totalmente improvável encontrar qualquer resposta plausível no meio daquele turbilhão de acontecimentos.

A porta do elevador se abriu ao chegar ao andar térreo, e Parker desceu apressado à procura de Clark.

— Clark, como está a senhora Thereza?

— As enfermeiras injetaram alguns medicamentos no braço dela, e ela dormiu profundamente. Está naquele quarto! — Clark apontou com o dedo para o lado direito do corredor.

— Menos mal. Assim que ela acordar, pediremos ao motorista para levá-la de volta para casa.

— Vou ligar para Christine para contar o que aconteceu. Direi a ela para ligar para Sophia e pedir que ela fique com Thereza esta noite.

— Faça isso, amigo. Enquanto isso, vou resolver os detalhes do enterro e essas coisas chatas. Afinal, alguém precisa fazer esse tipo de coisa, não é?

— Sim, alguém precisa fazer. E não serei eu, pois não gosto nem um pouco dessas coisas.

— Diga a Thereza que resolverei tudo por aqui.

— Tudo bem. Nos vemos mais tarde, amigo.

O funeral.

Era, um dia ensolarado, sem nuvens e com um lindo céu azul.

Mais de duzentas pessoas vestindo ternos e vestidos negros caminhavam pelo bem-cuidado gramado do City Concil Cemitery, em Manchester, seguindo lentamente em direção ao jazigo da família Harrison.

Era perceptível a importância política e econômica de Thomas nos arredores da grande Manchester. Havia ali muitos amigos, funcionários e parentes, mas faltava uma pessoa: Clara, filha de Thomas, que continuava internada no hospital, devido a problemas relacionados à difícil cicatrização no pós-parto.

Entre as antigas lápides de pedra do cemitério e os mais estranhos epitáfios, a tarde quente de primavera acabou se transformando numa tarde muito emocionante para todos que participavam do funeral de Thomas Harrison. Um sentimento de perda repentina acabou envolvendo todas as pessoas que estavam ali.

Thereza, sempre detalhista, pedira a Sophia que contratasse dois violonistas profissionais e uma cantora de ópera para cantar a música que marcaria a despedida do seu amado Thomas. Na hora em que o caixão fosse lacrado, eles apresentariam "Träume", uma das mais belas composições de Richard Wagner.

Assim que os violonistas iniciaram a melodia, uma jovem moça negra, usando um lindo vestido branco, começou a cantar a maravilhosa composição de Wagner. Todos ficaram perplexos com a voz suave e emocionante da cantora e, sem controle, caíram em pranto. Em poucos segundos, a tristeza se instalou e contagiou todas as pessoas presentes, como se uma incontrolável avalanche de emoções inundasse o cemitério. A canção de Wagner dizia:

[...] Sonhos como raios santos.
Na alma a afundar,
Há sempre a pintar uma imagem.
Perdoar tudo, pensando!
Sonhos, quando o sol da primavera.
Fora da neve, as flores, os beijos.
Que em êxtase insuspeita.
Ela acolhe o novo dia.

Que eles cresçam, para que elas floresçam,
Sonhos concedem sua fragrância,
Gentilmente queimam em seu peito
E então afundam no túmulo.

Assim que os últimos versos foram finalizados em alto tom pela jovem cantora, Thereza não suportou e desmoronou nos braços de Charles.

O desejo de Thereza fora cumprido. Certamente, existia algum segredo oculto naquela ópera magnífica de Wagner. Talvez algo muito marcante tenha ocorrido na vida do casal, mas somente Sophia, além de Thereza, sabia o significado, pois sua emoção durante a apresentação fora também profunda.

James Moore, o marido de Sophia, também teve de amparar sua esposa enquanto ela observava o pai ser enterrado. Ambas, mãe e filha, foram levadas para o Rolls Royce da família antes da cerimônia funerária terminar. E, por fim, Parker e James, os dois genros, receberam as condolências das pessoas presentes no funeral em nome da família Harrison.

Capítulo 14
Doutor Lindenberg

Duas semanas se passaram após o funeral de Thomas, e Clara já voltara para casa com Parker e o pequeno Joseph.

Sophia se conformara com a morte do pai, mas Thereza continuava depressiva e passava o tempo todo trancada no quarto sob efeito de medicamentos e calmantes. Thereza não queria ver ninguém. Seu único desejo era ficar deitada na cama, lembrando-se dos momentos singulares passados ao lado do falecido marido.

James Moore, o marido de Sophia, parecia não ter sido afetado pela morte do sogro. Já Parker estava triste, porém, consciente e preparado para assumir os negócios da empresa. Ele estava preocupado com o que aconteceria a partir daquele ponto, pois sabia que em alguns dias Lindenberg enviaria um comunicado geral para todos os acionistas da companhia e para a família, convocando-os para a reunião que determinaria o novo CEO da empresa.

Dia seguinte.

Clara recebeu uma correspondência por meio de um mensageiro.

— Querido, por um acaso você sabe o que é isso?
— O quê?
— Este aviso que o mensageiro acabou de me entregar.
— O que diz nele?
— É um memorando do doutor Lindenberg, o advogado do meu pai, comunicando que haverá uma reunião com todos os

acionistas da companhia em dois dias. Aqui diz que é necessária a presença de minha mãe, minha irmã e a minha presença também.

Parker já estava esperando o comunicado chegar, mas não sabia que chegaria tão rápido.

— Você também recebeu um comunicado como este, querido? — Clara perguntou, já se mostrando desconfiada.

Parker ficou calado durante alguns segundos, mas logo respondeu que também recebera um comunicado e confirmou que estaria presente na reunião.

Ele disse:

— Sim, eu recebi, querida. Sonia entregou o envelope em meu escritório hoje pela manhã.

— Por que você não falou nada sobre isso?

— Porque eu não tive tempo, Clara. Acabei de chegar do trabalho, não está vendo?

— Desculpe, querido. Estou muito tensa com tudo o que está acontecendo.

Joseph estava dormindo no berço. Era um bebê calmo e sereno, que praticamente não chorava. Parker, no entanto, sentia que a rejeição de Clara pelo filho vinha aumentando dia após dia. Não era uma rejeição que se dava por meio de palavras e desafetos. Era algo surdo e silencioso. Clara não demonstrava carinho pelo filho e, além disso, não o amamentava, pois seus seios estranhamente não produziam leite. Talvez fosse uma reação orgânica originada pela própria rejeição, como se o corpo de Clara tivesse criado uma espécie de autodefesa para evitar aproximar-se do pequeno Joseph.

Passaram-se apenas as duas primeiras semanas de vida de Joseph, e Clara ainda estava muito triste com a morte do pai e se sentia angustiada por não ter ido ao funeral.

Percebendo claramente a rejeição de Clara pelo filho, Parker sabia que, se nos próximos dias as coisas não melhorassem, o relacionamento do casal começaria a apresentar problemas.

Sentado no sofá da sala, Parker disse:

— A propósito, querida, estive pensando em contratar uma babá para cuidar de Joseph e quem sabe encontrar uma ama de leite para alimentá-lo. O que você acha dessa ideia?

— Ama de leite? Como assim? O que é isso?

— Alguém que possa dar de mamar para Joseph, pois nosso filho está muito debilitado. Você não está vendo? Se não se importar, Julia, a recepcionista da companhia, tem uma irmã que deu à luz um bebê há menos de um mês e que tem muito leite materno. Podemos falar com ela.

— E daí que ela teve um filho há menos de um mês e tem muito leite? — Clara respondeu de forma ríspida e raivosa.

— Se você aceitar, ela se propôs a amamentar Joseph. Ele está precisando muito de leite materno. Só você que não vê isso!

— Como assim, Parker? Você está interferindo em minha vida sem me perguntar? Como tem a petulância de sair por aí falando besteiras sobre mim para as empregadinhas da companhia? Quem disse que eu aceito esse tipo de coisa? Quem disse que eu quero? Quem disse que eu preciso do leite dessas vagabundas?

— Você não quer que nosso filho seja alimentado? Ele está precisando, não está percebendo?

— Não estou dizendo isso! Você é burro, Parker? Estou dizendo que não aceito que fale sobre minha vida pessoal com aquelas fofoqueiras da companhia. Não admito que meu nome fique vagando no meio daquele povo mesquinho e interesseiro. Ainda mais assuntos íntimos como esse.

— Você só pensa em si mesma e em sua reputação, não é? Essa é a pura verdade. Você não está nem aí para nosso filho.

Clara não conseguiu responder a ofensa de Parker e ficou transtornada ao ouvir a sugestão do marido. Ela não queria conversar sobre o assunto, e por isso simplesmente bateu a porta e se trancou no quarto, chorando como uma menina mimada.

Parker não queria perder o controle e brigar na frente de Joseph, mas era preciso tomar uma atitude. Afinal, ele sabia que Clara estava prestes a tomar um grande susto em pouco tempo, ao saber que ele seria o novo sócio majoritário da companhia e o próximo presidente da Thomas Harrison.

Parker estava enfurecido com as atitudes que Clara vinha tomando nos últimos dias.

Ele se aproximou da porta do quarto e disse, enfurecido:

— Quer saber, Clara? Fique aí trancada pensando na sua reputação social e nas suas queridas amiguinhas ricas. Enquanto você fica chorando, eu vou fazer alguma coisa pelo Joseph. Vou falar com a irmã de Julia e pedir que ela venha até aqui para amamentar nosso filho, pois ele está com muita fome. Você já é uma pessoa adulta, mas Joseph é apenas um bebê. Não o está ouvindo chorar? Não tem pena dele?

As palavras de Parker enfureceram Clara, que respondeu imediatamente de dentro do quarto:

— Faça isso, seu ignorante sem sentimentos. Faça isso, pois não vou dar de mamar para ele! Eu tenho nojo dele! Tenho nojo dele e de você também!

Esse dia foi marcante para o inexperiente e despreparado casal. Parker não estava sabendo lidar com a situação, e Clara, por sua vez, não queria nem ao mesmo encontrar uma solução. Ambos estavam em conflito, e, enquanto isso, o indefeso Joseph se encontrava no meio de um fogo cruzado, pontuado de orgulho, egoísmo, intriga e sofrimento.

Reunião no escritório central da companhia.

Lindenberg iniciou a reunião em tom sério e preciso:

— Senhoras e senhores, obrigado por comparecerem a esta importante reunião. Estamos reunidos aqui nesta manhã de quinta-feira, a pedido do senhor Thomas Harrison, sócio e fundador desta companhia, que há muito tempo vem se mostrando forte e estável no mercado imobiliário na região da grande Manchester. Como seu representante legal, venho hoje anunciar as diretrizes traçadas para o futuro desta empresa.

Quinze pessoas, além de James Moore, que acabou comparecendo à reunião sem ter sido convocado, estavam presentes na mesa de reuniões: diretores, acionistas, investidores e familiares. James talvez estivesse esperando receber uma pequena parcela do testamento do sogro.

Lindenberg continuou:

— Antes de tudo, quero prestar minhas condolências à senhora Harrison e às suas filhas e dizer que todos nós sentimos muito a perda do senhor Thomas Harrison.

Sophia o interrompeu:

— Senhor Lindenberg, meu pai sabia que estava prestes a morrer e deixou tudo planejado em relação aos negócios da empresa?

— Sim, Sophia. Seu pai tinha poucos meses de vida e preparou tudo antes de falecer.

— Por que ele não nos consultou?

— Isso eu não sei dizer, infelizmente.

Parker se mantinha calado e sentado ao lado direito de Lindenberg.

— Era de seu feitio fazer esse tipo de coisa. Teimoso e orgulhoso, papai não conseguiu mudar sua personalidade nem mesmo estando à beira da morte — Sophia sussurrou para Thereza.

— Quieta, Sophia! Vamos ouvir o que Lindenberg tem a nos dizer — Thereza a interrompeu.

— Senhoras e senhores, eu irei direto ao assunto: o senhor Thomas detalhou nesses documentos que, assim que ele partisse, esta companhia teria um novo presidente e um novo sócio majoritário.

Todos as pessoas que estavam presentes imediatamente se mexeram em suas cadeiras inquietas e surpresas com a informação. Ele continuou:

— O senhor Thomas repassou todas as ações da companhia por meio de doação e em um contrato particular ao novo sócio. Como ele detinha cinquenta e três por cento das ações da empresa, decidiu transferir todas elas para uma única pessoa.

Clara abriu um sorriso, levantando o nariz e já imaginando que ela seria a sucessora de seu pai na companhia, afinal ela sentia que era a filha mais querida e a mais parecida com Thomas, quando o assunto era "negócios".

Ela era realmente uma mulher arrojada, imponente, persistente e bem relacionada com o empresariado da grande Manchester e também de Londres. Clara acreditava, inclusive, que seu pai telefonara na madrugada anterior à sua morte para lhe dizer que a escolhera como sua sucessora na companhia.

Com confiança e altivez, Clara estufou o peito e aguardou, com classe, o tão esperado comunicado de Lindenberg.

Ele, por fim, disse:

— Neste momento, quero apresentar a todos os presentes o mais novo sócio-presidente desta companhia.

Antes de fazer o anúncio, Lindenberg conferiu os papéis que estavam sobre a mesa. Por um breve momento, Clara e Sophia entreolharam-se com estranheza, pois perceberam que Lindenberg dissera enfaticamente que anunciaria o novo "sócio" da empresa e não a nova "sócia".

Clara e Sophia olharam para Thereza com dúvida e avidez e, em seguida, fixaram James, achando que Thomas o tivesse escolhido como sucessor, por ele ser filho de um grande empresário inglês e por ser um rapaz bem-sucedido. Talvez fosse uma estratégia programada de Thomas para juntar as duas companhias e transformá-las num grande *pool* empresarial, maior e muito poderoso.

No entanto, aquele pensamento não parecia fazer muito sentido, pois James nem fora convidado para a reunião. Ele estava ali como um mero curioso. "Quem será o escolhido?", Clara e Sophia questionavam-se, já começando a ficar inquietas e nervosas.

Lindenberg arrumou os papéis, segurou sua caneta de ouro e disse:

— Apresento-lhes o novo sócio-presidente da Thomas Harrison Cia: o senhor Stephen Parker! Seja bem-vindo à presidência da nossa querida empresa, senhor Parker.

Todas as pessoas ali presentes ficaram perplexas e inconformadas, ao ouvirem aquelas palavras absurdas saindo da boca de Lindenberg.

Parker não se intimidou e se manteve altivo após o pronunciamento de Lindenberg.

— Por favor, senhor Parker, assine aqui para deixar tudo registrado e oficializado.

Todos estavam inertes devido ao anúncio. A primeira pessoa a se levantar e a contestar foi Clara, a esposa de Parker. Ela tinha absoluta certeza de que seu pai passaria a presidência da empresa a ela e não a uma pessoa que não era membro da casta da família Harrison.

— Isso é impossível! Deve ter algum engano nesses documentos, senhor Lindenberg!

— Não há engano algum, senhora Harrison.

— O que significa isso, Parker? Eu não aceito isso! É um dos maiores absurdos que já vi!

Completamente alterada, Clara saiu da sala batendo a porta e ignorando todos os que estavam presentes na reunião.

Nesse momento, Parker começou a sentir a ira de sua esposa, mas ao mesmo tempo sentia também que traíra sua confiança.

194

A partir daquele dia, Parker entrou definitivamente no jogo de intriga e ganância da poderosa família Harrison.

Em questão de segundos, ele lembrou-se perfeitamente das palavras que Thomas lhe dissera: que aquela seria a melhor coisa a fazer, pois ele não confiava na sua própria família, nas filhas e na esposa. O problema era que Parker ainda não conhecia o outro lado de sua esposa, assim como também não conhecia o lado obscuro de sua cunhada Sophia e de sua sogra Thereza.

Por algum motivo, Thomas devia ter alguma razão plausível para envolvê-lo naquele jogo sujo e repleto de intrigas e traições. Ao mesmo tempo que Parker se sentia feliz por receber o comando da companhia, sentia também que, a partir daquele dia, sua vida pessoal mudaria radicalmente. Certamente, ele passaria a ser visto como um traidor pela família Harrison e carregaria nos ombros o estigma de ser um homem pobre da periferia de Wigan, que provavelmente coagira Thomas para conquistar a presidência da empresa, enganando todos os acionistas e a família Harrison.

Lindenberg não quis prolongar a reunião. Pegou todas as assinaturas necessárias e em seguida pediu a Parker que encerrasse a reunião.

Em tom sóbrio, ele diz:

— Muito obrigado, senhor Lindenberg. Eu gostaria de agradecer a todos os presentes e dizer que, a partir de hoje, assumirei o comando desta companhia com responsabilidade. Prometo que farei tudo o que estiver ao meu alcance para transformá-la em uma empresa sólida e mais lucrativa do que é atualmente.

Os investidores e sócios da companhia não ficaram chocados com o anúncio, porque já vinham sentindo a liderança e ótima gestão de Parker como diretor de projetos. No fundo, eles gostaram do anúncio, pois nos últimos meses a empresa vinha passando por momentos complicados devido à ausência constante de Thomas. A resistência estava centrada nos membros da família, especialmente em Clara e Thereza.

Parker se levantou da mesa e fez as últimas colocações:

— A partir de hoje, esta companhia terá vida nova e será próspera como sempre foi, conforme os desejos do senhor Thomas. Que assim seja!

Lindenberg reuniu os documentos e entregou a Parker os contratos que foram assinados meses antes no saguão do aeroporto e na presença de Thomas.

Assim que todos saíram, Lindenberg sentou-se ao lado de Parker e disse:

— Aqui estão os três contratos, Parker. Este último, que diz respeito ao sigilo, está automaticamente cancelado a partir de agora. Você assumiu com franqueza todas as cláusulas e não falou com ninguém sobre o acordo feito com o senhor Thomas. Desejo-lhe boa sorte nesta nova etapa de sua vida profissional. Meus parabéns!

— Muito obrigado por tudo o que o senhor fez por mim, senhor Lindenberg.

Lindenberg sempre foi uma pessoa fechada e de poucas palavras. Parecia ser uma pessoa íntegra e honesta, mas algo de estranho vibrava em seu semblante. Algo que Parker não conseguia captar, mesmo com a facilidade natural que ele tinha de perceber as intenções das pessoas por meio de suas palavras e seus gestos.

Por fim, uma nova etapa fora concluída. No entanto, estava claro para Parker que, a partir daquele momento, surgiriam também muitas dificuldades, novos obstáculos e muitos enfrentamentos, principalmente no âmbito pessoal e familiar.

Capítulo 15
Três anos depois

De fato, um bebê com Síndrome de Down apresenta características físicas marcantes, como, por exemplo, ter apenas uma linha na palma da mão e olhos oblíquos puxados para cima. Essas crianças são sempre menores e mais leves que as normais e geralmente têm o pescoço mais mole que as crianças da mesma idade.

Joseph tinha muita dificuldade para mamar. Era muito difícil para ele coordenar o sugar, o respirar e o engolir. No entanto, isso não o impediu de se alimentar nos seios de Jessica, a irmã de Julia, durante seis meses.

O desenvolvimento de Joseph era muito lento se comparado ao crescimento de uma criança normal. Ele demorou muito para se sentar, engatinhar e andar. Joseph só disse as primeiras palavras no segundo ano de vida e com muito estímulo por parte da babá Sarah, uma iraniana de religião muçulmana, que Parker contratara.

Joseph não tinha nenhum comprometimento cardíaco, mas apresentava dificuldades respiratórias constantes, o que exigia muita atenção por parte de Sarah e de qualquer pessoa que estivesse perto dele. Portanto, ele não podia ficar muito tempo sozinho, pois, a qualquer momento, podia sofrer um ataque de asma, engasgar e morrer sufocado. O momento mais difícil era a noite, mas Parker, sempre que possível, estava perto do filho.

A essa altura, Clara e Parker já não dormiam mais juntos no mesmo quarto. O quarto de Joseph se tornara o de Clara, e Joseph dormia no berço ao lado do pai, que passava praticamente as noites em claro, pois durante a madrugada o menino costumava enfrentar períodos agudos de crise respiratória.

O desencanto da família Harrison era enorme. Assim que começaram a perceber a gravidade e a amplitude que a estranha aparência "mongoloide" do menino causava nas pessoas, a família logo se posicionou contra a aparição de Joseph em público, especialmente nas confraternizações, nas reuniões, nas festas entre amigos e nos encontros da alta sociedade. De todas as formas, evitavam que Joseph fosse visto em público, principalmente ao lado de Clara.

Devido à ampla rejeição, a vida de Parker e Clara se transformara dramaticamente, principalmente após Parker assumir o comando da companhia e passar a ser considerado um traidor pela família.

Todos os acontecimentos acabaram fomentando um distanciamento enorme para o lindo casal, que parecia perfeito e exemplar quando eram namorados. O casal que aparentava ser a representação de uma linda união entre duas pessoas fora destruído em apenas dois anos. Certamente, os pontos cruciais do imenso abismo foram os sentimentos de rejeição de Clara em relação a Joseph e o acordo que Parker fizera às escondidas com Thomas.

Parker estava esgotado emocionalmente e já chegara ao ponto de não querer procurar mais culpados para os conflitos que o cercavam. As brigas e as constantes discussões, que fizeram parte dos primeiros anos após o nascimento de Joseph, estranhamente cessaram quando o menino completou três anos de vida. Comemoraram o aniversário em uma festa modesta e reservada, que Parker decidira fazer na casa de Thereza com a presença de poucas pessoas. Apenas Clara, Sophia, Christine, seus filhos, e seu mais novo namorado londrino, estavam presentes.

Após esse dia, Clara inexplicavelmente parou de discutir com Parker sobre as dificuldades de Joseph, sobre o medo de mostrá-lo para a sociedade, sobre sua suposta traição na companhia e sobre os pequenos infortúnios corriqueiros a que um casal moderno normalmente era submetido.

Clara se calou, mas ao mesmo tempo a vida do casal se transformou num inconsequente martírio, pois Parker não conseguia mais se comunicar com a esposa. Clara não tinha mais vontade de estar na companhia do filho e do marido, a não ser durante alguns fins de semana, quando juntos iam à casa de Thereza e passavam algumas horas em família durante as tardes de domingo.

Era perceptível a falta de disposição por parte da família Harrison de demonstrar qualquer tipo de amor ao pequeno Joseph.

Meados de 1990.
Numa tarde de segunda-feira, Parker, após chegar cansado do trabalho, tomou uma drástica decisão em relação a Joseph.
Ao entrar em casa, ele percebeu que Joseph estava sozinho na sala, desamparado e com um olhar triste e distante. Parker se aproximou do filho calmamente e perguntou:
— Joseph, o que você tem? Onde está Sarah?
— Banheiro, papai. Ela está no banheiro — Joseph respondeu com dificuldade.
— Por que você está olhando para cima? Está vendo alguma coisa, meu filho? Por que você está com esse olhar triste e distante?
— Chorando, papai. Eu estava chorando.
Parker não conseguia entender o que estava acontecendo e começou a chorar, ao ver as lágrimas escorrendo pela pele lisa do rosto do filho.
Sarah abriu a porta do lavabo e se assustou ao ver Parker parado na frente de Joseph, com a bolsa de trabalho pendurada no ombro e dois rolos grandes de projeto embaixo do braço.
— Senhor Parker, o senhor chegou cedo hoje!
— Não estava me sentindo muito bem no escritório e resolvi voltar para casa para ficar um pouco com Joseph.
— Acho que o senhor fez bem, pois Joseph passou a tarde inteira com o olhar triste e perdido. Ele disse que está com muito medo de ficar sozinho, pois a mãe o abandonou. Joseph está com medo que o senhor também o abandone. Ele disse que só tem o senhor na vida e que, se for abandonado, prefere morrer.
Parker colocou a bolsa e os canudos no sofá, sentou-se ao lado de Joseph e começou a chorar completamente desesperado, pois não sabia mais o que fazer com o filho, pois não conseguia estar ao lado dele o tempo todo e precisava trabalhar.
A construtora estava engolindo sua vida com tantos desafios a serem ultrapassados. Mas certamente o maior desafio de Parker era conseguir ajudar o próprio filho a crescer e se tornar uma criança inteligente e apta a viver em sociedade. Parker, então, decidiu que

não mais manteria seu filho confinado em casa, impossibilitando que ele levasse uma vida normal.

Sarah, a babá, já não estava mais tão empolgada como antes. Para ela, cuidar de Joseph era somente um trabalho. Apesar de gostar muito do menino, não havia nenhum vínculo emocional entre eles. E agora que estava grávida de sete meses, o marido de Sarah vinha insistindo para que ela parasse de trabalhar e tivesse mais tempo para cuidar dos afazeres da casa. Ela, então, estava apenas esperando o momento certo para pedir demissão do emprego.

Dois dias depois.

— Sarah, eu compreendo sua posição e lhe agradeço por ter cuidado de Joseph durante esses anos. Agradeço-lhe os cuidados para com meu filho. Se não fosse você, não sei o que seria de mim. Sou-lhe muito grato por tudo. Desejo que você e seu marido sejam muito felizes. Muito obrigado

— Senhor Parker, eu gostei muito de trabalhar nesta casa, mas preciso lhe dizer uma coisa.

— Pode dizer, Sarah.

— Joseph é muito inteligente e esforçado, mas passa muito tempo parado, sem fazer nada. Ele fica assim, porque não é estimulado. Se for estimulado, tenho certeza de que ele se tornará uma pessoa normal. A única coisa que me preocupa é o probleminha respiratório que ele tem. O senhor terá que acompanhar essa questão constantemente.

— Obrigado por me avisar, Sarah.

— Senhor Parker, eu acredito que Joseph é capaz de fazer muitas coisas. Eu vivi ao lado dele durante todo esse tempo e sei o que estou lhe dizendo. Eu acompanhei o desenvolvimento de Joseph e sei que ele tem muitas dificuldades, mas sei também que ele tem muitas potencialidades. O senhor e a senhora Clara não estão bem e sei também que as coisas não vão bem na empresa. Mas eu lhe pergunto: qual é a coisa mais importante neste momento? A empresa ou seu filho?

Até aquele momento, ninguém havia feito aquela pergunta para Parker. De certa forma, Sarah fora muito provocativa ao lhe dizer aquilo.

Parker ficou parado durante alguns segundos e respondeu:

— Obrigado por me perguntar, Sarah. Estava me esquecendo do que havia prometido ao meu filho no berçário do hospital. Eu já sei o que vou fazer a partir de amanhã. Vou pedir ajuda a uma pessoa.

— Fico muito feliz por ter ajudado o senhor. Mas, antes de partir, tenho que lhe dizer mais uma coisa, senhor Parker.

— Diga, Sarah.

— Joseph vai entrar em uma nova fase em breve. Ele vai começar a se comunicar e a desenvolver novas habilidades, como a escrita, a fala, o tato, o movimento dos membros inferiores e a audição. Se ele não for estimulado agora, depois ficará mais difícil. Sinto que ele gosta muito de pintura e de contos infantis. Eu costumo contar histórias incríveis a Joseph após o almoço, e ele adora. É uma gracinha! Ele fica deitado olhando para o teto com os olhos brilhando e, em alguns momentos, parece entrar nas histórias.

— Verdade? Não sabia disso. Que tipo de histórias você conta para ele?

— Lendas do antigo Egito, como a briga entre Osíris e Seth e o amor que Osíris sentia por sua amada esposa Ísis e seu filho Hórus, que costumava sobrevoar o Rio Nilo para abençoar o povo sofrido do deserto do Saara. E muitas outras histórias interessantes da antiguidade. São histórias que minha mãe me contava quando eu era criança.

— Ele gosta disso?

— Ele adora! Joseph chega a fazer gestos com as mãos, mostrando que também sabe voar como o falcão Hórus e grita mostrando que sabe caçar como uma ave de rapina. Ele realmente entra na história e se encanta com os detalhes. Outro dia, ele me disse que deseja ser igual a Hórus quando crescer. Ele quer sobrevoar as casas das pessoas para levar amor para as famílias.

— Que interessante, Sarah! Onde você aprendeu essas histórias?

— No Cairo, onde vivi parte de minha infância. Minha mãe estudou arqueologia e egiptologia na universidade e, todas as noites, antes de dormir, ela me contava essas histórias incríveis.

— Papai, eu vou ajudar muitas pessoas um dia — Joseph disse, interrompendo a conversa.

— Oi, querido. Você está acordado? Achei que estava dormindo no sofá — Parker comentou.

— Estou ouvindo tudo — ele respondeu baixinho com a dicção meio enrolada e de difícil compreensão.

— Senhor Parker, desculpe, mas agora preciso ir. Meu marido está me esperando para me levar ao pré-natal. Até logo, Joseph.

— Tchau, Sarah. Eu te amo.

— Eu também te amo, Joseph — Sarah sorriu com satisfação.

— O que foi, Sarah? — Parker indagou.

— O senhor não está vendo? Seu filho não sabe mentir. Se Joseph não gostasse de mim, certamente ele diria que não gosta. Assim são as crianças especiais como ele: são puras, não sabem mentir e não aceitam que mintam para elas. Eu aprendi muito com Joseph. Aprendi mais sobre a vida com ele do que com um adulto. Joseph é uma criança muito especial.

— É verdade. Eu venho percebendo isso nos últimos tempos, Sarah. Pode deixar. Eu abro a porta para você. Por favor, passe amanhã na companhia para acertar as contas com a senhorita Sonia, minha secretária. Ele vai preparar sua documentação e pagar tudo o que lhe devo. Obrigado.

— Até logo, senhor Parker.

— Até logo, Sarah.

Quando Sarah saiu, Parker virou-se para o filho:

— Joseph, meu filho, não fique assim tão triste.

— Não estou mais triste, papai.

— Não está mais triste?

— Não.

— Por quê?

— Porque agora você está aqui comigo. Eu tenho muito medo de ficar sozinho, por isso eu estava chorando.

— Eu sei, querido. Fique tranquilo. Nunca o deixarei sozinho. Você quer passear um pouco de carro antes do anoitecer?

— Sim, eu quero! Quero tomar sorvete também!

— Combinado! Vamos tomar um sorvete de chocolate na confeitaria e depois vamos até a casa da vovó para visitá-la.

— Não quero ir à casa da vovó.

— Mas não estou falando da vovó Thereza. Estou falando da outra vovó.

— Que outra vovó?

Nesse momento, Parker percebeu que Joseph mal se lembrava de Mary, sua avó paterna, pois ela vira seu neto apenas duas vezes nos últimos anos. Parker percebeu como estava distante de sua família.

Ele disse:

— A vovó Mary, filho. Não se lembra dela? Aquela que mora numa casa de madeira com o vovô Antony.

— Aquela gorda que anda com roupas largas pela casa e faz biscoitos quentes de chocolate?

— Sim, ela mesma — Parker sorriu.

— Eu quero ir lá. Adoro os biscoitos quentes da vovó gorda.

A partir desse dia, Mary não teve como escapar. Seria chamada de "vovó gorda" para sempre pelo pequeno Joseph.

Em Wigan.

— Mamãe, como a senhora está? — Parker perguntou ao abrir a porta da casa dos pais.

Mary não acreditou quando viu Parker segurando Joseph no colo.

— Vovó gorda, eu quero biscoitos quentinhos de chocolate! — Joseph pediu com o olhar meigo.

— Joseph, meu neto! Você gostou dos biscoitos que eu fiz na última vez em que esteve aqui?

— Adorei, vovó! Eu quero mais!

— Entre, filho! Está muito frio aí fora! Joseph pode ficar resfriado. Coloque-o no sofá. Daqui a pouco, seu pai aparecerá para jantar. Ele está tomando banho, mas, às sete horas em ponto, ele virá para a cozinha para tomar sopa e comer pão torrado.

— Por um acaso, tem sopa e pão torrado aí, mamãe? Estamos com muita fome e não tem nada melhor do que uma comidinha caseira! Não é, Joseph?

— Não quero sopa. Quero biscoitos de chocolate — ele insistiu.

— Depois da sopa, comeremos biscoitos de chocolate, filho.

— Tem comida para todo mundo aqui, Parker! Não se preocupe.

— Obrigado, mamãe.

— Sente-se, Parker.

— Estou muito cansado, mamãe.

— Dá para perceber em seu semblante, filho. Mas me diga... como está Joseph?

203

— Sinceramente, ele não está muito bem.

— Vejo que ele está com uma feição diferente de quando o vi da última vez. O que está acontecendo com ele? Parece triste.

— Joseph está se sentindo muito sozinho em casa. Clara não o vê há três semanas. Ele está achando que todos vão abandoná-lo.

— Sabe o que está acontecendo, Parker?

— O quê, mamãe?

— Ele está captando tudo o que está acontecendo em sua casa: sentimentos de abandono, medo, dor, desamor e desesperança. Parker, seu filho é muito sensível. Você ainda não percebeu isso?

— Não entendi, mamãe.

— Não percebeu que seu filho é diferente?

— Já percebi. É por isso que estou aqui, mãe. Para lhe pedir ajuda. Não sei mais o que fazer. Estou me sentindo impotente e inútil em relação a Joseph. Ninguém o quer por perto, e eu não quero que ele continue vivendo isolado.

— Eu o entendo perfeitamente, meu filho.

— Por que você e papai não vêm morar em Manchester comigo? Eu posso alugar uma casa grande, e Joseph pode passar o dia com vocês. À noite, após o trabalho, eu passaria lá e o pegaria para dormir. O que a senhora acha?

— Eu acho uma ótima ideia ficar com ele. Adoraria cuidar do meu querido neto — Mary respondeu sorrindo para Joseph, que estava sentado no sofá assistindo ao programa *O Gordo e o Magro* na TV. — Mas...

— Mas... Não precisa falar nada, mamãe, eu já sei. O velho não sairia desta casa de jeito nenhum, não é?

— Exatamente. Não adianta cogitar essa hipótese, Parker. Seu pai não sairia daqui nem por decreto. Você sabe como ele é apegado a esta casa. Mudanças como essas são muito radicais para ele, e o médico recomendou que Antony não ficasse longe da oficina. É melhor você tirar essa ideia da cabeça.

— Eu sabia que a senhora diria isso, mamãe.

— Tenho uma ideia.

— Diga, mamãe, por favor. Estou precisando de ajuda.

— Por que você não deixa Joseph comigo durante um tempo? Eu tomaria conta dele com muito carinho, exatamente como fiz com você. Daria toda a atenção de que ele precisa, faria os biscoitos de que ele gosta, o levaria ao parquinho para brincar com outras crianças, compraria livros de contos de fadas e leria para ele à noite, antes de dormir. Compraria quadros e tintas para estimulá-lo a pintar, discos de histórias contadas e muitas outras coisas.

Parker sorriu de felicidade, como há muito tempo não fazia.

— Mamãe, você está falando sério?

— Lógico, meu filho! Por que eu brincaria com você? Eu sei que sua vida não está fácil em Manchester. Pensa que não sei o que está acontecendo com você, meu filho?

— Sabe? Quem lhe disse?

— Ninguém me disse nada, Parker. Eu sinto as coisas, filho. Sou sua mãe. Eu percebo de longe o que você e Joseph estão sentindo. Não sei explicar direito o que acontece comigo, mas às vezes sonho com vocês e os vejo dormindo em sua casa... Aí acordo e começo a sentir tudo o que vocês estão sentindo, como se vocês fizessem parte de mim.

Mary não sabia, mas, quando adormecia, ela se projetava para fora do seu corpo e visitava o filho e o neto em Manchester. Era um dom que ela possuía. Um dom que ela ainda não dominava.

— Que estranho! Você nunca me disse essas coisas, mamãe!

— Você me conhece, Parker. Não gosto de interferir na vida dos outros. Quer saber a verdade?

— Sim.

— Eu não gosto daquele pessoal cheio de pompa da família Harrison. Eles são muito diferentes de nós.

— Eu sei que a senhora não gosta deles.

— Não se preocupe, filho. Tudo tem um propósito. Seu pai nunca aceitou a ideia de você se casar com aquela moça.

— Eu sei. O que posso fazer, mamãe? Eu me apaixonei por ela.

— Ainda gosta dela?

— Acho que sim, mamãe.

— Ainda está apaixonado?

— Acho que sim, mas me desiludi muito com a Clara.

— As desilusões servem para dissolver as ilusões. Se estiver se sentindo desiludido, agradeça, pois a verdade virá à tona.

— Tem razão, mamãe. Neste caso, vou aceitar sua proposta e deixarei Joseph aqui por um tempo. Acho que ele vai gostar. O único problema é que não poderei vir aqui todos os dias para pegá-lo.

Tudo bem assim? Eu virei aqui a cada dois dias. Sabendo que ele está com a senhora, trabalharei mais tranquilo.

Nesse instante, Parker olhou para trás e viu o velho Antony sentado no sofá ao lado de Joseph, assistindo à televisão e rindo das trapalhadas de *O Gordo e o Magro*. Foi nesse momento que ele teve absoluta certeza de que aquela decisão fora a melhor: deixar Joseph aos cuidados de seus pais.

— Eu preciso ir, mamãe.

— Filho, não se preocupe. Joseph ficará bem conosco.

— Tenho certeza disso, mamãe. Ao ver Joseph sorrindo sentado ao lado do papai, tive a certeza de que ele ficará em boas mãos com vocês — Parker sussurrou para Mary.

— Você não imagina o bem que fará para seu pai e para mim deixando Joseph aqui em casa. Muito obrigado por ter vindo até aqui, meu filho. Bom retorno a Manchester.

— Papai, você vai embora? — Joseph perguntou.

— Sim, Joseph. Amanhã cedo, eu voltarei para trazer roupas, brinquedos e um monte de coisa para você brincar com a vovó.

— A vovó gorda faz biscoitos gostosos, e o vovô barbudo brinca comigo, não é, vovô?

O velho Antony sorriu envergonhado, mas havia satisfação e alegria em seu semblante sofrido.

— Vá tranquilo para casa, meu filho. Ele ficará bem aqui em Wigan — Antony respondeu.

— Tenho certeza disso, meu pai. Muito obrigado.

— Tchau, papai, até amanhã — Joseph disse, enquanto mastigava alguns biscoitos que Mary acabara de colocar em seu colo.

Parker sentiu o acolhimento e a tranquilidade de Joseph ao lado de Mary e Antony. Pela primeira vez na vida, ele sentiu que Joseph possuía uma família de verdade, que o aceitava e o amava, mesmo sendo ele uma criança portadora de Síndrome de Down.

Capítulo 16
O aniversário

Dia 12 de abril de 1993. Três anos depois.

Havia chegado o aniversário de Joseph. Parker decidiu organizar uma pequena festa para comemorar os seis anos do filho em sua casa em Manchester. Estariam presentes na festa Sarah, a antiga babá de Joseph, sua filha, que já estava prestes a completar três anos de idade, Clara, Priscilla, Christine e Thereza.

Clara já não convivia mais com Parker há pelo menos quatro anos. A relação entre eles estremecera muito desde o acontecido na companhia. Já James Moore, marido de Sophia, se distanciara de todos e se tornara praticamente um estranho para Parker. Seis anos após a morte de Thomas, a família Harrison resumia-se a poucas pessoas.

Desde que Parker resolvera deixar Joseph aos cuidados de seus pais em Wigan, as coisas mudaram muito. Parker queria muito trazê-lo de volta a Manchester e se reconciliar com Clara, mas Joseph dizia que não queria mais viver naquela casa grande e vazia. Ele afirmava que seu verdadeiro lar era a casa da vovó gorda e desejava viver ao lado dos avós pelo resto da vida.

Mary estava muito feliz com a presença de Joseph em casa. O menino mudara completamente a vida do velho Antony. Durante os três anos que se sucederam, Antony não sofreu outras crises compulsivas e praticamente não entrava mais na oficina para fabricar seus projéteis, pois ficava entretido com o neto e, assim, não lhe restava tempo para se preocupar com os próprios problemas.

Todos os dias, Mary agradecia por Joseph existir e sentia que, mesmo sendo o neto uma criança especial e tendo vários problemas causados pela Síndrome de Down, ele tinha muita vontade de aprender a escrever. Ao lado da avó, Joseph evoluíra bastante a fala e aprendera a desenhar na mesa que Antony construíra para que o neto ficasse ao seu lado pintando enquanto ele assistia à TV.

Intuitivamente, Joseph aprendeu a fazer desenhos muito interessantes, com personagens e histórias engraçadas, como se fossem quadrinhos infantis. No entanto, o que chamava a atenção de todos em seus desenhos eram duas crianças, uma menina e um menino, que andavam sempre de mãos dadas pela rua. A menina vestia azul claro, e o menino usava um macacão jeans e segurava um cobertor velho debaixo do braço. O mundo dos seus personagens, no entanto, não era o mundo comum; eles viviam em um mundo que Joseph criara e que ele costumava chamar de "mundo dos sonhos". O garotinho retratava algo que ele via em seus sonhos. Algo muito real que ele vivenciava enquanto dormia.

No dia em que Parker foi buscar Joseph para comemorar seu aniversário de seis anos em sua casa em Manchester, Mary mostrou-lhe vários desenhos que Joseph pintara durante a semana. Parker, por sua vez, ficou maravilhado ao ver aquilo.

Mary enfatizou:

— Parker, seu filho me disse que deseja ser escritor um dia. Ele sempre desenha essas crianças com círculos luminosos em volta da cabeça, e elas estão sempre sorrindo. Mas é estranho... Ele me disse também que elas são mudas. Joseph comentou que elas se comunicam por meio dos seus sonhos, num mundo além desse.

— Que estranho! Você acha isso normal, mamãe?

— Estranho por quê? Não seja bobo, Parker! Isso é incrível! Não está vendo a evolução e a criatividade que seu filho possui?

— Será que é melhor levá-lo a algum psicólogo? Talvez Joseph esteja com problemas.

Muito brava, Mary olhou para Parker e respondeu prontamente:

— Se você levar meu neto a esses doutores malucos, eu lhe darei uma surra, rapaz! Nem pense em fazer isso com ele! Joseph pode ter vários problemas, mas maluco ele não é.

— Tudo bem, mamãe. Não foi isso que eu quis dizer. Calma.

— Ele é um artista, meu filho! Você não percebe? O que você precisa fazer é estimulá-lo, em vez de levá-lo para esses psiquis... psics... sei lá o quê! Esse negócio que você disse aí.

— Psicólogos, mamãe.
— Isso mesmo.
— Como eu posso ajudá-lo a se desenvolver?
— Bom... Como ele deseja ser um escritor, eu tenho comprado vários livros de histórias infantis com parte do dinheiro que você me dá todos os meses. Todas as noites, antes de dormir, eu sento ao lado da cama e conto as histórias para ele.
— O que isso significa?
— Eu costumo comprar muitos livros de um escritor francês chamado Pierre Perrin. Ele é um autor consagrado mundialmente e publica livros de contos infantis, repletos de gravuras interessantes. Joseph adora as histórias de Pierre. Ele passa o dia folheando os livros e vendo as gravuras. Joseph ainda não sabe ler, mas, se soubesse, tenho certeza de que ficaria o dia todo lendo os livros de Pierre. Ele adora esse autor.
— Nossa! Eu nunca imaginei que Joseph gostasse tanto de livros, muito menos que quisesse se tornar um escritor um dia.
— Essa é a mais pura verdade, Parker.
— Obrigado por me mostrar os desenhos, mamãe. Vou pensar em algo para ajudá-lo a se desenvolver.
— Até logo, Parker.
— Até logo, mamãe. Amanhã, eu trarei Joseph de volta.
— Tudo bem! Divirtam-se, e evite contratempos com aquelas mulheres riquinhas e entojadas!
— Não se preocupe, mamãe. Dará tudo certo.
— Assim espero. Até logo.

No carro.
Parker pediu a Joseph que se sentasse no banco de trás do veículo e seguiu em direção a Manchester, onde comemorariam o aniversário de seis anos do garotinho.
No último ano, o relacionamento entre Parker e Clara parecia ter melhorado bastante. Pelo menos, ele conseguira evitar a separação definitiva. No fundo, tanto Parker quanto Clara pareciam desejar uma reconciliação mesmo ante tantos conflitos não resolvidos que envolviam suas vidas.

209

Sem a presença de Joseph em casa, Clara voltou a dormir com Parker em alguns dias da semana. No entanto, Parker sentia certa frieza e distância por parte de Clara, quando ela estava ao seu lado. Era algo esquisito e incompreensível para ele. Era como se estivessem levando uma vida sem sentido, uma grande ilusão. A única certeza que tinha era de que ambos não queriam tocar nas velhas feridas do passado, evitando, assim, falar sobre o futuro de Joseph, dos bens da família e da companhia. Tudo isso para não estragar o que parecia ser um recomeço para o casal.

Empolgado com a evolução das coisas, Parker acreditava que o aniversário de seis anos de Joseph podia selar de uma vez por todas as pazes com Clara. Pelo menos esse era o objetivo principal da festa.

No entanto, todo seu esforço fora em vão. Assim que Parker chegou em casa de mãos dadas com Joseph e abriu a porta, Clara se levantou do sofá e começou a gritar:

— Olha aí, pessoal! Apresento-lhes meu querido marido e seu querido filhinho retardado! Vejam como ficam bonitinhos de mãos dadas!

Sem entender a reação de Clara, Parker olhou-a assustado. No entanto, ela não parou e continuou o deboche. Estava nitidamente bêbada:

— Como os dois homenzinhos estão? Olhe aqui, filhinho! Mamãe comprou bexigas: uma para você e outra para seu papai — Clara despregou as bexigas da parede e deu uma para Joseph e outra para Parker.

Clara estava completamente bêbada. Enquanto Parker dirigia de Wigan a Manchester, ela abriu uma garrafa de uísque e a bebeu inteira com as amigas.

Sem pensar nas consequências de seus atos, ela continuou ofendendo Parker e Joseph:

— Essa festinha vai ser de arrebentar, Parker! Família perfeita é assim mesmo: comemora aniversário com todos reunidos e felizes, não é, querido? — Clara abraçou Parker com uma mão, enquanto segurava o copo de uísque com a outra. — Eu gostaria de propor um brinde à família perfeita! — disse ela cambaleando, quase caindo no chão.

Clara soltou os braços de Parker e foi até a sala para pegar mais uma dose de bebida. No meio do caminho, tropeçou no tapete e caiu no chão, estilhaçando o copo de vidro em vários pedaços.

O pequeno Joseph não conseguia entender o que estava acontecendo e não reconhecia a própria mãe. Assim que o copo de vidro se estilhaçou no chão, ele se assustou com o barulho e começou a gritar que estava com muito medo daquela mulher. Clara estava transfigurada e parecia uma completa estranha para Joseph.

O garotinho apertou a mão do pai com força e pediu chorando:

— Papai, eu quero ir embora para a casa da vovó gorda. Eu odeio essa mulher. Eu odeio todo mundo deste lugar.

Parker não teve coragem de dizer ao filho que aquela mulher era sua mãe. Afinal, que imagem ele guardaria dela?

— Papai, eu quero ir embora. Vamos! Por favor — ele gritava e chorava.

Sentindo muita pena do filho, Parker resolveu partir. Joseph ficara transtornado e entrara em pânico com a gritaria e o escândalo que Clara causara. Priscilla e Christine tentaram acalmá-la, mas nada adiantou, pois elas também estavam bêbadas e não pareciam se importar com o pequeno Joseph. Afinal, após tanto tempo afastado do convívio com a família Harrison, o menino se tornara um estranho e um peso morto para aquelas pessoas.

— Aonde você vai, Parker? — perguntou Priscilla.

— Vou embora, Priscilla. É impossível ficar aqui.

— Não vá embora, Parker. Clara ama o Joseph. Tente compreender a situação. Ela não consegue se livrar do vício da bebida — Priscilla tentou remediar a situação, mas já não havia mais conserto.

Percebendo o descaso de Clara e frustrado por ter encontrado a esposa totalmente embriagada e fora de si no aniversário do próprio filho, Parker se retirou da festa nervoso e entrou no carro com Joseph.

Na estrada, Parker acelerou o veículo enlouquecidamente rumo a Wigan, chegando a alcançar 140 quilômetros por hora. No banco de trás do carro, Joseph chorava assustado:

— Papai, eu não quero morrer! Por favor, vá devagar!

Ao ouvir o pedido desesperado de Joseph, Parker respirou fundo, e segundos depois, voltou à sua plena consciência. Nesse momento, ele percebeu que estava totalmente envolvido pela ira.

— Papai, eu quero lhe dizer uma coisa e depois quero lhe pedir outra coisa. Posso?

A essa altura, Joseph já estava mais calmo, e Parker diminuiu a velocidade do carro.

— Pode dizer. O que você quer, meu filho?

— Por que aquela moça mentiu para você, papai?

— Que moça? A Priscilla?

— Acho que sim. Aquela moça que disse para você não ir embora.

— Ela mesma, a Priscilla. O que tem ela?

— Você precisa dizer a ela que é muito feio mentir. Ela já é adulta, mas ainda não aprendeu isso.

— O que ela disse de errado?

— Você não escutou? Ela disse que não era para irmos embora, pois a moça que quebrou o copo me ama muito.

Parker olhou para o retrovisor do carro e viu Joseph, com o semblante sério, observando a paisagem que passava pela janela do carro.

— Você tem razão, Joseph. Ela não queria que a gente ficasse lá e mentiu.

— Mentir é muito feio, papai.

— Eu também acho, Joseph. Eu farei tudo o que você desejar. O que você mais quer na vida?

— O que eu mais quero?

— Sim. Diga uma coisa que deseja muito realizar.

— Eu quero conhecer o escritor Pierre Perrin. Isso é o que eu quero na vida.

O pedido desconcertou Parker completamente. Ele imaginou que Joseph pediria qualquer coisa: talvez um sorvete de flocos ou até mesmo um brinquedo, mas nunca aquele tipo de coisa. Contudo, já estava na hora de começar a compreender melhor seu filho e saber que ele tinha o costume de dizer sempre o que queria, sem rodeios, sem firulas e na hora que bem entendia. Se Joseph desejava algo é porque desejava realmente. Mas, se ele não queria, não queria e pronto! Joseph odiava mentiras e enganações e tinha uma característica peculiar dos portadores de Down: a sinceridade. O garotinho era verdadeiro em suas colocações. Suas atitudes e palavras eram tão diretas que às vezes chegavam a ser desconcertantes.

212

Enquanto diminuía a velocidade do carro, Parker se deixou levar pelos pensamentos e decidiu colocar uma fita cassete de Rick Backer no carro para escutar sua música preferida: "The White Lotus". De repente, vieram à sua mente imagens do dia em que ele levara Joseph ao Estádio Anfield Road, em Liverpool, para assistir ao jogo de futebol entre o Liverpool Football Club e o Manchester United Football Club.

Nesse dia, algo muito estranho aconteceu com Joseph. Parker e o garotinho estavam sentados na primeira fileira do estádio, quase à altura do gramado, quando Parker gritou desesperado para o juiz marcar um pênalti a favor do Manchester United. Calmo, Joseph estava sentado na cadeira ao lado do pai e mantinha um saco de amendoins no meio das pernas. Na verdade, o garotinho parecia não estar ali. Era como se ele fosse um mero coadjuvante no evento.

De repente, Joseph colocou alguns amendoins na boca sem se importar com o que acontecia no campo e virou para o lado, onde um senhor, que aparentava ter aproximadamente sessenta anos, estava sentado. Ele disse:

— Por que o senhor não está gritando como todos?

O homem olhou feio para Joseph e não respondeu nada. Mesmo assim, Joseph insistiu:

— O senhor só veio aqui, porque não estava aguentando ficar em casa, não é?

Parker já estava se acalmando perante o juiz, que não marcara um nítido pênalti a favor de seu time favorito. Ele, então, se sentou na cadeira e percebeu que Joseph tentava dizer algo ao senhor que estava sentado ao seu lado.

Parker começou a fazer de conta que não estava prestando atenção e passou a escutar o que Joseph dizia ao homem mal--encarado, que vestia uma calça de linho preta amassada e uma jaqueta de lã bordô.

Joseph perguntou ao homem:

— Por que o senhor está tão triste?

O homem se manteve quieto e não respondeu nada ao garoto. Certamente, ele pensava: "Esse menino retardado não tem o que fazer? Por que ele não para de me atormentar e engole esse saco de amendoins?". O homem, no entanto, não esperava que a verdade viesse à tona por meio de breves palavras proferidas por Joseph. Ele disse:

213

— Em ver de vir ao estádio assistir a esse jogo chato, o senhor deveria voltar para casa e pedir desculpas à sua esposa pelo que fez com ela, sabia? Ela está em casa chorando, enquanto o senhor está aqui se divertindo. Isso não está certo. O senhor disse coisas muito feias para ela e depois bateu em sua esposa. E tem mais: o senhor nem sequer está prestando atenção ao jogo, de tanto remorso que está sentindo. Por que o senhor não vai embora para casa e pede desculpas para sua esposa?

O homem mal-encarado olhou para Joseph completamente assustado e se levantou esbravejando para Parker:

— Você é o pai desse garoto?

— Sim, eu sou.

— O que esse menino tem, afinal? Que droga! Vou embora daqui agora mesmo — o homem se levantou e foi embora, resmungando e levantando os braços com raiva.

De certa forma, foi engraçado ver aquele brutamontes se render às palavras simples e diretas do pequeno Joseph. No entanto, daquele dia em diante, Parker começou a reparar que seu filho possuía uma sensibilidade que extrapolava a normalidade. Joseph tinha facilidade para ler os pensamentos das pessoas que se aproximam dele, como se algo invisível o conectasse a elas. Uma espécie de simbiose energética — um acesso direto aos pensamentos alheios.

Parker voltou a atenção para a estrada, enquanto a música de Rick Backer tocava. Bem mais calmo, Joseph perguntou:

— Papai, você não escutou o que eu lhe disse? Por acaso o senhor está sonhando?

— O que você disse, filho?

— Eu disse que quero conhecer o escritor Pierre Perrin.

— Desculpe, eu estava me lembrando do dia em que fomos ao estádio de futebol e você assustou aquele senhor. Lembra-se?

— Claro que eu lembro. Ele ficou furioso comigo. Tenho certeza de que ele voltou e pediu desculpas para a esposa naquela tarde.

— Tem razão, meu filho.

— Não quero falar sobre aquele homem, papai. Eu quero saber se o senhor me levará até Pierre Perrin, pois quero muito conhecê-lo.

— Posso levá-lo, mas como o encontrarei? Não sei onde ele vive, não sei em que cidade ele mora, não sei nada sobre ele.

— Você é inteligente, papai. Eu sei que descobrirá.

Novamente, a afirmação de Joseph deixou Parker desconcertado. O garoto dizia as coisas com tanta convicção que tudo o que ele desejava acabava se tornando realidade. O garotinho sabia que o pai tinha a capacidade de encontrar o escritor Pierre. Bastava apenas um pouco de boa vontade e disposição.

— Tá bom, filho. Prometo que descobrirei algo sobre ele — Parker respondeu.

— Papai, você sabe que promessa feita deve ser cumprida, não é?

— Eu sei, pequeno Joseph. Você sempre me diz isso. Como me esqueceria disso?

— É assim mesmo, papai. Está começando a aprender como as coisas funcionam. Não pode mentir nem enganar as pessoas daqui em diante.

Como a maioria dos portadores da Síndrome de Down, Joseph era quase um professor de ética e boa conduta perante o próximo, algo difícil de observar em uma criança comum.

Minutos depois, na casa de Mary.

— Parker, já está de volta? O que aconteceu?

— Conforme você disse mamãe, a família Harrison é muito estranha. Estou decepcionado e desiludido com Clara.

— Eles continuam rejeitando nosso pequeno Joseph, não é?

— Sim, senhora — Parker respondeu com um nó na garganta.

— Não se preocupe, meu filho. Tudo vai se encaixar. Deus é providente.

— Espero que sim, mamãe, pois não está sendo fácil!

— Eu sei. Não se preocupe. Vamos mudar de assunto?

— Sim, senhora. Vamos mudar de assunto. A propósito, me parece que Joseph se tornou mesmo um fã incondicional do tal escritor Pierre Perrin.

— Por que está me dizendo isso?

— Enquanto dirigia para cá, ele me contou que seu maior desejo é conhecer o escritor Pierre Perrin pessoalmente.

215

— Verdade? Que boa notícia!

— O problema é que não sei onde posso encontrar esse homem.

— É simples, espere um pouco. Vou pegar uma coisa e já volto.

Mary correu até o quarto de Joseph e trouxe um livro consigo.

— Pegue, Parker. Na contracapa deste livro tem o telefone da editora que o publicou. Você pode ligar e perguntar se Pierre vai realizar alguma tarde de autógrafos em algum lugar. Dependendo da resposta, você pode levar Joseph para conhecê-lo pessoalmente. O único problema é que ele deve morar na França.

— França?

— Sim, Pierre Perrin é um escritor francês.

— Tudo bem, se for para realizar o sonho de Joseph, voaremos até lá. Amanhã vou pedir para Sonia fazer algumas ligações, e se tudo der certo partiremos ao encontro de Pierre.

— Obrigado, mamãe. Amanhã estarei de volta com notícias de Pierre. Cuide bem do nosso querido Joseph.

❖❖❖

Parker não imaginara que seria tão fácil descobrir o paradeiro de Pierre Perrin. Conforme o esperado, ele vivia na França, mas não em Paris. Perrin vivia isolado no interior do país, na região de Limousin, numa cidadezinha chamada Collonges-la-Rouge, que tinha menos de quatrocentos habitantes. Na verdade, Collonges-la-Rouge não era exatamente uma cidade, mas sim um pequeno vilarejo.

O editor de Perrin, Jean Montreux, disse a Sonia, secretária de Parker, que na semana seguinte o escritor estaria presente no encontro nacional de escritores infantis em Paris. No segundo dia do encontro, ele participaria da sessão de autógrafos de seu novo livro no estande da própria editora. O encontro reuniria as trinta maiores editoras do segmento infantil da Europa e por isso era muito importante que Parker chegasse cedo para conseguir um autógrafo e uma foto com o autor. Montreux disse também que o encontro em Paris costumava atrair muita gente, pois, além dos estandes tradicionais de livros, estariam presentes muitos artistas consagrados do teatro infantil, realizando brincadeiras interativas, e haveria barracas de doces, brinquedos educativos e muitas outras atrações que aconteceriam ao ar livre na praça externa do pavilhão de exposições.

Na noite seguinte.
— Boa noite, mamãe.
— Boa noite, Parker. Entre.
— Tenho boas notícias para o nosso pequeno Joseph. Onde ele está?
— Por que você está tão ansioso e feliz?
— Estou feliz, porque descobri que Pierre Perrin estará em Paris autografando seu novo livro na próxima semana. Isso significa que eu e Joseph poderemos embarcar dentro de cinco dias.
— Vai viajar com ele para a França?
— Sim, ele está bem crescido. Já tem seis anos de idade, esqueceu?
— Sim, mas ele nunca saiu daqui, Parker. Se ele ficar com medo do avião e perder o controle a bordo? Tenho muito medo de que ele se assuste com a multidão que vai a esses eventos.
— Não tem problema. Vai dar tudo certo, dona Mary. Ele vai adorar conhecer pessoalmente seu grande ídolo.
— Sinceramente, não estou gostando muito dessa ideia. No entanto, se é para deixá-lo feliz, tudo bem.
— Eu me sentirei muito feliz em fazer alguma coisa útil para meu filho, afinal não tenho sido um pai muito presente ultimamente.
— Não se culpe, Parker.
— Estou tentando, mamãe. Mas é a pura verdade.
— Neste caso, vou avisar Antony, pois sei que ele também não vai gostar muito da ideia. No entanto, direi que aprovo a viagem, e ele aceitará de bom grado.
— Como assim? Está conseguindo domar a fera?
— Eu não! Quem está domando a fera é o seu filho!
— Não acredito! — Parker respondeu sorrindo.
— A fera foi domada, meu filho. Acredite.
Repentinamente, Joseph saiu do quarto e foi ao encontro do seu pai.
— Eu ouvi o que o senhor e a vovó estavam conversando, papai. Nós vamos nos encontrar com Pierre? É verdade?

— É verdade, Joseph. Vamos a Paris para participar da feira do livro e pegar um autógrafo do seu autor preferido.

— Isso é muito legal! Já posso arrumar minhas coisas?

Parker olhou para Mary levantando as sobrancelhas e se surpreendeu com a resposta rápida do garoto.

— Pode sim, meu filho. Comece a arrumar suas coisas. Mas não se apresse, pois só vamos embarcar dentro de cinco dias.

— Tudo bem, papai. Não tem problema. Vou arrumar as coisas bem devagarinho.

De fato, o medo de Mary parecia não fazer sentido, pois, com seis anos de idade, Joseph já se portava como um adulto.

Capítulo 17
Rumo a Paris

Na semana seguinte.

Dentro do avião, Joseph estava muito calmo e assim permaneceu durante o voo. O garotinho nem se importou com as costumeiras turbulências que aconteciam quando as aeronaves sobrevoavam o Canal da Mancha.

Sentado ao lado do filho, Parker estava se sentindo muito feliz por poder proporcionar algo tão importante e diferente para Joseph. No entanto, era perceptível que as pessoas continuavam tendo o péssimo costume de olhar para o menino com estranheza. Contudo, Parker já se acostumara com a reação das pessoas e não se importava mais com a indiferença de muitos.

Assim que desembarcaram no Aeroporto Charles de Gaulle, em Paris, pegaram um táxi e seguiram para o Résidentiel Fleurs. Um lugar simples, porém acolhedor, localizado a menos de cem metros da Praça da Concórdia, na Avenida Flouquet, nos arredores da Torre Eiffel. Parker fez rapidamente o *check-in* e à tarde levou o filho para passear pelas ruas próximas.

Joseph gostava muito de doces, especialmente dos coloridos que costumeiramente ficavam expostos nas vitrines das típicas rotisserias francesas. Era estranho, mas para o garotinho as cores pareciam ter vida. Às vezes, ele dizia ao pai que as cores possuíam som, e era exatamente por isso que ele gostava tanto de olhar as vitrines coloridas repletas de doces, pois, além de gostosos, aquelas guloseimas emitiam maravilhosas notas musicais. Parker não entendia aquilo, mas aceitava e achava interessante a forma como o filho enxergava o mundo. No mínimo, era uma boa estratégia para conseguir que seu pai comprasse os deliciosos doces para ele.

De fato, quanto mais Joseph crescia, mais ele se mostrava uma criança diferente das outras. Pelo menos Parker nunca ouvira falar de alguém que tivesse características psíquicas iguais às dele.

No final da tarde, Parker e Joseph voltaram ao residencial e subiram ao quarto para descansar para o dia seguinte.

19 de abril de 1993.

O dia que antecede o tão esperado evento seria ímpar e inesquecível para Parker e Joseph. Amanhecera tão frio e chuvoso que pai e filho mal tinham vontade de sair do quarto do hotel. No entanto, Parker fez um esforço e decidiu sair. Atravessariam o quarteirão para almoçar numa lanchonete que dona Clarice, proprietária do Résidentiel Fleurs, indicara.

Clarice era uma mulher de quase cinquenta anos, muito simpática, amigável e prestativa. Ela sugerira aos dois que fossem até a Avenida Suffren, do outro lado do quarteirão, para comer um suculento e delicioso hambúrguer americano e uma torta de maçã bem quentinha de sobremesa. Era exatamente aquilo que Joseph e Parker queriam comer naquele momento: algo rápido e suculento.

Parker e Joseph caminharam pela rua completamente vazia e, assim que viraram a esquina, avistaram a tal lanchonete. Os dois, então, saíram correndo como duas crianças, tentando escapar do vento frio e cortante.

— Ufa, filho, nós conseguimos! Vamos pedir alguma coisa para comer?

— Eu quero um cheeseburger completo, papai.

Imediatamente, as pessoas que estavam na lanchonete começaram a cochichar e comentar sobre a estranha aparência de Joseph. Parker percebeu, mas não se importou com os comentários.

— Por favor, dois cheeseburgers completos, dois refrigerantes e uma torta de maçã.

— Uma torta bem quentinha, hein, moça! — escondido atrás do balcão da lanchonete, Joseph pediu.

A atendente sorriu para Parker e virou as costas para preparar os pedidos.

Depois de se sentarem à mesa e de os pedidos chegarem, Parker perguntou:

— Está gostoso, filho?

— Sim, está muito gostoso. Papai, amanhã nós vamos conhecer o Pierre, não é?

— Por que está tão ansioso filho?

— Não aguento mais ficar dentro daquele quarto de hotel assistindo à TV. Eu quero ir logo para a feira dos livros. Vamos sair bem cedo, não é?

— Sim, amanhã bem cedo, nós pegaremos um táxi e partiremos para a praça de exposições. Segundo o editor de Pierre, ele só estará no estande depois das duas horas da tarde. Acho melhor chegarmos mais cedo, por volta das dez ou onze horas da manhã, para aproveitarmos as outras atrações que estarão acontecendo do lado de fora do pavilhão. Temos que torcer para não chover amanhã.

— Não choverá amanhã. Eu sei.

— Como tem tanta certeza?

— Eu apenas sei.

Parker limpou a boca de Joseph com um guardanapo de papel e, em seguida, limpou as mãozinhas do filho. Depois, jogaram as embalagens no lixo e se levantaram para ir embora.

— Que tal darmos uma volta naquele lindo jardim que fica perto da Torre Eiffel? — Parker perguntou.

— Podemos ir, papai. Mas antes, o senhor pode me pegar no colo?

— Está com medo de alguma coisa?

— Não, eu só quero lhe contar um segredo.

Parker estava vestindo uma jaqueta de veludo preta, calça jeans e tênis. Joseph usava uma blusa de lã azul-marinho com gola rolê e uma calça de veludo cinza. Parker colocou o filho no colo, ficando frente a frente com ele.

— Que segredo quer me contar, mocinho? — Parker fez uma cara de bravo, mas usou um tom de brincadeira.

— Encoste seu ouvido perto de minha boca que eu lhe conto, papai.

— Pronto, filho. Pode dizer.
— Papai, eu te amo!

Parker não esperava que Joseph lhe dissesse aquilo. Foi a primeira vez que ele ouviu aquelas palavras saindo da boca de seu filho. Isso foi demais para Parker, afinal, se Joseph estava dizendo que o amava era porque realmente o amava. O menino era muito sensível, não conseguia mentir.

Outra vez, Parker fora surpreendido pelo pequeno Joseph. Ele ficara totalmente sem reação. As pessoas que estavam na lanchonete logo perceberam o impacto que as breves palavras causaram em Parker e também ficaram emocionadas.

Parker tentou evitar a emoção, mas não conseguiu. Ele abraçou Joseph com força, e os dois ficaram parados em frente à porta de saída da lanchonete por alguns segundos.

As mesmas pessoas, que antes olhavam com indiferença para Parker e Joseph, começaram inexplicavelmente a chorar em silêncio, inundadas pela forte vibração de amor que emanava daquele pai e do seu filho supostamente deficiente mental.

Observar a reação das pessoas não era algo comum para Parker. Ele respirou fundo, virou-se com Joseph no colo e agradeceu a garçonete pela atenção prestada. Depois, colocou o menino no chão, vestiu as pequenas luvas de lã no filho, e os dois saíram de mãos dadas, caminhando calmamente rumo ao jardim da Praça da Concórdia, que ficava a duas quadras dali.

Na praça.

Assim que entraram no imenso jardim repleto de flores coloridas e lindas árvores da Praça da Concórdia, aos pés da Torre Eiffel, Parker sentiu que aquele breve instante se transformaria em algo eterno, como acontece em uma fotografia.

Os caminhos envoltos por flores, pássaros e árvores promoviam uma intensa sensação de amparo, reencontro, amor e alegria para aquele pai e seu filho. De fato, parecia que Parker já tinha visto aquela cena em algum lugar, pois o sentimento de paz era tão forte que inundara seu coração com gratidão.

Parker não conseguia compreender o que estava acontecendo naquela tarde fria e chuvosa. Ele queria apenas caminhar de mãos dadas com seu filho pelo belo jardim, admirando aquela incrível cena que tinha a Torre Eiffel ao fundo, como se não houvesse mais amanhãs, mas somente o presente, envolto por uma felicidade plena. E assim caminharam, brincaram, comeram pipoca e até rolaram na grama.

Inesperadamente, naquela tarde, Joseph se mostrara um grande adorador de cães, mais especificamente dos labradores. Todos os labradores que passavam acompanhados de seus donos pela praça, de alguma maneira, eram atraídos pelo garotinho. Algumas pessoas paravam com seus cães e interagiam com Joseph com muita educação, o que para ele era uma imensa alegria.

Uma das pessoas que pararam para conversar com Joseph era um educado senhor de aproximadamente setenta e cinco anos de idade, um típico parisiense que adorava passear com seu cão no fim da tarde pelas redondezas da Torre Eiffel.

Além de deixá-lo brincar com Claude, seu lindo labrador marrom, o homem tirou uma fotografia com sua câmera Polaroid automática dos três juntos: Parker, Joseph e Claude.

Parker se agachou, abraçou o filho e o cachorro, enquanto o simpático senhor tirava uma linda foto para Parker guardar de recordação.

Joseph adorou a fotografia e pediu que seu pai a guardasse dentro da carteira, pois assim nunca se esqueceria do amigo Claude, o cão, que não parava de lamber a perna do garotinho e balançar o rabo, alegre por estar ao lado de Joseph.

Por fim, Parker e Joseph se despediram do senhor e o agradeceram pela fotografia. O tempo passara tão rápido, que, quando Parker se deu conta, já estava quase anoitecendo.

Para muitos franceses, aquele era um simples fim de tarde aos pés da torre mais famosa do mundo, mas, para Parker e o pequeno Joseph, aquela tarde se transformara na mais feliz de suas vidas.

20 de abril de 1993.

Na manhã seguinte, Parker acordou cedo para arrumar as roupas de Joseph para poderem seguir para a tão desejada feira do livro infantil de Paris. Ele abriu a cortina do terceiro andar do hotel onde estavam hospedados, olhou para fora e viu um lindo sol brilhando no horizonte. Não havia uma nuvem sequer no céu.

— Meu Deus, que dia lindo! — exclamou Parker.

— Não está chovendo, não é, papai? — Joseph perguntou, espreguiçando-se na cama de casal.

— Não, meu filho. Está um dia ensolarado e lindo.

— Eu sabia!

Apesar de ser um menino ativo e muito criativo, Joseph não costumava rir. Ele sempre dizia coisas engraçadas e irreverentes, mas raramente sorria. Por algum motivo, o pequeno Joseph parecia não sentir alegria pela vida. Era como se ele vivesse em um imenso vazio, resultado, talvez, das sequelas provenientes da forte rejeição de Clara desde sua gestação.

Naquele dia em especial, o semblante de Joseph estava mais triste que o normal. Mas aquele deveria ser o grande dia, em que ele encontraria seu ídolo favorito. No entanto, algo de estranho estava acontecendo com o pequeno Joseph. Ele acordara calado, cabisbaixo e com olhar distante, talvez pressentindo que algo muito ruim estava prestes a acontecer.

Parker tentou entusiasmá-lo.

— Vamos, filho. Levante-se. Vamos tomar o café da manhã no restaurante do hotel, para seguirmos para a feira do livro.

Parker e Joseph tomaram uma xícara de café com leite e comeram um pedaço de bolo com manteiga. Joseph costumava comer bem pela manhã, mas naquele dia, em especial, estava sem apetite.

— Está na hora de irmos, meu filho. Vamos lá fora chamar um táxi.

— Táxi! Táxi!

— *Bonjour. Où allez-vous?* [Bom dia. Aonde vocês vão?].

— *Bonjour*. [Bom dia]. Desculpe, eu não falo francês. Por acaso o senhor sabe falar inglês?

O taxista mal respondeu a pergunta de Parker e já fechou bruscamente a porta do carro. Parker ficou parado sem compreender, mas logo outro taxista encostou e pediu para os dois entrarem no carro.

— *Bonjour* [Bom dia] — Parker falou, preocupado em cumprimentar o taxista em francês.

— Não se preocupe, senhor. Eu falo inglês. Aonde vocês querem ir?

— Queremos ir ao pavilhão de exposições, onde está acontecendo a feira do livro. O senhor sabe onde fica?

— Sim, senhor. Não é muito longe daqui. Em vinte minutos, estaremos lá.

Capítulo 18
O desencontro

Parker não imaginou que encontraria tantas pessoas no pátio externo do evento. Era apenas o início do dia, e milhares de pessoas já se debatiam tentando entrar no pavilhão de exposições.

O taxista disse:

— Vocês precisam descer rapidamente do carro. Não posso ficar aqui parado, pois há muitos ônibus chegando e saindo ao mesmo tempo.

— Tudo bem, vamos descer aqui mesmo. Tome o dinheiro. Pode ficar com o troco.

Parker pôs alguns francos na mão do taxista, abriu a porta e seguiu de mãos dadas com Joseph em direção à multidão que se aglomerava na entrada do pavilhão. Era uma praça pública onde havia dezenas de barracas de guloseimas, brinquedos, fantoches, livros, revistas, material de pintura e outras coisas, como bexigas, algodão doce e carrinhos de pipoca. Lá, havia também diversos atores andando para lá e para cá, vestindo fantasias engraçadas de personagens infantis.

Sem dúvida, era um ambiente lúdico e muito envolvente para os adultos e ainda mais para as crianças. Para elas, era como um mundo fantástico de "faz de contas".

— Está gostando, Joseph?

Joseph ficou calado por alguns segundos, mas em seguida respondeu:

— Estou com medo desses ursos grandões, papai.

— Não são ursos, são apenas pessoas fantasiadas de urso, filho. Não precisa ter medo. Debaixo das fantasias existem pessoas.

— Por isso, estou com medo. Porque há pessoas ali dentro.

— Sinceramente, eu não esperava que houvesse tanta gente por aqui. Vamos até a bilheteria. Não solte minha mão, Joseph.

Parker entrou no meio da multidão e chegou ao centro da praça, onde havia uma fonte de água com alguns bancos e lindas árvores floridas.

Desorientado, Parker pegou Joseph no colo e parou em frente a uma pequena barraca de doces coloridos lindamente decorada. Chegava a ser difícil imaginar que as pessoas tinham coragem de comê-los.

Era uma barraca com prateleiras de madeira e coberta por um toldo listrado vermelho e branco. Os doces tinham formato de frutas e ficavam expostos em grandes cestas quadradas de vime, organizadas lado a lado, exatamente como nas feiras públicas de Istambul.

Cada cesta tinha um tipo de doce. Alguns tinham o formato de maçã, outros de laranja, morango, ameixa, cereja e assim por diante. Acima das cestas, na altura da cintura, havia pequenos vasos em miniatura com pequenas flores coloridas, que também eram doces.

Joseph estava vidrado ao ver aquilo. Nem piscava os olhos, parado em frente àquele show de cores e aromas. Para ele, os doces, as cores e os recheios emitiam notas musicais, portanto, ficar parado em frente à linda barraca devia ser algo comparável a estar diante de uma orquestra sinfônica.

— Moça, por favor, poderia me dar uma informação? — Parker perguntou para a dona da barraca de doces.

— Pois não, senhor.

— Onde fica a bilheteria?

— A cerca de vinte metros daqui, senhor — a moça respondeu enlouquecida, tentando atender a várias pessoas ao mesmo tempo.

— Muito obrigado, moça. Vamos até lá, filho?

— Não quero ir lá. Quero ficar aqui olhando os doces, papai. Não quero entrar no meio da multidão.

— Você não pode ficar aqui sozinho, Joseph — Parker pegou no braço do filho e o puxou com força.

— Eu não quero ir! Eu não quero ir! — ele esbravejou com o pai e puxou o braço de volta.

Todas as pessoas que estavam ali por perto ouviram o grito de Joseph. Era a primeira vez que Parker via seu filho ficar alterado daquela maneira.

227

Joseph ficou zangado e voltou a olhar fixamente para a barraca de doces, como se estivesse hipnotizado.

— Moça, posso deixar meu filho aqui? Há algum problema?

— Não tem problema, senhor. Pode deixá-lo aqui. A bilheteria é logo ali. De lá o senhor consegue enxergá-lo.

— Tudo bem. Joseph, fique parado aí e não saia do lugar. Eu já volto.

Parker entrou na fila da bilheteria, e, a cada cinco segundos, olhava para trás para verificar se Joseph continuava no mesmo lugar. Ele estava tentando encontrar o dinheiro dentro da carteira para pagar o ingresso.

Cinco minutos depois e sem qualquer explicação, Parker começou a sentir vertigens. Talvez fosse por causa do sol, que começava a brilhar no céu. Ele olhou novamente para trás e viu Joseph parado no mesmo lugar, o que o deixou aliviado.

Faltavam somente duas pessoas para chegar a vez de Parker, mas de repente uma multidão de crianças se aproximou da bilheteria, gritando enlouquecida. Eram mais de duzentas crianças invadindo a bilheteria ao lado dos professores que tentavam a todo custo organizar a bagunça.

Parker ficou desesperado, pois não conseguia mais ver Joseph no meio da multidão. E, para piorar a situação, havia ainda algumas pessoas fantasiadas de ursos e cachorros no meio da criançada.

— Próximo — gritou a moça no guichê da bilheteria.

Era a vez de Parker comprar os ingressos. Todavia ele estava muito nervoso, pois não conseguia enxergar Joseph. A opção era sair da fila e perder o ingresso ou voltar para reencontrar Joseph. Ele, por fim, decidiu permanecer na fila para não perder os ingressos.

Foi tudo muito rápido. Foram apenas quatro ou cinco minutos, o tempo suficiente para algo muito ruim acontecer com o pequeno e indefeso Joseph. Algo que Parker nunca imaginaria que pudesse acontecer com seu filho, justamente no dia mais feliz da sua vida.

Um dos bonecos vestido de urso se aproximou de Joseph e, com a voz doce e suave, disse ser seu amigo e que ele não precisava ter medo. Joseph ficou temeroso num primeiro instante, mas, em seguida, se encantou com o tal urso. O homem vestido com a fantasia perguntou se ele não queria comer algum doce, e Joseph respondeu que sim.

Com uma voz envolvente, o urso disse que, se ele o acompanhasse, lhe mostraria onde aqueles deliciosos doces ficavam guardados. O menino, então, segurou inocentemente a mão do urso e ambos saíram andando despreocupados no meio da multidão. Foi tudo muito rápido. Incrivelmente, tudo aconteceu em questão de minutos.

Assim que Joseph saiu de perto da barraca e entrou no meio da multidão, o urso o pegou no colo e saiu pulando e gargalhando até a avenida, onde um carro já estava a postos os esperando com o motor ligado.

O motorista do carro abriu a porta do automóvel, o homem retirou o capuz e colocou o menino no banco de trás. Sem hesitar, Joseph começou a gritar desesperado, ao perceber que estava sendo sequestrado. O homem, então, tapou a boca do garotinho com a mão e disse ao motorista:

— Vai logo, cara! Acelera esse carro, cara! Vai! Vai!

Parker nem imaginava o que estava acontecendo com seu filho naquele momento. Ele permaneceu na fila e continuava sentindo vertigens incontroláveis. Eram energias intrusas que o atacavam invisivelmente.

Depois de comprar os ingressos, Parker saiu cambaleando na multidão, caminhando em direção à barraca de doces. Desesperado, ele se esquivava das pessoas de forma apressada, tentando chegar à barraca. Parker pressentira que algo ruim estava acontecendo com seu filho.

Parker olhou ao redor da barraca e não encontrou Joseph. Desesperado, ele começou a gritar:

— Onde está meu filho?! Onde está meu filho?!

Todas as pessoas o olhavam assustadas, mas ninguém respondia. Ele, então, correu novamente em direção à barraca e perguntou para a proprietária.

— Moça, onde está meu filho? Eu o deixei aqui agora mesmo. Onde ele está?

— Eu não sei, senhor. Eu não sei. Ele estava sorrindo e conversando com um desses ursos fantasiados que estavam andando por aí.

— Urso? Que urso?

— Um urso marrom parecido com aquele ali.

Parker saiu correndo no meio da multidão e acabou derrubando algumas pessoas pelo caminho de tão nervoso que estava. Algo lhe dizia que Joseph estava em perigo, mas a simples ideia de tê-lo perdido deixava Parker em estado de choque.

No meio da multidão, Parker parou duas ou três pessoas e começou a sacudi-las pelos ombros, gritando desesperadamente:

— Onde está meu filho?! Onde está meu filho?!

Parker avistou um dos ursos fantasiados brincando com algumas crianças e, com raiva, seguiu em sua direção. Ele aproximou-se e tirou sua máscara com violência. Era uma moça que gritava assustada:

— O que é isso? O que é isso?

— Onde está meu filho?! Você estava falando com ele na barraca de doces, não estava?

— Não sei do que está falando, senhor!

— Sim, você sabe! Está brincando comigo, não é? — Parker a segurou com força nos ombros e a balançou como se quisesse que algo caísse de dentro da fantasia.

— Não estou brincando, senhor — a moça respondeu com medo.

Parker ajoelhou-se no chão e começou a chorar desesperado. Em seguida, uma mão pesada tocou seu ombro por trás, e uma voz grave ordenou que ele não se mexesse. Era um policial pedindo para Parker se levantar e colocar as mãos atrás da nuca. Sem entender o que estava acontecendo, Parker sentiu suas mãos sendo algemadas.

— O que é isso? O que está acontecendo aqui? — Parker gritou desesperado.

Como Parker não sabia falar francês, foi imediatamente levado para a cabine central da polícia para dar explicações sobre sua agressividade em relação aos atores que trabalhavam no evento.

Parker foi levado até o comandante da polícia, pois somente ele falava inglês. Ele estava em estado de choque e repetia sem parar:

— Preciso encontrar meu filho! Preciso encontrar meu filho! Solte-me, por favor!

Na cabine da polícia.

— O que vocês estão fazendo com esse homem? Tirem agora mesmo as algemas dos seus braços! — o comandante policial ordenou aos guardas. — Não estão vendo que esse homem está desesperado e nervoso? Saiam daqui, seus imbecis! Deixe-o comigo.

— Meu filho desapareceu, comandante. Fui comprar ingressos e o deixei sozinho alguns minutos em frente à barraca de doces, mas ele desapareceu. Foram somente cinco ou seis minutos. Quando voltei, ninguém sabia me dizer o que havia acontecido. Só me disseram que ele estava conversando com um desses ursos fantasiados.

— Calma, senhor. Como seu filho se chama?

— Joseph, o nome dele é Joseph.

— Como ele é?

— Ele tem seis anos, é louro, tem cabelo liso cobrindo as orelhas e está vestindo uma calça de veludo cinza e uma blusa azul-marinho com estampas de animais. Ele aparenta ter apenas três anos de idade, mas na verdade já tem seis. Ele é mais baixo que as crianças normais.

— Tudo bem, tenha calma — pediu o oficial, que, em seguida, ordenou aos policiais: — Saiam todos à procura do menino agora mesmo. Abordem todas as pessoas que estão fantasiadas de urso e verifiquem se elas sabem de alguma coisa. Se notarem alguém suspeito, tragam-no aqui imediatamente. Vou passar uma mensagem pelo rádio para a recepção do evento e pedirei que anunciem no alto-falante o desaparecimento de uma criança chamada Joseph.

Parker tremia muito sentado na cadeira.

— Tenha calma, senhor. Isso é comum acontecer por aqui. Vamos encontrar seu filho. Não se preocupe.

Mesmo ouvindo as palavras consoladoras do oficial, Parker não sentia confiança. Algo lhe dizia que Joseph estava em perigo, mas ele não sabia dizer o que estava acontecendo. Parker apenas sentia algo, como se a voz de Joseph estivesse dentro de sua cabeça gritando por socorro.

Parecia um pesadelo. Uma mistura de frustração, impotência, culpa, dor e raiva, tudo ao mesmo tempo. Um completo desespero envolvia o pobre homem.

231

Alguns minutos depois, todos os alto-falantes começaram a anunciar o desaparecimento do menino, mas incrivelmente nenhuma resposta positiva chegou à cabine da polícia.

De repente, o chefe de segurança entrou na cabine, se aproximou do comandante e comunicou que não conseguiram encontrar nenhuma criança perdida com as características descritas. Parker, por sua vez, não esperou o comandante responder e se levantou da cadeira, dizendo que precisava ir embora. Ele estava em pânico e saiu correndo até a avenida principal, onde os ônibus e táxis chegavam e partiam enlouquecidamente.

Com os pés no meio-fio, Parker olhava para todos os lados como um gato arisco, tentando encontrar seu filho, mas não encontrou ninguém que pudesse ajudá-lo. Havia muita gente ao seu lado, mas todos desconhecidos. Nesse instante, Parker sentiu uma incrível dor em sua alma e um imenso desamparo.

Atordoado e quase em estado de choque, ele atravessou a avenida cambaleando sem olhar para os lados e quase foi atropelado por um ônibus. Depois disso, ainda cambaleando, caminhou até um flamboyant de caule grosso do outro lado da avenida, encostou-se na árvore e foi desabando e raspando as costas no tronco até se sentar na grama. Desesperado, apoiou a cabeça nos joelhos e começou a chorar.

A única imagem que passava em sua mente era de Joseph clamando por socorro. Ele só queria saber onde seu filho estava e com quem estava, pois o menino podia entrar em pânico a qualquer momento se percebesse que estava sozinho. Sem dúvida, esse era o maior pavor de Joseph: se sentir sozinho e abandonado.

De repente, Parker escutou alguém se aproximar da árvore, olhou para o lado e percebeu que eram dois homens aparentando quarenta anos de idade. Um deles era mais alto e possuía cabelo longo e liso. O outro era mais baixo e tinha cabelo crespo. Ambos entreolharam-se profundamente, porém de forma rápida e precisa.

Inesperadamente, Parker olhou para o rapaz de cabelos crespos e disse:

— Esta é minha vida, amigo! Preste atenção em todos os detalhes e aprenda comigo sobre o verdadeiro significado da vida. Eu lhe mostrarei tudo, simplesmente tudo.

O rapaz olhou-o assustado e estranhamente desapareceu como num passe de mágica.

Após alguns minutos encostado à árvore, Parker se levantou e começou a gritar e esmurrar o tronco de árvore com extrema raiva. Foram mais de dez socos desferidos com toda a força, até que Parker parou e percebeu que suas mãos estavam totalmente ensanguentadas e que seu dedo médio estava quebrado.

Isso, no entanto, parecia insignificante para Parker. Sua raiva era tão grande que ele nem sequer sentia dor. A única dor que sentia era a da culpa e da impotência perante a terrível situação.

Desesperado, ele foi até a beira da avenida:

— Táxi! Táxi! Leve-me até o Résidentiel Fleurs, na Avenida Flouquet. Rápido, por favor!

O taxista percebeu a aflição e os machucados nas mãos de Parker e acelerou o carro, cortando rapidamente o trânsito das movimentadas avenidas centrais de Paris.

Mal sabia Parker que este seria apenas o início de um período de grandes provações. Um período dramático, que marcaria sua vida para sempre.

Capítulo 19
O desespero de Parker

No quarto do hotel.

Ao chegar ao residencial, Parker subiu rapidamente para o quarto com o objetivo de telefonar para seu escritório em Manchester.

— Oh, meu Deus! Quem poderá me ajudar neste momento? — ele sussurrou confusamente, derrubando alguns vasos que estavam sobre o criado-mudo.

De repente, ele lembrou que solicitara à companhia telefônica que colocasse um telefone fixo na casa de sua mãe duas semanas atrás. Apressado, Parker começou a discar com a mão direita, que estava completamente machucada.

— Alô.

— Mamãe, socorro! Estou desesperado! Não sei o que fazer.

— O que foi, Parker? Onde você está? O que aconteceu com Joseph?

De alguma forma, Mary parecia saber que algo ruim aconteceria com Joseph desde que eles decidiram viajar para a França. Certamente, era sua intuição feminina funcionando outra vez.

— Joseph desapareceu, mamãe. Ele sumiu bem na minha frente, enquanto eu tentava comprar os bilhetes para o evento.

Mary começou a gaguejar e perdeu a voz por alguns segundos.

— Mamãe, você está aí? Você está aí? Fale comigo, por favor!

— Sim, estou aqui, meu filho — ela respondeu nitidamente entristecida.

— Não sei o que fazer, mamãe. Estou sozinho em Paris e muito nervoso.

— Calma, deixe-me pensar no que você pode fazer.

Muitas coisas surgiam na mente de Mary, mas ela se manteve firme e respondeu:

— Ligue para o doutor Lindenberg, o advogado da empresa.

— Farei isso.

— Ligue para ele e veja o que ele sugere. Doutor Lindenberg deve conhecer muitos policiais em Londres e isso pode ajudá-lo. Não sei o que pensar, meu filho! Onde está Joseph? Você sabe que ele entra em pânico e chega a perder a respiração quando se vê sozinho, principalmente no escuro. Se a polícia não o encontrar, ele corre risco de morte, meu Deus!

Parker não quis mais ouvir as palavras de desespero de Mary e desligou o telefone para ligar em seguida para Lindenberg.

— Sonia, ligue para Lindenberg. É uma emergência.

— Vou passar a ligação agora mesmo, senhor Parker.

— Alô!

— Doutor Lindenberg?

— Sim, o que aconteceu, Parker? Sonia disse que você está muito nervoso. Onde você está? Não era para estar em Paris com seu filho, na feira do livro?

— É exatamente por isso que estou telefonando para você. Estou em Paris. Aconteceu algo muito ruim por aqui, Lindenberg!

— Meu Deus, o que houve? Algum acidente? Você está machucado?

— Não, eu estou bem. O problema é com Joseph. Ele desapareceu, e não tenho a mínima ideia de onde ele esteja. Meu filho simplesmente desapareceu.

— Oh, meu Deus! Isso é muito grave, Parker! Deixe-me fazer uma ligação. Fique na linha e não desligue.

— Não me deixe na linha, Lindenberg. Por favor, estou desesperado! Para quem você vai ligar?

— Para um amigo em Londres. Não saia da linha.

Parker esperou alguns minutos, e Lindenberg retornou a ligação tentando acalmá-lo.

— Estava falando com um amigo que é detetive em Londres. Ele se chama Cameron e trabalha na polícia há mais de trinta anos. Tem muita experiência com esses casos e disse para não alertarmos a polícia francesa ainda. Ele acredita que seu filho realmente tenha sido sequestrado.

235

— Sequestrado? Como assim? Quem faria isso?

— Você agora é o presidente de uma das maiores construtoras da Inglaterra, só por isso.

— O que eles querem?

— Dinheiro, oras! O que mais os bandidos querem, Parker?

— Eu não tenho muito dinheiro assim! Tudo o que eu tenho são alguns investimentos, minha casa e o carro que comprei no ano passado. Dinheiro da empresa é dinheiro da empresa. Eu nunca mexo no que não é meu. Você sabe muito bem disso, Lindenberg.

— Eu sei, mas esses bandidos não querem saber, Parker. Eles querem dinheiro e pronto!

— O que o detetive Cameron sugeriu?

— Primeiramente, que não chame a polícia, porque sequestradores não gostam de policiais. Se fizer alarde aí em Paris, os sequestradores podem ficar nervosos e machucar seu filho.

— Não, isso não! Nem pensar em machucar o Joseph. Pelo amor de Deus, isso não. Ajude-me, Lindenberg. Ajude-me, por favor! Estou desesperado. Joseph tem problemas respiratórios e pode entrar em pânico a qualquer momento.

— O momento agora é de manter a calma e agir racionalmente, Parker. Não faça nada. Ficarei em contato com o detetive Cameron e aguardarei até amanhã, para ver se os sequestradores entram em contato para pedir o resgate.

— Eu pago o que for preciso para salvar meu filho. Diga a eles que dinheiro não é problema. Estou correto, Lindenberg?

— Sim, Parker. Vamos aguardar, pois acredito que eles entrarão em contato até amanhã. Se tiver notícias, eu ligarei para o local onde você está hospedado. Passe-me o número do telefone, por favor.

Parker colocou o telefone sobre o criado-mudo e começou a procurar o número perto da cama, mas não encontrou nada. Ele pegou a Bíblia sagrada que estava debaixo do telefone, abriu a primeira página e encontrou uma etiqueta com a logomarca do Résidentiel Fleurs com o endereço e o telefone.

— Lindenberg, anote o telefone do residencial onde estou hospedado.

— Parker, eu sei que não vai ser fácil, mas tente manter a calma. Amanhã, voltaremos a nos falar.

— Oh, meu Deus! Ajude-me, Lindenberg. Eu só tenho você agora.

Parker não conseguira pregar os olhos durante a madrugada de tanta preocupação. Estava muito cansado e sua mente estava ficando cada vez mais confusa.

Por volta das onze horas da manhã, o telefone tocou, e Parker correu para atender.

— Encontraram Joseph? Diga-me que encontraram meu filho, Lindenberg.

— *Monsieur...* [Senhor...] — era a proprietária do residencial. — Eu estou ligando para saber por que o senhor não desceu para tomar o café da manhã com seu filho.

Parker desligou o telefone sem responder e colocou as mãos no rosto demonstrando desespero.

O telefone tocou outra vez. Parker atendeu esbravejando:

— Que droga! Não quero tomar café da manhã! Parem de ligar para meu quarto!

— É uma ligação de Londres para o senhor. Por favor, aperte a tecla nove e atenda a outra linha. Obrigada.

— Lindenberg, é você?

— Sim, sou eu. Como você está, Parker?

— Acharam Joseph?

— Infelizmente, não temos nenhuma notícia de Joseph até o momento. Ninguém ligou pedindo resgate. O detetive Cameron acha que é uma estratégia dos sequestradores. Quanto mais eles demoram a entrar em contato, mais alto é o valor do resgate. É assim que esses desgraçados agem. Eles trabalham usando a pressão.

— Isso não pode estar acontecendo, Lindenberg. Não é possível! Há dois dias, eu estava com ele andando no jardim próximo à Torre Eiffel... Ele estava sorrindo e feliz, brincou com os cachorros, rolou na grama, e tomamos sorvete. Ele estava muito feliz, Lindenberg. Isso não pode ser verdade! Agora Joseph está desaparecido, e eu não posso fazer nada para ajudá-lo — Parker mal conseguia falar de tão nervoso que estava.

— Parker, eu sugiro que pegue o primeiro voo de volta para a Inglaterra e retorne para sua casa imediatamente. Faça isso agora mesmo. Vá até o aeroporto e compre uma passagem no guichê da companhia aérea. Você está muito abalado e não pode ficar em

Paris sozinho. Volte para Manchester. Resolveremos tudo com a ajuda do detetive Cameron.

— Farei isso. Por favor, Lindenberg, ligue para Clara e diga o que aconteceu com nosso filho.

— Farei isso.

Ao chegar a Manchester, Parker foi direto ao hospital cuidar da mão machucada e do dedo que quebrara ao esmurrar o tronco da árvore.

Clara e Lindenberg entraram no quarto para visitá-lo, e Parker disse:

— Clara, eu lhe peço desculpas. Foi um imenso descuido de minha parte. Como eu poderia imaginar uma tragédia horrível como essa? Perdoe-me. Por favor, me perdoe!

— Parker, não se culpe. Eu também estou transtornada com tudo o que aconteceu. Na verdade, acho que a culpa é toda minha. Se não tivesse dito aquelas coisas horríveis na semana passada, talvez nada disso tivesse acontecido. Eu sou a verdadeira culpada de tudo, eu sei. Sempre rejeitei nosso filho e agora estou me sentindo a pior pessoa do mundo. Você não imagina a dor que estou sentindo neste momento.

Clara lamentava-se ao lado de Lindenberg, enquanto uma enfermeira fazia curativos na mão de Parker, colocando uma tala em seu dedo quebrado.

— O que vamos fazer, Lindenberg? Não vou suportar mais nenhum dia sem notícias de Joseph.

— Amanhã cedo, iremos até Londres para falar com o detetive Cameron. Você poderá resolver isso com ele pessoalmente. Tenho uma viagem marcada para a Alemanha amanhã à noite e só retornarei na próxima semana. Vou apresentá-lo ao detetive Cameron, e tudo se resolverá da melhor maneira possível. Tenho certeza.

— Clara, não me deixe sozinho em casa. Quero que fique comigo esta noite, pois não sei o que posso fazer sem ninguém por perto. Estou quase explodindo de tanta angústia. Você dormiria em casa hoje?

— Sim, não o deixarei sozinho. Vamos encontrar Joseph logo, querido. Fique calmo.

— Joseph está completamente sozinho. Você sabe o que é isso? O coitado deve estar apavorado.

— Quem teria a coragem de fazer isso com uma criança? Quem?

— Eu não sei! É exatamente isso que está me deixando louco. Quem teria a coragem de fazer uma coisa dessas com uma criança indefesa como ele? — Parker questionava-se.

— Pronto, senhor. Os curativos já estão prontos. Se sentir dores durante a noite, basta tomar um analgésico — a enfermeira do pronto-socorro recomendou.

— Pode acreditar que vou sentir muitas dores esta noite. Dores em minha alma.

— Você me leva para casa, Clara?

— Sim, claro.

Já em casa, Parker passou a madrugada inteira acordado, andando pela casa ao lado do telefone. Ele passou mais uma noite sem dormir.

No meio da madrugada, a mente de Parker quase colapsou de tanto pensar em Joseph e em como ele estaria. Era realmente desesperador não saber se ele estava bem, se estava se alimentando, se estava tendo problemas respiratórios, ou se as pessoas que o sequestraram estavam maltratando-o. Era um turbilhão de medos, receios e preocupações, que não cessavam um segundo sequer em sua mente conturbada.

Clara, por sua vez, se sentia muito culpada, mas estava visivelmente mais conformada do que Parker, afinal ela já não convivia com o filho há pelo menos dois anos.

Na manhã seguinte, Parker saiu visivelmente abatido para se encontrar com Lindenberg. Juntos, eles seguiriam rumo a Londres para conversar com o detetive Cameron.

— Você precisa dormir um pouco, Parker... Do contrário, sua cabeça entrará em curto-circuito daqui a pouco — Lindenberg recomendou, enquanto dirigia pela rodovia.

— Não me importo comigo. A partir de agora, só me importarei com Joseph. Farei qualquer coisa para encontrá-lo. Qualquer coisa! Enquanto não tiver notícias dele, nunca mais vou dormir! Lindenberg, sou capaz de fazer tudo para conseguir meu filho de volta. Tudo mesmo.

Além do desespero, Parker estava ficando obcecado para encontrar seu filho.

— Eu imagino como deve estar se sentindo, Parker, mas tente se acalmar um pouco.

— Se o senhor tivesse filhos, conseguiria entender como estou me sentindo. A propósito, o senhor tem filhos, Lindenberg?

— Nunca tive filhos. Casei-me duas vezes, mas nunca tive filhos.

— Então, você nunca saberá como é a dor que estou sentindo.

Lindenberg calou-se e continuou dirigindo pela rodovia.

Três horas depois, eles chegaram à agência de investigação.

— Senhor Cameron, este é Parker, o pai de Joseph. É o pai do menino que desapareceu em Paris.

— Muito prazer. Sentem-se, por favor.

— Eu preciso encontrar meu filho a qualquer custo, detetive Cameron. Não sei se o senhor tem como encontrá-lo, mas pago o que for preciso para ter meu filho de volta. Se tiver contatos na França e condições de colocar uma equipe para procurá-lo, diga-me quanto isso vai custar. Não podemos perder um minuto sequer.

— Entendo, senhor Parker. Ninguém ligou pedindo resgate ainda?

— Ninguém se manifestou — Lindenberg respondeu prontamente.

— Isso é muito estranho. Nunca vi nada parecido. Ninguém sequestra uma pessoa por nada. Geralmente é por dinheiro ou para...

— Para o quê, detetive? — Parker indagou.

— Nada não.

Parker bateu na mesa e gritou alterado.

— Se não é por dinheiro é para quê, droga?! Fale, detetive! Eu não tenho medo de ouvir.

— Bom, já que o senhor insiste, vou falar. Existe uma quadrilha em Paris especializada em sequestro de pessoas, especialmente de crianças.

— Para quê?

— Para alimentar o tráfico de órgãos para a Índia. Mais especificamente de rins. Eles retiram os rins das pessoas e os enviam para Nova Délhi ou Bombaim para depois serem transplantados em outras pessoas. Essa quadrilha está sendo procurada há alguns meses, e seus membros estão agindo em vários centros urbanos, principalmente em Paris.

Parker mordeu os lábios com raiva e se levantou da cadeira gritando:

— Pare de falar essas besteiras, senhor Cameron! Não posso nem pensar nessa hipótese!

— Desculpe, mas o senhor insistiu e não posso esconder a verdade. Temos que enfrentar a situação com coragem a partir de agora, senhor Parker. Com coragem e determinação.

— Isso mesmo! Agora o senhor está falando minha língua, detetive! A expressão correta neste momento é "ação imediata"! Diga-me sem rodeios, senhor Cameron: de quanto precisa para colocar em ação uma estratégia para encontrar meu filho? Faça todos os seus contatos em Paris e acione todas as pessoas necessárias para isso. Diga-me o valor, e eu farei imediatamente a transferência do dinheiro para sua conta.

Cameron coçou o cavanhaque duas vezes e respondeu prontamente:

— Para enviar meus assistentes a Paris, alugar carros, pagar hospedagem e passagens e acionar detetives particulares, nós precisaremos inicialmente de 100 mil libras. Isso será o suficiente para trabalharmos durante duas semanas. No entanto, se porventura não encontrarmos seu filho nessas duas semanas, o senhor deverá pagar a mesma quantia para continuarmos o trabalho.

— Entendi, detetive.

— Eu preciso saber se o senhor está disposto a dar andamento no caso, senhor Parker.

— Sim, estou disposto.

— Caso os sequestradores entrem em contato com o senhor, por favor, avise-nos imediatamente. Se isso acontecer, o caso ficará unicamente sob a responsabilidade da polícia.

241

— Tudo bem, está combinado. Passe-me o telefone. Vou ligar imediatamente para Sonia e solicitar a transferência do dinheiro para sua conta.

— Aqui está o telefone. Pode usá-lo.

— Senhores, se me permitirem, eu gostaria de falar em particular com minha secretária.

— Claro que sim.

— Você também, Lindenberg. Por gentileza.

Lindenberg considerou o posicionamento de Parker meio estranho, mas o obedeceu e se retirou da sala.

— Sonia, estou em Londres.

— Sim, senhor. O que posso fazer para ajudá-lo?

— Preciso que entre em contato com a gerente do meu banco e lhe peça para retirar 100 mil libras de minhas aplicações e transferir imediatamente para a conta do senhor Cameron. É urgente.

— Farei isso agora mesmo, senhor Parker.

Alguns minutos depois, a gerente do banco de Cameron telefonou ao seu escritório confirmando uma entrada de 100 mil libras em sua conta-corrente.

Cameron disse:

— Senhor Parker, a partir de agora, deixe conosco. Gostaria que o senhor voltasse para sua casa e tentasse dormir um pouco. Assim que tivermos novidades, entraremos em contato. Não se preocupe.

Dez dias depois, nada acontecera ainda. Nenhuma ligação ou contato dos sequestradores ocorrera, solicitando resgate ou enviando notícias sobre o pequeno Joseph.

Parker já estava cinco quilos mais magro e sua aparência estava completamente mudada. As esperanças estavam se esgotando, e a mente de Parker estava prestes a entrar em colapso.

Além de não conseguir dormir, ele não se alimentava e não ia mais para a companhia trabalhar e resolver problemas. Todos os projetos estavam parados, e a gerência financeira já previa grandes prejuízos.

Apesar de a situação de Parker ser compreensível, os investidores e funcionários precisavam continuar trabalhando. Eles, então, se reuniram e decidiram que precisavam resolver tudo por conta própria, mesmo sabendo que teriam muitos problemas de gestão pelo caminho. Parker, por sua vez, não conseguia pensar nos problemas da empresa e nos projetos, pois estava obcecado pela ideia de encontrar o filho.

Desesperado, Parker telefonou para o detetive às sete horas da manhã:
— Cameron, eu preciso de respostas urgentes.
— Desculpe, senhor Parker, eu compreendo seu desespero, mas estamos caminhando com as investigações e fazendo o possível para encontrar seu filho. Já enviamos três detetives para a França, e eles estão atuando em todas as frentes para encontrá-lo. Infelizmente, no entanto, não conseguimos obter nenhuma pista, nenhuma informação, simplesmente nada até o momento.
— Ele está vivo em algum lugar! Eu sei disso. Eu sei que ele não está morto.
— Eu também acredito que ele esteja vivo, senhor Parker. Ele deve estar preso em algum cativeiro distante de Paris, por isso resolvi enviar dois detetives para o sul do país e um para o norte, pois sabemos que os traficantes de órgãos costumam atuar em pequenas cidades e vilarejos.
— Não diga isso, detetive. Só de pensar que fizeram algo com meu filho, eu enlouqueço. E a polícia francesa? Não tem nenhuma informação?
— Não. A única coisa que eles dizem é que esse sequestro está muito estranho. Eles nunca viram um caso de sequestro sem um pedido de resgate. Estão procurando por pistas e informações, mas até agora nada... Se quiser, você mesmo pode ligar direto para o delegado Allan Poirot. Ele poderá lhe dizer alguma coisa.
— Eu confio em você, Cameron. Não farei isso.
— Bom, Parker, eu preciso lhe dizer uma coisa. Devido ao trabalho intenso que estamos fazendo, vamos precisar de mais um aporte de 100 mil libras dentro dos próximos três dias. Eu preciso saber se está disposto a continuar com as investigações.

243

— Não vamos parar enquanto não encontrar meu filho. Em três dias, o dinheiro estará em sua conta, senhor Cameron. Fique tranquilo.

Parker sabia que suas economias não eram muito grandes. O máximo que ele tinha de reserva financeira girava em torno de 300 mil libras.

❦ ❧

Dias depois, no escritório do doutor Lindenberg.

— Bom dia, doutor Lindenberg.

— Bom dia, Clara, entre. Clara, que bom que você veio até meu escritório. Preciso lhe dizer uma coisa.

— Pois não.

— Você precisa conversar seriamente com Parker e dizer a ele que as coisas estão começando a ficar complicadas aqui na companhia. Eu sei que você está vindo aqui para assinar as ordens de pagamento e tudo mais, mas somente ele está a par dos projetos e pode autorizar o andamento das obras. Parker é o responsável por tudo agora, lembra-se? Não podemos passar por cima dele.

— O que o senhor sugere que eu faça? Estou perdida. Parker está totalmente transtornado. Ele não dorme, não come e não toma mais banho, só pensa no Joseph. Eu também penso muito nele. Não consigo imaginar o que ele está passando, mas sabe como é... Eu sou mais racional do que Parker nesse aspecto, apesar de estar sofrendo.

— Eu imagino o sofrimento de vocês. Não deve estar sendo fácil. Parker sempre foi um pai muito ligado ao filho.

— Eu também estou desesperada, Lindenberg, mas sabe como é...

— Não precisa se explicar, Clara. Eu entendo perfeitamente.

— Então, o que o senhor sugere que eu faça?

— Posso ser sincero?

— Claro que sim.

— Sinceramente, acho que Parker entrará em colapso nervoso e ficará psicótico se continuar agindo dessa forma. Você precisa fazer algo por ele. E precisa ser urgente, Clara.

— Mas o que eu posso fazer?

— Eu sugiro que o leve a um psiquiatra para ser medicado, pois ele está muito nervoso. Ele precisa tomar algo forte para se acalmar.

— Psiquiatra? Medicamentos? Será?

244

— Sim, somente um psiquiatra pode receitar medicamentos nesses casos agudos de ansiedade.
— Eu não conheço nenhum psiquiatra.
— Eu conheço um muito bom. É um velho amigo meu. Vou ligar para ele agora mesmo e verificar se ele pode nos ajudar. Mas só se você permitir, é claro.
— Acho que o senhor tem toda razão, Lindenberg.
— Mas tem um problema, senhora Clara.
— Qual?
— Você terá de convencê-lo a ir ao consultório. Será que você consegue convencer Parker a fazer isso?
— Não sei. Ele é muito resistente e relutante em relação a esse tipo de coisa, mas vou tentar, Lindenberg. Assim que chegar em casa, falarei com ele e em seguida ligarei para sua residência para avisar se ele aceitou ir ao consultório de psiquiatria ou não.
— Faça isso, Clara, pois ele está precisando muito. Eu sinto muito sobre Joseph. Fico imaginando como seu filho deve estar sofrendo, mas Parker precisa ser racional neste momento.
— É verdade, ele deve estar se sentindo muito só — Clara comentou com os olhos cheios de lágrimas e continuou: — Eu nunca imaginei que algo desse tipo pudesse acontecer com ele. Mas uma coisa eu lhe digo, senhor Lindenberg: quem fez isso pagará um preço muito alto, muito alto mesmo. Esses caras são uns desgraçados sem coração. Eles vão pagar caro pelo que fizeram com Joseph.

Clara pegou sua bolsa e saiu enraivecida em direção ao elevador.

Em casa, com Parker.
— Parker, eu preciso falar com você.
— O que é, Clara? Alguma notícia de Joseph?
— Nenhuma notícia ainda, querido.
— Oh, meu Deus! Não consigo parar de pensar no Joseph.
— Você está melhor, querido?
— Não estou nada bem. Não consigo sair deste sofá e não paro de pensar em Joseph. Passei a tarde inteira olhando os álbuns de quando ele era bebê.

245

Parker estava ficando desnutrido e também começara a beber. Bebia praticamente o dia inteiro para tentar relaxar a mente. No entanto, quanto mais ele bebia, mais depressivo ficava. A ansiedade e o desespero dos primeiros dias após o sequestro estavam se transformando em depressão profunda. Seu corpo não aguentava mais tanta espera e tanto sofrimento.

— Querido, você não pode ficar assim. Seu corpo está definhando. Daqui a pouco, você enlouquecerá se continuar pensando em Joseph o tempo todo. Você está precisando de ajuda.

— Eu não preciso de ajuda, Clara. Quem precisa de ajuda é o Joseph. Eu aguento qualquer coisa. Enquanto eu estiver em pé, terei esperança, mas se alguém ligar aqui dizendo que Joseph está... — Parker não conseguiu completar a frase e começou a chorar.

— O que ia dizer, Parker? — Clara perguntou.

— Eu dia dizer que, se meu filho não estiver mais neste mundo, eu não sei o que serei capaz de fazer.

— Você precisa de ajuda urgentemente, Parker. Estive com Lindenberg hoje à tarde, e ele sugeriu que você fosse atendido por um psiquiatra. Se continuar assim, você vai enlouquecer.

— Eu odeio psiquiatras, Clara. Não vou.

— Eu sei disso, mas nessas horas difíceis da vida precisamos deles.

— Se um psiquiatra resolvesse meu problema, eu iria agora mesmo até lá, mas ninguém pode fazer nada para me ajudar.

— Não pense assim, Parker. Ele pode lhe receitar alguns medicamentos para que você consiga raciocinar melhor e tomar as decisões certas para encontrar nosso Joseph.

— Pensando dessa forma, até pode ser — Parker remediou o convite.

— Que tal? Você aceita? Faça isso por mim, por favor. Se não quiser fazer por mim, faça pelo Joseph.

Era nítido e visível que Parker precisava de ajuda, mas será que ir ao psiquiatra era o caminho correto a seguir?

Ele respondeu:

— Se for para deixá-la mais tranquila, eu irei a esse médico. Você pode me levar ao consultório?

— Claro! Só preciso avisar a Lindenberg que iremos amanhã pela manhã.

Horas mais tarde.

— Boa noite, Lindenberg. Estive conversando com Parker, e ele aceitou ir ao consultório.

— Que bom. Você verá como um acompanhamento médico o ajudará a lidar melhor com a situação. Vou ligar para o doutor Willian Bennett agora mesmo e dizer que vocês irão amanhã no consultório dele.

— Muito obrigado, doutor Lindenberg. Não sei como lhe agradecer por isso. O senhor está sendo um pai para nós. Se não fosse o senhor, não sei o que seria de nós neste momento terrível. Muito obrigada.

— Imagine, Clara. Trabalhei ao lado de seu pai por mais de trinta anos e o ajudei a construir muitas coisas. Considere isso como uma retribuição à nossa antiga amizade.

No dia seguinte, no consultório psiquiátrico.

— Com licença senhor Willian. Podemos entrar?

— Entrem, por favor.

Parker estava completamente desanimado e olhava para o relógio a cada dois minutos. Estava louco para voltar para casa e esperar notícias de Joseph.

Doutor Willian era um senhor de sessenta e dois anos de idade, tinha barba branca longa, era austero, de poucas palavras, e andava sempre bem-vestido. Um médico pragmático que não gostava muito de perder tempo com conversas fúteis durante suas consultas. Seu trabalho era diagnosticar o paciente e receitar os medicamentos indicados para os períodos de crise aguda.

— Parker, eu percebo que está muito ansioso e tenso — o doutor Willian disse ao vê-lo.

— Não tem como esconder, não é, doutor?

— Realmente não. Bem... eu soube da situação que vocês estão passando. Lindenberg me explicou tudo, e eu já sei que medicamento receitarei para você, Parker. No entanto, preciso lhe fazer duas perguntas. Caso as respostas sejam positivas, os medicamentos deverão ser trocados ou talvez intensificados.

247

Clara levantou as sobrancelhas, sem entender direito o que o doutor Willian estava querendo dizer:

— Que tipo de pergunta o senhor quer me fazer, doutor?

— São perguntas simples, mas de extrema importância para um diagnóstico correto. Posso perguntar, senhor Parker?

— Acho que sim.

— Você já teve algum tipo de psicose? Já ouviu vozes ou imaginou estar vivendo realidades paralelas?

Parker se lembrou dos sonhos estranhos e de algumas recordações de infância, quando via pessoas andando pelo quarto. Por fim, ele responde:

— Não, senhor, eu nunca tive nada desse tipo.

— O senhor tem algum parente que tenha esquizofrenia? Seu pai ou sua mãe?

Parker olhou para Clara, como se estivesse pedindo autorização para falar a verdade ao médico.

— Parker, conte toda a verdade para o doutor Willian — Clara pediu.

— Doutor, meu pai é esquizofrênico e sofre com isso há mais de vinte anos. Minha mãe precisa cuidar dele o tempo todo, pois ele costuma "sair" da realidade de vez em quando. Quando isso acontece, meu pai geralmente se fecha na oficina, acreditando que alguém vai invadir nossa casa e matar todo mundo. Infelizmente, ele sofre muito com isso, mas está sempre tomando os medicamentos para controlar.

— Era o que eu precisava saber, Parker. Neste caso, as coisas mudam completamente.

— Por quê?

— Você tem tendência a desenvolver esquizofrenia exatamente como seu pai. Pode levar uma vida completamente normal, se for tranquila e sem maiores problemas, mas, se vier a sofrer algum trauma muito forte, como a morte de um parente próximo ou uma perda repentina, sua mente pode desencadear um processo psicótico e a esquizofrenia pode começar a se manifestar. Temos que ter muito cuidado com isso, afinal, como você mesmo disse, seu pai tem esse problema há muito tempo, e isso geralmente é hereditário.

— Minha nossa, doutor! Agora o senhor me deixou com medo.

— Infelizmente, é a mais pura realidade, Parker. E lhe digo mais: você está vivendo exatamente um grande trauma neste momento e a qualquer instante pode desencadear um processo psicótico esquizofrênico. Se não se cuidar, terá profundos devaneios e pode perder completamente o discernimento. Você não quer que isso aconteça a essa altura do campeonato, quer?

— Não, doutor! Eu preciso estar em sã consciência para encontrar meu filho!

— Neste caso, prescreverei alguns medicamentos, que devem ser tomados a partir de hoje mesmo.

— Obrigado por tudo, doutor — Clara respondeu.

— Vamos acompanhar o caso constantemente, senhora Clara. Traga-o aqui em duas semanas. Vamos fazer o acompanhamento quinzenalmente.

— Tudo bem, doutor. Até logo.

— Obrigado e tenham um bom-dia — respondeu Willian, sem ao menos se levantar de sua confortável poltrona de couro legítimo de antílope. Enquanto se despedia, ele abriu uma gaveta, pegou um charuto e preparou-se para fumar assim que o casal saísse do consultório.

Capítulo 20
O início da queda

Ao telefone com Parker, Mary confessou:

— Parker, meu filho, eu não sei mais o que fazer. Todos os dias, faço orações para Deus trazer nosso querido Joseph de volta. Estou muito triste e seu pai também. Seu pai só se levanta da cama para ir até a oficina e à noite para vir comer alguma coisa. Ele não fala mais comigo e está muito calado ultimamente... Isso é sinal de profunda tristeza. Depois que Joseph desapareceu, seu coração ficou completamente despedaçado. Ele ama muito Joseph, meu filho.

— Eu sei, mamãe. Estou fazendo o que posso para encontrá-lo, mas infelizmente...

— Nós estamos morrendo aos poucos sem notícias de Joseph. Ele era a nossa vida. Sem ele, não sei o que será de nós.

— Eu sei exatamente como vocês estão se sentindo, mamãe. Vou ligar agora mesmo para o detetive Cameron para saber mais notícias.

⚜ ⚜

— Senhor Cameron, preciso de boas notícias. Espero que o senhor as tenha para me dar — Parker falou irritado ao telefone.

— Boa tarde, Parker. Eu compreendo seu nervosismo, mas não sou Deus para encontrar seu filho. Infelizmente, a única informação que temos até o momento é sobre um carro com dois suspeitos, que uma senhora viu parado no estacionamento de um pequeno mercado nas proximidades de Clermont-Ferrand.

— Onde fica isso?

— Fica a trezentos e cinquenta quilômetros ao sul de Paris. Mas é somente uma suspeita. Não podemos afirmar que seu filho estava dentro do carro.

Parker começou a discutir com Cameron ao telefone, dizendo que não suportaria nem mais um dia sem notícias sobre seu filho. Afinal, já fazia quase um mês que Joseph estava desaparecido e, além disso, Cameron já engolira praticamente todas as suas reservas financeiras.

Agora, Parker só tinha 20 mil libras guardadas. Depois disso, a única alternativa que lhe restava era hipotecar sua casa e vender seu carro. De forma alguma, ele queria envolver o dinheiro da companhia no resgate de Joseph, até porque ele tinha absoluta certeza de que em alguns dias Joseph seria encontrado.

A discussão entre Parker e Cameron se desenrolou por alguns minutos, mas ambos não chegaram à conclusão alguma. Parker vinha se mostrando nitidamente alterado depois que começou a tomar os medicamentos receitados por doutor Willian.

Uma ou duas vezes por semana, ele ia até a companhia para resolver alguns problemas, mas repentinamente começou a falar coisas sem sentido e impróprias para as pessoas que se aproximavam dele. Parker estava tão estranho que chegou a dizer que era um ser humano desgraçado por Deus e que estava passando por tudo aquilo porque precisava ser castigado, justamente por seu filho ter nascido repleto de problemas.

Parker não sabia, mas os medicamentos estavam alterando completamente seu comportamento e sua sanidade. Em vez de melhorar, ele piorava cada vez mais. Brigava constantemente com o detetive Cameron, com Sonia, sua secretária, e com Clara. Na verdade, ele estava morrendo de medo, pois sabia que sua reserva financeira estava acabando e que, em alguns dias, ele teria que tomar algumas decisões.

Numa dessas idas até a companhia, Parker, já muito debilitado, malvestido e desrespeitoso com as pessoas, pediu para Sonia que subisse até sua sala e disse:

— Sonia, como você mesma pode ver, as coisas não estão indo bem. Eu preciso saber de uma coisa.

— Pode perguntar, senhor.

— Como está meu saldo bancário? Pergunto-lhe, porque estou perdido e não sei mais o que fazer.

— Eu estava pensando em ligar para o senhor hoje pela manhã justamente para falar sobre este assunto, senhor. A gerente do banco me ligou hoje dizendo que seu saldo está negativo em 30 mil libras. Se o senhor não cobrir os débitos e as tarifas bancárias, ela terá de encerrar sua conta e abrirá um processo judicial contra o senhor.

— Eu vou até o fim. Enquanto não encontrar meu filho, não vou parar. Ligue para essa gerente idiota agora mesmo e diga-lhe que farei uma retirada de 200 mil libras da conta da empresa na semana que vem e que cobrirei todos os custos bancários.

— O senhor vai mexer no dinheiro da companhia? O senhor nunca fez isso, senhor Parker.

— Eu sei disso, Sonia, mas é uma questão de urgência.

— Mas, para isso, o senhor terá que pedir autorização para os acionistas. E sinceramente acredito que não será nada fácil conseguir uma autorização desse porte a essa altura.

— Eu sei disso, sua idiota!

Enfurecido, Parker respondeu olhando fixamente nos olhos da secretária. Em seguida, ele abaixou a cabeça, colocou as mãos atrás da nuca, levantou-se da cadeira bruscamente e começou a agredir Sonia verbalmente:

— Por que você só entra na minha sala para trazer problemas? Já estou cheio de problemas, não está vendo? A partir de hoje, entre aqui somente para me trazer soluções! Está ouvindo, sua burra? Que porcaria de secretária você é, afinal? Resolva as coisas! Eu pago seu mísero salário para isso: para resolver os problemas!

Parker começou a tremer, mas continuou agredindo Sonia:

— Por que você continua parada na minha frente com essa cara de imbecil? Não está entendendo o que estou dizendo? Saia daqui e encontre soluções agora mesmo!

— Sim, senhor Parker — Sonia respondeu assustada e muito magoada.

— Escute, Sonia, eu sei que terei que pedir autorização para os acionistas para conseguir o dinheiro. Você acha que não sei como funcionam as coisas dentro de minha própria empresa? É por isso que estou lhe pedindo para telefonar para a gerente do banco e dizer que só poderei resolver esse problema na semana que vem. Se fosse fácil, eu faria o depósito agora mesmo. Ligue para ela e peça para esperar. Saia já daqui, que droga! Ninguém consegue resolver nada nesta droga de empresa! Todo mundo fica esperando que eu resolva as coisas!

Além de gritar com fúria, Parker começou a ter reações violentas assim que Sonia saiu da sala. Ele começou a quebrar tudo sobre a mesa, e também o abajur, o telefone e as cadeiras. Simplesmente tudo.

Parker nunca falara dessa forma com Sonia, nem com nenhum funcionário da companhia. Ele sempre foi uma pessoa íntegra e respeitosa com todos. Seu comportamento estava realmente alterado. Certamente, eram os efeitos colaterais dos fortes medicamentos que doutor Willian receitara.

Sonia escutou o barulho das coisas sendo quebradas dentro do escritório de Parker e saiu às pressas e transtornada com tudo o que acabara de ouvir da boca de seu patrão. Com medo, ela pegou o telefone e ligou para Clara para lhe contar o que estava acontecendo.

— Senhora Clara, desculpe-me ligar para sua residência, mas preciso lhe dizer algo.

— O que foi, Sonia? Você parece transtornada. Aconteceu alguma coisa com Parker? Alguém ligou aí para lhe dar notícias sobre Joseph? O que foi?

— Não, senhora. Ninguém ligou, mas o senhor Parker está quebrando o escritório inteiro. A senhora precisa ligar para o doutor Willian e pedir que ele envie alguém aqui na empresa para socorrer o senhor Parker. Diga-lhe que é urgente. Ele está parecendo um animal enraivecido dentro de uma jaula. Não tenho coragem de abrir a porta, pois ele é capaz de me atacar. Desculpe-me dizer isso, senhora Clara, mas acho que o senhor Parker está enlouquecendo.

— Vou ligar para o doutor Willian agora mesmo. Obrigada por me avisar, Sonia.

Em menos de trinta minutos, doutor Willian enviou dois enfermeiros à empresa. Um deles carregava uma maleta com medicamentos e algo que se assemelhava a uma camisa de força, e o outro trazia uma cadeira de rodas, caso precisasse imobilizar e carregar Parker até o carro.

— Os senhores podem subir até o oitavo andar. Ele está na sala 21 — Sonia informou. Vou acompanhá-los até lá, mas não entrarei

253

na sala, pois fiquei muito assustada com o estado do senhor Parker — Sonia estava com as mãos trêmulas.

Ela pensava que a fúria de Parker era momentânea. Sendo assim, Sonia pensou que, ao abrirem a porta do escritório, os enfermeiros encontrariam Parker mais calmo e já sentado no sofá. Ela, no entanto, não imaginava que encontraria o escritório completamente destruído e Parker deitado no carpete, agonizando em convulsão. Porém, foi exatamente isso que aconteceu ao arrombarem a porta.

— Meu Deus! O que é isso? Vamos, ajudem-no! Ele está muito mal! Vou chamar uma ambulância agora mesmo.

Os dois enfermeiros notaram o estado crítico de Parker, que tremia sem parar.

— Vou chamar alguém para ajudá-los — Sonia disse.

— Calma, senhorita, não precisa chamar ninguém mais. Nós vamos socorrê-lo. Ele está tendo uma crise convulsiva. Vamos fazer os primeiros socorros e em seguida o levaremos até o carro.

— Para onde o levarão?

— Para a clínica particular do doutor Willian. Afinal, ele é paciente do doutor Willian, não é?

Sonia olhou desconfiada para os dois, mas balançou a cabeça aceitando o que o enfermeiro dissera. Os dois homens fizeram os procedimentos e, minutos depois, levaram Parker desacordado de cadeira de rodas até o carro. Todos os funcionários que assistiram à cena ficaram espantados.

Abismada com o estado crítico do patrão, Sonia ligou desesperada para Clara para avisá-la que Parker estava sendo levado para a clínica do doutor Willian.

— Senhora Clara, estão levando o senhor Parker para a clínica. Ele não parece nada bem. Saiu daqui como se fosse um doente mental.

— Oh, meu Deus, Sonia! Eu não sabia que o doutor Willian tinha uma clínica para doentes mentais! Por que eles estão levando meu marido para lá? Não estou entendendo.

— Eu também achei estranho, senhora Clara.

— Pegue o endereço da clínica. Irei até lá para me encontrar com eles. Oh, meu Deus! Parece que o universo inteiro está contra o pobre Parker!

254

— Farei isso. Em alguns minutos, ligarei novamente para a senhora e passarei o endereço da clínica.

— Estarei ao lado do telefone de prontidão.

— Não desligue. Já encontrei o endereço na lista telefônica. Anote, senhora Clara.

— Obrigada, Sonia. Vou agora mesmo até a tal clínica.

Já na clínica, Clara perguntou:

— O que está acontecendo aqui, afinal? Por que trouxeram meu marido para este lugar sem me avisar? Onde está o doutor Willian?

— Deve estar em seu consultório particular. Só estamos seguindo suas ordens.

Assim que Clara virou-se para entrar no carro e seguir até o centro da cidade, onde ficava o consultório, ela se deparou com doutor Willian.

— O que o senhor pensa que está fazendo, doutor? O que significa isso, afinal?

— Eu não sei por que você está tão nervosa, Clara.

— Por que estou tão nervosa? Meu marido está inconsciente, sentado numa cadeira de rodas e pronto para ser internado numa clínica de loucos e drogados! É por isso que estou nervosa. Quer mais algum motivo?

— Não estou entendendo sua preocupação, senhora Clara! Disseram-me que a senhora não é mais casada com ele. Por que está tão preocupada?

— Como assim? Quem disse isso ao senhor?

Clara ficou muito incomodada ao ouvir aquela afirmação saindo da boca do desconhecido doutor Willian.

— Todos sabem disso. Só a senhora não sabe. Já faz alguns anos que vocês não moram juntos, não é? Dizem por aí que Parker está criando o filho que vocês tiveram com a ajuda de seus sogros, em Wigan. Não estou entendendo sua preocupação repentina, se vocês nem vivem juntos mais.

De alguma forma, doutor Willian estava querendo desestabilizar Clara emocionalmente para ter mais poder sobre os tratamentos do seu paciente.

255

— Sim, isso é verdade, mas ainda somos casados oficialmente. E isso é o que importa.

— Se a senhora pensa assim, tudo bem. É bom saber, pois deverá assinar alguns papéis para a internação do seu marido. Ou quer que eu chame a mãe dele, para que ela veja a situação em que o filho está?

— Não chame Mary aqui. Ela não suportaria ver o filho nesse estado. Tudo bem... eu me responsabilizo por ele. Mas por que precisa interná-lo aqui? Por que não o interna no hospital?

— Porque ele é um paciente que está passando por graves problemas psiquiátricos e está prestes a se tornar um esquizofrênico. Se o colocarmos em um hospital, ele não será tratado adequadamente e nunca será curado. Fique tranquila, senhora Clara. Eu sei o que estou fazendo. Confie em mim. Ele precisa ser tratado da maneira correta agora. Por favor, levem o senhor Parker para dentro e comecem a medicá-lo imediatamente.

— O que eu tenho que fazer, doutor?

— Como a senhora será a responsável por ele, precisa assinar alguns papéis para autorizar a internação.

— Quanto tempo ele ficará internado?

— Acredito que poucos dias. Talvez uma semana.

— Tudo bem. Vamos até a recepção para assinar os papéis. Eu pagarei todos os custos. Sem problemas.

— Entenda, senhora Clara, como disse há alguns dias, Parker está passando por um trauma muito grande e está desencadeando um processo esquizofrênico. Em alguns dias, ele começará a trocar a realidade pela ilusão e dirá que há sequestradores tentando raptá-lo em todos os lugares. Vai ouvir coisas, dirá que está ouvindo vozes do seu filho e outros tipos de alucinações. Se não cuidarmos dele da maneira correta a partir de hoje, em pouco tempo a senhora não reconhecerá seu marido. Infelizmente, essa é a pura realidade.

— Que o melhor seja feito. Cuide bem dele, doutor Willian.

— Fique tranquila. Ele estará em boas mãos aqui.

Capítulo 21
A fuga

Dois meses depois.

A vida de Parker se transformara dramaticamente nos últimos três meses. Ninguém poderia imaginar que ele estaria numa situação desesperadora como aquela.

O detetive Cameron telefonava para Clara somente uma vez por semana, apenas para informá-la que Joseph não fora encontrado ainda e que as esperanças estavam ficando cada vez mais distantes. Clara, por sua vez, visitava Parker na clínica a cada três dias para levar-lhe as notícias que chegavam de Londres, pois a única coisa que ele desejava era ter notícias do filho.

Sem explicação, Parker continuava internado na clínica e passava praticamente o tempo todo deitado na cama, dopado com psicotrópicos fortíssimos. Quando Clara o visitava, ele falava com muita dificuldade devido à alta dosagem dos medicamentos. E isso só acontecia quando ela o encontrava acordado, já que Parker passava o tempo inteiro dormindo.

Clara parecia inerte perante a situação. Não sabia o que fazer. A essa altura, já não conseguia mais manter segredo de Mary sobre o real estado psicológico do filho e diariamente lhe dizia ao telefone que Parker estava sendo bem tratado e que em breve voltaria para casa. Todavia, tratava-se de uma mentira, pois Parker estava piorando a cada dia e seu estado psicomotor estava ficando cada dia mais comprometido. Seus músculos estavam ficando atrofiados e sua mente estava paralisando.

Parker estava desfigurado. A pele de seu rosto estava ressecada e seus punhos estavam inflamados por causa das várias injeções que os enfermeiros injetavam nas frias madrugadas. Suas mãos estavam inchadas e retorcidas, e ele estranhamente tremia muito devido aos fortes medicamentos.

Parker sempre foi uma pessoa magra, mas, quando Clara chegou à clínica para visitá-lo numa tarde de quinta-feira, ela assustou-se ao notar sua feição. Parker não parecia mais o mesmo homem com quem ela se casara e por quem se apaixonara. Ele estava magro, envelhecido e, a essa altura, estava tão alucinado que já não reconhecia mais a própria esposa.

Segurando sua mão trêmula e magra, Clara disse:

— Parker, eu estou aqui, fale comigo.

Ele abriu os olhos lentamente, olhou com expressão distante e triste e perguntou:

— Quem é você? Eu não a conheço. Vá embora. Eu não falo com pessoas estranhas.

Imediatamente, uma lágrima desprendeu-se do olho direito de Clara e escorreu suavemente por seu rosto. Ela nunca imaginaria ouvir aquelas palavras saindo da boca de Parker.

— Parker, sou eu, Clara, sua esposa. Não se lembra mais de mim?

— Não sei quem você é. Os enfermeiros que me ajudam neste hospital dizem que não posso dar atenção para as pessoas que vêm me atormentar enquanto estou dormindo.

— Mas você não está dormindo. Você está acordado agora, Parker.

— Não sei se estou acordado. Ontem à noite, um homem vestido com uma capa preta veio aqui no quarto e fiquei com muito medo dele. Ele era alto e vestia uma capa preta dos pés à cabeça.

— O que esse homem queria com você? Como ele era?

— Eu não sei, não consegui ver seu rosto. A capa cobria-lhe a cabeça com um capuz. Ele chegou perto de mim sem dizer nada e colocou a mão sobre meu peito. Eu fiquei muito assustado. Achei que ia morrer, pois ele apertou meu peito e meu coração doeu muito.

— O que você fez?

— Não fiz nada. Eu nem conseguia me mexer. Parecia que ele tinha me amarrado na cama.

— Como ele foi embora? — Clara estava tentando entender se Parker estava descrevendo um sonho ou se alguém, como um enfermeiro mal-intencionado, por exemplo, realmente entrara no quarto durante a madrugada e fizera alguma coisa contra ele.

— Eu não fiz nada. Quem me ajudou foi meu filho Joseph. Ele entrou de repente por aquela porta e tirou a mão do homem de cima de mim.

Nesse momento, Clara percebeu o que estava acontecendo. Parker estava tendo alucinações e devaneios, exatamente como o doutor Willian previra semanas antes.

— Meu filho Joseph vem sempre me visitar à noite.

— Verdade? O que ele diz para você?

— Ele diz que está sofrendo muito, mas está vivo. Estou sentindo muito dó do meu filho. Ele diz que está preso numa espécie de barracão sujo. Você conhece meu filho?

— Sim, eu conheço seu filho, Parker.

Clara respondeu zangada e decidiu sair do quarto para falar com o doutor Willian, que a aguardava na recepção da clínica.

— O que a senhora achou do estado dele?

— O senhor tinha razão, doutor Willian. Tudo está acontecendo exatamente como previu. Ele não me reconhece mais e está dizendo coisas absurdas e sem sentido.

— Que tipo de coisas ele lhe disse?

— Disse que está ouvindo vozes e conversando em sonho com nosso filho Joseph. Ele disse também que está sendo perseguido por um homem de capa preta durante a madrugada. Ele não consegue distinguir sonhos da realidade. Quando me viu ao lado da cama, ele achou que estava sonhando.

— Está acontecendo exatamente como eu previ, Clara. Infelizmente, o quadro dele está se agravando e o organismo de Parker já não está mais respondendo aos medicamentos. A partir de agora, teremos que intensificar o tratamento com outros tipos de medicamentos e deixá-lo aqui pelo menos por mais dois meses.

— Dois meses? Minha nossa, doutor! Inicialmente, ele deveria ficar internado somente por alguns dias, e agora o senhor me diz que ele precisa ficar mais dois meses aqui? Parker está aqui há quase sessenta dias. O senhor tem certeza disso?

— Certeza absoluta, senhora Clara. Confie em mim.

Dois meses depois.

O estado de saúde de Parker piorava a cada dia. A essa altura, ele não conseguia mais sair da cama nem ir ao banheiro; passava o dia todo dopado e rodeado por malucos viciados em heroína e dementes de todos os gêneros. A clínica mais parecia uma prisão do que um ambiente de recuperação psíquica.

Clara parecia conformada com a situação e já estava totalmente a mercê das instruções do doutor Willian. Mas Mary, mãe de Parker, não aceitava mais ver seu filho sofrendo daquela maneira.

Mary, no entanto, não podia fazer muita coisa, pois o velho Antony também estava muito doente e passando pela pior crise esquizofrênica de sua vida. Ver tudo aquilo acontecendo com o filho e não poder fazer nada por ele a estava deixando angustiada e desesperada. E o problema maior era que ela não podia sair de casa para ajudar Parker. Se assim fizesse, teria de deixar Antony sozinho em casa.

O pânico do velho Antony era tão intenso que, se porventura percebesse que estava sozinho, ele certamente teria um ataque de loucura e machucaria gravemente alguém na rua. Seu estado psíquico, sem dúvida, se agravara muito depois do sequestro de Joseph e de seu filho ter sido internado apresentando problemas psicológicos iguais aos dele. Para Antony, tudo aquilo era um grande complô comandado por nazistas, que estavam planejando matar sua família inteira. Ele tinha absoluta certeza disso.

Mesmo se sentindo exausta por cuidar de Antony em tempo integral, Mary se mantinha consciente e sabia que seu filho estava precisando muito de sua ajuda. Ela sabia que, se nada fosse feito para ajudá-lo, em pouco tempo Parker morreria dentro daquela clínica que mais parecia um hospício.

Ela precisava tomar uma atitude, no entanto, qualquer decisão a ser tomada seria muito difícil. Deixar Antony sozinho em casa em Wigan e sair em busca de Parker em Manchester era algo praticamente impossível. Todavia, Mary pensava que algo precisava ser feito antes que seu filho morresse ou que enlouquecesse de vez na clínica.

Se por acaso Parker morresse, Joseph jamais seria encontrado, pois seu pai era a única pessoa que poderia fazer algo por ele, confirmando o que o doutor Scott dissera no dia em que o menino nasceu: que Parker seria a única pessoa com quem Joseph poderia contar em sua vida.

Mary não suportava mais a agonia pulsando em seu coração. Decidida a resgatar o filho em Manchester, ela entrou apressada no quarto para separar algumas peças de roupa. Pegou uma calça jeans velha de Antony, uma camisa de botão branca, uma blusa de lã, um par de sapatos e um revólver calibre 38, que Antony guardava embaixo da cama. Colocou tudo dentro de uma sacola de plástico e saiu em busca do filho.

Não havia muito tempo para planejamentos. A ideia era deixar Antony na oficina sem avisar e ir direto para a estação rodoviária. Mary estava decidida a tirar seu filho da clínica, mesmo que precisasse usar de métodos violentos e talvez ilegais.

Era exatamente uma hora da tarde, quando Mary abriu a porta da casa e partiu rumo à clínica. Antony já almoçara e estava trabalhando em sua oficina. Mary estava preocupada, pois, se ela não conseguisse voltar até as sete horas da noite, Antony sairia da oficina e iria direto para a cozinha jantar como costumava fazer todos os dias.

Se ele não a encontrasse em casa, entraria em colapso nervoso imaginando que ela foi morta ou raptada pelos nazistas. Portanto, Mary sabia que tudo devia ser muito bem cronometrado. Ela precisava chegar a Manchester, encontrar a tal clínica do doutor Willian, estudar uma maneira de tirar seu filho de lá, e, em seguida, trazê--lo de volta para casa. Essa era a sua missão. Parecia algo impossível, mas alguém precisava fazer algo por Parker, e a única pessoa que podia ajudá-lo naquele momento dramático de sua vida era justamente sua mãe.

Sempre muito religiosa, Mary segurou seu terço com as mãos antes de sair de casa, rezou um pai-nosso e pediu que todos os anjos protetores a ajudassem a trazer seu filho ileso de volta para casa e antes das sete horas da noite.

Na clínica, já eram quatro horas e vinte minutos da tarde. Mary tinha um plano. Diria para a recepcionista que era uma faxineira contratada.

— Boa tarde.

— Boa tarde, senhora. Como posso ajudá-la?

— Sou a faxineira contratada e vim a mando do dono da clínica.

— Só um minuto. Preciso verificar se o nome da senhora está cadastrado. Se não estiver, a senhora não terá autorização para entrar. Qual é seu nome, por favor?

Imediatamente, um nome veio à mente de Mary, que disse sem pensar:

— Joana. Verifique, por favor.

— Sim, seu nome está na lista. A senhora pode entrar, senhora Joana.

Mary não acreditou naquilo. De onde teria vindo aquele nome estranho? Ela não sabia, mas estava sendo amparada por espíritos de luz, que a acompanhavam. Sua vontade de salvar o filho era tão grande que sua intuição se tornara extremamente aguçada, facilitando o contato com os mentores de luz que acompanhavam Parker.

A sensação de Mary era de certeza. Certeza de que encontraria seu filho e o levaria de volta para casa. Ela não sabia, mas não estava trabalhando sozinha naquela tarde.

Como não queria perder tempo, Mary foi logo entrando nas dependências da clínica, mas, assim que abriu a pesada porta de ferro para acessar a ala dos pacientes, a recepcionista a chamou novamente:

— Hei! Espere um pouco, senhora!

Mary olhou para trás preocupada, achando que a recepcionista descobrira sua farsa.

— Por acaso seu nome é de origem portuguesa?

Mary estava tão nervosa e apressada que não sabia o que dizer, mas novamente veio à sua mente uma frase. Ela, então, respondeu quase inconsciente à pergunta da recepcionista, uma mulher bem gorda que certamente pesava mais de 130 quilos:

— Moça, eu sou inglesa, mas meu nome vem do hebraico. Joana significa "aquela que foi abençoada por Deus".

— Que interessante, eu não sabia disso. Bom serviço para a senhora.

262

Enquanto tentava se esquivar da recepcionista, Mary observou atentamente todas as saídas possíveis e cronometrou o tempo necessário para tirar seu filho dali antes que alguém percebesse.

Nesse exato momento, um enfermeiro homossexual chamado Pablo entrou na recepção avisando que em vinte minutos o turno das recepcionistas seria trocado. A recepcionista começou a discutir com Pablo dizendo que acabara de receber uma ligação do seu endocrinologista, confirmando a desistência de uma consulta, e que, por isso, ela precisava sair dez minutos mais cedo do horário normal para não perder a consulta.

Ela o abordou em tom de discussão:

— Olhe aqui, Pablo, eu não posso perder essa consulta de forma alguma! Estou esperando essa confirmação há mais de mês e não aceito outro médico. Meu endocrinologista particular é o doutor Johnson. Ele me atende há mais de dez anos, e não vou perder essa consulta! Não adianta ligar para o senhor Willian me dedurando. Vou sair dez minutos mais cedo e pronto. Dane-se você.

— Tudo bem, gata — Pablo respondeu levantando seus ombros largos. Você pode até sair dez minutos mais cedo, mas saiba que a próxima recepcionista chegará exatamente às cinco horas da tarde e que a recepção ficará sem ninguém durante dez minutos. Eu não vou quebrar seu galho desta vez. Se acontecer alguma coisa, a culpa será toda sua.

— Não tem problema. Não acontece nada nesta droga de clínica mesmo. Isto aqui é um eterno marasmo. E tem mais: o doutor Willian só vem aqui aos sábados, portanto, não preciso me preocupar. A não ser que você seja dedo-duro e conte tudo para ele, não é, Pablo?

— Você é quem está dizendo. Faça o que sua consciência achar melhor. Eu não tenho nada a ver com isso.

— Minha consulta com o doutor Johnson é mais importante do que ficar aqui sentada atendendo essa droga de telefone. Você verá, Pablo! Todo mundo nesta clínica verá que eu ficarei magra e bonita em alguns meses. Vou começar uma nova dieta a partir da próxima segunda-feira e em pouco tempo estarei magra, esbelta e maravilhosa. Ficarei tão linda que você rastejará aos meus pés e implorará para me dar um beijo. Você verá!

Pablo torceu a boca com ironia e virou as costas, resmungando e sorrindo sarcasticamente:

— Beijar você? Só me faltava essa, gata! Você deve ser a pessoa mais louca desta clínica, querida. Eu não gosto dessa fruta.

Enquanto os dois discutiam futilmente e jogavam conversa fora, Mary se mantinha quieta e ouvia tudo atrás da porta. Era a grande chance que ela esperara para escapar com Parker.

Mary tinha pouco mais de dez minutos para fazer tudo o que precisava: encontrar o quarto onde Parker estava internado; vesti-lo para não parecer um paciente e tirá-lo dali rapidamente, sem que ninguém percebesse. Tudo isso em um curto intervalo de tempo: apenas dez minutos, o tempo exato que a recepção ficaria sem ninguém.

Mary, então, começou a andar perdida pelos corredores da clínica e se deparou com vários malucos andando por todos os lados. De repente, ela parou no meio do corredor sem saber aonde ir, pois somente no corredor principal havia pelo menos vinte quartos, que abrigavam, cada um deles, três pacientes moribundos entorpecidos.

Andando apressada, Mary olhava para dentro dos quartos, tentando encontrar Parker. Ela esbarrava em pacientes sujos e fedorentos, todos eles dementes e drogados, que tentavam a todo custo pedir ajuda, como se fossem zumbis desesperados querendo sair daquele lugar horripilante.

Mary, no entanto, não podia fazer nada por aquelas pessoas naquele momento, pois precisava ser fria e calculista. E, além de não poder ajudá-las, ela precisava empurrá-las com força para saírem de sua frente.

Repentinamente, um senhor, aparentando ter aproximadamente cinquenta anos de idade e vestindo um avental branco da clínica, se aproximou de Mary com um olhar confortante e pediu-lhe para segui-lo. Ele não parecia um doente. Ele tinha cabelos longos, era magro e parecia saudável e lúcido.

Enquanto seguia o tal senhor vestido de branco, Mary pensava: "Talvez ele seja mais um desses *hippies* malucos viciados em LSD, que acabou caindo aqui nesta clínica". Ela, no entanto, não sabia que aquele homem não era um *hippie* maluco, tão pouco um doente. Na verdade, ele era um ser de luz que trabalhava incansavelmente na clínica, tentando proteger os doentes de ataques de seres das sombras e de magos negros, que, todas as noites, vinham atormentar os pacientes, vestidos com suas capas negras e capuzes cobrindo-lhes a cabeça.

Mary e o homem passaram em frente a cinco quartos e acabaram parando diante do quarto número 22. De repente, o homem de branco se postou em frente a Mary, levantou o braço esquerdo apontando para dentro do quarto e disse:

— Entre, senhora. Seu filho está aqui.

Assustada, Mary olhou para o homem, que sorriu em gratidão, se virou de costas e voltou para seus afazeres.

Como não tinha muito tempo, Mary entrou rapidamente no quarto.

— Parker, sou eu, meu filho. Oh, meu Deus! Não acredito que você está no meio desse monte de malucos! O que fizeram com você, meu filho?

Parker estava dopado, totalmente transformado e mal conseguia abrir os olhos de tão entorpecido. Mesmo após vários meses, os enfermeiros continuavam aplicando-lhe injeções para mantê-lo inerte como um vegetal.

— Oh, meu Deus! O que fizeram com você, meu filho? Você está morrendo!

Parker não conseguia dizer nada. Sua boca estava completamente rachada, e seus lábios estavam praticamente colados devido à desidratação. Entretanto, algo o fez despertar, reconhecer a voz de sua mãe, e, com dificuldade, piscar os olhos duas vezes, tentando agradecê-la por estar ali.

Mary não pensou duas vezes. Com muita força, ela conseguiu levantar o filho da cama e o colocou sentado na beirada. Mas, ao sentar-se, Parker começou a gritar de dor, pois não se levantava da cama há pelo menos uma semana. Suas pernas e seus braços estavam atrofiados, e as dores nas costas eram intensas.

Mary tirou o avental do corpo e o deixou Parker completamente nu sentado na cama. Nesse momento, ela pôde ver o fizeram com seu filho naquele lugar tenebroso. Suas costas estavam repletas de escaras por ter ficado muito tempo imóvel e sem tomar banho.

Parker estava tão magro que era possível ver os ossos do seu quadril e suas costelas se elevando sobre a pele. Ele estava praticamente careca e suas unhas estavam enormes. Era nítido que Parker fora abandonado naquele local.

265

— Vamos, filho, me ajude! — Mary suplicou. — Eu sei que não vai ser fácil, mas você precisa me ajudar. Vou vestir esta calça em você e depois colocarei a camisa e os sapatos. Segure-se.

Mary estava emocionada e não conseguia pensar em nada. A única coisa que ela desejava era tirar seu filho dali.

— Temos apenas dez minutos, filho. Vamos! Vamos!

Parker gemia de dor devido às enormes feridas que já estavam em carne viva.

— Vamos, filho! Eu sei que você aguenta! Levarei você para casa hoje! Seja forte!

Parker sussurrou, querendo dizer alguma coisa, mas era impossível compreendê-lo. Sua boca estava completamente grudada devido à saliva seca. Mary tentava decifrar o que ele dizia, mas não conseguia. Seu objetivo era somente carregá-lo para fora da clínica.

Com uma força descomunal, ela finalmente conseguiu colocar Parker em pé e vestido. Depois, pôs o braço dele sobre seu ombro e seguiu pelo corredor em direção à porta da recepção.

— Oshf... Oshf — Parker sussurrou baixinho com muita dor.

— Calma, meu filho, vamos chegar à porta. Estamos indo para casa agora — Mary tentava acalmá-lo, mas quem estava nervosa era ela.

Parker continuou sussurrando:

— Oshf... Oshf...

De repente, Mary parou, tentando buscar forças. Ela encostou Parker na parede e inacreditavelmente nenhum dos malucos se aproximou para atrapalhá-los. Mary olhou para os lados e viu o senhor de branco que a ajudara minutos atrás. Ele estava conversando com os doentes e dizia-lhes ao pé dos ouvidos para não interferirem e deixarem Parker em paz.

Parker ainda tentava falar, mas não conseguia:

— O que você está querendo me dizer. filho? Não estou conseguindo entendê-lo. Fale devagar.

— Joseph... Joseph... vivo. Joseph vivo — Parker disse.

— Joseph está vivo? É isso?

— Sim — ele respondeu.

— Quem lhe disse isso?

— Ele apontou para o homem de branco.

— Aquele moço que está falando com os doentes?

— Sim, ele vem conversar comigo todas as manhãs.

— Tudo bem, filho, já entendi. O médico disse que Joseph está vivo, é isso?

Parker balançou a cabeça afirmativamente, mas Mary não se importou. Ela disse:

— Quando chegarmos em casa, você poderá me contar tudo com calma, Parker, mas agora precisamos sair daqui.

Mary queria chegar à recepção da clínica no horário exato que a recepcionista dissera que sairia: dez para as cinco da tarde.

Ela olhou para a parede acima da porta de ferro e viu um velho relógio de ponteiros, que marcava seis minutos para as cinco horas da tarde. Isso significava que a recepcionista já saíra e que, portanto, chegara a hora de fugir. A porta, no entanto, só podia ser aberta pelo lado de fora da recepção. Por dentro era impossível.

De repente, a porta da recepção se abriu bruscamente. Era Pablo, nitidamente apressado, que entrava na ala dos pacientes para atender alguém que gritava aos prantos no final do corredor. Incrivelmente, o enfermeiro passou ao lado de Mary e Parker e não percebeu a presença de ambos.

Mary olhou para o lado e viu o homem de branco sorrindo como se estivesse ali para proteger mãe e filho. A porta de ferro possuía uma mola que a puxava de volta lentamente para travá-la. Era o momento ideal para a fuga.

Mary disse:

— Respire fundo e vamos em frente, Parker. Temos que chegar à porta antes que ela feche.

Com muita dificuldade, Mary se aproximou da porta carregando Parker nos ombros. Se ela o soltasse e fosse em direção à porta, Parker cairia no chão e Mary não conseguiria levantá-lo. Sua única alternativa era carregá-lo e tentar segurar a porta com os pés. Contudo, faltavam três metros para chegarem até a porta, e o relógio já marcava dois minutos para as cinco da tarde.

A porta estava prestes a travar por completo, o que podia acabar de uma vez por todas com os planos de Mary. Entretanto, o senhor de cabelos longos se aproximou e segurou a porta para Mary, quando faltava menos de um centímetro para que esta fosse travada.

Mary o agradeceu e, em seguida, empurrou a pesada porta de aço com os ombros. Mãe e filho estavam a salvo na recepção. Parecia inacreditável, mas era verdade. Estavam quase livres.

Antes de a porta fechar, Mary dirigiu a palavra para o homem que a ajudara:

— Estamos indo embora para casa, senhor. Por que não vem conosco? Não tem ninguém na recepção. Venha conosco! Saia deste lugar horroroso.

— Muito obrigado, senhora, mas preciso ficar aqui com meus amigos. Sabe como são as coisas! Eles precisam muito de minha ajuda e, lá fora, não poderei ajudá-los. Mas agradeço o convite.

— Tudo bem. Nós vamos embora. Até logo e obrigada pela ajuda, senhor.

Mary inspirou e escutou o cuco cantando uma, duas, três, quatro e depois cinco vezes. Isso significava que o tempo se esgotara e que, a qualquer momento, a próxima recepcionista entraria na sala para trabalhar em seu turno.

Sua única alternativa era seguir em frente e rezar para que a funcionária não chegasse à clínica, enquanto ela estivesse saindo do local pela porta da frente.

Incrivelmente, Mary conseguiu passar pela recepção, e ela e Parker chegaram ilesos à calçada do outro lado da rua. Mary encostou o filho num poste para que ele descansasse e repentinamente, como um chamado divino, um taxista encostou, abriu a porta do carro e disse para os dois entrarem no veículo.

Dentro do táxi, Mary olhou para a clínica e viu a recepcionista do turno abrindo a porta da recepção e depois enxugando as mãos numa pequena toalha branca, pois acabara de sair do banheiro. Foram exatamente aqueles poucos minutos que Mary usara para atravessar a recepção, sair à rua, entrar no táxi e salvar seu filho.

Mary não conseguia falar de tão exausta.

— Wigan, Wigan — Parker disse ao taxista duas vezes com a voz enrolada.

— Wigan? Sim, senhor — o taxista acelerou e entrou no fluxo dos carros.

Mary conseguira cumprir sua missão e salvar seu filho, mas ainda não acreditava em como tudo acontecera de forma tão sincronizada e perfeita. Ela nem precisou brigar ou usar a arma de fogo para intimidar os enfermeiros. Apenas saiu tranquilamente pela porta da frente, sem que ninguém percebesse. Parecia que fora obra de Deus, um milagre.

268

Ela se sentia aliviada, mas ainda precisava chegar em casa e ver se estava tudo bem com o velho Antony.

Parker cheirava muito mal, pois passara vários dias sem tomar banho. O taxista desejava parar o veículo e pedir a Mary e Parker que descessem do carro, mas, percebendo que o estado de Parker era muito grave, decidiu seguir adiante mesmo com o mau cheiro invadindo seu automóvel novo em folha.

Enquanto dirigia velozmente pelas avenidas de Manchester, o taxista disse:

— Eu sei exatamente o que está acontecendo com vocês, minha senhora. Não fique preocupada. Sei que vocês estão fugindo daquela clínica. Não se preocupe. Não vou contar a ninguém. Sabe por que não vou contar?

— Por quê? — ela perguntou.

— Porque odeio o dono daquele lugar. O doutor Willian é um velho asqueroso, que maltrata pessoas há mais de trinta anos, sem que ninguém faça nada contra ele. Vocês não sabiam disso?

— Não, eu não sabia disso. Aliás, eu nem sabia que meu filho estava nessa situação horrível. Por que você não gosta do doutor Willian?

— Porque minha mãe trabalhou nessa droga de clínica na década de 1960 e ela dizia que os pacientes eram muito maltratados. Naquela época, era o próprio doutor Willian quem cuidava dos pacientes. Ela me contava coisas horríveis. Dizia que ele batia nas pessoas e que, depois das visitas, quando os parentes iam embora, doutor Willian medicava os doentes da forma que bem entendia. Minha mãe me contava que viu muita gente enlouquecer e até morrer nesse lugar.

— Oh, meu Deus! Eu não sei como meu filho foi parar nesse lugar!

— Desculpe falar, senhora, mas esse velho é mais louco que todos aqueles loucos juntos. Doutor Willian é um demente! Ele deveria ser preso.

São quase quarenta minutos até chegarem a Wigan, mas graças a Deus tudo dera certo.

269

Assim que Mary entrou em casa, Antony apareceu no corredor saindo de sua oficina. Assim que viu a esposa, ele perguntou:

— Mary, estou com fome. O que tem para comer hoje?

Mary coloca Parker sentado no sofá com a ajuda do taxista, abriu um sorriso de alegria ao ver o velho Antony pedindo o jantar e pagou a corrida com imensa gratidão.

— Hoje, temos sopa de lentilha, Antony! Para nos trazer boa sorte.

— Que bom! Eu adoro sopa de lentilhas.

— Antony, veja quem está aqui!

— Parker! É você?

— Sim, papai — Parker respondeu com dificuldade, tremendo muito por causa das reações aos medicamentos e da fadiga física.

— O que esses nazistas desgraçados fizeram com você? — Antony perguntou.

— Não foram os nazistas que fizeram isso com Parker, querido — Mary respondeu.

— Eu sei que foram os nazistas! Aqueles desgraçados malditos! Um dia matarei todos eles. Pode acreditar.

— Não foram os nazistas — respondeu Mary. Foram outras pessoas tão cruéis quanto eles, mas não foram os nazistas. Fique tranquilo, Antony. Parker ficará bem. Ele ficará conosco nos próximos dias e em pouco tempo estará melhor.

— Nosso filho é um sobrevivente de guerra! Eu sempre disse que ele seria um ótimo soldado. Pena que Parker escolheu seguir a profissão de engenheiro, não é, Mary?

Antony estava totalmente fora de si e não vivia mais a realidade. Parecia que ele estava vivendo num universo completamente diferente. Seu caso era complexo, e ele já estava num grau avançado de esquizofrenia.

Depois desse dia, Mary teve certeza de que jamais colocaria seu marido numa clínica de recuperação como aquela. Faria todos os sacrifícios possíveis para mantê-lo em casa, mas jamais o colocaria num lugar apavorante como aquele.

Capítulo 22
O golpe

Uma semana depois.

Não foi fácil desintoxicar Parker. Foram necessários quatro dias para que ele restabelecesse a consciência e voltasse a falar com lucidez e coerência. Seu organismo fora destruído após centenas de doses de medicamentos, que corroeram seus vasos sanguíneos. Suas mãos demoraram dias para voltarem ao normal e pararem de tremer. Seu corpo doía muito devido à atrofia muscular e à dificuldade de cicatrização das escaras, que se formaram no quadril e nas costas. Além, é claro, da intoxicação e do trauma psíquico sofrido.

A recuperação de Parker estava sendo lenta, porém contínua. No dia seguinte à fuga, Clara telefonou para Mary perguntando o que acontecera. Enfurecida, Mary respondeu ao telefone:

— Olhe aqui, senhora Clara, eu fiz tudo por amor ao meu filho. Se você procurá-lo ou tentar chegar perto da minha casa outra vez, não me responsabilizarei por meus atos.

— Não estou entendendo o motivo de tanta raiva, senhora Mary!

— Você e esse doutor maluco estavam querendo matar meu filho?! Você não tem compaixão pelas pessoas, menina? Eu sei que você não ama meu filho e meu neto e que só ficou com ele porque queria ter um filho perfeito... Mas, quando Joseph nasceu, você percebeu que ele não era o objeto perfeito que tanto queria e o rejeitou. Desculpe, mas você é uma riquinha mimada que não vale nada! Deixe meu filho em paz e nunca mais ligue para minha casa! De preferência, nunca mais fale com Parker. Passe bem!

— Desculpe, mas a senhora não está entendendo!

— Você é quem não está entendendo, garota! Escute o que eu lhe direi agora e nunca mais se esqueça disso! Não se aproxime mais do meu filho! Deixe-o em paz!

Mary nem deu uma chance para Clara responder e bateu o telefone.

Minutos depois, Parker chegou cambaleando à sala:

— Mamãe, não sei o que seria de mim, se a senhora não tivesse me tirado daquele lugar. Quero agradecê-la. Eu estava ficando completamente louco. Os enfermeiros aplicavam injeções em meus braços na calada da noite, e de repente eu começava a ter alucinações horríveis. Minha cabeça girava. Eu cheguei a pensar que tinha morrido e que nunca mais sairia daquele hospício. A senhora é um verdadeiro anjo, mamãe.

— Parker, agora que você está se sentindo melhor, acho que é hora de começar a tomar algumas decisões importantes na sua vida. A primeira coisa é encontrar Joseph.

— Eu não sei como fazer isso, mamãe. Estou perdido.

— Se você disse que ele está vivo é porque ele está. Eu acredito em você. Ele deve estar vivo em algum lugar. Tomara que ele esteja com alguém ao seu lado, pois sozinho ele não suportaria tanto tempo.

— Eu tive sonhos lindos com Joseph enquanto estava na clínica. Ele dizia que estava sofrendo muito, mas que estava vivo. Eu sei que não era apenas um sonho, mamãe.

— Eu creio em você, filho. Eu creio que o mundo espiritual nos auxilia das maneiras mais diversas possíveis. Deus é providente e nunca nos desampara. Não se esqueça disso jamais, Parker.

— Você acredita que os sonhos que eu tive com Joseph possam ser presságios?

— Podem ser apenas sonhos, filho, mas Deus é perfeito e não criaria os sonhos apenas para divertirem as pessoas enquanto elas dormem. Eu acredito que todo sonho tem o poder de trazer alguma mensagem, um sinal, um aviso.

— Eu também acho isso, mamãe.

— Às vezes, os sinais são claros e perfeitos, outras vezes não. A vida está sempre nos ensinando alguma coisa. Basta termos coragem e disposição para compreender o que ela está querendo nos mostrar.

— A senhora tem razão. Os sonhos eram tão lúcidos que pareciam reais. Eu podia tocar Joseph e até sentir seu cheiro, mas lhe confesso que era estranho, pois tanto eu quanto ele flutuávamos como se não tivéssemos peso algum.

— Você teve uma projeção fora do corpo e encontrou-se com Joseph no astral superior.

— O que é isso? Nunca ouvi falar dessas coisas.

— Eu tenho lido alguns livros sobre o assunto e tenho certeza de que Joseph está tentando se comunicar com você de alguma forma, filho. Ele é um menino especial e sabe como entrar no mundo dos sonhos para pedir ajuda.

— Oh, meu Deus! A senhora crê nisso realmente?

— Sim, Parker. Eu jamais mentiria para você. Eu também o vejo em sonhos. Joseph está vivo, eu sei.

Mary começou a chorar ao se lembrar do neto andando pela casa e comendo seus docinhos preferidos.

— Não fique assim, mamãe. Deus é providente. Você mesma disse isso. Vou encontrar uma saída. Eu lhe prometo.

— Estou chorando, porque não sei o que fazer para ajudar o menino. Sei que ele está vivo, mas sei que está sofrendo muito também. Você precisa ser rápido, Parker.

Nesse momento, Parker decidiu se reerguer e encontrar seu filho onde quer que ele estivesse.

Mary completou:

— Certamente, os sonhos são avisos que devem ser respeitados. Telefone agora mesmo para o detetive Cameron e pergunte como andam as investigações.

— Eu sei o que ele vai dizer, mamãe.

— O que ele dirá?

— Que não tem nenhuma novidade e que precisa de mais dinheiro. O problema é que não tenho mais dinheiro. Minha conta bancária foi encerrada, e, após dois meses internado naquele hospício, devo estar com uma dívida de pelo menos 50 mil libras.

— Nesse caso, você precisa pensar numa segunda opção.

— Minha opção é fazer um empréstimo na companhia, mas não sei se será possível... Para fazer isso, preciso enviar um memorando aos acionistas e lhes pedir uma autorização. São as normas da empresa.

273

— É um caso de urgência, Parker. Faça isso amanhã pela manhã. Vá até a empresa e resolva isso, meu filho. E, caso isso não seja possível, qual seria seu segundo plano?

— Eu só tenho minha casa e meu carro, mamãe. Minha casa deve custar cerca de 100 mil libras. Se eu for até o banco para hipotecá-la, receberei no máximo 80 mil libras, mas, mesmo assim, ficarei somente com 50 mil libras, pois terei de cobrir os débitos bancários.

Ele fez uma breve pausa e continuou:

— Amanhã, irei até a empresa falar com Sonia. Pedirei a ela que emita os memorandos aos acionistas imediatamente. Que Deus nos abençoe.

— Ele abençoará.

Manhã do dia seguinte.

— Bom dia, Sonia. Que bom revê-la.

— Que surpresa, senhor Parker! Que bom vê-lo por aqui outra vez!

— Realmente, uma grande surpresa! Todos por aqui pensaram que eu não sairia vivo daquela clínica, não é?

— Tem razão, senhor Parker. Eu mesma pensei que o senhor não sairia vivo de lá.

— Pois é... mas eu saí e estou aqui para retomar os negócios. Assim que encontrar meu filho, farei essa empresa voltar a ser o que sempre foi: uma potência da construção. Agora que estou me recuperando, vou assumir novamente o comando, Sonia.

Sonia olhou para baixo, demonstrando que algo de errado estava acontecendo na empresa desde o dia em que ele fora internado na clínica, mas preferiu ficar calada.

— Seja bem-vindo, senhor Parker. O senhor precisa de alguma coisa?

— Sim. Quero lhe pedir um favor e também desculpas, Sonia. Sei que fui mal-educado com você naquele dia. Você sabe que não costumo dizer aquelas coisas, não é? Eu estava completamente alterado por causa dos remédios que o maluco do doutor Willian havia receitado para mim.

— Tudo bem, senhor. Não se preocupe. O importante é que agora o senhor está bem. Muito abatido e magro, mas está bem.

— Eu sobrevivi, Sonia.

— Era exatamente isso que eu gostaria de lhe dizer, mas achei deselegante. De que o senhor precisa? Pode dizer.

— Emita um memorando aos acionistas da companhia, comunicando-lhes que preciso fazer uma retirada de 200 mil libras da empresa. Faça isso agora mesmo, pois é urgente. Se for necessário, marque uma reunião com todos hoje à tarde. Estarei em casa aguardando sua ligação por volta das treze horas. Tudo bem?

— Tudo bem. Farei isso agora mesmo e entrarei em contato com o senhor pelo telefone.

— Muito obrigado e desculpe novamente, Sonia.

Algumas horas depois.

— Senhor Parker, boa tarde.

— Boa tarde, Sonia. Estava esperando sua ligação. Enviou os memorandos aos acionistas?

— Sim, senhor.

— O que eles disseram?

Parker estava ansioso para saber a resposta, pois queria ligar para o detetive Cameron e solicitar que ele reiniciasse as investigações.

— Senhor, eu fiz tudo o que me pediu, mas infelizmente não tenho boas notícias para lhe dar.

— O que foi? Eles não aceitaram?

— A maioria aceitou, pois sabe da situação em que o senhor se encontra... Acredito que eles autorizariam a retirada, mas...

— Mas o quê, Sonia? Não estou entendendo. O que está acontecendo, afinal?

— Desculpe-me por lhe dizer isso, mas infelizmente o senhor não faz mais parte da empresa.

— O quê?

— O senhor não é mais o presidente da companhia nem o acionista majoritário.

— Como assim, Sonia? Isso não é possível. Não sou mais o presidente da empresa?

— A respeito desse assunto, acho melhor o senhor conversar com sua esposa ou com o senhor Lindenberg.

— O que Lindenberg e Clara têm a ver com isso?

— Desculpe-me, senhor, mas não posso lhe dizer mais nada. Outra coisa... o senhor está proibido de entrar na empresa a partir de hoje. São as ordens do doutor Lindenberg.

— Droga! Droga! Onde eles estão agora?

— Clara disse que estaria em Londres a negócios, e doutor Lindenberg deve estar no escritório da mansão onde ele vive, ao sul de Manchester.

Parker recebeu a notícia como uma punhalada nas costas. Ele nunca poderia imaginar que algo assim tivesse ocorrido enquanto ele estava internado na clínica. Um grande complô contra ele fora realizado.

"Afinal, o que Clara tem a ver com tudo isso?". Enfurecido, Parker entrou em seu carro e saiu como um louco à caça de Lindenberg em sua mansão. Ele queria tirar satisfações e explicações.

Cerca de trinta minutos depois, ele já estava em frente à mansão de Lindenberg. Parker, então, entrou com seu carro no fabuloso jardim, estacionou no gramado e seguiu em direção à imponente porta da mansão, com mais de três metros de altura, esculpida em madeira de acácia.

Antes de tocar a campainha, dois cachorros enfurecidos da raça Dobermann correram em sua direção, prontos para estraçalhá-lo. Parker ficou paralisado, e os dois cães ferozes pararam a menos de dois metros de distância dele, rosnando e olhando diretamente em seus olhos. Estavam prontos para atacar, pois sentiam o odor da adrenalina exalando pelos poros da pele de Parker.

Totalmente sem reação, ele começou a andar para trás lentamente, mas os dois ferozes dobermanns negros continuavam avançando em sua direção com o objetivo de encurralá-lo e atacá-lo com seus dentes afiados. Era apenas questão de segundos para que Parker fosse devorado pelos cães ferozes.

Porém, repentinamente, eles pararam de rosnar e abaixaram as orelhas ao ouvirem um assovio e uma voz masculina. Era Lindenberg no andar superior da casa, ordenando aos cães que parassem de latir e deixassem Parker em paz. Com um simples comando de voz, Lindenberg transformou as duas feras em pequeninos e dóceis poodles.

Lindenberg disse:

— Calma, Parker. Eles não são tão ferozes como parecem. Dobermann é uma raça de cães oriunda da Alemanha. Essa incrível raça foi criada por um coletor de impostos chamado Louis Dobermann, que carregava dinheiro por áreas perigosas da Alemanha. Como precisava de constante proteção, ele decidiu fazer um cruzamento de várias raças de cães em laboratório e acabou desenvolvendo um cão especial para proteger sua integridade contra os ladrões, pois sabia que seu dinheiro estaria muito bem guardado com aqueles ferozes animais ao seu lado.

— Cachorros idiotas! — Parker exclamou demonstrando sua ira.

— Parker, que surpresa vê-lo por aqui! Entre, vamos conversar um pouco.

— É exatamente por isso que estou aqui. Quero explicações, Lindenberg.

No andar de cima da casa, no escritório.

— Vou direto ao assunto, Lindenberg. Que droga é essa de que não sou mais o presidente e acionista da companhia? — Parker bateu na mesa com força e continuou: — Quer dizer que estou proibido de entrar na minha própria empresa? O que é isso, afinal? Que droga é essa, Lindenberg?

— Calma, garoto! Não fique furioso! Vou lhe explicar.

A palavra "garoto" soou como deboche. Ao ouvir isso, Parker sentou-se na cadeira em frente à mesa de Lindenberg e decidiu escutar o que ele tinha a dizer.

Lindenberg começou:

— Primeiramente, a empresa não é mais sua, como você mesmo acabou de dizer.

— Como assim não é mais minha?

— Calma. Escute primeiro e depois faça as perguntas. A empresa não é mais sua, porque você a transferiu para mim e para sua esposa, por meio da assinatura de uma transferência integral de suas ações. Já faz mais de dois meses que você assinou esse documento.

— Eu não assinei nada. Do que você está falando?

— Assinou sim, olhe aqui. Está bem aqui na sua frente. Essa assinatura não é sua?

Parker olhou para o papel com sua assinatura, mas não entendeu ainda o que estava ocorrendo.

— Eu não assinei isso!

— Assinou sim. Você é um garoto bobo e inocente mesmo! Nunca lhe ensinaram que você precisa ler as coisas antes de assinar algo?

Parker segurou novamente o papel e percebeu que se tratava de uma autorização de transferência integral das ações da empresa, estipulada em setenta por cento para Lindenberg e trinta por cento para Clara. Estranhamente, o documento estava assinado com a data de dois dias antes de sua internação na clínica do doutor Willian.

Parker ficou completamente furioso e respondeu com rispidez:

— Velho maluco, ladrão e golpista! Como você fez isso? Colocou esse documento no meio de outros papéis para eu assinar junto com as ordens de pagamento da empresa, não é? Foi isso que você fez? Ainda por cima, coagiu Clara para entrar nesse jogo sujo, não foi?

— Opa! Pode parar, garoto! Você não pode acusar as pessoas sem prova. Eu não coagi ninguém. Tudo foi feito por livre e espontânea vontade. Eu só sugeri a ela que seria a melhor coisa a fazer, afinal, você estava fora de si e não tinha a mínima condição de continuar no comando da empresa. Somente isso. Clara não é boba. Ela tomou a decisão certa e fez o que precisava ser feito.

— Você é um velho medíocre, um ladrão do mais baixo escalão. Como pôde fazer isso comigo? Ou melhor, como pôde fazer isso com Thomas, seu grande amigo? Você traiu uma pessoa que confiou em você durante trinta anos. Como pôde fazer isso?

— É o mundo dos negócios, meu caro. O mundo é feito de pessoas espertas, não de pessoas boazinhas como você. Aprenda isso e cresça, garoto. Você ainda não sabe nada sobre a vida e os grandes negócios. Espanta-me muito pensar que você acreditou que ficaria com o controle total da empresa, apenas assinando um contrato com o senhor Thomas e recebendo a companhia de graça. Doce ilusão, garoto! Saiba de uma coisa: o mundo dos ricos é bem diferente do mundo pobre e miserável onde você e sua família vivem em Wigan.

Nesse momento, sentado atrás da pomposa mesa de acácia, Lindenberg, o homem que sempre se mostrou uma pessoa austera e educada, apresentava-se como realmente era: um indivíduo mal-intencionado, interesseiro e capaz de fazer qualquer coisa por dinheiro, *status* e poder.

— O senhor está errado, Lindenberg. Este papel não pode ter tanto valor assim. É somente um papel. Eu tenho um contrato assinado com o senhor Thomas, que diz que sou o detentor de cinquenta e três por cento das ações da companhia. Já se esqueceu disso?

— Mais uma ideia inocente e medíocre. Novamente, você não prestou atenção aos papéis que assinou. Pare de falar besteiras, Parker! Antes de abrir essa boca cheia de dentes, leia com calma o que está escrito nesta cláusula do contrato que você mesmo assinou. Leia e não tenha medo de ver a verdade.

Parker segurou o contrato e leu a cláusula oitava, que tratava da provável venda das ações.

— Leia essas duas linhas — Lindenberg se levantou da poltrona e apontou com o dedo para o ponto exato:

[...] o proprietário das ações citadas neste instrumento particular só poderá vender ou transferir as respectivas ações que estiverem em seu poder para sua cônjuge e ou para o responsável legal deste contrato, numa proporção de 30% e 70% respectivamente, por meio de uma específica autorização de transferência assinada pelo mesmo.

— Droga! Isso é estelionato! Um golpe, uma enganação!

— Nada disso, garoto. Você está equivocado. Leia a última linha e veja como você é um garoto burro, que só sabe falar besteiras.

Parker ficou nervoso e começou a sentir uma forte tontura, afinal ele ainda sofria com os efeitos colaterais dos medicamentos que foram injetados em seu organismo.

— Você vai ler ou prefere que eu leia para você?

Parker abaixou a cabeça sentindo vertigem e fraqueza.

— Já que não consegue enxergar, eu mesmo lerei em voz alta para você. Escute bem o que está escrito: "[...] caso o proprietário não esteja mais em sã consciência ou tenha sido diagnosticado com alguma patologia psiquiátrica grave, a cláusula oitava se aplicará automaticamente da mesma forma e na mesma proporção em relação às quantidades acionárias. Isso ocorrerá sem qualquer ônus para os novos detentores das ações".

— Que absurdo! Eu não sou louco! Eu fui internado por um louco, foi isso que aconteceu. O doutor Willian é o verdadeiro maluco desta história!

— Não é isso que está escrito neste laudo médico assinado por ele. Veja você mesmo! Foi assinado pelo próprio doutor Willian, um dos médicos mais conceituados da grande Manchester.

— Que laudo é esse?

— Não tem como negar, Parker. Este laudo está dizendo que você é um psicótico esquizofrênico e que não está apto para exercer qualquer tipo de atividade profissional, muito menos assumir diretoria de uma grande empresa como a minha.

Imediatamente, Parker sentiu o choque e o poder da ganância agindo da forma mais degradante possível. Algo que ele nunca vira na vida.

Parker baixou a cabeça demonstrando que não estava se sentindo bem e encostou-se na mesa. Furioso, ele precisava encontrar uma maneira de atacar o velho inescrupuloso.

Disfarçadamente, ele pegou um punhal sobre a mesa, que Lindenberg costumava usar para abrir as correspondências, e avançou com ira para apunhalá-lo no pescoço. Todavia, Parker sentiu algo gelado encostado em sua têmpora direita.

Levantando-se da poltrona e abotoando seu elegante terno azul-marinho com abotoaduras de prata, Lindenberg disse calmamente:

— Seu maluco idiota! Solte esse punhal agora mesmo! O que você está querendo fazer? Me matar? Você é um grande imbecil mesmo! Steve, pode tirar a arma da cabeça dele. Esse idiota não é capaz de fazer nada contra mim. É apenas um garoto frouxo e inexperiente.

Parker soltou o punhal ao notar o revólver Colt45 de Steve, o capanga de Lindenberg, apontado diretamente para sua cabeça.

— Sua festinha acabou, Parker. É hora de você ir embora e nunca mais pisar na minha casa. Vá! Pegue sua lata-velha e nunca mais apareça na minha empresa. Steve, leve-o daqui. Preciso tomar um banho com minhas espumas relaxantes. Esse idiota me deixou muito estressado esta tarde.

Parker não acreditava no que estava presenciando. Tudo fora uma grande armação de Lindenberg. Ele planejara tudo nos mínimos detalhes, e Clara, inacreditavelmente, parecia fazer parte do golpe.

Assim que Parker, transtornado, saiu do escritório, Lindenberg sentou-se em sua poltrona e fez uma ligação que deixaria qualquer pessoa abismada perante tanta frieza.

— Alô, quero falar com Montreux.

— Só um minuto. Quem está falando?

— Sou eu, seu idiota. Chame logo o Montreux.

— *Qui est?* [Quem é] — perguntou uma voz ao fundo em francês.

— Alô — Montreux falando.

— Montreux, seu incompetente imbecil! O que você fez com a criança? Era para você devolvê-la na semana passada em algum lugar em Paris. Não foi isso que combinamos? Onde está a droga da criança?

Montreux respondeu:

— O negócio é o seguinte, doutor... Primeiramente, não sou um imbecil como você disse. Segundo, até hoje não vi uma nota sequer do valor que combinamos pelo sequestro do menino. Sabe como são as coisas, não? Eu preciso de dinheiro! Se o senhor não pagar a mercadoria, eu posso vender a mercadoria para outra pessoa. Negócios são negócios! Não é assim que as coisas funcionam?

— Eu disse que pagaria a vocês depois que estivesse tudo resolvido por aqui.

— Eu sei, mas o senhor me disse que a coisa seria rápida, e já se passaram meses desde que raptamos aquele garoto retardado. Agora, você telefona querendo mandar em mim? Ninguém manda em mim, velhote!

— Onde está o garoto? O que vocês fizeram com ele?

— Nós vendemos o bebê para um rapaz que trabalha com tráfico de órgãos. Hoje em dia, é um ótimo negócio por aqui, sabia? Devia entrar nesse negócio também, vovô. O rapaz nos procurou e entregamos o menino pelo dobro do valor que combinamos. Negócio é negócio, meu caro.

— Como assim?

— Sinto lhe informar, mas seu bebê queridinho já se foi. O pior é que eu ainda tive prejuízo, pois precisei devolver parte do dinheiro ao rapaz dos órgãos. Assim que ele prendeu o garoto num cativeiro, percebeu que era uma criança deficiente mental e me ligou dizendo que nesses casos os indianos não pagam muito. Ele disse que os indianos costumam pagar trinta por cento a menos pelos rins desse tipo de criança.

— Seu idiota ganancioso! Onde o menino está?

— Eu não sei! Já faz uma semana que o entregamos no sul da França, perto da divisa com a Itália. O deixamos na região de Vars, nos Alpes.

— Que droga! Como ele estava quando vocês o entregaram?

— Chorava muito, estava muito magro e com os olhos inchados por causa da venda que usamos nele. Acho que estava doente, pois não comeu quase nada do que lhe demos.

— Não contem nada a ninguém sobre isso. Fiquem de boca calada e nunca toquem em meu nome. Está ouvindo?

— Tudo bem, vovô. Mas você sabe como funcionam as coisas no mundo dos negócios, não sabe?

— Do que você está falando, Montreux?

— Não se faça de bobo, vovô. Tudo tem um preço neste mundo! Para ficarmos calados, o senhor precisa nos pagar 40 mil libras hoje mesmo.

— Mas eu não tenho esse dinheiro em caixa.

— Pare de reclamar de barriga cheia! É só fazer uma ligação ao seu banco e transferir o dinheiro para a conta da minha namorada. Se não fizer isso, não tem problema! Eu pego o telefone, ligo agora mesmo para o principal jornal da Inglaterra e conto tudo o que sei. O que acha? Não seria uma má ideia. Certamente, daria uma bela manchete, não acha? Que tal: "Advogado golpista sequestra filho do presidente da Thomas Harrison Cia"?

— Me passe o número da conta bancária agora mesmo. Farei a transferência — Lindenberg ordenou.

— É assim que se fala, vovô. Negócios são negócios.

— Tenha um bom-dia. E lembre-se: nenhum de vocês jamais ouviu meu nome. Jamais.

Logo após sair da mansão de Lindenberg, Parker decidiu voltar para a casa de sua mãe em Wigan. Além de arrasado e confuso, ele sentia muita tontura e enjoo. Durante o trajeto, Parker parou pelo menos duas vezes para vomitar na estrada. Ele ainda estava intoxicado com os medicamentos, e tudo isso somado ao nervosismo estava se transformando em uma verdadeira bomba emocional.

Após fugir da clínica, Parker imaginou que todos os seus problemas tinham acabado, mas ele se equivocara. Lindenberg armara um golpe muito bem estruturado contra ele.

Em nenhum momento, passara pela cabeça de Parker que Lindenberg estivesse envolvido com o sequestro de seu filho em Paris. Talvez Parker nunca ficasse sabendo a verdade, pois somente Lindenberg e seus dois capangas franceses sabiam a verdadeira história.

Estava claro que o detetive Cameron não fizera parte do complô. Ele era apenas um detetive londrino querendo fazer seu trabalho, tentando ajudar o pobre Parker a encontrar seu filho. No entanto, sem dinheiro, era óbvio que o detetive não moveria uma única palha para encontrar o pequeno Joseph. Cameron era um policial honesto, porém movido por dinheiro, que nunca se envolvia emocionalmente com seus clientes.

Na casa de Mary.

— O que aconteceu, filho? Não conseguiu convencer os acionistas a liberarem o dinheiro? Você está muito abatido. O que aconteceu?

— Eu não consegui convencer os acionistas. Na verdade, foi muito pior que isso. Armaram um golpe contra mim, mamãe. Foi tudo uma grande armação.

— Armação de quem?

— De Lindenberg.

— Lindenberg, o advogado da companhia?

— Sim, ele mesmo. Minha doença psíquica, a consulta com doutor Willian, a internação, o excesso de medicamentos, o descaso de Clara e aquela clínica horrível cheia de dementes...

— Sobre o que você está falando, meu filho? Não o estou entendendo. Que golpe é esse?

Parker não tinha como esconder mais seus segredos de Mary, então decidiu contar-lhe sobre os contratos assinados antes da morte de Thomas, sobre manter o sigilo da família, a transferência das ações, a presidência da companhia, as cláusulas ocultadas e manipuladas por Lindenberg e, por fim, sobre seu grande sonho de se tornar um empresário milionário.

Na verdade, fora sua ganância que o fizera entrar nesse jogo sujo, mas Parker ainda não tinha consciência disso. Ele estava sofrendo e não conseguia compreender o que estava acontecendo, pois, naquele momento, estava dentro do olho do furacão.

Mary ouviu a história, prestando atenção em todos os detalhes. Assim que Parker terminou de contar-lhe tudo, ela balançou a cabeça negativamente e respondeu ao filho com uma breve frase, que há muito tempo não dizia:

— Como pôde deixar isso acontecer, Parker? Eu sempre lhe disse, meu filho, que o que não é seu nunca poderá ser realmente seu. Aquilo que é seu por direito um dia será. Seu tesouro pode demorar a chegar, mas ele chegará. Você lembra que eu lhe disse isso um dia, meu filho?

— É claro que eu me lembro, mamãe.

— Parker, você recebeu um golpe muito forte, mas foi você quem permitiu que isso acontecesse.

— Eu sei...

— Você nunca imaginou que cairia na malha de pessoas tão gananciosas, não é?

— Nunca imaginei que existissem pessoas assim no mundo.

— Mesmo sem querer, você acabou se igualando a eles, filho. Se não tivesse aceitado a proposta do senhor Thomas, certamente não estaria enfrentando tudo isso agora. Mas não há nada o que fazer no momento. Já está feito e não tem volta. Você tem de levantar a cabeça e focar toda a sua energia numa única coisa.

— No quê?

— Em encontrar Joseph. É isso que você precisa fazer a partir de agora. Esqueça o resto. Esqueça a empresa, Lindenberg, Clara e toda essa intriga maldita.

— Mas eu só tenho minha casa, meu carro e uma dívida enorme no banco. O que devo fazer agora?

— Casa você tem para morar. Nossa casinha pode ser simples, mas é aconchegante. Você pode morar aqui, se precisar. Você sabe disso.

— Obrigado, mamãe.
— Levante a cabeça e vá ao banco amanhã. Veja por quanto eles hipotecam sua casa. Você está realmente disposto a sacrificar tudo o que conquistou para encontrar o Joseph?
— É claro que estou disposto! Eu pagarei o preço que for preciso para encontrá-lo! Nem que seja para encontrá-lo morto.
— Não fale ou repita isso jamais, Parker.
— Desculpe. Vou ligar para Cameron agora mesmo, mamãe.

— Alô.
— Detetive Cameron?
— Sim, ele mesmo.
— Sou eu, Parker.
— Como vai, Parker?
— Não estou muito bem, detetive Cameron.
— Estou lhe perguntando, porque Lindenberg me ligou semana passada dizendo que você estava internado numa clínica psiquiátrica.
— Lindenberg lhe disse que eu enlouqueci e que certamente não sairia vivo da clínica. Não foi isso que ele lhe disse?
— Foi exatamente isso que ele me disse.
— Aquele velho é um safado sem-vergonha! — Parker disse, afastando o telefone da boca.
Mary olhou para Parker e colocou o dedo na boca, pedindo a ele para focar em Joseph e não em Lindenberg.
— O que você disse? Não entendi, Parker — indagou Cameron.
— Nada não. Estava apenas falando com minha mãe. Estou ligando para retomar as investigações. Eu sinto que meu filho ainda está vivo e que precisamos achá-lo o mais rápido possível.
— Tudo bem. Podemos retomar as investigações hoje mesmo.
— Sim. Hoje mesmo. Do que você precisa? Eu quero saber quanto você quer para recomeçar o trabalho.
— Bom, Parker....
— Detetive Cameron, antes de dizer qualquer coisa, quero lhe informar que não tenho mais dinheiro. Precisarei hipotecar minha casa para continuar as investigações.

— Neste caso, vou facilitar um pouco. Vou lhe cobrar apenas 30 mil libras para os próximos quinze dias e mais 30 mil libras na quinzena seguinte. Se em um mês não conseguirmos nenhuma pista do seu filho, desistirei do caso, e você não deverá me pagar mais nada. Combinado? Vou fazer o possível para encontrá-lo. Pode acreditar nisso.

Parker pensou na proposta de Cameron por alguns segundos, mas sabia que não teria outra saída a não ser aceitá-la. Ele fez as contas rapidamente e percebeu que a quantia cobrada por Cameron era exatamente o que sobraria da hipoteca da casa, depois que ele pagasse todas as dívidas e taxas que o banco lhe cobraria.

— Combinado, Cameron. Vamos retomar as investigações. Amanhã mesmo, resolverei tudo e farei a transferência para sua conta bancária.

Parker desligou o telefone transtornado, mas ao mesmo tempo surgia um brilho de esperança em seus olhos. Eram muitas emoções acontecendo ao mesmo tempo. Pela manhã, ele acreditava que ainda era presidente de uma grande companhia, mas à tarde descobrira que era apenas um simples mortal desempregado, que teria de hipotecar sua casa às pressas para tentar encontrar o filho, que estava desaparecido ou morto em algum lugar no sul da França. Será que seus problemas acabariam e as coisas finalmente começariam a melhorar?

Parker acreditava que sim. Ele acreditava que, a partir daquele ponto, seria apenas uma questão de tempo para Cameron encontrar Joseph, e Parker poder começar uma nova vida ao lado do filho. Mas sua saga estava apenas começando...

Capítulo 23
O desprezo

Na casa do velho amigo Clark.

— Clark! Como você está, amigo?

— Olá, Parker, estou bem. E você?

— Infelizmente, estou passando por uma fase muito complicada. Desde que Joseph nasceu, minha vida mudou radicalmente.

— Você acha que ele foi o culpado de tudo?

Parker olhou assustado e enraivecido com a inesperada pergunta de Clark:

— Claro que não. Joseph não tem culpa de nada. Se alguém tem culpa de algo sou eu. Ele é uma vítima — Parker se emocionou e tentou disfarçar para que seu amigo não percebesse o que estava acontecendo. Sua vontade era chorar no ombro de Clark, mas fazia tempo que eles não se viam, então Parker preferiu se conter. Ele estava tão desconfiado das pessoas que preferiu ficar calado e falar somente o necessário. Entretanto, Clark era a única pessoa com quem Parker podia contar naquele momento.

Ele disse:

— Clark, eu decidi fazer uma coisa.

— O quê?

— Vou encontrar meu filho, pois tenho certeza de que ele ainda está vivo.

— Verdade? Descobriram alguma pista?

— Infelizmente, não descobriram nada, mas eu sei que ele está vivo. Eu sinto isso. Não dá para explicar... Eu apenas sinto.

— Entendo, amigo, mas o que você vai fazer? Disseram-me que você não estava mais indo à companhia.

— É verdade. Acho que não voltarei tão cedo àquele lugar.

Parker ficou incomodado com o volume de perguntas que Clark estava fazendo e decidiu mudar de assunto:

— Estou indo até o banco para resolver uns assuntos e amanhã viajarei de carro até Londres para conversar pessoalmente com o detetive Cameron. Juntos, nós vamos montar uma estratégia para encontrar o Joseph. Se por acaso quiser falar comigo, ligue para este número. É o telefone do escritório do detetive Cameron. Como ainda não sei onde ficarei hospedado em Londres, o melhor é ligar para o escritório de investigações. Tudo bem, Clark?

— Quanto tempo ficará em Londres?

— Um mês, no máximo. Tenho certeza de que em trinta dias encontraremos Joseph.

— Já anotei o telefone do detetive Cameron. Boa viagem e boa sorte. Espero que encontre seu filho em breve.

Clark não era mais o mesmo rapaz alegre e disposto de antigamente. Estava gordo, calvo e parecia doente. Falava lentamente e, enquanto conversava, olhava para cima como se estivesse perdido. Certamente, depois que Christine o trocou para viver com outro homem em Londres, ele se isolou e envelheceu muito. Clark tinha apenas trinta anos de idade, mas aparentava ter cinquenta e cinco anos de tão acabado que estava.

Parker saiu do banco decepcionado após receber apenas 80 mil libras pela hipoteca de sua casa. Do montante total, 30 mil libras ficariam no banco para o pagamento das dívidas e 30 mil libras seriam depositados diretamente na conta-corrente de Cameron. Parker sacou as 20 mil libras restantes e colocou o dinheiro em uma maleta de couro, para pagar a segunda parcela dos serviços de investigação, caso Joseph não fosse encontrado em quinze dias.

Parker ficara frustrado, mas se sentia confiante. Ele entrou no carro, colocou a maleta de dinheiro debaixo do banco e seguiu para Londres para se encontrar com Cameron.

Ao chegar ao seu destino, Parker seguiu direto para o escritório de Cameron no centro antigo de Londres.

— Boa tarde, Cameron. É um prazer revê-lo.

— Igualmente, Parker. Sente-se. Eu confirmei seu depósito pela manhã e já começamos as investigações.

— Ótimo. Estou muito confiante, Cameron. E você?

— Eu também, mas preciso ser cauteloso e realista. Vamos focar todos os esforços no sul da França, onde supostamente seu filho está. Uma senhora viu um carro suspeito com dois indivíduos e uma criança no banco de trás há alguns dias. Não é tão comum dois homens e uma criança dentro de um carro numa estrada no sul da França, na divisa da Itália.

— Ela não viu mais nada? Não viu o rosto dele, a cor do cabelo, a idade? Nenhuma informação extra?

— Nada. Ela só disse que havia uma criança sentada no banco de trás do carro e que ela vestia uma blusa azul-marinho com capuz.

— Ele estava com um capuz cobrindo a cabeça?

— Sim, por isso ela não conseguiu ver seu rosto.

— A polícia não conseguiu obter mais informações?

— Não. A senhora ligou para a polícia três horas depois de ter visto o carro suspeito e por isso eles não conseguiram encontrar nada. Infelizmente, ela não soube dizer a marca do carro, a cor, nem o número da placa. Se tivesse passado mais informações, ficaria mais fácil.

— É verdade. Mas já é uma pista, Cameron.

— Tem razão. Por isso, seguiremos essas pistas.

— Vamos achá-lo. Eu sei que vamos — Parker afirmou.

— Eu gostaria que você ficasse calmo e nos deixasse trabalhar. Vá até o centro de Londres e encontre algum hotel barato para ficar. Assim que tivermos mais notícias, entrarei em contato.

— Farei isso e, a cada dois dias, eu passarei por aqui para me atualizar sobre as investigações. Obrigado, Cameron.

— Até logo, Parker.

Cameron era o típico detetive londrino, que parecia ter parado no tempo, nos anos 1960. Tinha aproximadamente cinquenta e cinco anos de idade e era muito compenetrado no trabalho. Não parecia ser casado, pois não usava nenhuma aliança, mas suas unhas eram muito bem-feitas e seu cabelo estava muito bem cortado e penteado. Ele usava sempre um terno xadrez marrom com cotoveleiras de couro, não gostava de usar gravata, possuía uma coleção de relógios quadrados digitais sem ponteiros e gostava de usar sapatos italianos com detalhes dourados e sem cordões para amarrar, algo visto como coisa de gente "fresca".

Ele era o tipo de homem vaidoso que gostava de se vestir, se cuidar e frequentar lugares luxuosos, no entanto, mostrava ser um homem íntegro e muito respeitado pelos outros investigadores. Nessa época, início dos anos 1990, não se falava em homens metrossexuais, mas era exatamente essa a palavra que representava o estilo de Cameron. Seu hobby era usar roupas caras de marcas famosas, beber bons vinhos, frequentar bons restaurantes, lugares charmosos e paquerar mulheres provocantes, lindas e envolventes. Cameron era quase um James Bond. Um homem descolado e solteiro, que não tinha filhos e possuía muitos segredos guardados debaixo da manga.

Vinte dias depois.

— Sinto muito lhe dizer isso, Parker, mas temos poucas novidades a respeito de Joseph.

— Não é possível que não consiga descobrir nada sobre ele, Cameron! Eu sei que vocês estão fazendo tudo, mas precisam fazer mais. Estamos na reta final e sei que estamos próximos de encontrá-lo. Não podemos desistir agora.

— Eu compreendo sua esperança, Parker, mas...

— Mas o quê, Cameron?

Pela primeira vez, Cameron se mostrava desanimado e pouco confiante em encontrar Joseph. Ele só estava dando continuidade às investigações para não acabar com as esperanças de Parker. No entanto, era somente ilusão, pois, se suas esperanças não acabarem, certamente seu dinheiro acabaria em breve.

Chegara, inclusive, o dia de fazer o último pagamento que fecharia a segunda quinzena de investigações. Se nos próximos dias Joseph não fosse encontrado, os trabalhos seriam encerrados definitivamente.

Cameron estava perdendo as esperanças, mas Parker não. Ele insistiu:

— Cameron, você disse que não tem nenhuma informação sobre Joseph, mas não disse nada sobre os sequestradores.

— Não entendi sua pergunta, Parker.

De repente, um detetive negro que trabalhava no escritório de Cameron, um homem muito forte, vestindo camisa polo cinza, calça jeans e cinto de couro, entrou na sala com alguns papéis de fax na mão e disse:

— Senhor Cameron, o Saint Charles, nosso camarada na França, acabou de enviar este fax.

— Obrigado, detetive Johnson. Deixe-me ver isso.

— Aqui, ele diz que dois rapazes caucasianos foram presos há alguns dias nos arredores de Paris, no quilômetro 12 da Rodovia Le Francilienne durante uma *blitz* diurna. Eles foram parados na estrada por estarem com o para-brisa do carro quebrado. Os policiais perceberam que os dois estavam muito nervosos e decidiram vasculhar o carro.

Parker ficou com os olhos arregalados ao ouvir o que Johnson dissera. Johnson, percebendo a aflição de Parker, parou de falar por alguns instantes.

— Continue, Johnson — Cameron pediu.

— Quem é esse rapaz, Cameron? — Johnson apontou para Parker.

— Este é Parker, o pai do garotinho que estamos procurando.

— Verdade? Minha nossa! Muito prazer em conhecê-lo, senhor Parker. Saiba que estou muito envolvido em seu caso.

— Muito obrigado pela atenção, Johnson.

— Eu tenho uma filha de três anos e fico imaginando a dor que você está sentindo, irmão. Sou um negro forte e não dispenso uma boa briga, mas no fundo sou uma manteiga derretida quando o assunto é criança.

Parker sorriu meio sem graça, e Johnson completou:

— Conte comigo, Parker. Estamos juntos, irmão.

Cameron interrompeu:

— Hei, Johnson! Vamos nos focar. Diga o que aconteceu com os homens que foram detidos pela polícia francesa.

— Desculpe, chefe, mas preciso dar uma força para ele. Não está vendo? Esse cara está sofrendo demais!

— Eu sei, Johnson. Mas continue, por favor.

291

Cameron demonstrava claramente que não tinha qualquer envolvimento emocional com o caso.

— É o seguinte: os dois caras foram presos pela polícia e estão encarcerados na penitenciária nacional de Sequin, no norte do país. Foram encontrados dois quilos de cocaína no estofamento dos bancos e duas armas calibre 38.

— O que isso tem a ver com Joseph?

— Não temos certeza ainda, mas eles são suspeitos e já têm passagem na polícia por tráfico de drogas. Foram interrogados sobre o sequestro de Joseph, mas negaram a participação no caso. No entanto, algo deixou os policiais intrigados...

— O quê?

— Os policiais encontraram impressões digitais de uma criança no vidro traseiro do carro.

— Já as compararam com as digitais de Joseph? — Cameron perguntou.

— Ainda não, mas disseram que, assim que terminarem a perícia, enviarão um fax com os resultados conclusivos.

Os olhos de Parker repentinamente brilharam de esperança. Nesse momento, a secretária de Cameron bateu na porta do escritório:

— Detetive Johnson, este fax acabou de chegar.

Johnson leu o fax com atenção, entregou o papel na mão de Parker e disse:

— Seu filho está vivo, meu amigo. O teste da impressão digital deu positivo. Ele estava dentro daquele carro.

Parker segurou o papel, mas não conseguiu ler seu conteúdo de tão emocionado que estava. Ele, então, colocou o papel entre as pernas e começou a chorar incontrolavelmente:

— Eu sabia! Eu sabia que Joseph estava vivo!

— Cameron, eu preciso ir. Assim que souber mais informações sobre o garoto, voltarei para avisá-lo.

— Muito obrigado, detetive Johnson. Bom trabalho.

Cameron voltou-se para Parker:

— Você tinha razão, Parker. Joseph pode estar vivo, mas...

— Como assim pode estar vivo? Ele está vivo, detetive Cameron. A prova está aqui! E bem na sua frente! É a impressão digital do meu filho no vidro do carro.

— Eu sei, essa é a melhor prova que conseguimos até aqui, mas isso não significa que ele esteja vivo.

— Não estou entendendo, Cameron.

— Não quero ser pessimista, mas realista. Meu trabalho exige isso. Essa impressão digital pode ser de meses atrás, pode ter sido feita ontem, semana passada ou no mês passado. Compreende?

— Sim, eu compreendo, mas tenho certeza de que Joseph está vivo.

— Espero que sim. Neste caso, quero que volte para sua casa em Manchester e, assim que tivermos mais notícias, entraremos em contato com você, Parker.

— Negativo, Cameron. Você não está me entendendo. Eu vim para Londres para acompanhar as investigações de perto e não voltarei para Manchester sem encontrar meu filho.

— Deixe-me trabalhar, Parker. Vá para o hotel e tente se acalmar um pouco. Por favor.

— Tudo bem. Amanhã à tarde, passarei aqui novamente.

Cameron olhou com impaciência para Parker e finalizou a conversa:

— Neste caso, traga-me 30 mil libras, pois, caso contrário, não poderei continuar as investigações.

Parker olhou fixamente para Cameron com muita raiva e colocou sua bolsa de couro cheia de dinheiro sobre a mesa:

— Não precisa esperar até amanhã, detetive Cameron. O dinheiro já está aqui. Abra o zíper da bolsa e pegue o dinheiro.

— Quanto você tem aí?

— Vinte mil libras, nada mais.

— Neste caso, só poderemos trabalhar por mais dez dias.

— Mas isso é muito pouco!

— Parker, nós combinamos que seriam 30 mil libras e não 20 mil. Lembra-se?

— Infelizmente, é só o que eu tenho.

— Eu preciso pagar a estadia dos investigadores, a alimentação e os salários. Além disso, preciso pagar propina e outras coisinhas que surgem no meio do caminho. É assim que funciona, Parker.

— Temos que chegar pelo menos até o final do mês. Não podemos parar agora, detetive Cameron.

— Isso foge da minha capacidade, desculpe.

293

— Oh, meu Deus! Encontre alguma alternativa, detetive. Não podemos desistir agora.
— Você não tem mais dinheiro?
— Não.
— Como não? Você não é o presidente da Thomas Harrison Cia?
— Não sou mais. Fui colocado para trás.

Parker respondeu, abaixando a cabeça e preferindo não dar mais detalhes sobre o golpe que tomara. Cameron olhou no fundo dos seus olhos e disse:

— Foi Lindenberg, não é?

Parker acenou com a cabeça afirmativamente.

— Que droga! Eu sabia que esse velho aprontaria com você. Eu estava pressentindo isso — Cameron respondeu, demonstrando que conhecia bem o lado obscuro de Lindenberg.
— Desculpe, mas prefiro não colocar o nome desse homem na conversa. Vamos voltar ao que interessa.
— Tudo bem, Parker. Neste caso, o que você está pensando fazer?
— Eu não tenho mais dinheiro. Tudo o que eu tenho está dentro dessa bolsa. São 20 mil libras em dinheiro vivo.
— Então, deixe-me fazer uma pergunta.
— Diga, detetive.
— Como você chegou a Londres? De trem?
— Eu vim de carro.
— Quanto vale seu carro?

Parker se assustou com a frieza e a rapidez de Cameron, mas não hesitou e respondeu imediatamente:

— Eu acredito que meu carro valha seis mil libras.
— Faremos exatamente assim: enquanto eu tiro o dinheiro da bolsa, você coloca as chaves do carro sobre a mesa. Em seguida, eu lhe devolverei a bolsa vazia para que ninguém perceba que você trouxe dinheiro vivo. Está me entendendo?
— Isso quer dizer que fecharemos as investigações até o final do mês?
— Sim. Basta colocar as chaves sobre a mesa, e assim continuaremos as investigações — Cameron respondeu e em seguida tirou os bolos de dinheiro da bolsa para guardá-los na gaveta.

Parker estava ansioso e muito preocupado. Assim que saiu do escritório de Cameron no centro de Londres, ele entrou na primeira cabine telefônica que viu para avisar sua mãe Mary do que acontecera.

Do outro lado da linha, Mary parecia cansada e sua voz estava triste. Certamente, Antony não estava sentindo-se bem ultimamente. No entanto, ela ficara feliz com a notícia e disse que estava rezando todos os dias para Deus iluminar o caminho dos investigadores.

Parker percebeu que, após o desaparecimento do neto e a situação complexa do velho Antony, Mary estava prestes a desistir por não suportar tanta pressão psicológica.

Depois de falar com a mãe, Parker se hospedou em um hotel no subúrbio de Londres, mas não conseguiu dormir devido à ansiedade. No dia seguinte pela manhã, ele acordou e foi até uma cabine telefônica para falar com Johnson, por ter sentido confiança e empatia naquele detetive forte e prestativo.

— Alô.

— Johnson, sou eu, Parker. Como você está? Tem alguma novidade sobre Joseph?

— Sim, Parker. Temos novidades.

Desta vez, Johnson não parecia tão confiante quanto no dia anterior.

— Parker, eu não gostei nada do que me informaram hoje pela manhã.

— O que foi?

— Os dois bandidos foram interrogados pela polícia e já passaram pelo tribunal. Eles pegaram vinte e cinco anos de cadeia por tráfico de drogas, e, se for comprovado que eles sequestraram seu filho, a pena se agravará e eles ficarão presos na penitenciária por mais quarenta anos. De certa forma, isso é bom, porque conseguimos pegar dois ratos de esgoto.

— Esses bandidos vão apodrecer na cadeia. O que mais você descobriu, Johnson?

— Eles confessaram o sequestro do seu filho em Paris.

— Verdade?! Onde está Joseph?

— Confirmaram a data e o local onde tudo aconteceu na feira do livro, mas a polícia ainda precisa confirmar a veracidade da história e verificar se eles não estão querendo encobertar alguém.

— Sim, mas e Joseph? Onde ele está?

295

— Infelizmente, seu filho não está mais com eles.

— Como assim não está com eles? Onde ele está?

— Venderam seu filho para um traficante de órgãos há mais de um mês. Entregaram-no no sul da França, perto da divisa da Itália, numa estrada secundária próxima aos Alpes.

— Meu Deus! Mas o que isso significa, Johnson? Pelo amor de Deus, diga que meu filho está bem! Por favor!

Parker entrou em pânico do outro lado da linha, após ouvir Johnson falar "tráfico de órgãos".

— Isso significa que seu filho foi entregue a pessoas inescrupulosas, que só pensam em fazer dinheiro vendendo rins de crianças saudáveis para interceptores indianos, que trabalham no mercado negro de Nova Délhi.

— Não me diga isso, Johnson! Isso é pior que ouvir que meu filho está morto. Eles vão fazer meu filho sofrer? É isso que está me dizendo?

— Parker, é melhor eu parar de falar. Assim que tiver mais notícias, entrarei em contato.

Johnson sentiu a dor de Parker do outro lado da linha, por isso achou melhor não dar mais detalhes sobre os traficantes de órgãos e o que podia ter acontecido com Joseph.

— Tudo bem. De qualquer forma, eu agradeço sua atenção, Johnson.

Parker ficou completamente transtornado com a notícia. Ele saiu da cabine telefônica, entrou direto num supermercado e comprou duas garrafas de vodca para se embriagar. Depois, seguiu para o hotel de terceira categoria onde estava hospedado.

Ele, agora, só tinha algumas libras na carteira, dinheiro suficiente para pagar apenas as diárias do hotel. Aquelas eram suas últimas economias. Quinhentas libras e nada mais.

O último dia do mês.

Onze dias depois do último encontro que tivera com Cameron, Parker se mostrava desesperado e totalmente desfalecido no quarto do hotel. Ele praticamente não saía mais do cômodo, justamente para não gastar o pouco dinheiro que ainda lhe restava. Parker, inclusive, não comia há quase dois dias, tentando economizar para pagar as diárias do hotel.

As únicas coisas que Parker ainda tinha em seu poder eram algumas peças de roupas, sua carteira, um relógio de pulso, uma corrente de prata e o embrulho que Luxor lhe dera de presente anos atrás, algo que ele carregava consigo como um amuleto da sorte. Lembra-se do captador de guitarra do cantor e compositor Rick Backer?

A fome de Parker era gigantesca e, para saciá-la, ele precisava apenas pegar algumas libras e ir ao outro lado da rua para comprar um sanduíche de hambúrguer duplo e uma garrafa de refrigerante, a comida mais barata que ele podia comprar nas redondezas.

Por mais difícil que sua vida tenha sido na infância e na ado-lescência, Parker nunca imaginara que um dia enfrentaria a fome de verdade. Esta seria a primeira vez que ele sentiria a horrível sensação de vazio no estômago, uma sensação nada agradável.

Certamente, a decisão de sair e comprar um sanduíche resolve-ria o problema e mataria sua fome, mas o dinheiro lhe faria muita falta na hora de pagar a conta do hotel. Contudo, Parker não tinha es-colha. Se não se alimentasse, ficaria doente e tudo estaria acabado.

Na tarde do mesmo dia, logo após sair do quarto e comer dois sanduíches, Parker foi até a cabine telefônica e ligou para o detetive Johnson outra vez, pois ele sabia que no período da tarde quem costumava atender aos telefonemas era a secretária de Cameron, a senhora Ritha.

Ao atender a ligação, ela disse:

— Escritório de investigação do detetive Cameron. Boa tarde.

— Boa tarde. Gostaria de falar com o detetive Johnson, por favor.

— O senhor Johnson está em um trabalho de campo no norte da Inglaterra e só voltará amanhã.

A resposta demonstrava exatamente o que Parker previra. Por falta de dinheiro, as investigações cessaram completamente a mando do detetive Cameron.

— Senhorita Ritha, poderia passar a ligação para o senhor Cameron, por gentileza?

— Só um minuto. Aguarde na linha, senhor.

— Alô. Cameron falando.

— Cameron, é o Parker.

— Olá, Parker.

— Quero saber como estão as investigações.

— Sinto lhe dizer, Parker, mas as investigações foram encerradas. Não posso fazer mais nada por você. Conforme combinamos, sem dinheiro as investigações seguiriam somente até o final do mês. Você lembra bem disso, não é?

— Sim, eu me lembro, detetive Cameron. Mas...

— Eu sinto muito, Parker. Infelizmente, preciso desligar. Estou numa reunião importante com novos clientes.

— Detetive Cameron, não desligue! Cameron, por favor! Não desligue o telefone!

As súplicas de Parker foram em vão. Cameron bateu o telefone sem dó nem piedade.

Nesse momento, Parker sentiu a dor do desprezo e da indiferença. Ficara claro que era o fim das investigações e de suas esperanças. Agora, seu dinheiro estava prestes a acabar, e em pouco tempo ele não teria mais a quem recorrer.

Parker saiu da cabine telefônica e caminhou cabisbaixo para a recepção do hotel. Quando começou a atravessar o *hall* de entrada e seguir em direção aos quartos, a recepcionista do turno vespertino o chamou pelo nome:

— Senhor Parker, precisa acertar as diárias até o fim da noite, ouviu? Já faz alguns dias que o senhor está aqui e ainda não pagou nem um tostão ao hotel. Meu patrão está me cobrando. E vou logo lhe avisando: ele não é flor que se cheire.

Parker olhou para trás e respondeu, sem dar a mínima importância para o que a recepcionista dizia:

— Eu sei que tenho que pagar esta droga de espelunca. Fique tranquila! Vou pagar, quando puder.

Parker ficara furioso com a frieza com que Cameron o tratara ao telefone, por isso não estava se importando com a conta do hotel naquele momento.

Ele entrou cambaleando no quarto e virou o resto da garrafa de vodca que deixara sobre a mesa. Em seguida, ligou a televisão em um canal qualquer e desmaiou na cama, mentalmente e emocionalmente exausto.

Para Parker, aquele era o final da linha. Não havia mais nada a fazer. As esperanças acabaram, o dinheiro acabou e o desespero se transformou em angústia.

Ele pensou em ligar para Mary e contar-lhe o que acontecera, mas achou melhor poupá-la de mais sofrimento, afinal ela estava passando por momentos muito difíceis em casa.

No dia seguinte, Parker acordou às duas horas da tarde com ressaca e decidiu ficar o dia todo trancado no quarto, sem comer e sem beber nada. Decidira apenas ficar deitado na cama, imerso em depressão e raiva.

A dor de Parker era tão grande que ele não conseguia mais pensar em alternativas para encontrar seu filho, pois agora não tinha mais dinheiro, carro, e ainda estava desempregado, sem poder pagar os detetives da agência e mantê-los à sua disposição. O que mais podia acontecer de ruim?

Parker permaneceu trancado no quarto até a noite do dia seguinte. Após dois dias e já quando entrava na terceira noite, ele se levantou da cama, bebeu um pouco de água da torneira, e, sem forças, deitou-se novamente por volta da meia-noite para dormir.

Sem fazer muito esforço, ele caiu em sono profundo em poucos segundos e começou a ter um sonho muito estranho.

No sonho, Mary aparecia no quarto tentando cobrir Parker com um cobertor de lã. Ela, no entanto, parecia afobada e ansiosa, e Parker, por sua vez, se debatia na cama tentando evitar que ela o cobrisse. De repente, uma agonia muito forte tomou conta do sonho, e um calor intenso começou a envolver Parker, como se o fogo queimasse suas pernas e seu quadril. Mary tentava a qualquer custo cobrir o filho com o cobertor, mas, como num passe de mágica, ela desapareceu do quarto e Parker abriu os olhos, acordando do terrível pesadelo e sentindo seu corpo quente e febril.

Nesse momento, por volta das três horas da madrugada, Parker, ainda confuso, escutou um barulho no corredor, do lado de fora do quarto. Ele já não estava sonhando.

De repente, Parker ouviu duas batidas fortes na porta, mas decidiu não abrir e continuar deitado na cama. No entanto, a pessoa insistiu e deu mais três batidas.

Parker resolveu se levantar e abrir uma fresta da porta para ver quem o chamava com tanta insistência no meio da madrugada. Mas, ao abrir a porta, ele sentiu um empurrão violento e caiu para trás.

Era um homem careca e de cavanhaque, que vestia uma camiseta de algodão branca apertada. Tinha várias tatuagens no braço e no pescoço, media aproximadamente 1,90 metro de altura e era muito forte. Devia ser o segurança do hotel.

Parker tentou se levantar do chão, mas não conseguiu. Estava fraco e desidratado, um alvo fácil para o gigante musculoso enraivecido, que vinha em sua direção como um caminhão desgovernado.

O brutamontes abaixou-se, levantou Parker pelo pescoço e disse com o rosto quase colado ao seu:

— E então, filhinho de papai? Você está achando que é espertinho, não é? Está pensando que tem algum otário aqui? Está querendo sair sem pagar a conta na calada da noite? É isso que está planejando? Levante-se, seu fracote! Pegue suas coisas, vá até a recepção, pague sua dívida e depois caia fora daqui.

Parker nem conseguia responder algo, pois estava muito assustado. Sem hesitar, ele colocou as poucas peças de roupa que tinha dentro de sua bolsa e saiu do quarto empurrado com muita violência pelo careca enlouquecido. O rapaz parecia drogado, pois tamanha era sua ira e a cor avermelhada de seus olhos.

Antes de chegar à recepção, Parker foi empurrado com violência contra a parede do corredor. O segurança estava nervoso e disposto a agredi-lo:

— Me passe toda a grana que você tem, cara! Abra a carteira e tire tudo, seu idiota!

— Calma, já vou pegar. Calma!

— Rápido, cara!

Parker abriu a carteira e tirou todo o dinheiro que tinha: 350 libras.

— Só isso?

— Eu só tenho isso.

— A conta do hotel está em 460 libras. Isso não dá para pagar as diárias, imbecil! O que mais você tem de valor aí?

— Mais nada. Só tenho isso, mais nada. Você está vendo! Não tenho mais nada na carteira.

Enlouquecido, o homem pegou a carteira de Parker, virou-a para baixo e começou a chacoalhá-la, mas caíram apenas algumas moedas no chão e a foto tirada com a câmera Polaroid em Paris, que Parker guardava com carinho desde que estivera com Joseph pela última vez. Tratava-se da fotografia tirada na Praça da Concórdia ao lado do filho e de um cão labrador, um dia antes do misterioso sequestro.

Enfurecido, o segurança se abaixou, pegou as moedas do chão e chutou a fotografia que Parker guardava com tanto amor.

— Você é um pobre miserável! Não tem dinheiro nem para pagar a conta dessa droga de hotel?

Enquanto o homem contava o dinheiro, Parker sentiu o sangue esquentar. De repente, uma força descomunal começou a brotar-lhe do fundo de alma, quando ele viu a única lembrança do seu filho sendo chutada pelo segurança como se fosse algo totalmente insignificante.

Parker abaixou-se, demonstrando que ia pegar alguns papéis no chão, e repentinamente se levantou com força, acertando um soco de baixo para cima no queixo do gigante cheio de músculos.

Imediatamente, o segurança caiu para trás nocauteado, e as notas se espalharam pelo chão do saguão do hotel. Parker guardou a foto de Joseph na carteira, juntou as notas e jogou-as sobre o balcão da recepção, dizendo para a recepcionista:

— É só isso que eu tenho. Pegue essa droga de dinheiro! Vou embora dessa espelunca agora mesmo. Pegue isso aí e enfie no...

Parker saiu enfurecido na rua e imediatamente sentiu o frio gelado da madrugada batendo em seu rosto. Ele colocou a bolsa na calçada para vestir a jaqueta, mas subitamente levou um chute inesperado na boca do estômago e caiu com violência no chão já quase sem ar.

Sem entender o que estava acontecendo, Parker começou a levar vários socos no rosto e algumas cotoveladas na cabeça. Era uma cena violenta e dramática. Nesse momento, ele percebeu que não tinha a mínima chance em relação ao careca musculoso. Nitidamente drogado, o segurança demonstrava estar pronto para matá-lo.

Parker tentou se proteger dos socos e das cotoveladas, mas inexplicavelmente começou a ser bombardeado também por pontapés em seu abdome e em seu rosto. "De onde estão vindos tantos pontapés?", questionava-se.

Enquanto era praticamente linchado no meio da rua, Parker ficou muito confuso. Para se proteger, sua única alternativa foi cruzar os braços sobre o rosto e rezar. Imediatamente, a imagem de Mary veio à sua mente, e ele começou a rezar um pai-nosso.

As rezas, no entanto, pareciam não surtir qualquer efeito. As coisas pioravam cada vez mais. Agora, Parker lutava contra três carecas

301

iguais ao primeiro, vestidos com jaquetas de couro repletas de tachinhas de metal. Na verdade, era um grupo de *skinheads* que o dono do hotel contratara para resolver o problema do não pagamento das diárias. Eles costumavam frequentar aquela região de Londres, e, quando alguém precisava, eram chamados para resolver as "questões". Era assim que funcionavam as coisas no subúrbio de Londres desde o início da década de 1980.

Parker sabia que aquele podia ser seu fim. Se ele conseguisse sobreviver ao linchamento, no mínimo ficaria completamente desfigurado e com sequelas graves. Todavia, a sorte, ou melhor, a providência divina parecia estar ao seu lado. De repente, Parker sentiu que os chutes em seu abdome pararam e que um dos carecas saíra de cima do seu corpo, sendo levantado por um homem negro muito forte. Era o detetive Johnson quem o ajudava.

Parker não acreditava no que via. Ele tentou se levantar, mas não conseguiu. Olhou para o chão e viu uma enorme poça de sangue na calçada. Parker percebeu que se tratava de seu próprio sangue escorrendo do supercílio e da boca.

Johnson estava à sua procura desde as seis horas da tarde, mas encontrara o hotel onde Parker estava hospedado por acaso. Johnson estava à sua procura, pois precisava muito falar com ele.

Ao se aproximar da entrada do hotel com seu Mustang 68, Johnson se assustou ao ver Parker apanhando como um cachorro vira-lata no meio da rua. Quando viu a terrível cena, ele desceu do carro com um taco de beisebol nas mãos e não perdeu a oportunidade de avançar sobre os carecas. Johnson não era homem de fugir de uma boa briga, principalmente quando precisava proteger um amigo.

Não importava se eram dois, três ou quatro homens. Para Johnson, esse tipo de coisa chegava a ser quase diversão. O brutamontes careca podia ser forte, mas Johnson certamente era mais. Além de ser mais forte, ele era muito mais ágil que todos os *skinheads* juntos, pois dominava as técnicas de defesa pessoal que aprendera na Marinha no início da década de 1970.

Sem hesitar, Johnson desceu do carro e derrubou o mais fraco dos quatro carecas com um forte golpe de taco de beisebol nas costas. O segundo foi derrubado com uma cotovelada no queixo, que o levou a nocaute imediatamente, e o terceiro saiu correndo de medo. O último e mais forte do bando era o segurança que abordara Parker no quarto. Johnson o segurou pela camiseta, deu uma joelhada em suas partes baixas e, em seguida, deu-lhe uma cabeçada muito forte, fazendo-o cair desmaiado na calçada.

Parker não acreditou na incrível força de Johnson e na coragem daquele homem de enfrentar os quatro indivíduos de uma só vez.

Nervoso, Johnson disse:

— Vamos, garoto, levante-se. Não é bom ficarmos na rua a essa hora da noite. Entre no carro. Vou levá-lo até minha casa e pedir para minha esposa Denise cuidar desses ferimentos.

Parker não conseguia sequer se levantar do chão, então Johnson teve de carregá-lo até o carro.

Depois de acomodar Parker no veículo, Johnson acelerou o automóvel e saiu a toda velocidade pelo centro de Londres. Enquanto percorriam as ruas de madrugada, Johnson colocou uma *black music* pesada dos anos 1970 no *tape* do seu Mustang verde-escuro e em seguida pôs seu distintivo de investigador no console do carro ao lado de sua arma.

Agora mais aliviado, ele pergunta a Parker:

— Hei, irmão! O que está acontecendo com você? O que foi aquilo, afinal? Se eu não chegasse naquele exato momento, você estaria morto! Sabe disso, não é?

— Eu sei, Johnson. Muito obrigado por salvar minha vida.

— Acredite, aqueles carecas são muito violentos. Certamente, eles matariam você. Foi um milagre eu aparecer ali naquele momento! Na verdade, eu já tinha desistido de encontrar o hotel em que você estava hospedado e tinha decidido ir embora para casa. Mas, de repente, um ônibus atravessou na minha frente e tive que desviar na rua do seu hotel. Foi por Deus, irmão!

— Graças a Deus, você apareceu!

— O que aconteceu, afinal?

— Fui pego desprevenido, Johnson. Estava dormindo no quarto e de repente tudo começou a acontecer. Eu não paguei as diárias daquela espelunca maldita, e aqueles malucos queriam se vingar de mim.

— Você está sem dinheiro?

— Sem um tostão, Johnson. Sem uma mísera moeda.

— Meu Deus! Como você conseguiu chegar a esse ponto?

Johnson procurara Parker em todos os hotéis das redondezas. Ninguém no escritório sabia onde ele estava, nem mesmo Cameron. No entanto, Johnson precisava encontrá-lo para lhe dar uma notícia. A triste notícia de uma fatalidade. Ele sabia que a notícia acabaria de uma vez por todas com as esperanças de Parker e com sua vontade de viver, contudo, era algo que precisava ser dito.

Após tomar vários pontapés e sair com cortes profundos na cabeça e dois dentes quebrados, Parker estava prestes a receber um dos golpes mais duros de sua vida, assim que chegasse à residência do detetive Johnson.

Capítulo 24
A fatalidade

— Quem é esse rapaz, Johnson? O que aconteceu com ele?

— É um amigo, Denise. Ele precisa de ajuda.

— Oh, meu Deus! Ele está muito machucado!

Denise, também negra, fora enfermeira durante toda a sua vida, mas decidira parar de trabalhar para cuidar de sua filha de três anos, a grande realização de um casal simples do subúrbio de Londres.

— Este é Parker, querida. O rapaz de quem falei hoje à tarde. Eu o procurei em todos os hotéis de terceira categoria de Londres e acabei encontrando-o no meio da rua, apanhando de quatro *skinheads* como um vira-lata.

— Meu Deus! Ele está muito mal! Vou pegar minha maleta de primeiros socorros e fazer alguns curativos. Será preciso pelo menos cinco pontos no supercílio direito. Vou pegar antisséptico, analgésico, agulha e linha.

— Agulha? Ela disse agulha? — Parker indagou.

— Sim, agulha. Por quê? Você tem medo?

— Tenho muita aflição de agulhas. Estive numa clínica alguns meses, e me aplicavam mais de dez injeções por noite nos braços. Vejam! Tenho várias cicatrizes no antebraço.

— Fique tranquilo. Não vai doer, Parker. Denise dará apenas uma anestesia local e usará a agulha para dar os pontos. Você não vai sentir nada.

— Tudo bem, eu aguento. Se fosse esse o problema da minha vida, tudo estaria resolvido — Parker sorriu.

— Querida, enquanto você prepara os curativos, vou tomar um banho rápido e tirar essa roupa cheia de sangue. Cuide bem do nosso amigo. Daqui a pouco, eu volto. Aguente firme, irmão. Assim que eu sair do banho, terei que lhe dizer algo que certamente doerá muito mais do que essa simples injeção.

Johnson estava acostumado a lidar com situações delicadas e violentas, afinal era policial há mais de vinte anos e já vira de tudo na vida. Ou melhor, quase tudo.

Minutos depois, Johnson saiu do banho, sentou-se ao lado de Parker, que já estava com curativos nos olhos, na cabeça e nos lábios, colocou-lhe a mão sobre o ombro e disse:

— Parker, o que eu lhe direi agora não será fácil de aguentar, irmão... mas preciso lhe dizer.

— O que foi, Johnson? Joseph está morto? É isso?

— Não é sobre Joseph. É sobre seus pais.

— O que aconteceu com eles?!

— Calma, irmão! — Johnson abaixou a cabeça e apertou com força o ombro de Parker, que, por sua vez, começou a lembrar-se do sonho que tivera no hotel, antes do tal *skinhead* arrombar a porta do quarto e começar a agredi-lo.

Mesmo sem ainda ter ouvido o que Johnson tinha a lhe dizer, os olhos de Parker começaram a ficar marejados como se ele já soubesse que algo muito ruim acontecera com Mary e Antony.

— Você conhece um rapaz chamado Clark?

— Sim, ele é meu amigo. O que tem ele?

— Clark telefonou para o escritório hoje à tarde. Ele estava à sua procura e disse que o contato que você lhe deixou foi nosso número.

— Sim, eu deixei o número do escritório de investigação quando saí de Wigan. O que aconteceu com meus pais?

— Seus pais morreram, Parker.

Parker ficou paralisado, como se de repente entrasse em outra realidade. Mesmo percebendo o choque, Johnson continuou:

— A vizinhança ouviu uma grande explosão e saiu correndo para a rua para ver o que havia acontecido. De repente, a casa estava completamente envolvida por chamas e, em poucos minutos, foi totalmente destruída e queimada. Infelizmente, seus pais estavam lá dentro e não conseguiram escapar. Os bombeiros chegaram trinta minutos depois, mas já estava tudo acabado. Encontraram sua mãe em cima do seu pai dentro da oficina com um cobertor entre eles. Os bombeiros acham que ela jogou o cobertor sobre seu pai, tentando protegê-lo do fogo, mas não foi possível. Os dois foram encontrados com as mãos dadas. O laudo dos bombeiros mostrou que o incêndio foi causado pela explosão de um pequeno barril de pólvora, que estava dentro da oficina.

Denise percebeu o impacto da notícia sobre Parker e o abraçou como se fosse sua irmã. Johnson fez o mesmo, e o casal o amparou como se Parker fizesse parte da família.

Durante alguns segundos, os três ficaram abraçados, sem dizer nada um ao outro. A filha de Johnson acordou com o barulho, se aproximou e abraçou as pernas da mãe para chorar em união, mesmo sem saber o que estava acontecendo. Sem o amparo da família de Johnson, Parker certamente não suportaria a dor da enorme perda.

Minutos depois, Parker se acalmou, enxugou os olhos, respirou fundo e disse completamente desolado:

— Johnson, talvez você não acredite em mim, mas minha mãe veio me visitar essa noite por meio de um sonho. Eu percebi que ela estava sofrendo e que tentava me cobrir com um cobertor, mas, por algum motivo, eu não a deixava me cobrir. Meu corpo queimava como fogo...

Parker não conseguiu conter a emoção e suplicou em desespero:

— Oh, meu Deus! Onde você está! Você me abandonou! Por que me abandonou? O que eu fiz de tão errado para merecer tudo isso?

— Meus pêsames, Parker — Johnson disse.

— Johnson, agora eu não tenho mais ninguém na vida. Estou completamente sozinho! Todas as pessoas que eu amava se foram. Eu não tenho mais ninguém.

— Você ainda tem seu filho, o Joseph. Eu acredito que ele esteja vivo, Parker.

— Johnson e Denise, agradeço-lhes pelo acolhimento que estão me dando neste momento terrível de minha vida.

— Estamos aqui para ampará-lo. Fique tranquilo.

— Johnson, infelizmente, eu não conseguirei voltar para Wigan. Não tenho condições psicológicas para isso.

— E seus pais? O enterro e tudo mais?

— Eu não sei. Só sei que não posso voltar, pois não aguentaria vê-los dessa maneira. Você pode me fazer um grande favor?

— Claro que sim.

— Ligue para meu amigo Clark e peça-lhe para resolver os trâmites do enterro e a parte burocrática. Diga a ele que não posso voltar para casa agora.

— Farei isso. Não se preocupe.

— Eu prefiro ficar aqui em Londres na sua casa por alguns dias. Mas se não se importar, é claro. Estou me sentindo acolhido aqui.

— Pode ficar em nossa casa, sem problemas — Denise respondeu prontamente.

— Não se preocupe, senhora Denise. Ficarei apenas alguns dias, no máximo cinco dias, e depois irei embora.

— Vai embora para onde, Parker? — Johnson perguntou.

— Não sei... A única coisa que sei é que Deus me abandonou completamente.

Parker não podia imaginar, mas a morte de seus pais fora proposital, fora algo que eles resolveram fazer em comum acordo. Muitos podem chamar isso de incidente ou de duplo suicídio, mas para Mary e Antony fora muito mais que isso. Havia um propósito maior naquilo, um risco espiritual enorme, mas Mary preferiu arriscar tudo em nome do amor do que se sentir impotente perante a vida. Ela agiu consciente e pela força do amor. Um amor capaz de superar tudo, até mesmo os incríveis poderes dos mundos invisíveis que nos cercam.

Capítulo 25
O chamado e a renegação

Na mesma madrugada, enquanto a família do detetive Johnson dormia profundamente, Parker foi até a mesa da cozinha, pegou um papel e uma caneta e escreveu uma carta de próprio punho. Ele escreveu uma espécie de pedido de clemência, uma mensagem que brotara repentinamente do fundo do seu coração, e que o fez se manifestar naquele momento.

A carta dizia:

Querido Joseph,

Você é meu filho e minha vida. Quando eu for velho, e quem sabe um sábio, talvez possa lhe ensinar um pouco sobre a vida. Infelizmente, ainda não sei nada, nem mesmo sei quem sou.

Como poderei lhe dar alguma coisa, meu filho? Sou um desgraçado, um perdedor, um ser inútil e solitário. Como posso continuar vivendo dentro desta espessa neblina, que se tornou minha vida sem você ao meu lado?

Eu só preciso saber se você está vivo, meu filho. Só quero saber se você está vivo. Somente isso. Se você estiver morto, não terei mais motivos para continuar vivendo. Se estiver vivo, prometo que o encontrarei onde quer que você esteja.

Oh, meu Deus! Eu Lhe peço clemência. Estou confuso e perdido. Não sei mais se faço parte da cura ou da doença. A única coisa que desejo é um pequeno lar e meu filho ao meu lado. Somente isso.

Oh, Deus! Será que é muito Lhe pedir isso? Será que o Senhor se esqueceu de mim? Por que me abandonou, meu Deus? Por quê, Senhor?

Assim que terminou de escrever a breve mensagem, Parker dobrou o papel e o colocou dentro da carteira junto com a foto de Joseph. Em seguida, foi até a sala e deitou-se no sofá para tentar dormir um pouco. Ele ainda sentia muitas dores nas costas e na boca, mas os analgésicos que Denise lhe dera pareciam estar fazendo efeito.

Em pouco tempo, Parker já dormia pesado no sofá. Estava exausto e dormiu até o amanhecer. No entanto, antes do nascer do sol, um sonho lúcido e intrigante surgiu repentinamente.

Um homem de aproximadamente quarenta anos de idade, de cabelos longos e que usava um roupão branco com detalhes dourados na gola entrou pela porta da sala e com calma foi ao encontro de Parker sorrindo e querendo lhe dizer algo. Parker, então, levantou-se do sofá e sentou-se na beirada do móvel.

O homem sentou-se ao lado de Parker, olhou no fundo dos seus olhos e disse com convicção: "Vá para Paris. A resposta que você tanto procura está lá. Não fique mais aqui. Sua vida está em Paris, Parker".

O sonho era tão real que Parker se assustou ao ver Denise saindo do quarto e passando na sua frente, sem perceber a presença do homem sentado ao seu lado.

Era óbvio que Denise não percebia nada, pois Parker estava projetado para fora do corpo e conversava com seu mentor espiritual. E como Denise poderia ver alguma coisa, se ela não estava participando do sonho de Parker numa dimensão paralela, porém real?

Parker não sabia o que estava acontecendo, pois acreditava tratar-se apenas de um sonho. Ele tinha certeza de que Denise estava ali fisicamente, afinal era ela mesma quem estava passando pela sala e voltando para o quarto. Ela não podia vê-los, mas eles podiam vê-la.

Parker acompanhou todo o trajeto de Denise até o quarto e, em seguida, voltou a atenção para o mentor, que tornou a dizer-lhe que ele deveria partir imediatamente para Paris.

Parker sentiu que conhecia aquele homem de cabelos longos e lisos, mas não conseguia se lembrar de onde. Eles trocaram alguns olhares, e Parker disse que faria o que ele estava sugerindo, mas que estava com medo, pois não sabia como viajaria a Paris sem dinheiro para comprar uma passagem.

O homem sorriu para ele e respondeu: "Apenas tome a decisão e vá, Parker. Não se preocupe com os detalhes. Apenas vá. Confie em mim".

De repente, Parker se assustou ao ouvir o choro da filha do detetive Johnson no quarto dos fundos. Sem querer, isso acabou desviando sua atenção e desconectando a projeção espiritual. Num piscar de olhos, o mentor de Parker já não estava mais sentado ao seu lado. Ele desaparecera, e o canal de comunicação se fechara.

Parker abriu os olhos, olhou para o sofá e acordou. Não estava mais sonhando. Era uma sensação muito estranha, pois tudo parecia estar igual na sala, exceto o fato de Parker estar deitado, em vez de sentado na beirada do sofá.

Ele disse para si mesmo em pensamento: "Que sonho foi esse, afinal? Será um presságio? Um sinal? Ou será um devaneio da minha mente confusa e conturbada? Quem é aquele homem de olhos envolventes e semblante sereno?".

Parker estava muito cansado, então, involuntariamente fechou os olhos e adormeceu outra vez. Contudo, a mensagem espiritual ficara gravada em sua mente: a ordem era partir para Paris. Essa seria sua meta a partir dali. Bastava apenas descobrir como ir e quando ir.

❦❧

Cinco dias depois.

— Como você está amigo? Parece mais disposto que nos últimos dias.

— Estou melhor, Johnson, mas preciso lhe dizer uma coisa.

— Tudo bem. Mas antes, preciso lhe dizer que seu amigo Clark telefonou avisando que tudo correu bem em Wigan e que fizeram um enterro simples. Ele disse que, quando você quiser visitar o túmulo dos seus pais, ele estará à disposição para levá-lo. Clark também perguntou o que você estava pensando em fazer a partir de agora, e eu respondi que não sabia. Ele está muito preocupado com você, Parker.

— Que bom que Clark conseguiu fazer tudo. Ele é uma pessoa do bem, Johnson.

— Ele parece ser seu amigo de verdade.

— Sim, ele é meu amigo.

— De que você precisa, Parker?

— Está na hora de partir, amigo. Queria lhe agradecer pela hospitalidade e por salvar minha vida. Gostaria de agradecer também a Denise por ela ter cuidado tão bem de mim nesses últimos dias. Vocês não imaginam a gratidão que carregarei em meu coração pelo que fizeram por mim. Nunca me esquecerei de vocês. Nunca mesmo.

— Para onde você vai, Parker?

— Para Paris. Vou encontrar meu filho. Se eu ficar aqui, é certo que nunca o encontrarei.

— Tem razão. Mas como vai para Paris sem dinheiro?

— Não sei. Gostaria de lhe pedir um último favor.

— Pode dizer, Parker. Se eu puder ajudá-lo, o farei com prazer.

— Gostaria que você me levasse até a estação de trem e me pagasse uma passagem para Liverpool.

— Para Liverpool?

— Quero visitar um amigo que não vejo há muito tempo. O nome dele é Luxor.

— Quando você quer ir?

— Agora mesmo. Não posso mais esperar. Você pode fazer isso por mim?

— Claro que sim! Pegue suas coisas e vamos até a estação de trem.

Parker foi até a cozinha, deu um forte abraço em Denise e agradeceu por tudo o que ela fizera por ele. Em seguida, deu um beijo na testa da filha do casal e se despediu.

❖❖

Na estação.

— Aqui estamos, Parker. Pegue o dinheiro e compre a passagem. Tenho apenas 50 libras. Deve sobrar um pouco para você usar para comer durante dois dias.

— Obrigado, Johnson!

— Vá, amigo, pois o trem deve partir em uma hora. Vá com Deus e se cuide, Parker!

— Eu não sei como lhe agradecer, Johnson. Um dia, devolverei esse dinheiro com juros. Fique tranquilo.

Parker ficara muito envergonhado de ter que pedir dinheiro emprestado ao detetive Johnson. Seu orgulho lhe dizia para não fazer aquilo, mas a vontade de Parker de encontrar o filho era tão grande que ele seria capaz de ultrapassar qualquer obstáculo.

— Não precisa se preocupar, Parker. São apenas 50 libras. Vá em frente. Não posso ficar parado no meio da avenida.

— Tudo bem, Johnson. Até logo.

— Até logo, irmão.

Assim que desceu do carro, Parker começou a se sentir estranho. Era como se, a partir daquele ponto, sua vida mudasse completamente. Era como se fosse o início de um novo ciclo, o início de uma saga sem limites rumo ao improvável.

Parker atravessou a avenida e, assim que chegou à Estação Central de Londres, ajoelhou-se no chão, pois estava sentindo uma vertigem muito forte. Ele, então, esperou alguns segundos, respirou fundo, levantou a cabeça e, sem querer, olhou para o outro lado da avenida, avistando, assim, um lindo Rolls-Royce prata estacionado. Era nada mais, nada menos, que o luxuoso automóvel do senhor Thomas Harrison.

Clara e sua amiga Christine estavam sentadas no banco de trás do carro, esperando que Charles, o motorista, descesse e abrisse a porta para ambas saírem do veículo.

Ainda ajoelhado no chão e vestindo um gorro preto na cabeça que Denise lhe dera presente, Parker decidiu se levantar e ir até o carro para cumprimentá-las. Quem sabe elas não poderiam lhe oferecer alguma ajuda nesse momento tão complicado da vida?

A mente de Parker, no entanto, quase o colocara numa armadilha. Assim que ele tentou se levantar, suas pernas não o obedeceram e ele caiu de bruços no chão.

A menos de trinta metros de distância do carro, Parker olhou para o Rolls-Royce outra vez e se surpreendeu ao ver Charles abrindo a porta do carro para dois homens de aproximadamente trinta anos de idade, que desceram elegantemente do veículo. Ambos estavam vestidos com roupas de jogadores de golfe. Em seguida, desceram Clara e Christine.

O primeiro rapaz se aproximou e deu um beijo na boca de Christine, despedindo-se alegremente. O outro abraçou Clara pela cintura, e ambos começaram a girar como se estivessem dançando e se divertindo.

313

Num primeiro instante, Parker acreditou que eram apenas amigos, mas assim que eles pararam de girar, o rapaz abraçou sua ex-esposa com vontade e lhe deu um beijo apaixonado na boca. Parker, então, se levantou do chão lentamente, tentando disfarçar para não ser reconhecido. Ele virou-se de costas e seguiu cambaleando para dentro da estação.

Seu orgulho e sua honra estavam totalmente destruídos naquele momento. No fundo, ele ainda gostava de Clara, mesmo sabendo que ela o traíra nos negócios. Ele ainda tinha esperanças de um dia ter a ex-esposa em seus braços outra vez, entretanto, estava claro que era pura ilusão de sua parte. Seria realmente?

Clara Harrison parecia muito feliz naquela manhã, no entanto, o que verdadeiramente machucara Parker, quando ele presenciou a cena de Clara beijando outro homem, foi perceber que a ex-esposa não estava preocupada com Joseph, muito menos com tudo o que vinha acontecendo com Parker e sua família.

Clara dera continuidade à sua vida de glamour e riqueza. Suas únicas preocupações continuavam sendo as festas, as badalações, as amigas e as bebidas. Ah! As bebidas. Certamente, Clara estava embriagada naquela manhã ao girar e beijar seu novo namorado no meio da avenida. E certamente eles acabaram de sair de alguma festinha particular da pesada, regada à bebida.

Na estação.

— Por favor, uma passagem para Liverpool — Parker pediu ao atendente.

— O embarque será em vinte e cinco minutos, senhor.

— Tudo bem, eu aceito.

Parker estava completamente abalado. Não fora fácil para ele ver Clara e Christine acompanhadas de dois rapazes de classe alta, esbanjando riqueza. No entanto, fora o sinal de que ele tanto precisava de que chegara o momento de deixar a vida de sofrimentos e traições para trás e seguir rumo à França ao encontro do filho.

Mas as grandes perguntas continuavam sendo: "Como? Qual é o plano? Como encontraria seu filho sem dinheiro, sem lugar para ficar, sem rumo e sem qualquer expectativa?". Na verdade, não havia plano algum. Parker estava completamente à deriva na vida.

Capítulo 26
O retorno a Paris

Na loja do senhor Luxor, em Liverpool.

— Boa tarde, gostaria de falar com o senhor Ludwig. Ou melhor, Luxor.

— Desculpe, moço, mas o senhor Luxor não está. Quem é você?

— Um amigo.

Depois de algumas horas viajando de trem, Parker se mostrava nitidamente cansado e morrendo de sede.

— Você teria um copo de água para me dar? Estou morrendo de sede.

— Sim, aqui está.

— Muito obrigado. Será que Luxor volta logo? — Parker perguntou.

O rapaz que tomava conta da loja de instrumentos musicais olhou desconfiado para Parker e respondeu sua pergunta com outra:

— Tem certeza de que você é amigo do Luxor?

— Sim, nos falamos uma vez há algum tempo. Acho que há mais ou menos sete anos.

— Agora entendi. Eu tinha achado estranho alguém entrar na loja perguntando por ele.

— Por quê? Aconteceu alguma coisa com Luxor?

— Ele morreu há mais de cinco anos.

— Não acredito! — Parker ficou perplexo.

— Ele se foi sem avisar ninguém. Uma pena.

— Oh, meu Deus! Onde ele está enterrado? Será que eu poderia pelo menos visitar seu túmulo?

— Acredito que não, pois Luxor não morreu como todo mundo costuma morrer.

— Não estou entendendo.

— Um dia, ele partiu com três amigos para o alto-mar para pescar marlins-azuis, mas no meio de uma tormenta foi lançado para fora da embarcação e sumiu. Ele foi levado por uma onda gigante que costuma vir dos mares do Norte durante a madrugada.

— Minha nossa! Que Deus o tenha.

— Foi uma perda e tanto.

— Ele não deixou nada escrito? Nenhuma mensagem?

— Nada. Ele apenas fechou a loja e partiu com os amigos para o alto-mar, saindo da marina numa terça-feira. Uma semana depois, os pescadores voltaram trazendo a notícia de que ele havia desaparecido no oceano.

— Você é filho dele?

— Não, sou sobrinho. Minha mãe era irmã dele. Como eu gosto muito de música e tenho uma banda de rock, ela disse que eu poderia trabalhar na loja. Não foi nada fácil no início, mas agora já estou aprendendo.

— Que pena! Queria tanto falar com seu tio Luxor.

— Se eu puder ajudá-lo em alguma coisa, moço...

— Na última vez que estive aqui, ele me deu um presente. Eu só queria conversar um pouco com ele sobre isso.

— Por acaso está querendo vender o que ele lhe deu de presente?

— Por quê?

— Porque parece que você está precisando de dinheiro.

— Sim... ou melhor. Na verdade, não.

— Sim ou não?

— Sim, eu preciso de dinheiro, mas não posso vender o que ele me deu. Luxor disse para eu nunca vender.

— E o que o senhor deseja, afinal?

— O que está acontecendo é o seguinte...

— Vamos! Diga logo!

— A verdade é que preciso ir à França e estou sem nenhum tostão no bolso.

O rapaz logo fez uma cara de que não podia ajudá-lo e respondeu:

— Está querendo ir para a França de barco?
— Não sei como irei, mas preciso ir.
— Nesse caso, não sei como posso ajudá-lo, moço.
— Vim até aqui pensando em pedir para Luxor me apresentar a algum amigo pescador ou a algum barqueiro, que costuma atravessar o Canal da Mancha. De repente, eu posso pegar uma carona num barco desses.
— Pode ser, mas mesmo assim eles cobrarão alguma coisa por isso. E você não tem dinheiro algum, ou tem?
— Tenho somente algumas libras que sobraram da passagem de trem e que guardei para comprar algo para comer.
— Então guarde esse dinheiro com você, pois acabei de ter uma ideia.
— Sério?
— Sim. Como já está na hora de fechar a loja, o que acha de irmos até a marina? Quero apresentar você ao Peter, um dos melhores amigos de Luxor. Talvez, ele possa ajudá-lo.
— Boa ideia. Vamos. E a propósito, qual é seu nome, garoto? — Parker perguntou.
— Meu nome é Jonas. É assim que me chamam por aqui. E você? Como se chama?
— Meu nome é Parker. Stephen Parker.
— Me espere lá na rua, Parker. Vou fechar a loja para irmos até a marina.
— Combinado.

Parker nunca visitara a famosa marina de Liverpool. Quando chegou lá, achou incrível ver tantos barcos e veleiros um ao lado do outro, prontos para zarpar a qualquer momento para o alto-mar.
— Vamos por ali, Parker. O velho Peter deve estar limpando o barco ou arrumando o motor. Ele tem um barco de pesca velho, porém é uma embarcação eficiente. Meu tio costumava vir sempre aqui para ajudá-lo a remendar os buracos do casco e trocar os mastros.
— Esse tal de Peter está sempre por aqui, Jonas?
— Na verdade, ele só sai da marina para fazer compras na cidade, mas volta rapidamente para o barco. Ele mora no barco.

317

Peter é um marinheiro das antigas, sabe? Por isso, não se assuste quando o encontrar. Ele tem uma barba acinzentada enorme e uma cara de bravo de amedrontar. Mas, no fundo, o velho Peter é inofensivo. Ele é rude porque vive sozinho há muito anos, mas não consegue fazer mal a uma mosca. Só tem a cara de bravo.

— Há quanto tempo ele mora no barco?

— Não sei, mas acho que faz muito tempo. Desde criança, meu tio Luxor me trazia à marina para visitar o velho Peter. Eles ficavam conversando durante horas sobre antigas histórias do mar. Enquanto conversavam, bebiam rum e comiam anchovas fritas com batatas.

— E o que você ficava fazendo, enquanto eles bebiam e conversavam?

— Eu ficava pescando as anchovas no convés do barco para eles comerem — Jonas soltou uma gargalhada.

— Você também é pescador, Jonas?

— Não, sou somente um aprendiz.

Enquanto respondia às perguntas, Jonas tentava encontrar o barco de Peter no meio dos veleiros. De repente, ele gritou na marina acenando com a mão:

— Hei, Peter! Aqui! Aqui! Lá está ele, Parker! Vamos lá.

— Como está, garoto?

— Vou bem. E você, Peter?

— Navegando pela vida como sempre, Jonas.

Peter tinha a estranha mania de soltar frases filosóficas no meio das conversas, afinal, ele se formara em filosofia na Universidade de Oxford na década de 1950 e chegara a dar aulas. Quando completou trinta anos de idade, ele decidiu abrir uma pequena empresa de transporte marítimo e a partir daí dedicar cem por cento do seu tempo para isso. Peter, no entanto, apenas se mudou para o barco depois que sua esposa o deixou e ele se viu sozinho na vida. Peter costumava dizer que o mar era seu verdadeiro lar e que seu melhor amigo era seu velho cachimbo.

Peter recebeu os dois homens com estranheza:

— O que está fazendo aqui, Jonas? Por que não veio mais visitar seu velho amigo?

— Estou trabalhando muito na loja, senhor Peter. É por isso.

— Tudo bem. Vou fingir que estou acreditando em você. E então, o que veio fazer aqui?

— Vim lhe apresentar uma pessoa — apontou para Parker.

— Quem é ele?

— Um amigo de Luxor que acabou de chegar de Londres.

— Você se meteu em brigas, rapaz? — Peter perguntou, notando os olhos roxos e os dentes quebrados em Parker.

— Mais ou menos, senhor.

— Jonas, não gosto que traga esse tipo de gente aqui. Você sabe disso, não?

— Sim, eu sei.

— Por que você trouxe esse cara ao meu barco? Você sabe muito bem que não gosto que pessoas estranhas saibam onde eu moro.

Parker resolveu intervir:

— Calma, senhor! Eu não sou o que o senhor está pensando.

— Eu sei o que você é, rapaz! Não adianta me enganar. Você é mais um desses caras drogados que veem aqui encher meu saco para pedir emprego e dinheiro. Isso sempre acontece. Eu fico com dó, dou uma chance, e vocês me roubam enquanto durmo. Eu sei bem como vocês são. Não adianta querer me enganar, rapaz!

Parker abaixou a cabeça e percebeu que seria difícil dialogar com o velho pescador, que vestia um macacão jeans, uma blusa de lã listrada vermelha e branca e não tirava o velho cachimbo de madeira da boca.

Peter disse:

— Jonas, eu gosto de você, garoto, mas não venha mais aqui com esse tipo de gente. Entendeu?

— Desculpa, senhor Peter. Eu não imaginei que ficaria tão zangado. Vamos embora, Parker. Infelizmente, não posso ajudá-lo.

Os dois rapazes viraram de costas e começaram a andar sobre o píer de madeira. Mas, após andarem mais de trinta metros no *deck*, repentinamente ouviram um grito vindo do barco de Peter:

— Hei, garoto! Não vá embora! Volte já aqui!

— Quem? Eu? — Jonas respondeu apontando para si mesmo.

— Você não, Jonas. Ele!

Parker ficou sem reação, e Jonas lhe disse para voltar e tentar conversar com o velho Peter.

319

— Pois não, senhor Peter.

— Me diga uma coisa... Ele o chamou de Parker? Eu escutei bem?

— Sim, esse é meu nome, senhor.

— Oh, meu Deus! Você é o rapaz de quem Luxor me falou!

— Não entendi, senhor.

— Estou lhe dizendo que Luxor falou sobre você um dia.

— Mas eu só encontrei com Luxor uma vez na vida. Como ele poderia ter falado algo sobre mim ao senhor?

— Você é Parker, o rapaz que adora as músicas de Rick Backer, não é isso?

— Sim, sou eu.

— É você mesmo! Vamos! Entre! Seja bem-vindo ao meu barco. Luxor disse que você viria aqui um dia para me pedir ajuda. E ele disse também que eu deveria ajudá-lo em tudo o que você precisasse.

— Está falando sério?

— Claro que sim. E então? Do que está precisando?

— Como assim, senhor Peter? Luxor nem me conhecia direito.

— Você que pensa, meu filho! Luxor conhecia muito bem as pessoas! Ele era um grande sábio. Não um sábio como esses engravatados e metidos a intelectuais que andam por aí. Sabe, garoto, eu já fui uma dessas marionetes. Eu lia dois livros por dia, estudava como um maluco e corria como um doido atrás de dinheiro. Minha cabeça era repleta de teorias e conhecimento, mas por dentro eu era um homem triste e vazio. Agora não! Agora, eu sou um homem feliz e tenho consciência de tudo o que se passa ao meu redor.

— Consciência de quê?

— Hoje, eu sei que na verdade eu não sabia nada da vida. Eu apenas achava que sabia, mas não sabia. Tinha muito conhecimento, mas pouca sabedoria. Entende?

— Como assim não sabia de nada?

— Quando eu morava no continente, levava uma vida de mentiras e enganações. Depois que resolvi morar no mar, encontrei a verdade e me tornei uma pessoa serena e sábia. Pelo menos é o que dizem por aí! O mar me mostrou a verdade, garoto.

Parker arregalou os olhos:

— Que verdade, senhor Peter? Eu venho buscando essa verdade há muito tempo. Diga-me qual é.

320

— Essa é a grande questão. A verdade absoluta não existe neste mundo. Aqui só existe a verdade relativa. Cada pessoa deve encontrar sua verdade, pois não existe uma regra estipulada. Cada pessoa tem um caminho a seguir. Não existe apenas um caminho, como também não existe apenas uma verdade. Está me entendendo?

— Mais ou menos, senhor.

— Garoto, somente a verdade pode libertar o ser humano das dores que ele carrega. Você tem que descobrir sua verdade e não a verdade dos outros. Esqueça a verdade do mundo e comece a procurar a sua verdade. Somente assim, você encontrará o que procura.

— Mas e Deus? Onde Deus entra nisso?

— Deus? Deus está cansado de trabalhar. De vez em quando, Ele aparece por aí para conversar um pouco, mas é difícil encontrá-lo. Deus está velho demais e querendo se aposentar. Ele não aguenta mais tanta gente Lhe pedindo coisas — Peter respondeu em tom irônico, soltando uma baforada de fumaça do seu cachimbo e continuou: — Vamos, garoto, comece a arrumar as coisas! Vamos partir daqui a pouco. Só estou esperando me trazerem três galões de diesel, para partirmos para o alto-mar.

Jonas abriu a escotilha na parte de fora e disse:

— Está tudo bem, Peter?

— Está tudo bem com ele, Jonas. Deixe-o comigo agora. Vamos atravessar o Canal da Mancha até Le Havre, na França. Pode ir embora para casa.

— França? O senhor disse França? — Parker indagou sem saber o que estava acontecendo.

— Sim, vamos desembarcar na cidade francesa de Le Havre, onde costumo deixar minhas encomendas. Ontem, um cliente veio aqui e me pediu para entregar um carregamento de quatrocentos quilos de anchovas na marina de Le Havre. Ele é muito rico e tem vários restaurantes em Paris. Pelo menos, é um dinheirinho que entra! Sabe como é.

— Senhor Peter, era exatamente isso que eu gostaria de lhe pedir.

— O quê?

— Que o senhor me levasse para a França.

321

— Pois é, garoto. Foi exatamente o que Luxor me disse um dia! Que você viria até mim para pedir que eu o levasse até o litoral da França.

— Mas eu não tenho dinheiro algum, senhor Peter. Nenhuma moeda. Como posso pagar a viagem?

— Calma, garoto. Assim que entrarmos em mar aberto, lhe direi o que fazer. Só posso adiantar que você vai trabalhar bastante.

— Não tem problema, não tenho medo de trabalhar — Parker respondeu sorrindo com satisfação, afinal estava seguindo rumo ao seu destino, à sua meta.

***

Uma hora depois, enquanto Peter enrolava os cabos e preparava os mapas de navegação, Parker sentou-se na proa do barco e ficou olhando distraído para o mar, tentando imaginar como seria voltar à França pelo oceano e num velho barco de pesca. Ele nunca fizera nada parecido antes.

O velho Peter abriu uma garrafa de rum, se aproximou de Parker e lhe ofereceu um gole para aguentar o frio cortante que começava a soprar.

— Tome isso, garoto. Vai lhe fazer bem.

— Obrigado, senhor — Parker pegou a garrafa e deu um belo gole.

— Sabe, garoto... dizem por aí que, quando a gente se levanta decidido a encontrar nossos sonhos, nossos sonhos também se levantam e começam a vir ao nosso encontro.

Parker olhou para Peter assustado e, com a garrafa na mão, deu mais um gole. Depois, permaneceu calado, apenas escutando o outro falar.

— Meu amigo Luxor tinha um dom, sabia? Ele mesmo não conhecia o dom que possuía, mas posso lhe garantir que ele tinha a capacidade de prever coisas incríveis.

— Verdade?

— Sim, por isso eu gostava de pescar com ele em alto-mar. Antes de partirmos, ele já sabia se pegaríamos peixes grandes ou se a viagem seria um fracasso. E foi exatamente numa dessas viagens que ele me disse que você me procuraria um dia e que me pediria para levá-lo à França. Porém, eu não me lembrava do seu nome. Quando o pequeno Jonas o chamou de Parker, imediatamente me lembrei da história que Luxor me contou. Ele realmente tinha o dom da previsão.

— Que incrível! — Parker respondeu intrigado. — Será que tudo isso que está acontecendo já estava programado para acontecer? Como um destino predeterminado?

— Não sei lhe responder, garoto. Só sei que Luxor gostava muito de você.

— Vocês estavam juntos quando ele desapareceu em alto-mar? — Parker perguntou.

— Sim, estávamos juntos neste barco. A diferença é que naquela época o Atlantis era amarelo. Depois do acontecido, eu decidi pintá-lo de branco.

— E como foi o acidente?

— Não quero falar sobre isso agora, garoto, mas posso lhe dizer que, antes de partirmos para a Irlanda naquele dia, ele me disse que sua hora estava se aproximando e que gostaria de morrer no mar. Ele costumava dizer que seu corpo deveria ser devorado pelos peixes e não pelas minhocas.

Peter deu uma gargalhada bem alta, enquanto bebia mais um gole de rum.

— Que estranho pensar sobre isso, senhor Peter!

— Estranho nada, garoto! Esta vida é uma mera passagem. Todo mundo vai deixar este mundo um dia, inclusive você. Por isso, você tem que encontrar algo que faça sentido em sua vida, pois do contrário ela não servirá para nada.

— O que posso fazer de tão importante em minha vida?

— Encontrar o amor é uma coisa importante! Poucas pessoas conseguem encontrar o amor, sabia?

Parker ficou calado por alguns instantes.

— O que foi, garoto? Por que está pensativo?

— O que o senhor disse me fez lembrar de algumas pessoas que poderiam estar ao meu lado neste momento, mas que infelizmente não estão mais neste mundo.

— Saudade é uma forma de amor, sabia?

— Que bom saber disso, senhor Peter. Mas deixe isso pra lá e me dê mais um gole de rum.

— Tome, garoto. Beba mais um pouco para amolecer esse coração maltratado.

Parker tomou mais dois goles da bebida e perguntou:

— Luxor disse mais alguma coisa sobre mim, senhor Peter?

— Que eu me lembre, não. Ele só disse que navegaríamos juntos para a França e que conversaríamos durante a noite. Eu não me assusto mais com as armadilhas que a vida me prepara — Peter sorriu, já nitidamente embriagado.

— O que o senhor quer que eu faça durante a viagem?

— Ninguém viaja no meu barco sem fazer nada. A partir do momento que a pessoa entra na minha casa, tem que trabalhar. Pode ser o primeiro ministro da Inglaterra, a rainha, o rei, não importa! Se entrou no meu barco, tem que colocar a mão na massa!

— Então me diga o que eu preciso fazer.

— Durante a viagem, quero que deixe o barco sempre limpo e que faça o almoço e o jantar. Durante o dia, se o tempo estiver bom, quero tirar uma soneca de pelo menos duas horas, e, enquanto eu estiver dormindo, você fica no timão controlando a embarcação. Entendeu? Vamos demorar uns quatro dias para chegar ao litoral da França. Antes, faremos duas paradas na Irlanda em dois portos e depois seguiremos para o sul rumo ao porto de Le Havre, no litoral da França.

— Mas eu não sei navegar, Peter!

— Isso não é problema! Aprende! Tudo na vida pode ser aprendido, garoto.

— Sim, senhor.

Sem querer, Parker bateu continência para o velho Peter.

— O que é isso, garoto? Por acaso você serviu ao exército?

— Não, é que meu pai era militar e me ensinou a respeitar os mais velhos. Só isso.

Peter sorriu, mostrando o dente de ouro brilhante que tinha na boca:

— Agora estou começando a gostar de você, garoto. Vamos! Pegue essa garrafa e tome mais um gole de rum. Acho que vamos nos dar muito bem nos próximos dias.

— Obrigado, senhor Peter.

— Pronto. Me dê aqui essa garrafa. Você já bebeu o bastante. Comece a limpar o convés.

— Agora mesmo, senhor.

324

A viagem de quatro dias, passando pela Irlanda e chegando até o litoral da França, fora tranquila. Parker aprendera um pouco sobre navegação, leitura de mapas, leitura do firmamento celeste e muitas outras coisas. Por outro lado, o velho Peter se tornara um conselheiro e o ajudava a superar a perda dos pais durante as longas e embriagadas conversas regadas a rum, anchovas grelhadas e à fumaça de cachimbo.

Assim que desembarcaram no porto de Le Havre, na França, um senhor de cabelos brancos se aproximou da embarcação para receber a carga de anchovas, que seriam transformadas em belos e caros pratos nos restaurantes centrais de Paris.

Peter foi até a praia e recebeu o valor do frete combinado em dinheiro vivo. Ele agradeceu ao homem e retornou ao barco que Parker estava amarrando num pilar de madeira.

— Hei, garoto, chegou a hora de eu voltar a Liverpool.
— Eu sei, senhor Peter. Muito obrigado por me trazer até aqui. Não sei como chegaria à França se não fosse sua ajuda.
— Para onde você vai agora, garoto?
— Para Paris.
— Mas Paris está muito longe.
— Eu sei, mas tenho que chegar lá.
— Você tem algum dinheiro?
— Na verdade, tenho somente uns trocados para comer.
— Tome cem francos. Vai precisar de dinheiro francês a partir de agora. Libras esterlinas não vão adiantar muito aqui.
— Mas eu não lhe paguei a viagem. Por que vai me dar dinheiro, senhor Peter?
— Não se preocupe, garoto. Considere isso como um pagamento pelos serviços prestados a bordo. Você deixou o velho Atlantis brilhando como uma pérola. Ele está sorrindo de alegria.
— Adorei viajar no Atlantis, senhor Peter. Eu não posso negar-me a aceitar o dinheiro que o senhor está me oferecendo, pois sei que a partir de hoje minha vida será muito difícil. Sou-lhe eternamente grato.

Peter entrou no barco, ligou os motores e deu ré lentamente enquanto Parker caminhava pelo píer. Por volta das seis horas, a manhã estava gelada.

Antes de acelerar o barco e partir rumo ao mar aberto, Peter acionou a sirene do velho Atlantis e acenou, despedindo-se de Parker. Erguendo os braços e sorrindo, ele disse:

— Vá em frente e não desista jamais, garoto! Nunca desista! Nunca!

Parker soltou uma gargalhada e gritou em resposta:

— Gratidão eterna, senhor Peter! Faça uma boa viagem!

A partir desse ponto, Parker sabia que não poderia mais contar com ninguém, pois agora estava em outro país e tinha apenas alguns francos na carteira, dinheiro que só daria para ele comprar uma passagem de trem para Paris e se alimentar durante um ou dois dias.

Onde ele dormiria a partir de agora? Parker não pensara nesse pequeno detalhe ao desembarcar na França, afinal, se ele parasse para pensar em todas as dificuldades que teria pela frente, certamente desistiria de tudo no primeiro instante. Sem dinheiro e sem qualquer perspectiva, qual seria sua esperança?

Suas roupas estavam muito amassadas. Ele vestia jeans, uma camisa de botão e, por cima, seu velho sobretudo marrom. Dentro da bolsa de couro, levava somente duas camisetas de algodão, uma blusa de lã e dois pares de meias, as únicas coisas que conseguira pegar às pressas enquanto era atacado pelo segurança do hotel em Londres.

A cidade de Le Havre parecia ser um lugar tranquilo. Seus habitantes pareciam educados e ter o costume de sair cedo para trabalhar e caminhar à beira do mar na parte da tarde.

Após andar algumas dezenas de metros pela orla da praia, Parker decidiu parar numa cafeteria. Lá, havia um senhor de quase oitenta anos, corcunda e com cabelos grisalhos, que estava sentado no banco da calçada, lendo um jornal. Parker se aproximou educadamente e perguntou em inglês:

— Com licença, senhor, como consigo chegar à estação de trem mais próxima?

O senhor de semblante mal-humorado abaixou o jornal e respondeu também em inglês:

— A estação mais próxima de trem fica perto da Avenida Quai Colbert, a dois ou três quilômetros daqui. Só não sei dizer o horário que o trem parte para Paris.

— Por acaso, o senhor sabe quanto custa uma passagem até Paris?

— Aproximadamente cinquenta francos. Já faz tempo que não vou a Paris para visitar minha filha. Eu costumava ir todos os fins de semana para lá, mas, depois que ela se casou, nunca mais fui. Isso já faz dez anos.

O velho queria puxar conversa, mas Parker preferiu não dar atenção e se despediu rapidamente:

— Muito obrigado pela atenção, senhor.

— Olha, garoto, eu falo inglês porque trabalhei a vida inteira na Inglaterra como engenheiro mecânico em grandes montadoras de ônibus. Não se assuste se algumas pessoas forem arredias com você aqui na França, pois nem todo mundo fala inglês neste país. Você sabe disso, não?

— Sim, senhor.

— Neste caso, é melhor aprender a falar um pouco de francês.

— Obrigado pela dica. A propósito, Paris fica a quantos quilômetros daqui se eu for pela rodovia?

— Pela rodovia, são quase duzentos quilômetros. Por quê?

— Estou pensando em pegar uma carona na estrada, pois estou sem dinheiro. Prefiro guardar o pouco dinheiro que tenho para comer.

— Então vá a pé até o início da rodovia A13 e encontre alguém que possa dar-lhe uma carona em algum posto de gasolina.

— Farei isso. Muito obrigado, senhor.

Parker não imaginava que teria tantos desafios a partir desse momento.

Capítulo 27
O andarilho

A França é muito bonita nas revistas e nos encartes turísticos, mas somente para quem tem dinheiro e pode pagar uma boa hospedagem e comer em bons restaurantes. No entanto, para quem não tinha onde cair morto a coisa era bem mais complicada.

Após caminhar quase três horas para chegar à rodovia, Parker avistou um posto de gasolina. Antes de entrar no pátio, no entanto, decidiu sentar-se numa mureta para descansar, mas, em menos de dois minutos, o segurança do posto se aproximou reclamando que ele não podia ficar ali sentado.

Parker lamentava-se com as mãos, tentando explicar que não falava francês, mas sua tentativa fora em vão. O segurança pediu a ele para se levantar e sair imediatamente dali. Sem hesitar, Parker se levantou e foi até a loja de conveniência, esbravejando e levantando os braços com raiva do segurança.

De repente, Parker escutou uma freada de pneu muito forte e pulou assustado no canteiro de grama ao lado. Era um motociclista conduzindo uma moto estilo Chopper da Segunda Guerra Mundial, passando em alta velocidade e quase caindo devido à distração de Parker, que se postara no meio do pátio do posto de gasolina.

O motociclista xingou-o, e Parker percebeu que deveria ficar mais atento antes que algo acontecesse. Ele tentou se acalmar, comprou um refrigerante na loja de conveniência e nas duas horas seguintes pediu carona para as pessoas que paravam no posto para abastecer seus veículos, mas incrivelmente ninguém lhe dera a mínima atenção.

Ele não percebera, mas sua aparência não era das melhores, ainda mais vestindo o gorro preto que Denise lhe dera de presente. Sem dúvida, ele estava parecendo um ladrão.

Após várias tentativas, Parker desistiu de pedir carona e percebeu que chegara a hora de seguir em frente, caminhando pelo acostamento da rodovia. Pelos seus cálculos, até o final do dia ele andaria cerca de trinta ou quarenta quilômetros se mantivesse um ritmo constante. E talvez no meio do caminho, alguém parasse e lhe oferecesse uma carona.

Antes de começar a caminhada, Parker foi até o banheiro do posto para lavar as mãos na pia e, quando se levantou para enxugá-las, se assustou com a própria aparência. Nem ele mesmo reconhecia aquele homem franzino, todo machucado e maltratado, que se mostrava no reflexo do espelho. Além de estar sujo, com a barba por fazer e dois dentes quebrados, seu rosto estava muito magro, cheio de cicatrizes e com vários pontos na boca.

Parker respirou fundo olhando-se no espelho e nesse momento a "ficha caiu" como em um caça-níqueis em Las Vegas. Ele percebeu que estava completamente sozinho no mundo, sem dinheiro, sem qualquer perspectiva de encontrar seu filho, sem rumo, irreconhecível, desamparado, fraco, machucado e com muito medo. Sim, essa era a palavra que resumia todo esse terrível momento de sua vida: medo.

Ele, então, colocou o gorro na cabeça, vestiu seu sobretudo e, como um andarilho, seguiu pelo acostamento da rodovia rumo a Paris.

Foram três dias e três noites andando pela rodovia sem conseguir uma única carona. Até os primeiros oitenta quilômetros, Parker tentou fazer sinais para os motoristas e os caminhoneiros pararem, mas todos passavam em alta velocidade sem se importar.

Após caminhar cem quilômetros, Parker desistiu de pedir carona e seguiu pela rodovia, parando apenas para comer nos lugares mais baratos de beira de estrada, onde costumeiramente os caminhoneiros costumavam estacionar seus veículos.

Qualquer ser humano em sã consciência não se exporia ao que Parker estava se expondo, mas a fé e a vontade de encontrar o filho o impulsionavam a fazer isso. Não existia outra explicação plausível a não ser a fé e a perseverança. Seria teimosia ou uma gigantesca obsessão?

A linha entre a sanidade e a loucura estava se tornando algo tênue e perigoso para Parker. Sem dúvida, ele pegara um caminho sem volta e somente a certeza podia carregá-lo adiante. Mas que certeza ele tinha de encontrar Joseph em Paris? Era como encontrar uma agulha dentro de um palheiro. Algo praticamente impossível de acontecer.

Se alguém tivesse uma bola de cristal e contasse para Parker o que o futuro estava lhe reservando, certamente ele nunca teria saído da Inglaterra e partido sozinho para a França sem dinheiro, sem pistas e sem qualquer prova de que seu filho estava vivo. Era como saltar de um avião sem paraquedas, um suicídio anunciado, algo sem sentido que estava levando-o para um beco sem saída. No entanto, o que adiantaria ele ficar em Manchester sem poder nada fazer? De fato, Parker não tinha escolha.

Sem se importar com o frio congelante, ele caminhava perseverante pela rodovia, sem parar para descansar um minuto sequer. No fundo do seu coração ainda havia uma certeza, uma fé arrebatadora que o fazia dar sempre um passo adiante, mesmo sentindo dores horríveis nas costas e nos pés, que estavam em carne viva devido à umidade e à avassaladora friagem noturna.

Parker só parava de andar quando a noite caía. Assim que anoitecia, ele dormia ao lado dos pneus velhos nas borracharias dos postos e se cobria com algumas lonas de caminhão abandonadas, que encontrava pelo caminho. Sua vida se transformara num verdadeiro inferno. Era só sofrimento. No entanto, seus sonhos à noite eram lindos e maravilhosos.

O mesmo homem de cabelos longos, que aparecera em seu sonho na casa do detetive Johnson, em Londres, e que lhe sugerira que deixasse a Inglaterra e seguisse para a França, continuava aparecendo em seus sonhos durante as frias madrugadas no meio da estrada e incrivelmente continuava afirmando que ele estava no caminho certo e que não devia desistir de encontrar seu filho. Todavia, ele nunca dissera seu nome e de onde vinha.

Tudo isso certamente seria loucura para qualquer pessoa que estivesse em sã consciência, mas para Parker era a mais pura verdade.

O tal homem, que na verdade era o mentor espiritual de Parker, acabou se tornando sua única companhia enquanto ele caminhava errante pela longa rodovia até Paris.

Parker não se importava. Para ele, mesmo que fosse mera alucinação de sua mente, aquele homem de olhar sereno era a única pessoa quem lhe dava a força e o ânimo de que ele tanto necessitava para seguir adiante naquela saga solitária e envolta por uma saudade incontrolável das pessoas que Parker amava, mas que desapareceram completamente de sua vida.

Parker estava confuso e ainda tinha uma autocrítica afiada. Enquanto caminhava, ele se perguntava: "Será que são resquícios psicológicos que foram aportados em minha mente, por eu ter ficado tanto tempo internado na clínica? Será que estou sentindo os sintomas da intoxicação dos psicotrópicos e dos antidepressivos que tomei? Talvez seja tudo loucura da minha cabeça! Será que tenho esquizofrenia como meu pai e estou alucinando e vivendo uma espécie de realidade paralela no meio dessa rodovia?". Eram muitas perguntas para poucas respostas. Na verdade, não havia respostas, somente medo e dúvidas. Muitas dúvidas.

Capítulo 28
A grande provação

Incrivelmente, três anos já se passaram, e Parker não obtivera nenhuma notícia de Joseph. E, certamente, aqueles três últimos anos em Paris foram os mais difíceis de sua vida.

Assim que chegou à França, Parker ainda tinha um pouco de esperança vibrando em seu coração e acreditava que seria possível encontrar seu filho vivo. Sendo assim, todos os dias, durante os últimos três anos, ele caminhou pelas ruas de Paris à procura de Joseph, mas, após viver tanto tempo à míngua e sem encontrar qualquer pista, Parker acabou desistindo de tudo e se entregou à bebida, à miséria e ao completo abandono pelas ruas da cidade luz.

Já eram meados de 1996, e Parker se transformara num mendigo, em um sem-teto miserável, que vivia debaixo de pontes e viadutos e passava o tempo inteiro pedindo esmolas e comida para pessoas estranhas que passavam na rua. Mas, mesmo estando numa situação miserável, ele ainda tinha a mente lúcida.

Parker ainda não conseguia compreender o que acontecera com sua vida e a abnegação da própria existência, a desilusão por não ter encontrado o filho, o arrependimento por ter sido usado, traído e manipulado por Lindenberg e por Clara, sua ex-esposa, somados à frustração por não conseguir sequer uma resposta para o sentido de sua vida medíocre, o transformaram em um homem totalmente vazio e sem esperança.

Afinal, qual era o propósito disso tudo? Qual seria o plano de Deus para ele? O que a vida estava querendo ensinar-lhe, levando-o a viver uma vida miserável e deprimente como aquela? Existia uma explicação plausível para tudo o que estava acontecendo?

Talvez ele estivesse carregando uma enorme culpa nos ombros por ter visto seu filho ser rejeitado pela própria mãe quando nasceu e, agindo dessa maneira, estaria igualando seu sofrimento com o sofrimento do filho. Certamente, tudo isso era uma grande ilusão. No fundo, tudo era fruto de uma escolha, de sua própria escolha de vida.

Passado tanto tempo, Parker já não andava mais pelas ruas procurando seu filho como fazia antigamente. Agora, ele apenas vagava à procura de comida e abrigo. Ele trocara o sentimento de amor pelo sofrimento. O *sofrer* agora era sua muleta, sua desculpa.

O maior desejo de Parker era que a morte chegasse logo e o livrasse de uma vez por todas da imensa aflição que arrebatava seu ser. No entanto, nem mesmo a morte parecia desejá-lo. Apesar de ele clamar por ela nas madrugadas frias e solitárias de Paris, seus pedidos não eram atendidos.

A verdade era que Parker não tinha mais esperança alguma vibrando em seu coração. Só havia dor em sua alma. Uma intensa dor que petrificava e destruía, dia após dia, sua existência terrena.

A única coisa que ele ainda guardava do passado era a foto Polaroid tirada junto de seu filho e do cão na Praça da Concórdia. Foto que ele mantinha dentro de sua antiga carteira de couro.

A bolsa de couro e o relógio de pulso foram trocados por alguns pratos de comida nas primeiras semanas em Paris. Sua calça jeans velha fora jogada no lixo e trocada por outra, graças à boa ação de uma senhora que o ajudara nos primeiros meses.

Ninguém poderia imaginar que Parker, um britânico alto, forte, bonito, rico, elegante e bem-sucedido, se transformaria num mendigo sem-teto um dia. Na Inglaterra, todas as pessoas pensavam que Parker morrera, pois ele fora dado como desaparecido nos jornais da grande Manchester.

O lugar predileto de Parker para mendigar era a Praça da Concórdia, nos arredores da Torre Eiffel. Ali ele passava o dia andando e observando as pessoas que caminhavam com seus filhos pela rua.

Todos os dias, Parker se deparava com um pai e um filho brincando e caminhando de mãos dadas pelos belos jardins. Quando isso acontecia, ele se encolhia em algum canto onde ninguém pudesse vê-lo e começava a lembrar-se dos lindos momentos passados ao lado de Joseph naquele mesmo lugar.

Obviamente, eram imagens utópicas e ilusórias, pois jamais aconteceriam outra vez. No entanto, eram somente essas lindas lembranças que persistiam em não desaparecer de sua mente que mantinham seu coração batendo.

Parker já estava conformado e não tinha mais em mente aquela antiga certeza de que seu filho estava vivo em algum lugar. Ele compreendera que era um engano imaginar que Joseph ainda estava vivo após tanto tempo.

Era inocência pensar que uma criança de apenas seis anos de idade, portadora de Síndrome de Down e cheia de limitações físicas e psicológicas, pudesse suportar tanto tempo nas mãos de pessoas inescrupulosas. Mas ainda existia uma alternativa. Um milagre. Somente um milagre poderia salvá-lo.

Parker, no entanto, não acreditava mais em milagres, muito menos em Deus. Pelo contrário, ele tinha absoluta certeza de que Deus o abandonara completamente.

Seu dia a dia era uma eterna rotina avarenta. Durante o dia, ele dormia debaixo de arbustos e durante a noite ficava acordado, como costumeiramente fazem os mendigos e moradores de rua.

Parker, contudo, não agia dessa forma porque gostava de ficar acordado à noite. O problema eram os policiais, que chegavam violentamente com seus cassetetes de borracha e batiam nas pernas dos mendigos durante a madrugada, mandando-os irem para outros lugares. Muitas vezes, eles também eram assoberbados por bandidos e ladrões, que avançavam sobre eles para roubar-lhes cobertores, roupas e as moedas que conseguiam obter por meio das esmolas.

Parker passara a levar uma vida primitiva e completamente miserável em plena metrópole. Algo que ninguém poderia imaginar, mas que era a mais pura realidade.

A vida era tão dura e sofrida que Parker chegara a ver alguns de seus companheiros de rua serem assassinados e outros serem sequestrados na calada da noite por homens encapuzados, que repentinamente paravam à beira da calçada e os carregavam com violência para dentro de carros estranhos com vidros escuros.

Certamente, eram os mesmos contrabandistas de órgãos que compraram seu filho dos sequestradores e que agora vagavam pelas ruas das capitais da Europa à procura de presas fáceis e incógnitas para ampliarem seus terríveis negócios.

Capítulo 29
A ponte

Sete anos depois.

Foi durante um desses encontros violentos entre ladrões e mendigos que Parker acabou tornando-se amigo de outro morador de rua. Um homem rude que gostava de ser chamado como Mister Joe.

Mister Joe não era seu nome verdadeiro, mas, como ele gostava muito de *soul music* e sempre foi fã do compositor Joe Coltrane, se apelidou dessa forma em homenagem ao seu ídolo.

Mister Joe era um veterano da Guerra do Vietnã, que partira do seu país para viver sozinho na Europa, visando alegrar as pessoas com sua gaita e seu violão, tocando *soul music* e o puro blues de Nova Orleans pelas ruas de Paris.

Sem dúvida, seu gosto musical era bastante apurado. Mister Joe costumava tocar blues, mas com algumas pitadas de música negra que aprendera quanto esteve no Vietnã.

Mister Joe não tinha as pernas e só conseguia se locomover por meio de uma cadeira de rodas que ele mesmo construíra. Seus braços e seus ombros eram muito fortes, pois ele andava pelas ruas de Paris todos os dias manuseando sua cadeira de rodas.

Tinha aproximadamente cinquenta anos de idade, mas aparentava ter setenta devido à vida sofrida que levara até então. Seus cabelos eram louros e compridos — não eram tão louros quando ele era jovem — e costumava cobri-los com um lenço vermelho que ele ganhara de uma namorada em 1976 em Detroit, nos Estados Unidos.

335

Mesmo levando uma vida miserável, Mister Joe continuava sendo um homem bonito. Se porventura ele não tivesse participado da Guerra do Vietnã e perdido as pernas na frente de batalha, certamente poderia ser um galã de cinema em Los Angeles ou um modelo de passarela em Milão. Mas a vida não fora generosa com ele, da mesma forma que não estava sendo com Parker e com muitos outros moradores de rua.

Parker costumava passar a noite debaixo de uma ponte chamada D'léna, localizada em frente à Torre Eiffel, junto com outros sem-teto vindos de outras cidades ou países, que iam aparecendo por ali.

Esse lugar se tornara uma espécie de ponto de encontro, um lugar onde os mendigos se reuniam durante a noite para repartir a comida e a bebida que recebiam durante o dia.

Alguns levavam garrafas de vodca e uísque de terceira qualidade que encontravam no lixo, outros levavam refeições caríssimas, que eram, na maioria das vezes, sobras de comidas caras preparadas nos requintados restaurantes localizados na famosa Avenida Champs-Elysées.

20 de março do ano de 2003.

Fazia uma noite de inverno extremamente gelada. A inesquecível noite que marcaria o fim de um grande ciclo cármico para Parker.

Por volta das onze horas da noite, vários moradores de rua estavam reunidos debaixo da ponte D'léna para enfrentar uma das noites mais frias da Europa dos últimos tempos.

Havia muita neve acumulada nas ruas, e um vento cortante soprava com muita força, canalizando a friagem exatamente no local onde os mendigos costumavam se reunir. A união nesse momento era a única forma que os mendigos tinham para suportar o extremo frio da madrugada. Não era difícil acordar pela manhã e encontrar um companheiro congelado e morto bem ao seu lado, pois muitas vezes o frio era tão intenso que chegava a ser fatal.

Em meados de 1999, Parker passara por uma situação muito difícil. Após beber meio de litro de vodca sozinho e deitar debaixo da ponte para dormir num final de tarde, ele acordou no meio da madrugada com muitas dores nas pernas e, quando se levantou para massageá-las, percebeu que seus pés estavam congelados e que já não os sentia mais. Parker, então, tirou as botas e as meias e notou que as pontas dos dedos estavam roxas, quase negras. Na verdade, estavam gangrenadas. Ele precisava de ajuda imediata, no entanto estava sozinho e precisava suportar até a manhã do dia seguinte.

Quando já estava amanhecendo, um sem-teto desconhecido passou por ali e o levou até um pronto-socorro público. Parker, no entanto, acabou perdendo três dedos do pé esquerdo e ficou quase dois meses internado com uma grave infecção.

Por causa desse episódio doloroso, Parker passou a usar um cajado de madeira que um senhor turco lhe dera de presente, após o encontrar na rua e dizer que recebera um milagre de Alá na cidade sagrada de Meca.

A história do turco foi um pouco estranha, mas o que importava era que o cajado chegara em boa hora e se tornara o objeto inseparável de Parker.

De volta à noite de 20 de março de 2003.

Todos estavam deitados um ao lado do outro debaixo da ponte D'léna, envolvidos por cobertores velhos e várias caixas de papelão. Além de Parker, estavam presentes mais três mendigos e uma prostituta espanhola que acabara de chegar de Madri, após ter sido expulsa de casa pelo pai por ser viciada em heroína.

A moça se aproximou dos mendigos, pediu-lhes licença educadamente e se deitou junto deles, sem ao menos reclamar do frio e das condições precárias do local.

Os mendigos seguiam uma espécie de revezamento entre eles. Quando se reuniam em grupo isso significava que podiam dormir durante a noite. Ou seja, enquanto alguns dormiam, outros ficavam acordados e atentos para evitar que alguém os atacasse, como, por exemplo, ladrões e assassinos de plantão.

Justamente nessa noite, a sentinela de prontidão era um moço jovem de apenas vinte e oito anos de idade, que acabou caindo no sono e não percebeu a chegada de um grupo de drogados que escolhera o local para usar cocaína injetável. Após se drogarem, o plano era avançar sobre os maltrapilhos e roubá-los. E foi exatamente isso que aconteceu.

Depois de jogarem as seringas cheias de sangue no rio Sena, os quatro rapazes já estavam completamente alterados. Eles, então, aproximaram-se do grupo de mendigos e, sem hesitar, começaram a chutar Parker pelas costas. Enquanto batiam nele, gargalhavam e zombavam, dizendo:

— Vamos, vagabundo! Levante-se do chão e passe a grana que você tem aí! Nós sabemos que você tem dinheiro guardado debaixo desses cobertores. Nós sabemos que vocês têm dinheiro aí, seus mendigos vagabundos!

Em seguida, o grupo começou a chutar também os outros mendigos. Mas, quando um deles se aproximou e chutou a cadeira de rodas de Mister Joe, o ex-soldado sem perna se levantou rapidamente, ficando parado no chão apoiado apenas sobre o toco do seu quadril.

Sem hesitar, Mister Joe sacou um punhal de baixo do cobertor e gritou enfurecido:

— Venha, seu maluco drogado! Venha pra cima de mim que eu corto você em mil pedacinhos! Venha!

Nesse momento, Parker percebeu que, o ainda desconhecido Mister Joe estava arriscando sua vida e estava prestes a ser assassinado por um daqueles malucos drogados. Era óbvio que, sem as pernas e sem sua cadeira de rodas, era apenas uma questão de minutos para Mister Joe ser esfaqueado e morto perante todos.

Parker sentiu que precisava agir rapidamente para ajudar Mister Joe e, sem pensar nas consequências, levantou e segurou um dos drogados pelo pescoço com toda a força que tinha até caírem juntos no chão.

Mesmo com os outros drogados vindo para cima dele, Parker continuou apertando o pescoço do rapaz. Mister Joe, por sua vez, percebendo o perigo, resolveu ajudar Parker como podia. Ele jogou o punhal no chão e instintivamente Parker pegou a arma e a colocou na garganta do drogado, demonstrando para os outros que estava decidido a cortar a jugular do rapaz se fosse necessário.

Com raiva, Parker gritou bem alto, como se estivesse numa trincheira de guerra:

— Afastem-se! Se não se afastarem, eu cortarei o pescoço desse desgraçado! Venham, seus drogados vagabundos! Venham, e eu acabo com todos vocês!

Os vagabundos não se afastavam, então Parker resolveu soltar o drogado e foi para cima dos bandidos com o punhal na mão, como se fosse um cão feroz. Ele gritava:

— Venham! Estou louco para matar alguém hoje! Venham, seus vadios desgraçados!

Percebendo a ira nos olhos de Parker, os bandidos fugiram como cães vira-latas no meio de um tiroteio.

Parker respirou fundo e entregou o punhal a Mister Joe, dizendo:

— Você é louco, cara? Está querendo morrer tirando esse punhal de baixo do cobertor e enfrentando esses malucos?

— Eu odeio quando me acordam no meio da noite.

Mister Joe sorriu ironicamente, e Parker olhou para ele com uma cara de quem não gostara muito do comentário.

Mister Joe completou:

— Desculpe, mas eu ainda não o conheço.

— Eu também nunca o vi por aqui.

— Sabe, cara, eu tinha um amigo no Vietnã que, quando estávamos no meio da mata em batalha, sempre me dizia a seguinte frase: "Não adianta a gente ficar bravo. Um dia, todos nós vamos morrer e deixar essa terra para trás. Resta-nos saber o que vamos deixar para brotar nesta terra. Amor ou dor?". É estranho. Até hoje, não consegui encontrar a resposta para essa pergunta — Joe comentou.

— Para mim, você é um completo maluco. Isso sim — Parker respondeu com indiferença.

— Hei, cara! Tenha calma! Eu só estou tentando brincar um pouco com você. Quero lhe agradecer por salvar minha vida. Muito obrigado!

Fazia muito tempo que ninguém dizia um "obrigado" a Parker. E foi exatamente por causa desse repentino gesto de gratidão que Parker olhou nos olhos de Mister Joe e respondeu:

— Como você se chama, cara?

O homem levantou o braço direito e respondeu:

— Muito prazer. Meu nome é Mister Joe.

— Prazer em conhecê-lo, Joe. Por acaso você é americano? Seu sotaque parece ser do sul dos Estados Unidos.

— Sim, sou americano do Alabama, mas vivo na Europa há muito tempo.

— Eu também. Faz quase dez anos que estou vivendo nas ruas de Paris.

— Eu já perdi as contas. Acho que já faz mais de vinte anos que estou por aqui.

— Por que você não tem as pernas?

— Ah! Essa é uma história longa, meu caro.

— Conte-me! Afinal, temos todo o tempo do mundo, não é?

— É verdade.

Antes de continuar a conversa, Mister Joe inclinou seu pequeno corpo e se arrastou pelo chão até chegar num montinho de cobertores para pegar uma garrafa de vodca:

— Quer um gole, cara?

— Lógico que quero. Por que não? — Parker respondeu e, nesse momento, se concretizou uma nova amizade entre ele e Mister Joe.

Parker deu dois goles na garrafa de vodca e perguntou:

— Quem lhe disse essa frase, Joe?

— Um soldado que esteve comigo no Camboja. Conversávamos muito quando ficávamos acampados no meio da mata. Tenho certeza de que, se não tivesse ido para a Guerra do Vietnã, ele teria sido um dos maiores psicólogos dos Estados Unidos.

— O que aconteceu com ele?

— Ele pisou numa mina. A mina explodiu, e ele agonizou até a morte.

— Você viu?

— Lógico que vi. Estava ao lado dele.

— Então foi assim que você perdeu as pernas?

— Sim. Estávamos avançando com a infantaria e de repente escutamos um barulho ensurdecedor. Um segundo depois, caímos no chão, mutilados e envoltos por sangue e lama.

— Meu Deus! Como você conseguiu sobreviver?

— Eu não sei. Acho que foi Deus quem me salvou.

— Ah! Não me venha com esse papo agora, Joe. Não venha com essa conversa de Deus, por favor. Quer dizer que Deus o salvou e deixou seu amigo morrer em agonia?

— O que está querendo dizer, cara?

— Você está dizendo que seu Deus é bonzinho e que o Deus do seu amigo é maldoso e vingativo? Que Deus é esse, afinal?

340

— Eu não sei. Realmente não sei. A única coisa que sei é que Deus me salvou. As pessoas não sabem, mas Deus age em nossas vidas das formas mais estranhas possíveis.

— Salvou você? Salvou você para quê? Para deixá-lo nessa situação? Sem as pernas e vivendo como um mendigo miserável debaixo dessa droga de ponte?

— Eu penso todos os dias nisso, irmão, mas acredito que Deus tenha um propósito para cada um de nós.

— Besteira, cara! Tudo isso é besteira! Deus não existe. E se existir, ele não está nem aí para nós.

— Sabe o que acontece, Parker? Nós somos muito medíocres. Achamos que temos o controle de nossas vidas, mas na verdade não temos o controle de nada. Simplesmente nada. Somos arrogantes ao achar que estamos no controle das coisas e das pessoas. Mas não temos controle nem mesmo das nossas próprias vidas, sabia disso?

Parker escutava tudo o que o novo amigo dizia, calado. Mister Joe continuou:

— Veja você, por exemplo.

— Eu?

— Sim. Você acredita mesmo que tem algum controle sobre sua vida medíocre?

— Por que está me perguntado isso agora?

— Acha que está no comando da sua droga de vida? Pare e olhe sua situação, cara! Você não tem controle de nada, simplesmente nada!

— Não fale assim comigo, Joe. Você não sabe o que já enfrentei na vida. Só eu sei o quanto já sofri. Eu perdi um filho, sabia?

Mister Joe tomou um gole de vodca, olhou com ar bravio para Parker e respondeu:

— Cale a boca, seu garoto mimado! E daí que você perdeu um filho? Eu perdi dois filhos e uma esposa num acidente de carro e nem por isso fico choramingando pela rua.

Parker olhou assustado para Mister Joe, pois nunca esperaria uma reação como aquela.

Mister Joe continuou:

— Você já parou para pensar que Deus está querendo mostrar-lhe alguma coisa?

— Mostrar o quê?

— Nunca parou para pensar nisso?

— Deus está me fazendo sofrer! É isso que ele está fazendo comigo. Droga!

— Já parou para pensar que Deus está querendo explicar-lhe o real amor que existe entre um pai e um filho? Um amor poderoso que vai além do invisível?

— Nunca pensei dessa forma. Juro que nunca pensei nisso.

— Por que você nunca pensou nisso?

— Não sei. Talvez porque meu pai nunca me amou de verdade e só me ensinou a lutar. Somente a lutar e lutar.

Mister Joe sorriu e respondeu:

— E você continua lutando exatamente como seu pai o ensinou a vida inteira, não é?

Parker não gostou do tom de voz de Mister Joe e o repudiou:

— Acho que sim. E daí? O que você tem a ver com isso?

— Deus está querendo lhe mostrar alguma coisa, irmão! Mas você não se rende e não deixa que Ele lhe mostre a verdade! Renda-se e deixe Deus se apresentar. Não tenha medo.

Parker se irritou:

— Pare de falar esse monte de besteiras, Joe! Nada disso poderá trazer meu filho de volta! Nada!

— Você continua resistindo, cara. Está claro que você não quer largar a droga do seu sofrimento, não é? — Mister Joe o ironizou, tentando provocá-lo.

— Cale a boca, Joe! Você não sabe nada da droga da minha vida!

Mister Joe não se intimidou e continuou:

— Escute aqui, garoto. Sabe o que eu acho que você é?

— O quê? — Parker respondeu, querendo brigar com o pobre aleijado.

— Para mim, você não passa de um fracote, que passa o dia achando que somente você sofre nesta droga de mundo. Para mim, você é apenas um parasita de si mesmo, como a maioria das pessoas que adora sofrer. É isso que você é: um parasita que se alimenta do seu próprio sofrimento. Você é tão ignorante que não consegue sequer perceber que seu sofrimento é seu único apoio, sua muleta, sua bengala. Eu sou um velho defeituoso, que precisa de uma droga de cadeira de rodas para se locomover, mas você é muito pior do que eu! Você tem tudo e, mesmo assim, prefere viver mergulhado num mar de sofrimento. Meu caro, sem sofrimento você definha e morre em poucos dias. Sem a culpa que carrega sobre seus ombros, você não é ninguém. Você não percebe que suas costas estão ficando arcadas por causa do peso da culpa que carrega sobre seus ombros? Eu sei muito bem como é isso, cara! Essa culpa que você carrega é mais pesada que os pilares dessa maldita ponte!

Parker ficou parado olhando para o chão sem dizer nada. Apenas escutava o que o velho soldado dizia.

Mister Joe continuou:

— Você sabia que existe gente muito pior do que você ao redor do mundo? Existem milhares de pessoas morrendo com doenças incuráveis no meio do deserto da África, e ninguém está nem aí para elas. Há gente morrendo de fome na Somália e no Haiti, e ninguém dá a mínima para essas pobres pessoas. Existem milhões de crianças morrendo de fome na Etiópia, sem roupas e medicamentos, em pele e osso, e ninguém quer saber delas. Você sabia dessas coisas, cara? É claro que você não sabe nada disso. E sabe por que você não sabe dessas coisas?

Parker abaixou a cabeça e continuou quieto sem responder.

— Porque você é exatamente como eu: um safado egoísta, que só pensa em si mesmo! Que passa o dia engolindo sua saliva seca e malcheirosa, como se estivesse engolindo um pouco do próprio orgulho. Nós estamos aqui nessa situação, debaixo dessa maldita ponte, porque somos iguais. Você consegue perceber isso? Somos iguaizinhos às pessoas mais egoístas de Paris. É isso que nós somos. Alimentamo-nos das lembranças e dos sofrimentos do nosso passado. Nenhum de nós tem coragem de enfrentar a vida. Eu já estou velho e não tenho a mínima ideia de até quando viverei. Talvez Deus tenha um plano para mim, mas ainda não estou pronto para a morte.

Parker continuou parado e abismado com tudo o que Mister Joe dizia. De repente, ele se encolheu, agarrando os próprios joelhos. Mister Joe pegara pesado com ele, mas estava apenas lhe dizendo a mais pura verdade. Mesmo que aquilo fosse um desabafo de raiva, ainda assim ele estava dizendo a verdade.

Parker não respondeu; apenas olhou no fundo dos olhos azuis de Mister Joe e encolheu os lábios, sinalizando que estava compreendendo tudo o que o outro lhe estava dizendo.

De repente, a boca de Parker começou a ficar amarga e seu peito apertou. Ele estava sentindo muita vontade de chorar, como há muito tempo não acontecia.

Mister Joe percebeu o impacto de suas palavras, rastejou pelo chão para se aproximar um pouco mais e apertou o ombro de Parker, demonstrando amparo e compaixão:

— Desculpa, irmão. Isso foi muito forte pra você, não foi?

Parker não suportou a dor que corroía sua alma e começou a chorar, afinal passara os últimos anos vivendo pelas ruas sem demonstrar qualquer sentimento a ninguém.

Após tantos anos, seu coração se petrificou completamente. Parker simplesmente não sabia mais o significado da palavra "emoção". As únicas coisas que ele conhecia eram o sofrimento, a luta pela sobrevivência e a desesperança.

No fundo, as palavras duras e sábias de Mister Joe foram providentes e o fizeram despertar para a vida. Nesse breve lapso de tempo, ele conseguiu ver claramente no que sua vida medíocre se transformara: uma vida dominada pelo sofrimento, pela culpa e pelo abandono.

Parker não suportou a emoção e chorou nos ombros de Mister Joe.

— Obrigado, Joe! Obrigado!

— Desculpe por ter dito tudo isso a você. Eu nem sequer o conheço, mas senti que você precisava ouvir isso. Quer saber mais, amigo?

— O quê?

— Sua hora chegou.

— Hora de quê? Do que você está falando, Joe?

— Chegou a hora de você se redimir, irmão. É hora de pedir desculpas ao seu espírito e se perdoar de uma vez por todas. Você nunca teve culpa de nada. Chegou a hora de dizer a Deus que você deseja viver e não apenas sobreviver. Não peça nada a Ele. Apenas agradeça a Ele e permita que a providência divina se manifeste em sua vida. Acredite, amigo, Deus é providente e o escutará. Felizmente, eu ainda acredito em milagres. Você também acredita em milagres, Parker?

De repente, Parker ficou muito estranho.

— Não sei, Joe. Estou me sentindo muito cansado. Preciso me deitar um pouco.

— Tudo bem, Parker, mas, antes de se deitar, preciso lhe dizer mais uma coisa.

— O quê?

— Irmão, quando os momentos difíceis da vida passam, é momento de reagir e aprender a viver de novo, como se estivesse nascendo outra vez. Eu quero que você crie coragem e jamais se entregue ao sabor amargo de uma derrota. Eu sei como é difícil fracassar na vida. Vencer é algo essencial e imprescindível para o ser humano. Não desista jamais, irmão. Você precisa reagir. A saga humana é vencer a si mesmo e vencer seus maiores medos.

— Está bem, Joe, vou tentar — Parker respondeu sussurrando, mas com os olhos se fechando de tanto sono e cansaço.

— Faça isso, irmão. Deite e tente dormir um pouco. Fique tranquilo. Eu ficarei acordado olhando as coisas por aqui. Eu era um dos melhores sentinelas do meu batalhão na Guerra do Vietnã — Mister Joe sorriu e ajustou o cobertor sobre o corpo raquítico de Parker, que caiu em sono profundo subitamente.

Parker não sabia, mas seu mentor estava presente naquele momento. Foi ele quem inspirara Mister Joe a dizer tudo aquilo e que agora colocava Parker para dormir e descansar sua mente conturbada e seu corpo maltratado.

Capítulo 30
A providência

Há muito tempo Parker não dormia tão leve. A bronca de Mister Joe fora providencial e fez Parker enxergar um pouco das dores do mundo, em vez de olhar apenas para si mesmo e supervalorizar seu próprio sofrimento.

Como há muito tempo não acontecia, Parker caiu em um sono profundo e começou a sonhar. Era um sonho simples e singelo, porém muito interessante:

Um menino de aproximadamente quatro anos de idade, vestindo um macacão jeans e uma camiseta branca, se apresentou tentando acordá-lo. Parker abriu os olhos, olhou para os lados e percebeu que os outros mendigos estavam dormindo, exceto Mister Joe, que continuava sentando em sua cadeira de rodas abraçado a uma garrafa de vodca. Ele não percebeu a presença do menino, afinal era apenas um sonho.

Será mesmo apenas um sonho?

A resposta é sim. Mas era muito mais do que um sonho. Era um chamado espiritual.

De repente, uma menina de cabelos castanhos e encaracolados e vestida de rosa, aparentando a mesma idade do garotinho, surgiu atrás do menino. Os dois, então, se ajoelharam ao lado Parker e disseram:

— Moço, por que você não vai comprar alguns doces pra gente? Nós queremos aqueles doces coloridos com formato de frutas. Compra pra gente, por favor?

— Que doces? — Parker perguntou abrindo os olhos.

346

— Os doces deliciosos daquela barraca bonita com toldo listrado vermelho e branco, para onde você levou seu filho Joseph uma vez. Lembra-se?

— Vocês conhecem meu filho Joseph?

A menina soltou uma gargalhada, mas não respondeu:

— E então? Você vai comprar os doces pra gente?

— Sim, eu posso ir até lá amanhã. Mas me digam... quem são vocês?

— Meu nome é Lilit — a menina respondeu.

De repente, o menino virou-se de costas pulando de alegria, e Parker o chamou:

— Hei, menino! Espere aí! Não vá embora!

O garotinho ficou quieto e seu semblante ficou sério, como se ele fosse um pequeno soldado:

— Sim, senhor!

— Qual é o seu nome, garoto?

— Pode me chamar de Michel — o menino respondeu.

A menina sorriu alegremente, e ambos saíram gargalhando de mãos dadas, pisando na neve fofa que havia embaixo da ponte.

Parker ficou confuso, olhou para o lado e viu que Joe estava dando mais um gole em sua garrafa de vodca. Então, sem compreender o propósito daquele estranho sonho, ele fechou os olhos outra vez e adormeceu profundamente debaixo dos velhos cobertores de lã.

Por volta das oito horas da manhã do dia seguinte, no dia 21 de março de 2003, Parker acordou diferente. Por algum motivo, seu semblante parecia refletir uma incrível paz. Ele olhou para o lado e percebeu que Mister Joe estava em um sono profundo e por isso preferiu não acordar o amigo.

Parker pegou seu cajado e escreveu na neve ao lado de Mister Joe:

Obrigado, Joe! Acho que a guerra acabou, irmão! Acho que Deus falou comigo essa noite. Vou dar uma volta por aí.

Calmamente, Parker juntou suas coisas e saiu caminhando com seu inseparável cajado de madeira pelas proximidades da Torre

Eiffel. Desejava tomar um pouco de sol, após sobreviver à madrugada congelante.

Sem imaginar para onde estava indo, Parker seguiu para a direção sul. Naquela manhã, estranhamente, todas as pessoas que cruzavam seu caminho o cumprimentavam e sorriam, sem que ele tivesse feito qualquer gesto diferente dos outros dias. Parker achou isso muito estranho, mas gostou da reação das pessoas.

Será que ele estava mais bonito, mais cheiroso, mais simpático? Certamente não. Será que seu andar manco e seu cajado estavam chamando a atenção das pessoas? Certamente não. O que seria, então?

Parker não sabia, mas sua energia estava atingindo as pessoas. A vibração de amor parecia ter tomado conta de sua alma outra vez, e as pessoas na rua estavam sentindo isso.

Ao passar no lugar exato onde tirara a foto com seu filho, Parker parou por alguns segundos e de repente veio à sua mente o sonho da noite passada. Ele lembrou-se do menino Michel dizendo que queria muito os doces da barraca de toldo listrado vermelho e branco.

Nesse momento, Parker lembrou-se que a tal barraca a que o menino se referira no sonho era, na verdade, a barraca da feira de livros onde Parker viu seu filho pela última vez. O incrível era que ele estava indo exatamente nessa direção: para o sul, rumo ao pavilhão de exposições de livros.

Durante quase duas horas, Parker atravessou a cidade mancando com dificuldade até chegar ao local onde seu filho desapareceu. Ao avistar o grande pavilhão de exposições, Parker viu vários ônibus escolares repletos de crianças gritando e sorrindo de alegria. Ele olhou para cima e viu um enorme *outdoor* do outro lado da avenida, mostrando que estava acontecendo mais uma edição da exposição de livros infantis de Paris.

Parker não tinha nada a perder, então, ele atravessou a avenida e se infiltrou no meio das pessoas até chegar ao local onde supostamente a barraca de doces deveria estar.

Era estranho, mas não havia barraca alguma de doces no local, nem atores fantasiados de ursos e outros personagens infantis como da última vez. No local onde antes havia a barraca de doces agora havia apenas um banco de madeira pintado de verde militar e um poste de luz ao lado.

348

Parker sentou-se no banco e ficou parado, olhando a movimentação das pessoas. Ele encostou seu cajado no poste, tirou o sobretudo, colocou-o no colo e olhou para frente com o semblante sereno e plácido.

Parker estava cabeludo, barbudo e parecia um velho ancião de tão maltratado que estava, um perfil bem diferente do rapaz altivo e elegante que estivera ali um dia, com a carteira lotada de dinheiro e esbanjando saúde e disposição ao lado do filho.

De repente, Parker fixou o olhar durante alguns segundos numa imagem que lhe parecia extremamente familiar. Ele viu um garoto de aproximadamente dezesseis anos de idade, sentado num banco a menos de trinta metros de distância. Assustado, ele não tirou os olhos do menino que lia tranquilamente um pequeno livro.

Parker piscou duas vezes e de repente viu um homem de aproximadamente quarenta anos de idade em pé atrás do garoto, gesticulando com as mãos e dizendo para Parker se aproximar. Ele, então, olhou para os lados achando que o homem estava chamando outra pessoa, mas percebeu que era ele quem estava sendo chamado.

Calmamente, Parker se levantou, deixando o cajado para trás, e caminhou em direção ao homem e ao menino.

Enquanto caminhava, ele olhou para o cenário e começou a se lembrar dos sonhos estranhos que tivera quando jovem. Incrível? A cena era a mesma do sonho.

De repente, atrás do banco onde o menino estava sentado, ele viu uma casa torta de madeira com um letreiro escrito em letras medievais: "A Fantástica Casa de Lewis Carroll".

Era a mesma casa que ele vira nos sonhos de infância. Na verdade, a casa era apenas um brinquedo onde as crianças entravam com seus pais para se divertir com as maluquices do maravilhoso mundo de faz de contas de *Alice no país das maravilhas.*

Em cima da casa torta, Parker viu uma torre, e, em cima da torre, viu um galo dos ventos apontando para o sul. Nesse momento, tudo começou a se revelar para Parker. Imediatamente, ele se lembrou da imagem do menino no banco, do jardim, do homem de cabelos longos e da casa torta ao fundo. Era a imagem perfeita do sonho da infância e da adolescência.

"Seria uma espécie de presságio, um *déjà-vu*, uma retrocognição?", questionava-se. Sim, era exatamente isso que estava acontecendo. Parker estava diante de algo que fora previsto e predeterminado por Deus para acontecer em sua vida. Como o destino, algo que foi programado. Como acontece com todos nós.

Parker se aproximou lentamente do menino e do homem. Ao chegar a menos de cinco metros de distância, ele se assustou ao ouvir uma moça de cabelo curto correndo em sua direção e gritando: "Pare! Pare! Deixe-o em paz!".

Parker olhou para trás e percebeu que ela gritava desesperada para ele não se aproximar do menino. No entanto, Parker não se intimidou e continuou andando ao encontro do garoto, até chegar bem perto dele e se ajoelhar no chão com reverência e emoção.

A moça correu e abraçou o garoto com muito medo. Ela perguntou a ele:

— Você está bem?

O garoto parou de ler o livro, levantou a cabeça e respondeu:

— Sim. Está tudo bem, Monique.

Ajoelhado na sua frente, Parker ergueu a cabeça e olhou o menino abraçado com sua mãe. Nesse momento, o homem vestido de branco com cabelos longos e olhos dourados, sorriu para Parker atrás do banco e colocou a mão sobre o ombro do garoto.

Na verdade, somente Parker podia vê-lo devido à sua clarividência. Aquele homem nada mais era que seu mentor espiritual, querendo lhe mostrar alguma coisa.

De repente, o garoto sentiu uma forte energia o levantando pelos ombros. Ele, então, ficou em pé diante de Parker e disse em inglês com a voz enrolada:

— Olá, papai. Que bom que você voltou. Eu sabia que você voltaria para me buscar!

Parker imediatamente começou a chorar aos pés do menino, profundamente emocionado. Era inacreditável. Joseph estava bem ali na sua frente, porém, com dezesseis anos de idade.

Nesse momento, o mentor espiritual os deixou a sós e desapareceu caminhando pelo jardim. Joseph, por sua vez, estendeu a mão para ajudar Parker a se levantar e a abraçar seu filho na mais profunda gratidão, após tantos anos de extremo sofrimento e desesperança.

A moça não estava entendendo direito o que estava acontecendo, mas preferiu deixar os dois abraçados durante alguns instantes sem dizer nada. Nem Parker nem Joseph conseguiam dizer coisa alguma. Eles apenas se abraçavam e choravam na mais profunda emoção, em meio a uma multidão que começava a se aglomerar em frente à bilheteria.

Após alguns minutos de muita emoção, a moça agarrou o braço do garoto Joseph e perguntou:

— Joseph, como você sabe que esse mendigo é seu pai?

— Ele é meu pai — Joseph respondeu com a voz meio enrolada.

Sem retrucar, Parker tirou a carteira do bolso e mostrou a antiga fotografia Polaroid tirada junto com seu filho na Praça da Concórdia.

A moça olhou atentamente a fotografia e, em seguida, olhou para Parker e Joseph comparando-os com a foto. De repente, sem hesitar, ela abraçou os dois em comunhão e na mais completa felicidade.

A fotografia era inconfundível, pois Parker estava usando o mesmo blusão marrom de dez anos atrás. Estava claro que pai e filho se reencontraram após todos esses anos.

Sem dúvida, aquele era o momento mais incrível de suas vidas. Parker estava em êxtase e não conseguia parar de falar um minuto sequer. Estava completamente emocionado, ao ver seu filho daquele tamanho, bem-vestido, vivo e demonstrando muita saúde.

Certamente, a moça francesa de cabelos curtos cuidara muito bem de Joseph durante todos os anos que se sucederam. Mas quem era aquela moça, afinal?

Seu nome era Monique e se ela tornara a mãe adotiva de Joseph.

❦ ❧

Minutos depois, a convite de Monique, os três sentaram-se numa pequena cafeteria perto dali e tomaram um cappuccino bem quente com um delicioso pão com manteiga derretida.

Parker tentava conversar civilizadamente com Monique, mas a emoção e a ansiedade eram tão grandes que ele não conseguia sequer raciocinar.

Feliz, mas confuso, Parker pensava enquanto caminhava até a cafeteria: "Como isso pode ser possível? Será que estou sonhando? Será que é tudo uma simples projeção de uma realidade paralela dentro de minha mente? Será que ainda estou dormindo debaixo da ponte, e tudo isso é apenas um sonho?".

Não, a resposta é não. Era a mais pura realidade acontecendo bem à sua frente. Seu filho estava vivo e caminhando ao seu lado.

Soluçando de emoção, Parker disse:

— Não sei o que dizer, moça. Nem sei seu nome ainda... No entanto, tenho de agradecê-la do fundo do meu coração por cuidar do meu filho durante todos esses anos. Como você se chama?

— Meu nome é Monique, senhor Parker — ela respondeu em inglês com um brilho meigo nos olhos.

— Monique? Que nome bonito!

— Obrigada.

— Como você sabe meu nome? — Parker perguntou.

— Seu filho fala de você todos os dias.

Parker olhou para Joseph e sorriu como uma criança.

— Oh, meu Deus! Conte-me tudo. Onde você encontrou Joseph? Como cuidou dele? Como vocês me encontraram aqui? Por que vieram aqui justamente hoje?

— Muita calma, Parker. Vamos para casa. Lá, eu lhe contarei como tudo aconteceu.

— Para casa? Que casa?

— A casa onde você vai morar a partir de hoje, Parker.

— Está querendo dizer na sua casa?

— Sim, na minha casa. Onde eu e Joseph moramos. Seja bem-vindo à sua nova vida, Parker.

— Desculpe, mas não estou entendendo.

— Esse sempre foi o grande sonho de Joseph: encontrar o pai e viver ao lado dele. Eu jurei a ele que, se um dia ele o encontrasse, deixaria que vocês vivessem juntos. Então, tenho que cumprir minha promessa.

Os três pegaram um táxi, um trem, e quase uma hora depois chegaram à casa de Monique no subúrbio de Paris, próximo à Avenida Du Général-Leclerc.

A casa de Monique era simples, construída com pedra e madeira e lindamente decorada com quadros e penduricalhos esotéricos,

352

azulejos coloridos e vários espelhos pelas paredes. Lá, havia um suave aroma de incenso indiano no ar. Era uma casa realmente aconchegante e harmoniosa, no sentido mais espiritual da palavra.

Monique era professora de yoga havia mais de doze anos. O significado do nome Monique é "aquela que ficou sozinha e viúva".

Monique tinha trinta e dois anos de idade e nenhuma formação acadêmica. Gostava de comida vegetariana e macrobiótica, mas nunca rejeitava um bom filé mignon ao molho madeira, acompanhado de um bom vinho tinto italiano. Gostava de ouvir música *new age* e adorava praticar dança do ventre aos sábados. Era viúva e vivera sozinha no sul da França por algum tempo, perto dos Alpes, ao lado do seu ex-marido alpinista, que morrera num grave acidente quando escalava o famoso Monte Branco no ano de 1992.

O ex-marido de Monique era muito conhecido no meio esportivo e treinava constantemente para os campeonatos mundiais que aconteciam na Europa. No entanto, ele acabou sendo vítima de uma tempestade de neve e faleceu instantaneamente na cordilheira, no lugar que ele mais amava.

Por algum motivo, Monique não conseguiu voltar para Paris após a morte do marido. Contudo, numa tarde ensolarada, enquanto viajava de carro pelas estradas secundárias do sul da França, encontrou Joseph jogado na beira do acostamento da estrada. Quando o viu, não teve dúvidas: colocou-o dentro do carro e decidiu se mudar para a cidade luz para construir uma nova vida junto com o menino sofrido e abandonado que encontrara. Nessa época, a época do sequestro, Joseph estava com apenas seis anos de idade.

Capítulo 31
Joseph e Monique

Na casa de Monique.

— Sente-se, Parker. Vou fazer um chá de camomila bem quente para você. Enquanto eu preparo o chá, tome um banho e faça a barba. Assim que você sair do chuveiro, estará tudo pronto.

— Obrigado. Onde fica o banheiro?

— Logo ali. As tolhas estão penduradas atrás da porta. Ah! Vista essas roupas. Elas estão limpas! Eram do meu ex-marido, e ele nem chegou a usá-las. Fique tranquilo.

— Obrigado, Monique.

Após trinta minutos embaixo do chuveiro quente, Parker saiu completamente renovado e sentou-se educadamente na rede que estava pendurada no meio da sala. O garoto Joseph estava calmo e assistia a um desenho animado na televisão. Ele virou para o pai e perguntou:

— Papai, por que você demorou tanto para voltar? Eu estava esperando você há muito tempo, sabia?

— Eu sei, meu filho. Desculpe.

— Tudo bem. Eu desculpo o senhor.

— Eu sempre soube que você estava vivo, Joseph.

Monique se aproximou trazendo uma bandeja com três xícaras de chá de camomila. Ao olhar para Parker, ela ficou espantada ao vê-lo tão bem-vestido, de barba feita, cabelo escovado para trás e perfumado. Seu olhar não escondia uma estranha admiração. Estava claro que Monique ficara encantada pelo belo homem que estava parado à sua frente.

354

Logicamente, Parker estava muito maltratado e cansado, no entanto uma boa alimentação, roupas novas e algumas visitas ao dentista certamente resolveriam o problema.

Monique pediu licença e sentou-se no chão forrado com várias almofadas trabalhadas com motivos indianos.

— Parker, agora que estamos aqui, você quer saber o que realmente aconteceu?

— Sim, por favor.

— Primeiramente, quero lhe dizer que não dei queixa à polícia sobre o desaparecimento de Joseph porque não quis e porque Joseph disse que não era para contar à polícia o que acontecera com ele.

— Por quê?

— Ele disse que não queria voltar para a casa, porque ele nunca teve uma mãe. Após convivermos alguns meses, ele começou a dizer que me amava e que tinha muito medo de ficar sozinho de novo.

— Ele sempre teve a mim, Monique.

— Eu sei, mas você já parou para pensar que ele se sentia sozinho mesmo estando ao seu lado?

— Coitado! Realmente, ele nunca teve uma mãe de verdade. Eu sei como Joseph é verdadeiro com as palavras. Ele não sabe mentir.

— Tem toda razão. Ele não mente e não deixa a gente mentir.

— Isso mesmo.

Ambos sorriram, e Parker perguntou:

— E você? Por que não contou à polícia?

— Por dois motivos. Acabei me envolvendo emocionalmente com ele após encontrar Joseph abandonado no acostamento de uma estrada secundária próxima aos Alpes e porque eu sempre pedi a Deus para ter um filho.

Monique olhou para o pequeno Joseph, emocionada.

— Por quê Joseph? Por que não teve uma criança normal como todo mundo?

— Criança normal? Eu prefiro mil vezes Joseph! Ele não é uma pessoa normal, ele é natural. Naturalmente belo! Não é mesmo, Joseph?

— Sim, mamãe — ele respondeu.

— Está vendo? Como eu poderia entregá-lo à polícia?

355

— Oh, meu Deus! Ele a chamou de mãe! — Parker exclamou.

— Às vezes, ele me chama de Monique, às vezes ele me chama de mãe.

— Conte-me mais — Parker estava curioso.

— Eu não sabia nada sobre Joseph. Não sabia se ele tinha família, se o levariam para um orfanato, se o tratariam bem. Enfim, eu decidi ficar com ele e cuidar dele com todo o meu amor. Estamos juntos até hoje, graças a Deus. Talvez, eu tenha sido egoísta, mas meu coração me dizia para eu fazer dessa maneira. Eu não me arrependo do que fiz, Parker. Sempre que eu olho para Joseph assistindo à TV como ele está fazendo agora, quietinho e em paz, começo a chorar sozinha e em silêncio.

— O que você sente, Monique?

— Gratidão. Somente gratidão em meu coração.

Monique tentou disfarçar, mas não conseguiu esconder uma pequena lágrima escorrendo do seu olho.

— A polícia não o procurou? Os investigadores não a procuraram? — Parker perguntou.

— Sim, no início. Quando eu o encontrei na estrada, eles rondaram a região à procura dele. Mas Joseph estava muito desnutrido, doente e com muita dificuldade para respirar, e eu não podia entregá-lo à polícia daquele jeito. Depois, ele foi melhorando e o amor foi se tornando cada vez maior. Não tive coragem de entregá-lo. Espero que me perdoe por isso, Parker. Minha intenção foi dar o melhor para Joseph.

— Eu a entendo perfeitamente, Monique. Não se preocupe. O importante é que Joseph está vivo e perfeito. Não é, filho?

— É verdade.

— Que bom!

— Papai, sabia que eu conheci o Pierre Perrin hoje de manhã lá na feira de livros?

— Verdade? Eu não acredito! Isso é verdade, Monique?

— Será que você é mesmo pai do seu filho, Parker?

— Sim, por quê? Você viu a foto, não viu?

— Calma, estou apenas brincando! Só estranhei você duvidar do seu filho. Por acaso, você já viu seu filho dizer alguma mentira na vida?

— Tem razão, Monique. Eu já estava me esquecendo desse detalhe. Conte-me como foi que vocês conheceram Pierre Perrin!

— Antes de contar sobre o escritor Pierre, deixe-me explicar o que aconteceu há dez anos.

— Desculpe, Monique. Continue.

— Joseph passou dois meses dentro de um cativeiro com dois rapazes, os mesmos que o raptaram. Durante esses dois meses, ele sofreu muito, passou o tempo todo com os olhos vendados, só comia uma vez por dia e passava muito frio. Depois, ele foi levado para o sul da França pelos dois bandidos, e uma senhora o viu atrás do carro quando eles pararam para comprar comida e cigarros num vilarejo. Nesse dia, colocaram uma jaqueta azul-marinho com capuz em Joseph e o amarraram no banco de trás do carro. A senhora fez a denúncia à polícia sobre o carro suspeito, mas, nesse mesmo dia, horas depois, ele foi entregue para um casal de israelenses, que fazia a mediação dos rins para a Índia. Joseph foi guardado num curral junto com algumas cabras durante dois dias. No terceiro dia, o casal, e não me pergunte o porquê, deixou Joseph no acostamento da estrada. Meses depois, ele me contou que ouvia o casal brigando e dizendo que a mercadoria que eles tinham comprado era estragada e tinha defeito. E quando a mercadoria vinha com defeito, ela deveria ser trocada ou jogada fora. Ele não entendia o motivo e o assunto da briga, mas é claro que eles estavam se referindo ao próprio Joseph. Logicamente, não contei a verdade para ele.

Parker ficou estático olhando seu filho na sua frente, esbanjando saúde e sendo tratado com muito amor por Monique. Ele disse:

— Monique, você é um anjo na Terra. Eu não sei o que lhe dizer. Sinto uma imensa gratidão por tudo o que você fez por Joseph.

— Eu amo, Joseph, e é por isso que fiz tudo isso, Parker.

— Eu também te amo, Monique — Joseph respondeu sem tirar os olhos da televisão.

— O que aconteceu depois? — Parker perguntou.

— Depois de tudo isso, Joseph foi melhorando e se adaptando à vida novamente. Não foi fácil. Ele passou por crises muito fortes. Quando o encontrei na estrada, ele estava em estado de choque, cheio de alergias pelo corpo e repetia sem parar que não queria ficar sozinho. Era só isso que ele dizia: que tinha muito medo de ficar sozinho. Até hoje, ele tem esse trauma e por isso não posso deixá-lo sozinho em casa.

— Eu sei disso, Monique — Parker estava nitidamente emocionado.

Monique continuou:

— Eu sempre morri de medo de morrer, pois sou uma pessoa sozinha e não tenho família. Se porventura eu não estivesse mais presente, como ele ficaria? Eu sempre rezei para Deus me proteger e não me levar embora. Se isso acontecesse, Joseph não teria mais ninguém por perto.

— Tem razão, Monique. Ele sempre teve muito medo de ser abandonado.

— Pois bem... Agora, meu coração está mais leve, Parker, pois você está aqui ao lado dele também.

Parker sorriu e percebeu que algo a mais estava passando na mente de Monique. Será um simples desejo de aproximação, ou Monique estava se sentindo envolvida por Parker? Uma singela troca de olhares começou a surgir na sala da casa, e a conversa entre os dois continuou:

— Sabe, Parker, eu sempre fiquei com uma dúvida gigantesca.

— Que dúvida, Monique?

— Quem sequestrou Joseph e por que fez isso com ele?

Nesse exato momento, Parker começou a se lembrar de tudo o que acontecera em Manchester há dez anos: o golpe da companhia, a traição, a internação, o desprezo, o descaso e a gigantesca armação feita por Lindenberg.

Estava tudo ficando claro em sua mente. Lindenberg planejara tudo meticulosamente. Contratara os sequestradores para capturarem seu filho justamente para desestruturá-lo emocionalmente. Em seguida, ele convenceu Clara a interná-lo numa clínica psiquiátrica e forjar um laudo de insanidade em comum acordo com doutor Willian. Com esse laudo em mãos, ele ficaria respaldado por uma cláusula contratual e poderia exigir sua parte na companhia junto com Clara. Era óbvio que sua ex-esposa não tivera nada a ver com a trama. Ela fora ludibriada por aquele velho ganancioso, que a convenceu a aceitar parte das ações da empresa.

Parker ficou pensativo durante alguns minutos, tentando ligar todos os pontos da trama. Ele ficou abismado ao chegar à conclusão de que Lindenberg tivera a capacidade de criar um imenso plano diabólico somente para obter dinheiro e poder. Lindenberg, de fato, tivera a frieza necessária para fazer tudo isso. Uma mente completamente doentia.

Monique percebeu que Parker estava pensativo e indagou:

— O que foi, Parker? De repente, você ficou tão pensativo e distante. Aconteceu alguma coisa?

— Não foi nada, Monique. Só estava me lembrando de alguns momentos do passado, apenas isso.

— Até agora, eu só contei a parte ruim da história. Quer ouvir a parte boa? — perguntou Monique.

— Claro! Conte-me tudo sobre Pierre Perrin. Como foi que vocês o conheceram?

— Bem, desde que Joseph começou a viver comigo, eu o ajudei muito nos estudos. Ele nunca foi à escola, pois eu não poderia matriculá-lo sem comprovar que ele é meu filho. Neste caso, resolvi educá-lo dentro de casa, aqui mesmo nesta sala. Todos os dias pela manhã, eu o ensinava a ler e escrever e comprava os livros de Pierre Perrin para estimulá-lo. Quando Joseph completou catorze anos de idade, ele me disse que queria escrever um livro. Eu comprei um computador, e ele começou a escrever. Seis meses depois, Joseph me mostrou uma coleção de quatro livros de contos infantis totalmente prontos que ele mesmo produzira.

— Verdade? E aí?

— Eu revisei todos os livros, desenhei as capas e montamos quatro protótipos num período de um ano. Assim que ficaram prontos, Joseph disse que queria mostrar para Pierre na Feira de livros de Paris. Preparamos tudo e fomos para a feira como você mesmo viu. No entanto, antes de encontrá-lo, tínhamos conversado com o agente literário de Pierre Perrin. Ele, então, nos apresentou a Pierre, e Joseph lhe mostrou os quatro livros.

— E aí?

— Pierre ficou encantado com a disposição e o desejo de Joseph de se tornar escritor. Ele disse que estava disposto a fazer as ilustrações para os livros de Joseph, caso ele aceitasse. Imediatamente, Joseph respondeu que sim, e Pierre chamou seu agente literário e disse que os livros de Joseph tinham um grande potencial e um título muito interessante: *O fantástico Mundo dos Sonhos*.

— Do que falam os livros?

— É a história de um menino e uma menina, ambos com quatro anos de idade, que viviam no mundo dos sonhos e ajudavam as pessoas a realizar seus desejos. É uma sequência de dez contos infantis, com alto teor de conhecimento e envolvimento emocional. Pierre adorou tanto os livros que seu editor fechou um contrato de publicação para daqui a seis meses.

— Vocês estão falando sério? — Parker indagou.

— Já se esqueceu, Parker? Nós não costumamos mentir — Monique respondeu sorrindo.

— Isso é maravilhoso! Quer dizer que teremos um escritor na família?

Sem querer, Parker dissera a palavra *família* por impulso. Ele estava tão entusiasmado que nem pensava no que dizia. Parker ficou envergonhado e, totalmente sem graça, olhou para Monique:

— Desculpa, Monique. Eu não quis dizer isso!

Monique ficou vermelha de vergonha e sorriu timidamente. Parker tentou consertar o mal-estar que se formara na sala:

— Então, mãos à obra! Vamos transformar o pequeno Joseph num grande escritor! Não é, Joseph?

— Sim, papai, eu ficarei rico, e nós poderemos comprar milhares de doces gostosos e coloridos no centro de Paris, não é?

Com essa frase desconcertante e engraçada de Joseph, os três caíram em gargalhada e passaram a noite na sala, tomando chá, comendo petiscos e planejando o futuro do pequeno novo escritor.

Capítulo 32
A nova família

Três meses depois.

A essa altura, Monique já estava se sentindo mais atraída por Parker. Era somente questão de tempo para se envolverem intimamente e começarem a namorar. Afinal, Parker já estava vivendo dentro da sua casa havia três meses e não era mais um mendigo rude, sujo e malcheiroso como antigamente. Agora, ele andava bem-vestido, estava bem-apessoado, providenciara um tratamento dentário e parara de beber e fumar.

Parker estava prestes a completar quarenta e seis anos de idade e se sentia em paz consigo mesmo. Ele não se sentia mais um homem inútil e incapaz como antes.

Ele agora trabalhava ajudando Monique a promover seus cursos de yoga e meditação. Às vezes, até praticava junto com ela. Mas o que ele mais gostava de fazer era preparar os alimentos macrobióticos após as aulas e ajudar na organização dos encontros e cursos, recebendo e atendendo as pessoas com imensa gratidão.

Numa sexta-feira à noite, após ajudar Monique com as aulas de yoga, Parker deitou-se exausto na rede da sala. Monique despediu-se dos alunos e, em seguida, passou na frente de Parker defumando a casa com incensos de lavanda e jasmim. Ele tentava brincar, puxando-a junto da rede, até que Monique acabou caindo no colo de Parker. Os dois, então, ficaram paralisados olhando um para o outro. Seus olhos brilhavam como duas pérolas, e Monique percebeu que aquele era o momento ideal para sentir os lábios de Parker em sua boca. Lentamente, então, eles acabaram se beijando.

361

Enquanto isso, Joseph dormia como um rei sobre as almofadas espalhadas pelo chão. Monique olhou para o garoto com receio de que ele percebesse o que estava acontecendo, mas ele dormia profundamente como um bebê.

Certamente, aquele era apenas o início de uma grande noite de amor.

Após alguns minutos abraçados, Monique se levantou da rede e puxou Parker pelo braço. Ele aceitou o convite, e os dois seguiram de mãos dadas até o quarto para a primeira noite de paixão. A noite que selaria definitivamente a união entre duas pessoas que nunca imaginaram que se conheceriam um dia, mas que o destino acabou por unir no mais puro amor e em conexão espiritual.

A relação de Parker e Monique consolidou-se em um amor sem condições e restrições, isento de dogmas religiosos e de qualquer artifício externo. A magia do repentino encontro na feira de livros, sem dúvida, causara uma mudança radical na vida das três pessoas que agora formavam uma pequena, porém, linda família: Monique, Parker e Joseph.

Após a noite apaixonada e regada a vinho e incensos, Parker e Monique decidiram se portar como um casal perante Joseph e todos os alunos que frequentavam a casa. Sem dúvida, ambos estavam bem resolvidos intimamente.

Duas semanas depois, Parker acordou cedo para preparar o café e repentinamente viu uma linda placa de madeira entalhada à mão, pendurada na porta que dava acesso ao quintal da humilde casa de Monique. A placa dizia:

Amar não é apenas olhar um no olho no outro. Amar é olhar juntos na mesma direção.

A simples frase escrita na placa deixou Parker muito emocionado. Era a maior prova de amor que Monique poderia lhe dar.

Além de professora de yoga e meditação, Monique tinha muita habilidade com artesanato e *patchwork*. Durante dois dias, ela entalhou aquele pedaço de madeira e, com a ajuda de Joseph, pintou-o com tinta acrílica em tons coloridos e psicodélicos. Fora a maneira que ela encontrara de demonstrar o carinho e o amor que sentia por Parker.

Capítulo 33
O lançamento em Londres

12 de fevereiro de 2004, oito horas da noite.

Monique colocou os talheres sobre o prato e se levantou para atender ao celular que tocava insistentemente. Parker e Joseph estavam ao seu lado, jantando.

— Alô.

— Boa noite. Aqui é o editor de Pierre Perrin e do pequeno Joseph.

— Boa noite.

— Estou entrando em contato para dizer que o lançamento da coleção de livros de Joseph acontecerá na feira de livros de Londres, no dia 27 de fevereiro. Eu gostaria de saber se Parker está disposto a viajar de avião com o filho para Londres, para participar de uma tarde de autógrafos. A editora pagará todos os custos da viagem. Eles podem se hospedar no melhor hotel da região.

Ao ouvir a notícia, Monique começou a pular de alegria, pois era o sonho de Joseph se realizando bem ali na sua frente. Parker também começou a pular de alegria e abraçou o filho com carinho.

O editor continuou:

— O lançamento do livro acontecerá em Londres, mas será lançado também nas línguas francesa, alemã, italiana e espanhola.

Monique colocou a conversa no viva-voz, e Parker escutou tudo. Ele respondeu que sim e autorizou o editor a providenciar as passagens e as credenciais para o evento.

Assim que Monique desligou o telefone, Parker disse:

— Que incrível! Após onze anos, voltarei à Inglaterra com meu filho.

— Obra do destino, querido!

— Vou enviar uma carta para meu amigo Clark e para o detetive Johnson, convidando-os para o evento. Faz tanto tempo que não os vejo! Será que eles ainda moram no mesmo lugar?

— Nunca saberemos, querido — Monique respondeu.

— De qualquer forma, enviarei o convite para os endereços antigos. Quem sabe eles não compareçam? O que você acha da ideia, querida?

— Acho ótima. Escreva as cartas, e eu a colocarei amanhã mesmo na caixa dos correios.

— Eu não acredito nisso, meu filho! Eu queria ver a cara de sua avó ouvindo essa notícia agora!

Parker se arrependeu de falar sobre a avó e olhou para Joseph, imaginando que ele ficaria triste ao se lembrar de Mary. No entanto, não foi o que aconteceu. Joseph sorriu e respondeu:

— Quem disse que a vovó gorda não sabe o que está acontecendo aqui?

— O que você está dizendo, Joseph?

— A vovó gorda está muito feliz, papai.

— Como você sabe disso, filho?

— Eu simplesmente sei.

— Oh, meu Deus! — Parker ficou preocupado, mas continuou: — Tem razão, filho. Ela deve estar no céu vendo tudo o que acontece por aqui, não é?

Parker abraçou o filho e gritou:

— O importante é que vamos voar para Londres, meu filho! Uhuuuu!

Duas semanas depois em Londres.

— Sejam bem-vindos, Joseph e Parker! Que bom que vocês vieram. Pierre está ansioso para ver Joseph. Ele quer lhe mostrar como ficaram as ilustrações do livro.

— Eu amo Pierre — respondeu Joseph.

O editor-chefe sorriu e dirigiu a palavra a Parker.

— Muito prazer, senhor Parker. É uma honra tê-lo conosco. Obrigado por trazer seu filho ao evento. É muito importante ter os autores presentes nos lançamentos de suas obras. Os leitores se sentem próximos dos escritores e se identificam com os livros. No caso de Joseph, ainda mais! Afinal, ele é apenas um garoto, e sentimos que Joseph tem um futuro muito promissor pela frente.

Neste momento, Pierre Perrin se aproximou e cumprimentou Parker.

— Muito prazer. Você deve ser o pai de Joseph, não é?

— Sim.

— Muito prazer. Sou Pierre Perrin. Há muito tempo, queria conhecê-lo pessoalmente.

Pierre Perrin estava bem mais velho agora. Era um senhor muito educado e prestativo com as pessoas.

Joseph se aproximou do pai, segurou sua mão e disse:

— Pierre, eu adorei as ilustrações do livro!

— Verdade?

— Sim, senhor.

— Você merece os parabéns garoto, afinal as histórias são suas.

Perrin abraçou Joseph, segurou os quatro livros na mão e disse para Parker em tom de sabedoria:

— O segredo do sucesso é simples, Parker. Assim aconteceu comigo e assim também acontecerá com seu filho. Monique me disse que vocês vieram ao meu encontro há alguns anos em Paris, pois Joseph queria me conhecer pessoalmente e sonhava em se tornar um escritor. Não foi?

— Sim, mas, infelizmente, Joseph foi sequestrado nesse dia e não tivemos a chance de conhecê-lo — respondeu Parker.

— Eu sei. Monique me contou tudo. É uma história e tanto. Se quisesse, você poderia até escrever um livro sobre isso. Certamente, você ajudaria as pessoas a compreenderem o verdadeiro amor de um pai por um filho. Você é um vencedor! Saiba disso!

De repente, Parker se lembrou da conversa que tivera embaixo da ponte com o veterano de guerra, Mister Joe.

— Posso lhe fazer uma pergunta, Parker? — Perrin questionou.

— Sim, senhor.

— Você é feliz?

A pergunta, sem dúvida, pegou Parker desprevenido. De repente, todas as lembranças do passado começaram a vir à sua mente. As desgraças de sua vida, as traições, as rejeições, o abandono na clínica, as dificuldades financeiras, a inexplicável perda dos seus pais, enfim, tudo veio à superfície de sua mente, deixando-o confuso.

Pierre Perrin, um homem experiente e vivido, disse:

— Parker, esqueça tudo o que aconteceu. A felicidade está no agora. Pare, olhe ao redor, e perceba isso.

Parker olhou para o lado e viu seu filho autografando dezenas de livros para outras crianças. De repente, uma lágrima escorreu por seu rosto.

— Está sentindo o que lhe estou dizendo, Parker?

— Sim, senhor Pierre.

— O que você está sentindo se chama gratidão, meu amigo. Esqueça tudo o que passou e comece a viver uma nova vida. Considere-se uma pessoa feliz. A gratidão é o sentimento mais poderoso que existe; a gratidão é a própria felicidade. A felicidade está aqui, no agora, e não no futuro.

Parker deu um forte abraço em Perrin:

— Obrigado! Obrigado!

— Não precisa agradecer, Parker. Sou eu quem precisa agradecer-lhe, pois seu filho é um exemplo de superação e puro amor. É um privilégio estar ao lado de uma criança como ele.

— Nunca vou me esquecer desse dia, Pierre. Nunca.

— Eu sei, Parker. Agora, eu preciso ir, pois estão me chamando para uma entrevista na TV. Sejam bem-vindos.

Nesse momento, Parker sentiu um leve toque no ombro esquerdo e virou-se para trás para ver quem era.

Era seu amigo Clark, acompanhado por uma senhora de aproximadamente sessenta anos de idade, com cabelos bem grisalhos.

— Clark, é você?

— Sim, amigo! Sou eu mesmo!

— Não acredito que está aqui! Você está tão diferente! — Parker exclamou.

— Infelizmente, eu não posso dizer o mesmo. Você parece o mesmo cara de dez anos atrás. Está com um semblante muito bom.

— Obrigado.

— Eu recebi sua carta e resolvi prestigiar o lançamento do livro do seu filho. Você sempre disse que ele estava vivo. Sua fé é gigantesca, Parker. Tenho muita admiração por você. Saiba disso.

— Muito obrigado, Clark. Posso lhe dizer que foi uma saga e tanto.

— Não consigo imaginar o que você passou durante todos esses anos.

— É uma longa história, Clark. Outra hora, eu lhe conto. Quem é ela?

— É Janeth, minha esposa. Estamos casados há seis anos.

— Mas...

— Eu sei o que você vai falar, Parker. Que ela é bem mais velha do que eu.

— Sim, era isso mesmo que eu ia falar.

— Não importa a idade, Parker. O que importa é o amor que sentimos um pelo outro. Demorou muito tempo para eu aprender isso. Agora eu conheço o amor de verdade. Não é, querida?

— Muito prazer, Parker — Janeth esticou o braço cumprimentando-o.

— Muito prazer, Janeth.

— Fico muito feliz em conhecer o melhor amigo do meu marido. Ele sempre fala de você, sabia?

— Verdade?

— Não estou mentindo. Ele sempre achou que você estivesse morto, pois nunca recebeu notícias suas. Mas, quando a carta chegou pelos correios, ele começou a pular e gritar como se fosse uma criança, dizendo que seu amigo e Joseph estavam vivos. A história de vocês é a prova de que milagres existem.

— Nossa, Janeth! Muito obrigado por virem até aqui para prestigiar o trabalho do meu filho!

— É um orgulho para nós! — Janeth respondeu educadamente.

— A propósito, como andam as coisas em Manchester? — Parker perguntou.

— Está querendo saber de Clara?

— Na verdade, queria saber de todos: Clara, Christine, Lindenberg, doutor Willian e Sonia.

— Janeth, por favor, poderia nos deixar a sós por alguns instantes? — Clark perguntou.

— Claro, querido. Vou tomar um cappuccino naquela lanchonete.

— Ótimo, querida!

— E então, Clark? Como estão as coisas em Manchester?

— Christine deixou os filhos com a mãe em Manchester e foi viver com um *personal trainer* nas proximidades de Ibiza. Ela vem duas vezes por ano visitar seus filhos, George e Samantha. George me escreve às vezes.

— E Lindenberg?

— Você não sabe o que aconteceu com ele?

— Não. O que aconteceu com ele?

— Depois que você desapareceu, a vida de Lindenberg começou a declinar vertiginosamente. Ele perdeu muitos bens e foi condenado pela justiça por vários crimes de estelionato e tráfico de drogas. Mas, mesmo assim, ele não perdeu toda a fortuna. Porém, um ano depois, ele ficou muito doente e foi piorando cada dia mais. Pelo que fiquei sabendo, as ações da companhia não estão mais com ele.

— Ele foi preso?

— Não, mas vive em uma bolha de vidro dentro da sua mansão, completamente isolado do mundo exterior. Ele está com um grau muito avançado de Alzheimer e não se lembra de mais nada. Não se lembra da companhia, das pessoas, dos parentes, não reconhece a própria esposa nem a si mesmo. Está com diversas complicações motoras e fisiológicas. Os médicos dizem que ele pode viver de maneira vegetativa por dez ou quinze anos, mas ninguém pode fazer nada por ele. Coitado, às vezes eu tenho dó dele, sabia?

Imediatamente, Parker se lembrou de tudo o que acontecera, mas preferiu ficar calado. Ele apenas encolheu os lábios, demonstrando compreensão com as leis que estão acima das leis dos homens.

— E o doutor Willian, aquele médico maluco? — Parker perguntou.

— Ah! Esse morreu de infarto fulminante, enquanto dirigia no centro de Manchester. Bateu violentamente num poste e morreu na hora.

— Meu Deus! Que desgraça.

— E Clara? Espero que ela esteja bem.

— Sim, está muito bem financeiramente. Assumiu a companhia e comprou grande parte das ações de Lindenberg. Mas, infelizmente, continua dependente do álcool.

368

— Ela está namorando? Está casada? Teve filhos?

— Ela namora um rapaz, mas logo em seguida namora outro. Sabe como Clara é.

— Sim, eu sei.

— Não está casada nem teve mais filhos, mas fez algumas plásticas no rosto e continua morando com a mãe, que, aliás, parece não ter envelhecido nada. Está idêntica.

— Que interessante! Clara continua achando que é uma eterna adolescente, não é?

— Tem razão, Parker.

— Ela nunca mais perguntou sobre Joseph?

— Pelo menos para mim, não.

— E Sonia?

— Sonia continua trabalhando no mesmo lugar, na recepção da companhia.

— E você, meu amigo? O que anda fazendo, além de estar casado com essa mulher tão simpática?

— Moro em Londres e ajudo Janeth em seu ateliê de pintura. Ela é artista plástica. Eu a ajudo na organização e na promoção de suas exposições e dos encontros com artistas de outros países. Nossa vida é simples, porém muito gratificante.

— Fico muito feliz por vocês. De verdade.

Parker passou a tarde conversando com Clark, enquanto Janeth passeava pela feira tentando encontrar livros de arte e arquitetura.

Johnson e Denise não apareceram na feira e estranhamente nunca responderam as cartas que Parker enviara. Talvez tenham se mudado de cidade.

Joseph passou o dia ao lado de Pierre Perrin, autografando centenas de livros e posando para fotos com várias crianças.

A coleção de quatro volumes de *O fantástico Mundo dos Sonhos* tivera grande procura e certamente se tornaria um grande sucesso de vendas em poucos meses.

Capítulo 34
A doença

Um ano depois.
A vida de Monique, Parker e Joseph mudara muito, depois que eles começaram a viver juntos como uma família.
Financeiramente, a carreira literária de Joseph ainda não era aquela que Monique esperava, mas, do ponto de vista do reconhecimento e da crítica literária, os livros de Joseph estavam indo muito bem.
Monique se transformara numa espécie de assessora de Joseph, enquanto Parker coordenava os encontros em escolas particulares e feiras regionais, além de cuidar das vendas e da promoção dos livros, acompanhando Joseph em todos os lugares para os quais ele era chamado.
Parker criara um site para Joseph, onde ele contava sua trajetória de vida, como começara sua carreira, quais eram seus autores favoritos e outras curiosidades. Ele montara também um blog, onde Joseph conversava on-line com várias pessoas ao redor do mundo, e o desejo de infância do menino franzino, que um dia fora dado como morto, foi se realizando dia após dia.
Parker nunca se sentira tão feliz, afinal estava vendo seu filho crescer e se tornar um homem completamente realizado. Ele vivia com uma mulher que o amava sem cobranças e sem medos.
Monique sabia exatamente o que queria da vida e não tinha dúvidas do amor que sentia por Parker. Ela sabia que ele era o homem que fora predestinado para sua vida.

A essa altura Monique, já estava com trinta e três anos de idade. Desde criança, ela dizia que desejava ter três filhos. Quando ainda era casada com seu falecido marido, ela tentara engravidar várias vezes, mas nunca conseguira.

Com Parker parecia estar acontecendo a mesma coisa. No entanto, isso não era um problema para eles, muito pelo contrário. Nos últimos meses, eles estavam vivendo no mais puro amor e harmonia. Estava tudo ótimo e correndo perfeitamente. Eles estavam completamente apaixonados e se sentindo em paz. E Joseph estava se realizando como um jovem escritor, que sempre desejara ser.

No entanto, em meio a tantas notícias boas e a tantos sentimentos nobres, algo ruim e completamente inesperado estava prestes a acontecer.

Nos últimos meses, Parker vinha sentindo algumas pontadas estranhas no lado direito do abdome. Depois de escutar muito suas queixas, Monique decidiu levá-lo a um especialista para pedir alguns exames de sangue e ultrassonografias. Uma semana depois, ela recebeu o resultado dos exames e retornou ao médico. Joseph decidiu ir junto, mas ficou sentado esperando calmamente na sala de espera.

O médico, doutor Renée, pediu para ambos se sentarem e descreveu com detalhes o diagnóstico de Parker:

— Parker, você está com uma hepatite fulminante, e o processo degenerativo está em estado avançado.

Num primeiro instante, Parker não se assustou com a notícia, mas Monique sabia exatamente o que aquilo significava, pois, quando ainda era criança, perdera uma tia com a mesma doença.

Monique não aguentou e começou a chorar, pois sabia o que doutor Renée diria logo em seguida.

O médico esperou Monique se acalmar e continuou:

— Parker, infelizmente eu tenho que lhe dizer a verdade. Como médico, não posso enganá-lo. Esse tipo de hepatite é muito agressivo. Nas próximas semanas, você vai perder muito peso e depois adoecerá radicalmente.

— Como assim, doutor? O que o senhor está querendo dizer com isso?

— Parker, você tem no máximo três semanas de vida, a partir de agora. Se conseguirmos retardar o processo, poderemos acrescentar duas ou três semanas. Esse tipo de hepatite, como o próprio nome já diz, é fulminante.

— O que pode ter ocasionado isso, doutor? — Monique perguntou.

— Geralmente, excesso de bebida alcóolica de baixa qualidade e intoxicação por medicamentos.

Parker olhou para Monique com os olhos cheios de lágrimas e começou a se lembrar do excesso de medicamentos que foram injetados em suas veias, enquanto ele estava internado na clínica do doutor Willian. Lembrou-se também das garrafas de vodca que costumava beber embaixo da ponte para suportar o frio congelante de Paris.

Completamente surpreso, ele proferiu apenas uma pergunta:
— E Joseph?
— O que tem Joseph, querido?
— O que vamos dizer a ele? Ele tem muito medo de me perder novamente.

Emocionada, Monique olhou no fundo dos olhos de Parker e o abraçou com carinho.
— Calma, querido! Não se preocupe com Joseph agora. Preocupe-se com você.

A notícia atravessou a vida de Parker e Monique como um trem de carga. Era mais uma dura prova para Parker enfrentar, mas, graças a Deus, agora ele tinha alguém ao seu lado para ampará-lo. Mesmo com a tristeza e o desespero, o amor que Monique sentia por Parker não mudara.

No dia seguinte, Parker acordou sentindo-se muito mal. Seus olhos estavam amarelados, e as dores no abdome aumentaram. Chegara a hora de ir ao hospital para começar o tratamento, antes que algo pior acontecesse.

Preocupado, Parker decidiu não esconder nada e contar tudo para Joseph. E, pela primeira vez, ele viu seu filho chorar de emoção.

Uma semana depois.

Foram sete dias de internação e de muito sofrimento. Todavia, em nenhum momento, Parker reclamou da situação em que se encontrava.

Monique e Joseph iam ao hospital todos os dias para visitá-lo e ficavam ao seu lado durante horas, conversando sobre os mais diversos assuntos.

No entanto, no décimo quinto dia, Parker já não respondia mais às perguntas com tanta frequência. Ele apenas despertava em curtos espaços de tempo e abria os olhos para dizer algumas palavras.

Sempre que Joseph ia hospital para ver seu pai, ele ficava sentado ao lado da cama segurando sua mão. Na verdade, Joseph sentia muito de medo de ser abandonado pelo seu pai outra vez.

Apesar de Joseph ter Monique, o que aconteceria se ela sofresse um acidente ou também ficasse doente um dia? Quem ficaria com Joseph? Quem cuidaria dele?

Joseph, em breve, se tornaria adulto, mas, mesmo como adulto, ele ainda teria suas limitações como portador de Síndrome de Down e certamente não teria condições de viver sozinho sem ninguém ao seu lado para auxiliá-lo. Esse certamente era o grande medo que rondava a mente de Parker. E, mesmo estando em estado terminal na cama do hospital, ele tentava a todo custo não partir.

Será que ele venceria mais uma batalha?

Numa tarde de sábado no hospital, durante uma das visitas, Monique abriu a porta do quarto, se aproximou lentamente de Parker e percebeu que a doença estava vencendo a batalha.

Monique segurou a mão do marido com emoção e perguntou:

— Querido, você está aí?

Parker não respondeu. Ela esperou alguns segundos e repetiu:

— Querido, você está acordado?

Parker abriu os olhos com dificuldade e respondeu:

— Oi, querida. Estou sim.

Monique sorriu:

— Que bom que você está acordado, querido. Já é quase noite.

— O que importa? — Parker respondeu vagarosamente.

Monique estava eufórica, mas ao mesmo tempo triste. Ela queria muito lhe contar uma coisa, mas não sabia a reação que Parker teria ao ouvir o que ela tinha a dizer.

— Querido, eu vim lhe trazer uma notícia.

— Estou muito cansado. Estou sentindo que minha hora está chegando, querida.

Monique engoliu em seco e um nó amarrou sua garganta, ao ouvir Parker dizer isso.

— Querida, antes, quero lhe contar um sonho lindo que tive essa noite... ou essa manhã. Não sei direito quando foi. Sinto que estou meio desconectado deste mundo.

— Pode contar, querido. Como foi o sonho?

Nesse momento, Joseph entrou pela porta e sentou-se na cama ao lado do pai.

— Foi assim: um homem de aproximadamente quarenta anos de idade, com cabelos lisos e esvoaçantes, atravessou a porta do quarto sem abri-la e se sentou ao lado de minha cama, exatamente onde Joseph está. Ele começou a conversar comigo, e eu perguntei quem ele era. Ele disse que era um mensageiro, e imediatamente percebi que era o mesmo homem que sempre se apresentava em meu sonho de criança. O mesmo que me guiou até Paris e que estava em pé atrás de Joseph, quando nos reencontramos naquele dia na feira do livro. Lembra-se?

— Sim, claro que me lembro desse dia, querido!

Parker parou alguns segundos, respirou com dificuldade e continuou:

— Querida, ele veio aqui no quarto essa noite, segurou minha mão e me disse que era um mensageiro de Deus. Eu fiquei muito bravo com ele e lhe perguntei por que Deus não se levantava de seu trono dourado e vinha se apresentar a mim pessoalmente, pelo menos nos meus últimos momentos de vida. Ele sorriu e respondeu dizendo que não era preciso, pois Deus sempre estivera ao meu lado. Eu retruquei dizendo que Deus nunca se apresentara a mim, e ele respondeu dizendo que Deus é infinito e que não pode ser visto, apenas sentido. Eu esbravejei, e ele me acalmou. Em seguida, esse homem disse que Deus era providente e que Ele tinha o poder de manifestar milagres na vida das pessoas, mas para isso Ele precisava de pessoas.

Parker fez uma ligeira pausa e depois continuou:

— Eu perguntei: "Pessoas? Como assim pessoas?". E ele respondeu: "Sim, pessoas. Pois as pessoas são os veículos de manifestação dos milagres na Terra. Sem elas, Deus não consegue manifestar sua glória". Eu não entendi, mas ele me explicou que há muito mais coisas além deste mundo. Existem mundos visíveis e mundos invisíveis, mas existe vida em todos eles. E me disse também que existem pessoas de carne e osso e pessoas que são apenas luz espiritual, como ele, mas que todas elas servem ao mesmo Deus.

Parker fez novamente uma pausa e deu prosseguimento à conversa:

— "Como assim? Não o estou entendendo", eu perguntei. E ele respondeu: "Pessoas como eu, que não têm mais o corpo físico, são invisíveis no mundo dos homens, mas visíveis no mundo dos sonhos. É assim que Deus se manifesta na vida das pessoas: por meio de nós, mentores espirituais. Eu sou seu mentor espiritual, Parker. Eu sou um mensageiro de Deus na Terra e sempre estive ao seu lado. Lembra-se do dia que sua mãe começou a lhe falar coisas estranhas sobre a vida e as dificuldades que você teria de enfrentar? Não era ela quem estava falando, mas sim eu, que a inspirava a falar. Lembra-se do dia que você saiu correndo e entrou apressado na Catedral Central de Manchester e ficou diante da estátua de um anjo, que segurava um pergaminho com os dizeres: 'Nas tuas mãos, Senhor, eu entrego meu espírito'? Naquele dia, fui eu quem o puxou para lá, para que lesse a mensagem que o anjo carregava nas mãos. Lembra-se do dia que você foi procurado pelo senhor Thomas, e ele lhe ofereceu sociedade na companhia, dando-lhe apenas algumas horas para tomar uma decisão? E, em seguida, você foi para o escritório com tontura e escutou uma voz dentro de sua mente perguntando-lhe se era certo fazer aquilo? Lembra que você não deu atenção àquilo, resolveu assumir a responsabilidade e foi até o aeroporto assinar o contrato? Fui eu tentando fazer você não aceitar a proposta, mas você não me escutou e acabou sendo atraído pela cobiça e a ganância". Enfim, Monique, foi a partir daí que minha vida mudou completamente. Mas, mesmo eu tendo feito a escolha errada, ele disse que nunca me abandonou.

— O que mais ele disse? — Monique estava curiosa e ao mesmo tempo preocupada.

— Ele disse: "Lembra-se do mendigo que estava caído na calçada, prendendo a porta da cabine telefônica? Lembra que você ficou furioso porque ele não saía do lugar? E que você o empurrou com o pé, e ele saiu esbravejando na avenida? Naquele momento,

Deus usou aquele pobre homem para lhe mostrar que você precisava tomar cuidado, pois sua ganância e seu orgulho poderiam transformá-lo numa pessoa miserável e raivosa como aquele mendigo. No entanto, naquele momento, você estava completamente hipnotizado pela ganância e não conseguiu enxergar um palmo à sua frente".

Monique escutava com atenção tudo o que Parker dizia. Ela colocou o respirador na boca do marido por alguns segundos e em seguida o retirou, para que Parker pudesse continuar contando os detalhes do sonho.

— Aquele homem era muito bonito, Monique. Ele emanava uma intensa energia de gratidão e uma espécie de luz azul fluorescente, que me envolvia completamente.

— O que mais ele disse?

— Ele continuou: "Lembra-se do dia em que você foi salvo por sua mãe na clínica psiquiátrica? Lembra-se de que foram ajudados por um senhor que vestia um avental branco? Aquele homem era um espírito auxiliador, que trabalha na clínica há mais de vinte anos. Lembra-se também da enfermeira Lourdes, que o ajudou a encontrar o quarto de Clara logo depois que Joseph nasceu e que o senhor Thomas morreu? Aquela enfermeira não era de carne e osso, mas uma profissional eficiente que trabalha na maternidade desde o dia em que morreu, no ano de 1927".

Parker fez uma nova pausa e continuou:

— Ele me perguntou: "Lembra-se do dia em que o detetive Johnson o salvou de ser espancado até a morte? Johnson já tinha desistido de encontrá-lo naquela noite e estava decidido a ir embora para casa, mas, quando parou na esquina do quarteirão do hotel, teve que frear o carro bruscamente para não bater num ônibus que vinha em alta velocidade pela avenida. Por isso, ele acabou virando à direita e se deparou com você apanhando como um cachorro vira-lata na rua. Eu tirei a atenção de Johnson por alguns segundos, para que ele se assustasse e jogasse o carro para a direita para encontrá-lo". Eu, então, perguntei: "Deus é bom e mau ao mesmo tempo? Por que Ele me deu uma vida de sacrifícios e sofrimentos? Por que Joseph foi sequestrado e quase morreu? Por que fui traído e enganado pelas pessoas? Por que meus pais morreram de forma tão cruel? Qual é o propósito da vida, afinal? Qual é a resposta que Deus tem para me dar?".

— O que ele respondeu? — Monique perguntou.

— Sobre meus pais, ele disse que não podia responder, mas falou que a resposta viria no dia seguinte, quando você viesse ao hospital para me visitar.

— Quem? Eu? — Monique perguntou assustada.

— Sim, você.

— Ele me conhece?

— Eu acho que sim — Parker sorriu discretamente.

— O que mais ele disse?

— Disse que a resposta sobre o sentido da vida que eu tanto busquei será trazida por um amigo em breve. Disse também que Deus não é mau nem bom; Ele é apenas justo e não interfere nas escolhas das pessoas. Como mensageiro de Deus, ele tem a função de ajudar, orientar e esclarecer as pessoas, mas, se as pessoas não quiserem escutar, eles não podem fazer muita coisa. Mas se elas realmente desejam amparo espiritual, eles lançam luz em suas consciências, inspirando, protegendo e orientando as pessoas.

— Isso não parece ter sido um sonho, querido!

— Monique, aquele homem ficou o tempo todo sentado ao lado da cama, segurando minha mão.

— Que lindo, Parker! O que mais ele disse?

— Disse para eu não ter raiva de Deus, pois Deus não é uma pessoa nem um espírito. Ele é todos os espíritos e todas as coisas. Ele é o passado, o presente e o futuro, a própria eternidade em manifestação.

Monique ficou emocionada ao escutar o que Parker disse e tornou:

— Parker, que bênção saber de tudo isso! Mas, infelizmente, o horário de visitas está no fim e temos que partir. No entanto, antes de ir, preciso muito lhe contar uma coisa.

— O que é, querida? O mentor espiritual afirmou que você traria boas-novas hoje. Pode dizer.

— Acho que seu mentor espiritual tem razão.

— Qual é a boa notícia, querida?

— Parker, eu estou grávida!

Parker arregalou os olhos e lembrou que o mentor espiritual lhe dissera que a explicação sobre a morte repentina dos seus pais chegaria por meio de sua esposa.

— Querido, eu estou grávida de gêmeos há quatro meses. É um casal lindo! Um menino e uma menina.

Parker ficou calado, mas segurou a mão de sua amada com força.

— São nossos filhos, meu amor! Eu fiz a ultrassonografia ontem, e eles estavam um do lado do outro. O interessante é que eles pareciam estar de mãozinhas dadas no monitor do computador.

Parker continuou segurando a mão de Monique com força:

— Que notícia maravilhosa, querida!

— Linda notícia, não é, amor?

— O mais lindo de tudo é que agora eu sei.

— Sabe o quê, querido?

— Quem eles são.

— Como assim quem eles são?

— Agora, eu compreendo o que o mentor quis dizer quando se referiu à morte repentina de mamãe e papai.

— Não estou entendendo, querido!

— As duas crianças que estão em seu ventre são meus pais, Monique.

— Seus pais?

— Sim. Eles se suicidaram juntos. Não foi um acidente. Eles fizeram essa escolha por amor. Para encontrar Joseph por meio do mundo espiritual e me mostrar onde ele estava. Foram eles que proporcionaram nosso encontro. Foi tudo por amor. Não há culpa, não há carma, somente luz e amparo espiritual agora. Eu sinto isso.

— Que lindo isso, querido!

— Deixe-me pôr a mão em sua barriga um pouco, por favor.

Monique levantou a blusa, e Parker passou a mão sobre sua pele. Imediatamente, ele sentiu a energia e se emocionou.

— O que foi, querido? O que você está sentindo?

— Eles estão voltando para viver ao lado de Joseph. Eu sabia que eles não deixariam nosso filho sozinho.

Parker e Monique sentiram a energia do momento e choraram juntos em silêncio.

— Deus não me abandonou, querida. Estou compreendendo tudo agora.

— Ele nunca nos abandona, querido!

— Tenho certeza disso. É muito forte o que estou sentindo. Estou sentindo Deus vibrando em meu coração. É um sentimento de gratidão sem fim.

378

— Eu também estou sentindo, querido!

— Antes de sair do quarto, gostaria que você sugerisse um nome para eles, querido. Como gostaria de chamá-los?

— Eles já escolheram seus nomes. Não preciso fazer nada sobre isso.

— Sério? Como sabe?

— Há quase dois anos, eles me visitaram embaixo da ponte em Paris e disseram seus nomes. A menina estava vestida de rosa e o menino de macacão jeans. A menina se chamará Lilit e o menino, Michel.

— Que nomes bonitos!

— Eles estão chegando para viver ao seu lado e de Joseph pelo resto da vida. Agora, eu posso partir em paz, pois Joseph nunca ficará sozinho outra vez. Ele estará ao lado de duas pessoas que o amam muito. Que bênção! Deus existe e é providente.

Lágrimas começaram a escorrer pelos olhos de Monique, mas ela precisava sair do quarto e se despedir.

Parker fechou os olhos, e Joseph colocou a mão sobre a barriga de Monique:

— Eu amo meus futuros irmãos Lilit e Michel! — ele disse.

Parker sorriu com os olhos fechados, demonstrando extremo cansaço.

Joseph disse:

— Amanhã, voltaremos para visitá-lo outra vez, papai.

— Amo você, filho! Até amanhã.

Capítulo 35
A branca flor

No dia seguinte, Monique recebeu uma ligação do doutor Renée, pedindo para que ela fosse com Joseph ao hospital urgentemente, pois estava pressentindo que Parker vivia seus últimos instantes.

Monique correu para o hospital e entrou no setor de terapia intensiva. Joseph correu ao encontro do pai para segurar sua mão magra e endurecida.

O menino disse:

— Papai, não fique triste! Eu sei que nos encontraremos de novo um dia.

— Oi, filho. Que bom que você está aqui!

— A vida é um sonho que não acaba jamais, papai.

Parker fechou os olhos lentamente e suplicou em pensamento para não suspirar pela última vez diante seu filho.

Repentinamente, Parker sentiu uma luz azul intensa envolvendo seu corpo e dissolvendo as dores que vinham consumindo-o. Durante os poucos segundos, ainda com os olhos fechados, o semblante sofrido de Parker repentinamente resplandeceu e ele sentiu uma inexplicável paz envolvendo-o.

Joseph se aproximou da cama, segurou a mão do pai com força, abraçou-o cuidadosamente e sussurrou em seu ouvido: "Papai, eu te amo".

Parker ficou imóvel e não demonstrou qualquer reação ao ouvir as palavras do filho. Não mexia mais o tórax. Aparentemente, parara de respirar. Mesmo assim, Joseph manteve-se na mesma posição.

Monique olhou preocupada para o médico e se aproximou de Joseph, tentando separá-lo do pai. Mas, mesmo com a insistência de Monique, o garoto quis continuar abraçado ao pai.

— Ele se foi, doutor? — Monique perguntou ao médico, chorando.

O médico olhou assustado e não conseguiu responder.

Joseph disse:

— Papai ainda está vivo. Eu sei.

O doutor olhou para os aparelhos e percebeu que já estavam parando, principalmente o marcador de ritmo do coração, que, por sinal, não marcava mais qualquer frequência.

Dois minutos depois, como um milagre, os aparelhos voltaram a marcar os batimentos cardíacos, demonstrando que o coração de Parker ainda conseguia pulsar um pouco mais.

Sem entender o que estava acontecendo, Doutor Renée olhou assustado e ficou inquieto, querendo tirar o garoto de cima do paciente para religar os aparelhos.

Monique sentiu que Parker estava voltando apenas por alguns segundos para dizer algumas palavras ao filho.

Instintivamente, ela segurou o braço do doutor Renée, evitando que ele religasse os aparelhos.

— Não se preocupe, doutor. Deixe-o falar com o filho pela última vez.

O médico respeitou a decisão de Monique e se afastou.

Parker abriu os olhos, e Monique percebeu lágrimas escorrendo do seu rosto. Joseph abraçou Parker, que sussurrou no ouvido do filho:

— Meu filho, foram apenas alguns segundos.

— Do que está falando papai?

— Acabei de ter um sonho rápido com meu amigo Luxor, o marinheiro de Liverpool.

Monique escutava tudo, mas não compreendia o que Parker estava dizendo.

Ele continuou:

— Foi um sonho lindo, Joseph. Eu estava na loja de instrumentos musicais do senhor Luxor, e ele subia as escadas para me entregar um embrulho. De repente, ele se aproximou e abriu lentamente o pacote, onde havia uma linda flor de lótus branca. Ele sorriu e disse que a flor era minha e que tinha algo importante para me dizer:

— O que ele disse, papai?

381

— Que estranho! Eu era jovem e usava minha antiga jaqueta de couro cheia de tachinhas de metal.

— O que ele disse, papai? Diga, por favor.

— Luxor disse que estava me trazendo "a resposta".

— Que resposta?

— Filho, ele veio me trazer "a resposta". Eu não imaginava que a resposta era essa.

Parker olhou fixamente no fundo dos olhos do filho e disse:

— Filho, eu coloquei um embrulho dentro de sua mochila e quero que você guarde isso para sempre, pois é algo de muito valor. Agora é seu. Nunca dê a ninguém.

— O que é?

— É uma peça de metal. É um captador de guitarra.

— Pode deixar, papai, eu guardarei.

— É a única coisa que eu deixarei para você, meu filho. Eu não tenho mais nada na vida. Infelizmente, só tenho isso.

— Eu te amo, papai! Não vá embora agora, por favor!

— Eu estou bem, filho. Não se preocupe. Estou morrendo da maneira mais abençoada que uma pessoa poderia morrer. Parece que estou sofrendo, mas estou em paz. Sabe por que estou em paz?

Monique se aproximou um pouco mais.

— Estou morrendo envolto por um imenso sentimento de gratidão. Partirei deste mundo agradecendo. Luxor disse que esta é a melhor maneira de alguém morrer: agradecendo.

Monique sorriu emocionada, e Parker fechou os olhos, demonstrando extremo cansaço.

— O que mais seu amigo Luxor lhe disse?

— Ele me entregou a flor de lótus e depois cantou minha música preferida: "A branca flor de lótus", do meu cantor predileto, Rick Backer. Que estranho! Eu nunca prestei atenção à letra dessa linda música que tanto adoro, mas a resposta sempre esteve ali. A resposta sempre esteve no refrão que cantei minha vida inteira, desde a adolescência: "[...] o amor é a resposta, o amor é uma branca flor de lótus, que renasce no brejo e desabrocha para o mundo...".

Parker fez uma ligeira pausa e continuou:

— Esta é a resposta que eu buscava. Os acordes dessa linda música foram criados por meio dessa peça de metal: o captador da primeira guitarra elétrica do falecido Rick Backer.

— Qual é a resposta, papai?

— O amor é a resposta desta breve vida, filho. Eu vivi uma vida inteira de provações e agora estou entendendo tudo.

— Tudo o quê?

— Para compreender tudo sobre o amor, tive que aprender tudo sobre a dor. Parece um grande paradoxo, mas é lindo.

Joseph sorriu e passou a mão suavemente pelos cabelos do pai.

— Filho, sua fragilidade me fez sofrer, mas ao mesmo tempo me transformou em uma pessoa muito forte. Você veio para esta vida para me ensinar o que é o amor. Obrigado por existir, meu filho querido.

Parker fechou os olhos e suspirou com dificuldade.

— Papai, não vá embora. Eu preciso lhe fazer um último pedido.

Parker inspirou mais uma vez e respondeu com os olhos fechados:

— Não posso fazer mais nada por você, Joseph. Desculpe-me. Estou me sentindo muito cansado e partindo...

— Não vá sem antes me prometer...

— Diga... filho... — Parker estava quase desfalecendo.

— Quero que o senhor encontre alguém no mundo dos sonhos que consiga contar nossa história para as pessoas. Você promete que encontra?

Parker sorriu apenas com os lábios e os olhos fechados:

— Meu filho, você sempre foi uma criança especial!

De repente, Parker começou a agonizar, dando claros sinais de que sua hora estava se aproximando.

— Não vá embora, papai. Prometa para mim que encontrará alguém. Pierre Perrin disse que nossa história pode ajudar muitas pessoas. O mundo está precisando de um pouco de amor, papai.

Parker parecia não escutar mais o que Joseph estava dizendo. Sua consciência estava se desconectando de seu corpo e suas forças vitais estavam se esvaindo.

Segundos depois, num breve lapso de lucidez, Parker abriu os olhos pela última vez e respondeu baixinho:

— Eu prometo, meu filho! Meu mentor espiritual de cabelos longos está aqui agora e está sorrindo.

— Como ele se chama, papai?

— Ele se chama Jon e está colocando a mão sobre seu ombro, filho.

Joseph repentinamente sentiu a energia de Jon e começou a chorar.

Com os olhos fechados e falando baixinho, Parker proferiu suas últimas palavras:

— Estou sentindo que Deus está vindo me buscar. Não sinto mais dor alguma em meu corpo. Sinto apenas amor e gratidão em meu coração... Joseph, eu te amo muito, mas preciso ir. Estou me sentindo muito... muito... cansado.

Joseph apertou a mão do pai com força, e Parker suspirou pela última vez.

Monique abraçou Joseph por trás, colocou o queixo sobre seu ombro, e ambos se despediram de Stephen Parker na mais profunda emoção:

— Adeus, papai!

— Adeus, querido! Vá com Deus!

Fim

Grandes sucessos de
Zibia Gasparetto

Com 17 milhões de títulos vendidos, a autora
tem contribuído para o fortalecimento da literatura
espiritualista no mercado editorial e para a popularização
da espiritualidade. Conheça os sucessos da escritora.

Romances
pelo espírito Lucius

A verdade de cada um

A vida sabe o que faz

Ela confiou na vida

Entre o amor e a guerra

Esmeralda

Espinhos do tempo

Laços eternos

Nada é por acaso

Ninguém é de ninguém

O advogado de Deus

O amanhã a Deus pertence

O amor venceu

O encontro inesperado

O fio do destino

O poder da escolha

O matuto

O morro das ilusões

Onde está Teresa?

Pelas portas do coração

Quando a vida escolhe

Quando chega a hora

Quando é preciso voltar

Se abrindo pra vida

Sem medo de viver

Só o amor consegue

Somos todos inocentes

Tudo tem seu preço

Tudo valeu a pena

Um amor de verdade

Vencendo o passado

Romances

Editora Vida & Consciência

Amadeu Ribeiro

A visita da verdade

Juntos na eternidade

O amor não tem limites

O amor nunca diz adeus

Reencontros

Segredos que a vida oculta vol.1

A beleza e seus mistérios vol.2

Ana Cristina Vargas

pelos espíritos Layla e José Antônio

A morte é uma farsa

Em busca de uma nova vida

Em tempos de liberdade

Encontrando a paz

Intensa como o mar

O bispo

O quarto crescente

Sinfonia da alma

Loucuras da alma

André Ariel

Surpresas da vida

Em um mar de emoções

Eu sou assim

Carlos Henrique de Oliveira

Ninguém foge da vida

Tudo é possível

Carlos Torres

A mão amiga
Querido Joseph (pelo espírito Jon)

Eduardo França

A escolha
A força do perdão
Enfim, a felicidade
Vestindo a verdade
Vidas entrelaçadas

Evaldo Ribeiro

Eu creio em mim
O amor abre todas as portas
(pelo espírito Maruna Martins)

Flávio Lopes

A vida em duas cores
Uma outra história de amor

Floriano Serra

A outra face
A grande mudança
Nunca é tarde
O mistério do reencontro

Gilvanize Balbino
pelos espíritos Ferdinando e Bernard

O símbolo da vida

Leonardo Rásica

Celeste - no caminho da verdade

Lucimara Gallicia
pelo espírito Moacyr

O que faço de mim?
Sem medo do amanhã

Lúcio Morigi

O cientista de hoje

Marcelo Cezar
pelo espírito Marco Aurélio

A última chance
A vida sempre vence
Coragem para viver
Ela só queria casar...
Medo de amar
Nada é como parece
Nunca estamos sós
O amor é para os fortes
O preço da paz

O próximo passo
O que importa é o amor
Para sempre comigo
Só Deus sabe
Treze almas
Tudo tem um porquê
Um sopro de ternura
Você faz o amanhã

Maura de Albanesi
pelo espírito Joseph

O guardião do Sétimo Portal

Meire Campezzi Marques
pelo espírito Thomas

A felicidade é uma escolha

Mônica de Castro
pelo espírito Leonel

A força do destino
A atriz
Apesar de tudo...
Até que a vida os separe
Com o amor não se brinca
De frente com a verdade
De todo o meu ser
Desejo – Até onde ele pode te levar? (pelos espíritos Daniela e Leonel)
Gêmeas
Giselle – A amante do inquisidor
Greta
Impulsos do coração
Jurema das matas
Lembranças que o vento traz
O preço de ser diferente
Segredos da alma
Sentindo na própria pele
Só por amor
Uma história de ontem
Virando o jogo

Rose Elizabeth Mello

Desafiando o destino
Verdadeiros Laços
Os amores de uma vida

Sérgio Chimatti
pelo espírito Anele

Apesar de parecer... Ele não está só
Ecos do passado
Lado a lado
Os protegidos

Conheça mais sobre espiritualidade com outros sucessos.

 vidaeconsciencia.com.br   /vidaeconsciencia @vidaeconsciencia

ZIBIA GASPARETTO
Eu comigo!

*"Toda forma de arte
é expressão da alma."*

Zibia Gasparetto convida você a mergulhar no seu mundo interior. Deixe os problemas de lado, esqueça o negativismo e libere o estresse do dia a dia. Passeie por entre as figuras, inspire-se com cada mensagem e coloque cor em seu mundo. Use suas tonalidades preferidas, libere o potencial criativo que existe dentro de você.

Eu comigo! é um livro para quem quer fugir da rotina e buscar aquela sensação de paz que a arte pode proporcionar. Inspire sua alma com as frases de Zibia Gasparetto criadas especialmente para você e ricamente ilustradas com desenhos encantadores.

Bem-vindo ao seu mundo interior.

www.vidaeconsciencia.com.br

Rua Agostinho Gomes, 2.312 — SP
55 11 3577-3200

contato@vidaeconsciencia.com.br
www.vidaeconsciencia.com.br